BILAN QUÉBÉCOIS DU FÉDÉRALISME CANADIEN
sous la direction de François Rocher
est le quatre cent quarante-huitième ouvrage
publié chez
VLB ÉDITEUR
et le vingt-neuvième de la collection
«Études québécoises».

BILAN QUÉBÉCOIS
DU FÉDÉRALISME CANADIEN

du même auteur

François Rocher (en collaboration avec Gérard Bouchard et Guy Rocher), LES FRANCOPHONES QUÉBÉCOIS, Montréal, Conseil scolaire de l'île de Montréal, 1991.

François Rocher *et al.*, LE FRANÇAIS DANS L'ACTIVITÉ SCIENTIFIQUE ET TECHNIQUE, Québec, Éditeur officiel, 1991.

François Rocher (en collaboration avec Alain-G. Gagnon), RÉPLIQUES AUX DÉTRACTEURS DE LA SOUVERAINETÉ DU QUÉBEC, Montréal, VLB éditeur, 1992.

Bilan québécois du fédéralisme canadien

Sous la direction de
François Rocher

vlb éditeur

VLB ÉDITEUR
Une division du groupe Ville-Marie Littérature
1000, rue Amherst, bureau 102
Montréal (Québec)
Tél.: (514) 523-1182
Télécopieur: (514) 282-7530

Maquette de la couverture:
Éric L'Archevêque

Photo de la couverture:
Ponopress

Infographie:
Les Ateliers C.M. inc.

Distribution:
LES MESSAGERIES ADP
955, rue Amherst
Montréal (Québec)
H2L 3K4
Tél.: à Montréal: 523-1182
       interurbain sans frais: 1 800 361-4806

Dépôt légal – 4e trimestre 1992
Bibliothèque nationale du Québec
ISBN 2-89005-511-6

Introduction

Le Québec est à nouveau à la croisée des chemins. Depuis l'échec de l'accord du lac Meech, un processus de révision du statut politique et constitutionnel du Québec s'est engagé. Il a amené le gouvernement du Québec à réviser, pendant un temps, sa position constitutionnelle et à mettre de l'avant, en dépit des tergiversations qui ont marqué le discours du premier ministre Bourassa, la possibilité que le Québec puisse accéder à la souveraineté. D'autre part, le reste du Canada a lui aussi enclenché un long, douloureux et difficile processus de réflexion sur le type de régime fédéral qui pourrait satisfaire ses multiples composantes politiques et sociales tout en répondant aux besoins du Québec. À travers ces négociations, les Québécois ont été amenés à constater clairement que les visions véhiculées dans le reste du Canada à propos du régime fédéral sont maintenant incompatibles avec les principes du fédéralisme tels que le Québec les comprend et les souhaite. En fait, le Canada vit de moins en moins dans un régime de type fédéral qui reconnaît et respecte la diversité. Alors que l'Acte de l'Amérique du Nord britannique de 1867 avait mis en place un ensemble d'institutions politiques permettant aux deux peuples fondateurs de vivre ensemble dans un même pays, l'évolution du régime fédéral depuis la Seconde Guerre mondiale a fait en sorte qu'Ottawa s'est immiscé graduellement dans des champs de compétences allouées aux gouvernements provinciaux et a cherché à établir, sinon à imposer, une définition uniformisante de la nation canadienne. Le rapatriement de la Constitution en 1982 et l'enchâssement d'une Charte des droits et libertés ont joué un rôle majeur dans la création d'une nouvelle identité canadienne fondée sur une identité «nationale» indifférenciée. Pour plusieurs, la Constitution canadienne est considérée comme illégitime parce qu'elle a transformé les conditions du contrat initial sans avoir obtenu l'assentiment de l'une de ses parties, le Québec. Le rapatriement a rappelé aux Québécois leur condition de peuple minoritaire au Canada. C'est dans ce contexte que doit s'inscrire le bilan du fédéralisme canadien.

Le but de cet ouvrage multidisciplinaire présentant un bilan du fédéralisme canadien dans une perspective québécoise est non seulement d'exposer une évaluation éclairée et équilibrée des aspects positifs et négatifs d'un tel régime, mais aussi d'offrir une contribution critique d'importance aux débats politiques qui auront lieu dans le cadre des choix qui se posent maintenant pour le Québec. Il s'agit d'évaluer les coûts et bénéfices de l'interdépendance qui caractérise les relations Québec-Ottawa en nous penchant particulièrement sur les pratiques et les logiques étatiques. Puisque la décision qui devra être prise est d'abord de nature politique, c'est sous cet angle que seront articulées les différentes contributions. À l'heure actuelle, les prises de position sur cette question ont été essentiellement partisanes. La logique du discours politique fait en sorte que la réalité est dépeinte sans nuances et que les demi-tons trouvent peu leur place. Il faut pourtant admettre que le fédéralisme canadien n'a pas eu que des mauvais côtés. Toutefois, au-delà des avantages que le Québec a retirés de son appartenance au Canada, il faut aussi admettre qu'il a dû supporter des coûts relativement élevés touchant son développement politique, économique, culturel et social. Cela ne fut pas sans être lourd de conséquences quant à la place qu'il occupe maintenant au sein du Canada. Il semble donc pertinent de mettre en lumière de façon plus approfondie les bénéfices et les coûts du fédéralisme canadien pour le Québec. C'est pourquoi nous espérons que ce livre pourra être utile et apporter de l'eau au moulin des discussions sur l'avenir politique du Québec.

Le lecteur ne trouvera pas dans ce livre une unité de points de vue. Au contraire, les chapitres qui le composent présentent des conclusions nuancées et démontrent même parfois que le Québec a relativement bien tiré son épingle du jeu à l'intérieur du cadre canadien. D'autres contributions, par ailleurs, soulignent clairement la logique qui s'est installée à Ottawa et qui laisse peu de place à la reconnaissance du rôle particulier que doit jouer le Québec dans la promotion de sa spécificité ou, devrions-nous dire, de son caractère distinct. L'ouvrage rend bien compte de la complexité du débat.

D'abord, François Rocher rappelle les principales étapes ayant marqué les trente dernières années du débat constitutionnel au Canada. Il montre comment se sont mises en place les revendications du Québec en matière de renouvellement du fédéralisme et quelle vision de la société québécoise y était associée. Il prend la mesure de l'échec du référendum de 1980 et de la magnifique réinterprétation des résultats ayant conduit Ottawa à procéder au rapatriement de la Constitution, modifiée pour y inclure une formule d'amendement n'accordant pas un droit de veto au Québec ainsi qu'une Charte des droits et libertés touchant les pouvoirs du Québec en une matière aussi importante que la langue. Après avoir souligné que l'accord du lac Meech aurait contribué à transformer la dynamique des futures relations fédérales-provinciales tout en ne diminuant pas les pouvoirs détenus par Ottawa, il analyse les conséquences de l'échec de l'entente de 1987 sur la recomposition du discours politique au Québec ainsi que les propositions de renouvellement qui ont été présentées par Ottawa depuis septembre 1990. C'est ainsi que l'on constate que le reste du Canada est incapable de déroger au principe de l'égalité des provinces et que la portée de la reconnaissance du Québec comme société distincte se réduit comme une peau de chagrin, à tel point que les conséquences juridiques en sont de plus en plus nébuleuses. Le fédéralisme canadien n'est pas en mesure d'opérer un virage qui mettrait fin à la tendance centralisatrice qui le caractérise depuis plusieurs décennies. Le régime politique actuel cherche plutôt à mieux encadrer les gouvernements provinciaux sous le couvert de mécanismes de coordination et une meilleure représentation des intérêts régionaux au sein des institutions fédérales de plus en plus omnipotentes.

Si le débat constitutionnel porte essentiellement sur les aménagements institutionnels qui encadrent les différents constituants de la fédération canadienne, force est de constater qu'il renvoie plus fondamentalement à des conceptions différentes du rôle joué et de la place occupée par les acteurs nationaux et sociaux au sein du régime politique canadien. Jean H. Guay et François Rocher rappellent que la reconnaissance de la spécificité du Québec fut au cœur de la réalité canadienne. Remontant aussi loin que 1760, ils démontrent que l'acceptation du caractère distinct du Québec a toujours été au cœur des aménagements politiques qui ont caractérisé le Canada. Cet agrément s'est d'abord réalisé pour des raisons stratégiques, puis il fut le fruit de l'échec de l'ambition assimilatrice, bien exposée par Lord Durham, ayant présidée à l'adoption de l'Acte d'Union de 1840. L'existence d'un régime de type fédéral trouve en partie sa source dans le nécessaire compromis permettant aux résidents du Bas-Canada de préserver leur individualité, soulignant ainsi l'incapacité d'établir un régime unitaire conforme aux souhaits énoncés par John A. Macdonald lors des négociations ayant conduit à l'adoption de l'Acte de l'Amérique du Nord britannique de 1867. Les auteurs montrent que la reconnaissance de la spécificité du Québec a toujours posé problème et divisé tant les élites politiques que la population canadienne. Cette problématique fut au cœur de l'échec de l'accord du lac Meech et risque à nouveau de diviser plus que jamais le Canada et de forcer le Québec à opter pour la souveraineté. Les auteurs soutiennent que les oppositions les plus farouches à la reconnaissance constitutionnelle de la société distincte sont structurelles et plongent leurs racines dans la culture politique canadienne. À l'heure où l'on remet en question le mode de fonctionnement qui a prévalu jusqu'alors dans les négociations fédérales-provinciales, processus qui favorisait les compromis entre les élites, et où l'on réclame une plus grande participation «démocratique» de la part de l'ensemble des citoyens, le débat ne peut que se cristalliser autour de symboles irréconciliables.

Proposant une analyse de la notion de dualité telle que la perçoit le Canada anglais, Miriam Smith évoque les facteurs politiques et sociologiques qui font que cette conception du Canada, bien qu'elle ait reçu un appui mitigé dans le passé, est aujourd'hui considérée comme un mythe. La notion des deux peuples fondateurs, ou des deux nations, est maintenant rejetée. Les politiques fédérales qui s'inspiraient de cette vision, notamment la politique du bilinguisme, sont aujourd'hui décriées. Il en est de même pour le multiculturalisme. S'interrogeant sur les nouvelles formes de l'identité canadienne, Miriam Smith avance la thèse selon laquelle la présence d'identités particulières, portées entre autres par les mouvements de femmes ou par les minorités ethniques, se révèle incompatible avec le projet fédéral de promotion d'une nation canadienne. Dans ce contexte, le discours québécois qui cherche à promouvoir l'idée d'une nation distincte trouve peu de preneurs au Canada anglais.

Même si la question relative au statut politique du Québec se bute à la culture politique canadienne, ce dernier élément ne peut expliquer à lui seul les difficultés que rencontre le Québec à l'égard du gouvernement fédéral dans sa volonté de restructurer le fédéralisme et de voir celui-ci procéder à une certaine décentralisation des pouvoirs. C'est ainsi que, pour François Rocher et Daniel Salée, il importe de tenir compte de la logique d'État qui alimente le fédéralisme et qui informe la nature du débat constitutionnel actuel. Les impératifs de la restructuration de l'économie canadienne ont amené le gouvernement central à vouloir s'imposer comme lieu premier et décisif de définition du jeu politique — comme en font foi le débat constitutionnel et l'envahissement continuel des compétences provinciales par Ottawa — et de formulation des grandes politiques économiques — dont le libre-échange constitue un exemple frappant. Au-delà de la volonté des stratèges fédéraux et d'une certaine élite politique qui a pendant quinze ans cherché à remettre le Québec à sa place, la stratégie du gouvernement central doit être aussi analysée comme une tentative de revoir les mécanismes de gestion de l'économie. Les gouvernements provinciaux seraient ainsi amenés à jouer un rôle de second plan au profit de l'intérêt national pouvant seul être porté par Ottawa.

Parmi les changements majeurs apportés au régime fédéral, la Charte canadienne des droits et libertés enchâssée dans la Constitution en 1982 occupe sans doute la première place. Guy Laforest s'emploie à en dégager le véritable sens pour le Québec. Il souligne que, dans une perspective québécoise, la Charte est illégitime et qu'elle recèle des dangers considérables pour tout projet de protection et de promotion d'une société distincte. Il montre comment la réforme de 1982 s'inscrit dans une grande entreprise d'édification de la nation canadienne. Cette entreprise est encore au cœur des réformes constitutionnelles que tente d'accomplir le Canada dix ans plus tard. Finalement, Guy Laforest aborde la question de l'éthique libérale de la sécession et réfléchit sur sa pertinence dans la conjoncture canado-québécoise. Bien qu'en théorie un système fédéral soit tout à fait compatible avec l'objectif de protection et de promotion d'une culture spécifique, force est d'admettre qu'en pratique le Québec a toujours toutes les difficultés du monde à obtenir et à conserver les outils législatifs et institutionnels qui lui permettraient de réaliser cet objectif. C'est ainsi que la sécession du Québec est présentée comme une condition nécessaire pour mettre fin à l'illégitimité de la Constitution de 1982 et de la Charte qui y fut enchâssée, tout comme elle permettrait au Québec d'en finir avec le travail qualifié de corrosif du nationalisme canadien.

Louis Balthazar se penche sur la question de l'émancipation internationale du Québec dans le cadre du fédéralisme canadien. Il retrace les grandes étapes ayant conduit le Québec à prendre une place de plus en plus active sur la scène internationale. L'émancipation internationale du Québec est présentée comme un processus irréversible, bien qu'elle ait dû se réaliser à l'intérieur d'un triangle où le gouvernement fédéral a pris le plus souvent au moins autant de place que le Québec lui-même dans sa relation avec un partenaire donné. Louis Balthazar note qu'au cours des trente dernières années, la France et les États-Unis furent des partenaires privilégiés. Quelques constantes peuvent aussi être dégagées. Le

Québec a exprimé un besoin incessant de prolonger ses compétences internes et sa spécificité tout en étant obsédé par la rentabilisation économique de ses activités internationales. Même si les médias ou les politiciens ont parfois mis l'accent sur l'aspect nationaliste de la politique extérieure du Québec, celle-ci ne fut pas motivée uniquement par le seul facteur relatif à son statut ou au nationalisme québécois. Louis Balthazar rappelle que, quel que soit l'avenir du Québec, la politique extérieure aura permis aux Québécois de mieux s'affirmer dans un contexte d'interdépendance croissante.

Jean Mercier présente la perspective d'un administrativiste sur le fédéralisme canadien. Après avoir rappelé les principaux éléments qui conditionnent le contexte administratif, il souligne que les contacts administratifs entre les organismes fédéraux et les Québécois ne se sont intensifiés qu'à partir des années trente, à la suite d'une autre politique interventionniste du gouvernement central. Ce dernier s'est arrogé des pouvoirs que ni la Constitution ni les économies d'échelle ne lui dictaient. De plus, l'influence exercée par les Ontariens au sein de la fonction publique fédérale a fait en sorte que les politiques du gouvernement fédéral ont favorisé cette province aux dépens des autres, dont le Québec. Toutefois, depuis vingt-cinq ans, les Canadiens anglais voient la politique fédérale comme favorisant injustement le Québec. Cette réalité reflète le fait que, depuis la croissance de la présence francophone à Ottawa, l'intégration des organisations francophones et anglophones a fait prendre conscience des intérêts divergents des uns et des autres. Par ailleurs, Jean Mercier fait valoir que les tendances actuelles en administration s'opposent à l'évolution du fédéralisme qui a plutôt privilégié la croissance des organismes centraux. Il soutient qu'il faudrait, au contraire, revaloriser les services de première ligne et réduire les services de la planification centrale. En bout de piste, le Québec et le Canada devront continuer à partager les risques et les coûts de plusieurs de leurs activités industrielles et chercher à séparer leurs activités qui ne comportent pas d'économies d'échelle, en particulier dans le secteur des services. Cette approche favorise la thèse des avantages de l'accession à la souveraineté pour le Québec.

La question générale des avantages et des coûts administratifs du fédéralisme pose en filigrane la problématique de la présence des francophones et des Québécois au sein de l'appareil administratif et politique fédéral. Michel Sarra-Bournet s'interroge sur la place des francophones québécois à Ottawa et sur la réalité empirique du *French Power* tant décrié dans un certain Canada anglais. L'engagement politique des Trudeau, Pelletier et Marchand au cours des années soixante visait à ce que les Canadiens français puissent, d'une part, se sentir «chez eux» hors du territoire québécois et, d'autre part, exercer leurs droits dans la capitale fédérale. Il fallait corriger le peu de place laissée aux francophones dans l'appareil gouvernemental canadien et la position d'infériorité qu'y occupait la langue française. C'est ainsi que s'est développée au Canada anglais la perception voulant que les francophones aient pris d'assaut Ottawa. Sur la base d'une étude empirique inédite, Michel Sarra-Bournet démontre que, même si le nombre de francophones dans la fonction publique fédérale est disproportionné, les Québécois de langue française y comptent pour peu. De fait, la surreprésentation du Québec est due à un trop grand nombre d'anglophones québécois. En d'autres mots, s'il existe bel et bien un *French Power* à Ottawa, celui-ci s'explique en grande partie par la présence de francophones qui ne sont pas d'origine québécoise. Par ailleurs, il n'y a pas de *French Québec Power*. Les francophones québécois occupent une place qui correspond somme toute à leur poids démographique, cela étant vrai autant dans l'exécutif politique que dans l'administration.

Le projet fédéral voulait d'abord et avant tout créer un espace économique intégré. Jacques Fortin fait le point sur le niveau d'intégration économique qu'a entraîné l'union économique canadienne. Il présente les fondements constitutionnels de l'union économique ainsi que le rôle qu'y a joué la politique économique du gouvernement central. Il trace un portrait du commerce interprovincial des biens et des services et souligne le rôle de la présence d'entreprises contrôlées par des capitaux provenant d'une autre province. Force est de constater que le commerce interprovincial occupe une place importante dans l'économie québécoise. Néanmoins, l'union économique a conduit à une intégration économique pancanadienne moins poussée que ne le laisseraient croire certaines données, compte tenu du peu de complémentarité qui existe entre les économies des régions. Le portrait est toutefois différent si on ne tient compte que des économies québécoise et ontarienne. Jacques Fortin évalue aussi les multiples entraves à la circulation des biens, services, capitaux et personnes au Canada. Il soutient que l'amélioration de l'efficacité de l'économie canadienne dépend moins des modifications à apporter au fonctionnement de l'union que de la nécessité de réformer le mode de gestion centralisé actuel de l'économie. Celui-ci s'est montré inefficace dans la lutte aux inégalités régionales, a produit des dédoublements et conduit à une irresponsabilité fiscale expliquant en partie la piètre situation financière actuelle des gouvernements. Finalement, même si la solution pouvait se trouver dans la décentralisation, l'amélioration de l'union économique pourrait aussi passer par la mise en place d'un nouveau cadre politique pour le Québec. Des mécanismes de coordination pourraient assurer l'efficacité de l'union tout en maintenant son fonctionnement et celui du fédéralisme économique.

David Irwin et Gérald Bernier se penchent, pour leur part, sur les problématiques du fédéralisme fiscal, de la péréquation et du déficit fédéral. Ils apportent certains éclaircissements sur les transferts fédéraux dont bénéficient le Québec et les autres provinces canadiennes. Après avoir analysé le cadre constitutionnel qui régit de tels transferts, ils soulignent que ces derniers ont répondu à des impératifs tant d'égalité interprovinciale que de promotion de l'intégration politique au Canada. La question du déficit fédéral est aussi considérée. D. Irwin et G. Bernier font valoir qu'en matière de fiscalité le Québec constitue un cas particulier, puisqu'il est la seule province qui perçoit directement des citoyens l'impôt sur le revenu. Ils analysent la structure des transferts intergouvernementaux destinés au Québec (péréquation, financement des programmes établis et régime d'assistance publique au Canada). Ils notent que les transferts fédéraux sont insuffisants dans la mesure où ils représentent une part décroissante des revenus et des dépenses du gouvernement du Québec même si, en comparaison avec les autres provinces, le Québec ne fait pas figure d'enfant pauvre.

Poussant plus loin le bilan économique, Gérald Bernier propose une analyse des politiques de développement régional au Québec mises en place depuis 1969. Il trace l'évolution des structures d'accueil de ces politiques et relève les objectifs visés. Il cherche aussi à savoir si le Québec a reçu et continue de recevoir sa juste part des sommes fédérales consacrées au développement régional. Finalement, il évalue l'incidence de ces politiques sur la structure économique du Québec. Il relève le fait que la problématique du développement régional a revêtu, depuis la création du ministère de l'Expansion économique et régionale, un caractère politique et idéologique. Cette problématique s'inscrit dans les thématiques de l'unité nationale et de la société juste. Les multiples réformes qu'ont connues les programmes de développement régional ont davantage cherché à accroître la visibilité politique du gouvernement fédéral et des partis politiques alors au pouvoir qu'à créer des emplois stables et de qualité. Gérald Bernier démontre par ailleurs qu'en termes absolus le Québec a reçu les engagements financiers les plus importants consentis aux provinces, mais que, sur une base per capita, il s'est toujours situé loin derrière les provinces atlantiques, bien que devançant l'Ontario. La conclusion générale que tire l'auteur de son analyse est que le Québec reçoit sa juste part et même davantage au chapitre des sommes consacrées au développement régional. Toutefois, il appert que les politiques fédérales de développement régional n'ont eu pour effet, dans le meilleur des cas, que de ralentir les processus de désindustrialisation et de décroissance de l'économie québécoise dans l'ensemble canadien. En aucun cas elles n'ont contribué à enrayer ces deux tendances.

Jean-Guy Lacroix aborde la question de la culture québécoise face aux politiques culturelles canadiennes. Après avoir établi que la culture reste toujours liée à la réalité vécue par les peuples et que, en ce sens, culture et société sont intimement imbriquées, il analyse les politiques fédérales dans ce champ particulier de l'activité sociale depuis le début des années cinquante. Il montre de quelle manière la politique culturelle adoptée par le Parti libéral du Canada sous la direction de Pierre Elliott Trudeau fut déterminée par l'idéal d'un Canada unifié et centralisé, alimentée et alimentant un nationalisme *canadian*. De plus, il souligne qu'en dépit de la mise en place d'un ensemble important d'appareils administratifs et d'un soutien financier significatif, la politique culturelle fédérale fut un échec parce qu'elle fut marquée du sceau de l'incohérence et de la timidité. Par ailleurs, la politique culturelle visant à consolider l'unité canadienne s'est butée à la culture québécoise. Pour Jean-Guy Lacroix, la politique du gouvernement conservateur fut marquée par un immobilisme qualifié de destructeur, notamment si l'on considère l'asphyxie de la Société Radio-Canada et les retombées de l'Accord de libre-échange pour les industries culturelles. Dans l'ensemble, l'action politique fédérale, tout en ayant permis au Canada de sortir du désert culturel qui le caractérisait jusqu'au milieu du siècle, fut sans projet spécifiquement culturel. Finalement, force est de constater que la politique fédérale n'a jamais cherché à reconnaître le caractère distinct de la société civile québécoise.

Marc Raboy présente une histoire des communications canadiennes d'un point de vue québécois. Il met en relief les incessantes revendications du Québec pour obtenir le contrôle des principaux leviers de développement du secteur des communications, les luttes acrimonieuses à l'intérieur des institutions «nationales» pour faire respecter le principe de la dualité linguistique et, finalement, la résistance à la conception voulant que les communications devraient servir à promouvoir une unité nationale étroitement définie et, somme toute, artificielle. Pour Marc Raboy, par-delà l'évolution des mandats confiés aux organismes chargés de gérer les communications, la situation de la radiodiffusion constitue un bon exemple du compromis ayant marqué la politique canadienne: les Québécois échangent le contrôle qu'ils devraient exercer sur des leviers importants pour leur avenir pour le bénéfice de leur appartenance à une collectivité plus grande. D'autre part, les Canadiens continuent de payer les coûts du maintien d'une unité politique d'un océan à l'autre tout en reconnaissant qu'il s'agit plutôt, dans les faits, de deux solitudes.

Yves Vaillancourt propose un bilan de l'expérience du droit de retrait, communément appelé *opting out*, des programmes fédéraux à frais partagés dans le domaine social. Il rappelle les principales étapes ayant conduit à l'obtention de ce droit de retrait assorti d'une compensation fiscale et montre de quelle manière les gouvernements ont progressivement oublié les objectifs du gouvernement Lesage. Mais au-delà de la nonchalance affichée par le Québec, il met en évidence le fait que le gouvernement fédéral n'a jamais voulu, en dépit des ouvertures manifestées au début, accorder au Québec un statut particulier et favoriser un fédéralisme asymétrique. Au contraire, peu de temps après avoir accepté le principe du droit de retrait avec compensation fiscale, Ottawa s'est employé à en diluer la portée initiale. Ce rappel historique est d'autant plus important que les propositions fédérales soumises à l'attention du Québec depuis 1987 présentent comme une grande percée la «limitation» dans la Constitution du droit de dépenser du gouvernement fédéral. Or ces dispositions se révèlent moins intéressantes que ce qu'avait déjà consenti le gouvernement fédéral dans les années soixante, et qu'il s'est empressé d'atténuer par la suite. Yves Vaillancourt souligne que les propositions visant à inclure la possibilité pour une province d'avoir recours à l'*opting out* font mention non pas d'une compensation fiscale, mais bien financière, et énoncent des conditions contraignantes pour toucher les sommes que seraient ainsi allouées aux provinces récalcitrantes.

Finalement, Daniel Salée tente de faire la lumière sur la nature des rapports entre les peuples autochtones et le Québec au sein du fédéralisme canadien. Dans un premier temps, il présente un bilan de l'approche québécoise concernant la question amérindienne et démontre qu'en dépit des failles et des faiblesses, l'État du Québec a manifesté une ouverture qui s'est traduite au cours des années par la reconnaissance des peuples aborigènes et par la mise en place de mécanismes de gestion dont le bilan est moins accablant que dans le cas des autres provinces. Par la suite, il expose les deux logiques irréconciliables qui opposent toujours le Québec et les autochtones sur les questions de l'autodétermination et des revendications territoriales. Daniel Salée évalue en quoi le cadre constitutionnel canadien n'offre pas toute la latitude nécessaire au Québec. Il montre de plus comment l'action du gouvernement fédéral à l'égard des Premières Nations a contribué à rendre le contentieux extrêmement complexe et, d'une certaine manière, à accroître les tensions. D'un point de vue strictement québécois, le fédéralisme canadien ne facilite nullement l'instauration d'une saine approche de la question autochtone, comme l'a démontré le cas de Grande-Baleine, quoique, par ailleurs, il ne soit pas évident qu'une latitude accrue améliorerait la situation. La question qui reste en suspens est de savoir si le Québec est prêt à relever le défi démocratique qu'impliquerait le respect d'un droit à la différence, tel que les autochtones le réclament dans un contexte de détérioration continue des conditions de vie et de marginalisation socio-économique d'une proportion croissante de la population québécoise, phénomènes qui touchent tout autant les Amérindiens.

FRANÇOIS ROCHER

Le Québec et la Constitution: une valse à mille temps

Les Québécois sont préoccupés par leur avenir. Or leur avenir sera en partie déterminé par les aménagements institutionnels qui définiront les règles du jeu qui présideront aux relations qu'ils entretiendront avec le reste du Canada. L'importance accordée à la Constitution depuis maintenant trois décennies par les différents gouvernements du Québec s'explique par deux éléments complémentaires. D'une part, depuis la Révolution tranquille, les Québécois ont «découvert» qu'ils étaient en mesure, s'ils le voulaient, de diriger les principaux aspects de leur vie économique, sociale et politique. D'autre part, ils ont aussi pris conscience de la nécessité de disposer des moyens politiques pour exercer cette direction.

Les discussions constitutionnelles renvoient donc au problème de la définition des lieux d'exercice du pouvoir au sein de la société canadienne. Or la forme fédérative de l'État, qui caractérise le Canada, suppose une division plus ou moins claire des pouvoirs pouvant être exercés par le gouvernement central et les gouvernements provinciaux. De plus, ces modalités institutionnelles traduisent une vision particulière du Canada. La Constitution n'est pas un texte juridique comme les autres. Elle définit le mode de fonctionnement qui prévaut dans la fédération, mais elle véhicule aussi une vision de ce qu'est le Canada et de la place que doivent y occuper chacune de ses composantes territoriales (les provinces), nationales (les peuples) et sociales (les groupes et les individus). Les débats constitutionnels sont alimentés par des visions divergentes du rôle et de la place de chaque ordre de gouvernement dans la conduite des affaires publiques. Au Québec plus particulièrement, ces débats ne peuvent passer outre à la «question nationale» ni à la nécessité pour la société québécoise d'obtenir des pouvoirs lui permettant de préserver et de développer son identité propre.

Pour saisir l'évolution de la position constitutionnelle du Québec au cours des dernières décennies, il importe d'abord de rappeler l'interprétation que l'on a faite de l'Acte de l'Amérique du Nord britannique (AANB). D'une part, la Constitution de 1867 conférait explicitement à la majorité française du Québec, pour la première fois de son histoire, un *self-government* à travers la mise en place d'un certain degré d'autonomie politique[1]. Celle-ci devait être utilisée pour sauvegarder le caractère distinct du Québec (institutions, langue, religion et traditions) dans le cadre d'un système politique flexible et décentralisé. D'autre part, le projet fédératif fut appréhendé comme un «pacte» entre les provinces. Il était la seule solution pour mettre fin à l'instabilité politique ayant caractérisé l'Union. Seule la fédération pouvait répondre à la fois au régionalisme prononcé des provinces maritimes et aux aspirations du Bas-Canada. L'AANB fut interprété comme une fédération non seulement de provinces, mais aussi de nationalités et de croyances. En acceptant de se constituer en fédération, les provinces n'avaient pas l'intention de renoncer à leur autonomie. La préservation des droits provinciaux fut d'ailleurs l'un des thèmes dominants du discours politique du Québec à l'endroit du gouvernement fédéral.

Un pas en avant: la quête d'un nouveau statut politique pour le Québec

Les années soixante ont marqué un tournant important dans la façon dont le Québec entrevoyait son avenir dans la fédération canadienne. Duplessis s'était fait l'avocat de l'autonomie provinciale, instaurant même une Commission royale d'enquête sur les problèmes constitutionnels en 1953 (commission Tremblay) dont le mandat rappelait la nécessité pour le Québec de préserver les prérogatives provinciales découlant de l'AANB en réponse à la volonté déclarée d'Ottawa de procéder à une plus grande centralisation des pouvoirs. L'attitude du gouvernement Lesage à l'égard du dossier constitutionnel allait traduire un changement profond de perception et de stratégie. L'autonomie politique fut présentée non pas comme un moyen de limiter l'influence pernicieuse d'Ottawa, mais plutôt comme un moyen de rétablir la situation politique, économique et sociale du «peuple» canadien-français[2]. Le discours autonomiste prenait donc une nouvelle orientation: la nécessité de protéger le caractère traditionnel du Canada français cédait le pas au besoin d'affirmation nationale qui exigeait la défense des pouvoirs confiés aux provinces, pouvoirs jugés indispensables à la tâche de modernisation à laquelle s'attelait l'État québécois.

Quelques semaines après son élection comme premier ministre, Jean Lesage profita de la conférence fédérale-provinciale de juillet 1960 pour inviter ses homologues à un réaménagement du fédéralisme canadien. Il importe de souligner que c'est le Parti libéral du Québec qui insista le premier sur la nécessité d'une réforme constitutionnelle au Canada. Toutefois, les modifications réclamées touchaient essentiellement certaines institutions de la fédération et non directement la question du partage des compétences. C'est ainsi qu'il désirait engager des discussions sur le rapatriement de la Constitution et la formule d'amendement, sur la création d'un tribunal constitutionnel relevant des deux niveaux de gouvernement et une Déclaration des droits fondamentaux de l'homme[3]. Au cours des deux premières années du mandat de Lesage, le mot d'ordre était d'exercer la pleine «souveraineté» provinciale du Québec. Par la suite, le discours s'est modifié sensiblement. Lesage en vint à lier la place du Québec au sein de la fédération au problème de la survivance des Canadiens français. C'est à compter de ce moment qu'il souleva la nécessité de revoir le partage des compétences et d'examiner les rapports entre les deux «groupes ethniques» qui composent le Canada. Au sein de la société québécoise, cette question devint centrale. Pour une bonne partie de la classe politique québécoise, notamment celle liée à l'Union nationale, il fallait revoir la question des relations entre les communautés francophone et anglophone. Ainsi, pour bon nombre d'éditorialistes et d'intellectuels, l'ouverture d'une enquête fédérale sur les dimensions linguistiques et culturelles de la réalité canadienne apparaissait comme une étape indispensable.

Le débat constitutionnel de la première moitié des années soixante s'était concentré sur le projet fédéral de rapatrier la Constitution et de la doter d'une formule d'amendement connue sous le nom de formule Fulton-Favreau. Bien que pour Lesage ces discussions constituaient une étape préalable à la révision constitutionnelle du partage des compétences, l'opposition parlementaire et bon nombre de voix nationalistes les décriaient fortement. La formule Fulton-Favreau fut perçue comme une «camisole de force» en ce qu'elle fermerait vraisemblablement la porte à toute extension future des pouvoirs du Québec (les modifications touchant les juridictions provinciales exigeaient l'unanimité), conférerait au Québec un statut identique à celui des autres provinces (alors que le Québec voulait obtenir un statut particulier) et n'établirait pas les droits des minorités. Compte tenu des coûts politiques, jugés trop élevés par Lesage, découlant de l'acceptation de cette formule, il se vit contraint de la rejeter. Ce refus fut lourd de conséquences. Les gouvernements québécois qui succéderont à Lesage insisteront tous sur la nécessité d'obtenir des résultats concrets au chapitre du réaménagement des compétences avant d'en venir à une entente sur le rapatriement et la formule d'amendement. Au cours de l'année 1966, le Parti libéral du Québec établit plus clairement sa position constitutionnelle. La thèse du statut particulier fut précisée.

Les travaux de la commission Laurendeau-Dunton eurent une portée majeure sur les débats politiques et les négociations constitutionnelles. On y soulignait la profondeur de la crise que traversait le Canada, en mettant l'accent sur la minorisation de la communauté canadienne-française dans l'ensemble du Canada et sur le faible statut de la langue française au Québec. Le rapport préliminaire déposé par les commissaires en 1965 insistait sur la nécessité de reconnaître les Canadiens français comme des partenaires égaux au sein du Canada. En cas de refus, le scénario du pire était même envisagé, car «de la déception naîtra l'irrémédiable[4]». En d'autres termes, l'hypothèse de l'indépendance ne devait pas être prise à la légère. Les propos de la Commission firent grande impression au Québec où la thèse de l'égalité des deux nations s'était imposée. Même Lesage s'en fit le porte-parole au cours d'un voyage dans l'Ouest canadien. Tout au long de son périple, il insista sur la double face du problème canadien: d'une part, la dualité canadienne qui nécessitait une politique de bilinguisme et d'égalité des droits et, d'autre part, le fédéralisme centralisateur qui devait tout de même reconnaître au Québec des compétences accrues, quitte à privilégier l'asymétrie. Les propos de Lesage reçurent un accueil plutôt hostile qui confirmait l'impossibilité de revoir éventuellement le partage des compétences[5].

La prise du pouvoir par l'Union nationale en 1966 se traduisit par un changement de ton et de perspective, que résume bien le slogan adopté par les troupes de Daniel Johnson, «Égalité ou indépendance». Johnson rappelait que les Canadiens français, comme nation, cherchaient à s'identifier au territoire et à l'État du Québec, celui-ci étant le seul instrument politique qu'ils pouvaient maîtriser et utiliser afin d'assurer leur épanouissement. Ainsi, Johnson se faisait l'avocat de la reconnaissance de l'égalité des deux peuples fondateurs et en tirait sa conséquence logique: faire de la Constitution un instrument d'égalité entre ces deux peuples. Il soutenait que la Constitution canadienne était particulièrement inadéquate pour réconcilier les deux logiques contradictoires qui s'étaient imposées au Canada: alors que la nation canadienne-française réclamait pour le gouvernement du Québec plus de pouvoir, le Canada anglais, pour sa part, visait une plus grande unification politique. L'élaboration d'une nouvelle constitution s'imposait du fait de l'évolution pratique du fédéralisme dans la période contemporaine qui en avait modifié l'esprit originel[6]. La nouvelle constitution réclamée devait affirmer le caractère binational du Canada dans ses structures politiques, économiques et sociales. Cette reconnaissance devait se concrétiser entre autres par l'adoption d'une Charte des droits nationaux (collectifs), parallèlement à une Charte des droits fondamentaux de la personne[7]. C'est inspiré d'une telle philosophie politique que Johnson se présenta en novembre 1967 à la Conférence interprovinciale des premiers ministres, intitulée *La Confédération de demain*, à l'invitation du premier ministre ontarien Robarts. Les questions soulevées par Johnson intéressèrent peu ses interlocuteurs, davantage préoccupés par des problèmes de coopération et de coordination entre les divers gouvernements, de transfert de la richesse et de fiscalité.

Pour faire écho à cette conférence interprovinciale, le premier ministre canadien Pearson convoqua une conférence fédérale-provinciale sur la Constitution au début de 1968, enclenchant un processus de révision qui mena à la Charte de Victoria en 1971. Toutefois, les leaders politiques ont changé au cours de la période. Le premier ministre canadien, Pierre Elliott Trudeau, élu en 1968, faisait face à un jeune premier ministre québécois, plus pragmatique, du nom de Robert Bourassa, élu en 1970. Un changement majeur affecta alors le cours des choses. Alors que la nécessité de revoir la Constitution avait d'abord été réclamée par le Québec au cours des années soixante, c'était maintenant au gouvernement fédéral de contrôler le processus de révision constitutionnelle à la lumière de ses propres objectifs. Et la logique mise en place par Ottawa allait nettement à l'encontre de celle préconisée par Québec.

Tout au long de ce processus de négociation constitutionnelle, la thèse des deux nations fut unanimement contes-

tée par les représentants fédéraux et ceux des autres provinces. Par ailleurs, contrairement à ses prédécesseurs, Bourassa cherchait moins à récrire la Constitution sur la base de
la reconnaissance des deux nations qu'à réformer le système fédéral et voir accorder au Québec un statut spécial et
les ressources nécessaires pour faciliter la préservation et
le développement du caractère binational de la fédération
canadienne et, plus particulièrement, assurer la souveraineté culturelle du Québec. Mais la question d'un accroissement des pouvoirs législatifs du Québec demeurait présente
dans l'esprit du gouvernement québécois. Sur le plan de la
stratégie, Bourassa entendait tester la volonté du Canada
anglais de revoir le partage des compétences. Adoptant une
démarche étapiste, le Québec décida de ne retenir que le
domaine des politiques sociales comme secteur témoin de la
possibilité d'une entente éventuelle plus large concernant la
révision des champs de compétences.

Au terme des pourparlers, les gouvernements fédéral et
québécois en vinrent à une entente quant au principe de la
nécessité de l'intégration des programmes de soutien et
d'assurance de revenu à l'ensemble des services de bien-
être et de santé. Des divergences sont toutefois apparues
sur la façon d'appliquer ce principe. Pour Ottawa, des mécanismes administratifs et de consultation suffisaient alors
que, pour Québec, l'enchâssement de sa prérogative législative dans la Constitution était vue comme indispensable.

La Charte de Victoria ne répondait que partiellement
aux besoins exprimés par le Québec. Plusieurs éléments la
composait: la reconnaissance de droits politiques et linguistiques, une formule d'amendement (accordant au Québec un
droit de veto sur les futures modifications constitutionnelles)
et deux articles concernant le partage des compétences en
matière de politique sociale. Seule la position fédérale fut
retenue. D'abord, la Charte de Victoria évacuait complètement toute référence aux notions de nation, de communauté
ou de peuple québécois. À cet égard, la rebuffade servie à
l'endroit du Québec était majeure. Ensuite, au chapitre de la
politique sociale, seule la compétence fédérale était reconnue,
assortie d'une démarche obligatoire de consultation. Le gou-

vernement du Québec pouvait difficilement souscrire à cette Charte sans en payer un prix politique élevé. L'opposition qui se manifesta au Québec fut virulente et provint de tous les secteurs de la société. La condition préalablement posée, à savoir une entente sur la question de la politique sociale, n'avait pas été rencontrée. La Charte constituait une fin de non-recevoir à l'endroit des questions pourtant considérées comme centrales, à savoir la reconnaissance nationale et le réaménagement partiel des compétences. Finalement, en raison des pressions politiques qu'il subissait, Robert Bourassa fut dans l'obligation d'opposer son refus à la Charte de Victoria, en dépit d'un accord de principe donné à Victoria quelques jours plus tôt[8].

Il fallut attendre 1975 pour que la question constitutionnelle redevienne à nouveau prioritaire. Les ambitions d'Ottawa s'étaient par contre rétrécies. Le projet proposé n'incluait plus que le rapatriement et la formule d'amendement. La question du partage des pouvoirs devait faire l'objet de discussions ultérieures. Pour le Québec, cette nouvelle initiative était irrecevable si la question du partage des compétences n'y était pas incluse. Pour contrecarrer la menace de Trudeau de procéder unilatéralement au rapatriement de la Constitution, Bourassa déclencha des élections provinciales en novembre 1976. La position constitutionnelle présentée par le Parti libéral au cours de la campagne électorale reprenait les demandes traditionnelles du Québec, dont notamment, l'obtention d'un droit de veto, la participation au processus de nomination des juges à la Cour suprême, la préséance du Québec en matière de culture et d'éducation, le droit de retrait des programmes fédéraux avec compensation financière, des pouvoirs accrus en matière d'immigration et des limitations aux pouvoirs déclaratoire et de dépenser d'Ottawa. C'est toutefois le Parti québécois qui remporta les élections[9].

Deux engagements électoraux du PQ allaient l'aider à prendre le pouvoir en 1976: sur le plan de l'administration publique, agir en «bon gouvernement» et, sur le plan constitutionnel, tenir un référendum sur la question de la souveraineté nationale. Cette stratégie s'était révélée nécessaire pour affronter le gouvernement libéral, dans un contexte où son option ne recevait pas l'appui de la majorité. Pris par son engagement, le gouvernement péquiste se voyait donc obligé de tenir cette consultation populaire avant la fin de son premier mandat.

Le gouvernement du Parti québécois fit connaître sa position dans son livre blanc déposé en 1979 intitulé *La nouvelle entente Québec-Canada. Propositions du gouvernement du Québec pour une entente d'égal à égal*. On y dressait un bilan fort négatif de l'expérience canadienne. On y soutenait que jamais les francophones n'avaient été considérés comme formant une société, avec une histoire, une culture et des aspirations propres; que l'assimilation avait toujours été le projet moteur des anglophones à l'égard des francophones, les premiers refusant systématiquement de reconnaître les droits collectifs des Québécois, droits devant se traduire par l'attribution de pouvoirs particuliers au gouvernement du Québec. Ainsi, toute l'histoire du fédéralisme, depuis sa création en 1867, apparaissait teintée par le désir du gouvernement central de s'immiscer dans les domaines de compétences provinciales. Quatre éléments y étaient avancés pour expliquer la tendance centralisatrice observée dans la fédération canadienne: 1) elle répond aux aspirations de la communauté canadienne-anglaise qui voit dans le gouvernement central l'instrument du progrès; 2) le gouvernement central a profité des situations de crise pour envahir des champs de compétences provinciales; 3) l'AANB a favorisé l'expansion du gouvernement central en lui conférant tous les pouvoirs non explicitement attribués aux provinces; 4) le gouvernement central a disposé de plus de ressources financières que les provinces[10]. Ainsi, la volonté du Québec de résister à cette tendance avait conduit à des conflits permanents entre Québec et Ottawa. Le «fédéralisme renouvelé» préconisé par le Canada anglais ne correspondrait qu'à des réformes superficielles respectant le rôle et les attributions du gouvernement central. Jamais les réformes n'aboutiront à la reconnaissance de la nation québécoise ni ne conféreront au Québec une place particulière dans la fédération.

Le débat constitutionnel n'a donc de sens que dans la perspective d'un changement de statut pour le Québec. Selon le livre blanc, une nouvelle entente entre le Québec et le reste du Canada impliquerait l'adoption d'une nouvelle formule constitutionnelle. Cette dernière devrait tenir compte des préoccupations des Québécois qui veulent communiquer et dialoguer directement et librement tant avec leurs voisins qu'avec les autres nations et qui n'entendent point détruire le Canada ni en être entièrement séparés. La souveraineté-association constituerait donc la formule idéale en ce qu'elle respecterait les sentiments des Québécois à l'égard du Canada, préserverait la communauté économique et assurerait l'autonomie du Québec. La souveraineté-association représenterait une réponse au désir d'une relation plus égalitaire entre les francophones et les anglophones puisqu'il s'agirait essentiellement d'une association entre pays souverains s'inspirant de la formule éprouvée d'intégration économique[11].

Pour rassembler le plus possible les forces nationalistes et s'assurer une éventuelle victoire, les stratèges péquistes optèrent pour une question référendaire s'inscrivant dans la lignée des revendications traditionnelles des Québécois. C'est ainsi qu'on demandait aux Québécois de donner au gouvernement provincial le mandat de négocier une nouvelle entente avec le Canada sur la base de la reconnaissance de l'égalité des deux nations. On remettait donc à plus tard, par voie d'un second référendum, l'approbation du nouveau statut ainsi négocié. Les camps respectifs du OUI et du NON se mirent en place essentiellement selon un clivage partisan. Les tenants de la première option s'identifiaient presque tous au Parti québécois.

L'espoir entretenu par les stratèges gouvernementaux, voulant que ceux qui soutenaient un accroissement des pouvoirs de l'État québécois allaient appuyer la démarche gouvernementale, s'est brisé face au mur de la stratégie des opposants à la souveraineté. Alors que la question portait sur une éventuelle négociation «d'égal à égal» avec le Canada, les libéraux provinciaux soutenus par Ottawa firent porter le débat sur l'indépendance du Québec. Ainsi, on fit miroiter aux Québécois qu'en votant NON ils opteraient pour un renouvellement du fédéralisme qui accorderait une plus grande place au Québec. C'était du moins le discours tenu par Claude Ryan, chef du camp du NON et leader du Parti libéral du Québec, qui puisait son inspiration du document de travail élaboré par son parti en vue de l'échéance référendaire. Quant aux ténors venus d'Ottawa, Trudeau en tête, ils se gardèrent de prendre un engagement ferme allant dans ce sens, jouant sur l'ambiguïté créée par la conjoncture politique. C'est dans ce contexte que les deux camps puisèrent à l'idéologie nationaliste. Il était donc possible d'être à la fois nationaliste et fédéraliste, sans toutefois favoriser une plus grande centralisation des pouvoirs à Ottawa.

Conséquemment aux résultats du référendum de 1980, on a assisté à une magnifique réinterprétation de la signification de la victoire du NON. Trudeau soutint immédiatement que le Québec avait choisi le Canada. L'appui à la cause d'un Québec fort fut réduit aux 40 % qui avaient voté OUI. C'était rapidement oublier qu'environ 70 % de la population favorisait toujours un réaménagement des pouvoirs favorable au Québec[12].

Premier pas en arrière: l'échec du référendum et le rapatriement de la Constitution

L'échec référendaire fut lourd de conséquences. Sur le plan symbolique, la rhétorique nationaliste perdit de sa crédibilité. Sur le plan politique, le gouvernement fédéral put exploiter à fond le résultat référendaire, allant même jusqu'à discréditer les revendications québécoises des vingt dernières années pour imposer son projet de centralisation des pouvoirs. Socialement, enfin, l'échec du projet péquiste se traduisit par une importante démobilisation à l'endroit du nationalisme. Bien que 40 % des Québécois aient voté OUI, le match se soldait par un cuisant échec.

L'initiative était maintenant dans le camp fédéral, et c'est dans ce contexte que se sont déroulées les négociations ayant conduit au rapatriement de 1982. Le rapport de force était défavorable au gouvernement du Québec de telle sorte que les arguments avancés en opposition au projet fédéral ne reçurent que peu d'échos favorables. Le rapatriement de la Constitution canadienne assortie d'une formule d'amendement et d'une Charte des droits et libertés qui suivit le référendum québécois s'est réalisé après d'intenses négociations fédérales-provinciales qui ont eu lieu dans des conditions difficiles. Le processus s'est achevé par l'isolement du Québec, seule province à avoir refusé de signer la Constitution de 1982.

La nouvelle Constitution a modifié les pouvoirs du Québec, notamment en matière linguistique, sans que ce dernier y ait consenti. Le contrat qui liait le Québec au reste du Canada, négocié plus de cent ans auparavant, a fait l'objet d'une révision sans l'accord préalable d'une de ses parties. Par ailleurs, la Charte des droits et libertés enchâssée dans le document de 1982 a cherché à redéfinir l'identité individuelle des citoyens en modelant une nouvelle culture politique pour tous les Canadiens. Ces derniers fonderaient leur allégeance au Canada sur les institutions du gouvernement fédéral, gardiennes de la Charte, qui octroient et protègent un ensemble de droits. Or la Charte nivelle les législations provinciales et réduit les différences sociales entre chacune d'elles. Elle est en partie contradictoire avec le projet de promotion d'une identité québécoise dans la mesure où elle ne permet pas l'asymétrie dans le traitement des individus et des provinces[13]. En somme, pour ce qui est du contenu, la Charte est considérée par bon nombre de Québécois comme un document niant leurs aspirations. Pourtant, le coup de force fédéral, à tout le moins à l'égard du Québec, n'a soulevé que fort peu de protestations, sinon verbales. Bien sûr, l'Assemblée nationale a condamné, par un vote unanime des partis, le geste d'Ottawa, mais sans que cela soulève les passions au Québec comme ce fut le cas lors de la crise de la conscription en 1942. Pourtant, la nouvelle Constitution canadienne était aux antipodes des attentes exprimées au lendemain du référendum quant au renouvellement du fédéralisme.

Ce n'est que deux ans plus tard, sur l'initiative du gouvernement Mulroney, que les discussions reprirent entre Ottawa et Québec. En réponse à la promesse électorale des conservateurs de ramener le Québec dans la famille constitutionnelle canadienne dans «l'honneur et l'enthousiasme», le premier ministre Lévesque décida qu'il valait la peine de prendre ce «beau risque». En mai 1985, il présenta au gouvernement Mulroney un projet d'entente dans lequel il énumérait pas moins de 22 conditions pour apposer sa signature sur la Constitution canadienne. Dans l'ensemble, ce document reprenait les revendications traditionnelles du Québec en matière de droit de veto, d'accroissement des compétences provinciales (communications, immigration, relations internationales, etc.), de limitation de l'application de la Charte des droits et liberté aux seuls articles portant sur les droits démocratiques, et de reconnaissance constitutionnelle du Québec comme société distincte[14]. Toutefois, compte tenu de la proximité des élections provinciales, le gouvernement Mulroney n'a montré que peu d'empressement à entamer les négociations avec le gouvernement péquiste.

L'élection du gouvernement libéral de Robert Bourassa en 1985 a considérablement modifié le climat politique québécois et le ton des négociations fédérales-provinciales. La stratégie libérale en matière constitutionnelle divergeait de celle mise de l'avant par le Parti québécois. Une approche minimaliste et gradualiste fut adoptée. Bourassa fit le pari qu'il serait plus profitable d'établir dès le départ les questions sur lesquelles une entente devait être conclue plutôt que d'adopter une position conflictuelle. La position du Québec, basée sur le compromis, serait connue dès le départ. Le danger qu'une telle approche puisse éventuellement être considérée comme intransigeante était minimisé par le caractère raisonnable des propositions formulées, eu égard à l'histoire tumultueuse des négociations constitutionnelles. Il faut rappeler que ces cinq conditions allaient même en deçà des exigences posées par Bourassa lorsqu'il était au pouvoir entre 1970 et 1976. Ainsi, prenant acte du nouveau climat d'ouverture prévalant à Ottawa à l'égard du Québec, le gouvernement libéral proposa cinq conditions pour adhérer de plein droit à la Constitution de 1982: reconnaissance du caractère particulier du Québec, obtention d'un droit de veto sur les futurs changements constitutionnels, contrôle du pouvoir de dépenser du gouvernement fédéral, pouvoirs en matière d'immigration et participation au processus de nomination à la Cour suprême des juges en provenance du Québec[15]. Le *Québec Round* qui suivit cherchait à répondre entre autres à ces conditions posées par Québec. La réintégration du Québec dans l'ordre constitutionnel canadien était présentée comme un préalable à toute discussion sur d'autres questions constitutionnelles qui pouvaient préoccuper les autres provinces. De plus, le Québec décidait de reporter à plus tard les autres sujets sur lesquels il entendait négocier.

Cette stratégie minimaliste et le peu d'opposition qu'elle souleva dans l'ensemble de la population ont démontré que le Québec était prêt à se satisfaire de peu. Ainsi, *La modification constitutionnelle de 1987* se situait dans le sillage du *Canada Bill* en ce qu'elle réaffirmait le principe de l'égalité juridique et politique des provinces, en dépit de la clause de la société distincte. De plus, le texte de l'accord n'enlevait aucun pouvoir détenu par Ottawa, mais modifiait plutôt la dynamique des futures relations fédérales-provinciales. Loin d'être «provincialiste», l'accord du lac Meech posait seulement certaines balises à la tendance centralisatrice de 1982 et aux modifications qui pourraient affecter les provinces. En d'autres termes, le pouvoir central ne se voyait pas limité par l'entente constitutionnelle. On introduisait cependant des mécanismes qui réduisaient la capacité d'Ottawa d'agir unilatéralement et qui obligeaient ce dernier à collaborer davantage avec les provinces. Dans l'ensemble, l'accord du lac Meech ne répondait pas aux objections posées par le Québec au moment du rapatriement de la Constitution en 1982, notamment en ce qui concerne l'absence de transfert de certaines compétences de l'État central vers le Québec et l'incompatibilité entre la Charte des droits et libertés et la Charte de la langue française[16].

Deuxième pas en arrière: l'échec de l'accord du lac Meech et ses conséquences politiques

L'échec de l'accord du lac Meech allait cependant modifier en profondeur les termes du débat constitutionnel. Il fut largement interprété comme un refus à l'endroit des demandes du Québec. Cet échec s'explique entre autres par l'incompréhension d'une grande partie du reste du Canada à l'endroit de la stratégie minimaliste adoptée par le gouvernement du Québec. Alors que les cinq conditions avaient été présentées comme un strict minimum, plusieurs intervenants voulurent scinder l'accord pour en faire adopter les clauses n'exigeant pas l'unanimité. Le refus de Bourassa de suivre cette voie le fit apparaître comme intransigeant. De plus, les débats entourant l'adoption de Meech ont rapidement montré l'insatisfaction à l'endroit du *Québec Round*. Plusieurs provinces et groupes sociaux, dont les autochtones, ont voulu profiter de l'occasion pour obtenir gain de cause à l'égard de leurs propres revendications constitutionnelles. Il devint impossible de satisfaire aux demandes du Québec sans considérer en même temps l'ensemble des modifications constitutionnelles souhaitées par les autres provinces et les groupes sociaux. Finalement, l'échec de Meech a été l'occasion de saisir l'ampleur des divergences qui opposaient les visions québécoises et canadiennes. Même si seulement deux provinces ont refusé de signer l'entente et qu'elles ne représentaient que 7 % de la population canadienne, les sondages ont démontré qu'une importante majorité de la population canadienne (entre 60 et 70 %) s'opposait à l'accord du lac Meech[17]. Il s'est donc buté à deux visions contradictoires du Canada opposant les principes de symétrie (égalité des provinces) et d'asymétrie (pouvoirs particuliers pour le Québec).

Le 22 juin, en réaction à l'échec de l'accord du lac Meech, Bourassa déclarait que «le Canada anglais doit comprendre d'une façon très claire que, quoi qu'on dise et quoi qu'on fasse, le Québec est, aujourd'hui et pour toujours, une société distincte, libre et capable d'assumer son destin et son développement[18]». Deux jours plus tard, en guise de protesta-

tion, il annonçait que le Québec ne participerait plus aux
conférences constitutionnelles. De plus, il faisait savoir que le
gouvernement du Québec chercherait plutôt à conclure des
ententes «bilatérales» avec le gouvernement fédéral pour
obtenir, par voie administrative, un élargissement de ses
compétences dans des domaines considérés comme essentiels
au développement de la société québécoise. Du même coup,
le Parti libéral se vit dans l'obligation de revoir sa plate-
forme constitutionnelle. Celle qui avait été adoptée en 1985 ne
tenait plus. C'est dans cette perspective que doit être compris
le rapport du Comité constitutionnel présidé par Me Allaire,
déposé en janvier et adopté par le Congrès des membres
tenu en mars 1991, intitulé *Un Québec libre de ses choix*, qui
définissait la nouvelle position adoptée par le Parti libéral vis-
à-vis des futures négociations.

Pour sortir de l'impasse, le Parti libéral a proposé une
nouvelle structure Québec-Canada prévoyant l'autonomie
politique du Québec. L'échec de l'accord du lac Meech y est
interprété comme un refus du Canada de reconnaître le
caractère distinct de la société québécoise et le principe de
l'égalité des deux peuples fondateurs. Cet échec est aussi
perçu comme une nouvelle preuve de l'impossibilité pour le
Québec d'obtenir, à l'intérieur du cadre fédéral actuel, les
pouvoirs indispensables à sa survie et à son épanouissement[19]. La logique centralisatrice et uniformisante qui s'est
imposée au Canada anglais est présentée comme allant à
l'encontre des nouvelles réalités économiques et politiques
internationales. Cette tendance est d'autant moins acceptable
que le gouvernement central est plongé dans la plus grave
crise financière de son histoire, crise qui mine à la fois l'économie des régions et sa capacité d'intervention pour résoudre les problèmes contemporains. Ce rapport propose donc
un rapatriement massif des pouvoirs. Le document établit
trois listes de compétences: celles qui sont exclusives au
Québec, celles qui sont partagées et celles qui sont exclusives
au Canada. Parmi les compétences exclusives du Canada, on
ne compterait plus que la défense et la sécurité du territoire, les douanes et tarifs, la monnaie et la dette commune,
et la péréquation. Pas moins de 23 secteurs relèveraient

exclusivement du Québec et 8 sont considérés comme étant de compétences partagées.

Au chapitre de la marche à suivre, le rapport Allaire proposait la tenue d'un référendum auprès de la population québécoise avant la fin de l'automne 1992 afin de ratifier un éventuel accord Québec-Canada qui respecterait la réforme proposée par le Québec. Advenant un échec des négociations, le PLQ entérinerait le scénario voulant que le Québec accède au statut d'État souverain et, le cas échéant, qu'il offre au reste du Canada l'aménagement d'une union économique (libre circulation des biens, des personnes et des capitaux, union douanière et réduction de la taille de l'État central) gérée par des institutions de nature confédérale. Au chapitre des modifications institutionnelles, le rapport proposait une nouvelle formule d'amendement donnant au Québec un droit de veto, l'abolition du Sénat dans sa forme actuelle, l'élimination du pouvoir de dépenser du gouvernement central dans les champs de compétences exclusives du Québec, l'élimination des chevauchements de juridiction, l'enchâssement d'une Charte des droits et libertés dans la nouvelle Constitution et la création d'un tribunal communautaire devant assurer le respect de la Constitution et, finalement, une réforme de la Banque centrale afin que soit assurée une représentation régionale.

Voilà l'essentiel de la nouvelle position constitutionnelle du PLQ. Toutefois, il faut rappeler que ce document n'a que partiellement contribué à définir la ligne de conduite adoptée par le gouvernement de Robert Bourassa. Il fut plutôt considéré comme un cadre de référence donnant le ton aux discussions à venir. Si le PLQ a pu laisser croire qu'il prenait le virage souverainiste, son aile parlementaire est demeurée divisée sur la question. Le premier ministre québécois n'a eu de cesse de réaffirmer sa confiance en la possibilité de réformer le cadre fédéral actuel. Le rapport Allaire n'en fut pas moins significatif. Il a contribué à démontrer l'exaspération de bon nombre de Québécois, au sein d'une formation politique traditionnellement fédéraliste, à l'endroit d'un régime qui tarde à se réformer en tenant compte des besoins du Québec. Fait plus important encore, il a levé l'hypothèque qui grevait la thèse souverainiste en la présentant comme l'ultime recours en cas d'un nouvel échec des pourparlers constitutionnels.

Le changement de ton qui caractérise la nouvelle position constitutionnelle du PLQ s'est reflété aussi dans les conclusions du rapport de la Commission sur l'avenir politique et constitutionnel du Québec (commission Bélanger-Campeau, du nom de ses coprésidents), déposé à la fin de mars 1991. Cette commission fut créée par l'Assemblée nationale en septembre 1990. Fait inusité dans l'histoire politique du Québec, elle ne se composait pas uniquement du premier ministre, du chef de l'opposition et de parlementaires québécois (au nombre de 16, dont 9 libéraux, 6 péquistes et 1 élu du Equality Party), mais aussi de personnes issues des milieux des affaires, des syndicats (4 représentants chacun), des coopératives, de l'enseignement, de la culture (1 représentant chacun) et des municipalités (2 représentants). Trois députés de la Chambre des communes ont aussi siégé à la Commission. Tout au long de ses travaux, elle a reçu plus de 600 mémoires, entendu 235 groupes ou individus et consulté 55 spécialistes. Le mandat de la Commission était d'étudier et d'analyser le statut politique et constitutionnel du Québec et de formuler des recommandations. Une très grande majorité des mémoires et des témoignages ont souligné le caractère inacceptable des arrangements constitutionnels existants et insisté sur la nécessité de modifier en profondeur le cadre politico-institutionnel du Québec.

Le rapport Bélanger-Campeau a retracé les étapes de l'évolution du débat constitutionnel canadien. Il a souligné les conséquences pour le Québec de la Loi constitutionnelle de 1982 qui a contribué à renforcer certaines visions politiques de la fédération difficilement conciliables avec la reconnaissance effective et l'expression politique de l'identité distincte du Québec. Trois dimensions de la nouvelle identité politique canadienne sont dégagées, rendant difficile l'accroissement des pouvoirs législatifs du Québec: l'égalité de tous les citoyens qui n'admet pas de reconnaissance constitutionnelle particulière à la collectivité québécoise; l'égalité des cultures et des origines culturelles au Canada qui

a banalisé la langue française et les origines culturelles francophones; l'égalité des 10 provinces canadiennes qui empêche la reconnaissance d'un statut particulier pour le Québec.
Or les voies que peut emprunter le Québec pour sortir de
l'impasse se limitent à deux: un fédéralisme renouvelé qui
accepterait de redéfinir le statut du Québec ou l'accession à
la pleine souveraineté politique avec une ouverture à l'établissement de liens économiques avec le Canada. Quelle
que soit la voie retenue, le Rapport indiquait qu'«elle doit
résoudre l'impasse politique et constitutionnelle et faire en
sorte que des résultats satisfaisants et durables soient atteints
dans un proche avenir[20]». Pour que la tentative de renouvellement du fédéralisme soit fructueuse, il importe donc que le
gouvernement fédéral et les autres provinces soient disposés
à y participer activement. La balle est désormais dans leur
camp. Il leur faut dès lors faire connaître au Québec la teneur
des arrangements qu'ils sont prêts à proposer. De son côté, le
Québec doit être prêt à s'engager dans la voie de la souveraineté politique.

C'est ainsi que le rapport Bélanger-Campeau a formulé
deux recommandations. La première a trait à la tenue d'un
référendum, en juin ou en octobre 1992, portant sur la souveraineté du Québec. Le document proposait la création d'une
commission parlementaire ayant pour mandat d'étudier les
questions relatives à l'accession du Québec à la souveraineté
définie comme «la capacité exclusive du Québec, par ses
institutions démocratiques, de faire ses lois, de prélever ses
impôts sur son territoire et d'agir sur la scène internationale
pour conclure toute forme d'accords ou de traités avec
d'autres États indépendants et participer à diverses organisations internationales[21]». Cette commission aurait aussi
pour mandat de considérer les offres formelles de partenariat
économique qui pourraient émaner du gouvernement du
Canada. Par ailleurs, la seconde recommandation avait trait
à l'«offre» qui pourrait venir du reste du Canada concernant un nouveau partenariat de nature constitutionnelle. Il
fut proposé d'instituer une autre commission parlementaire
qui se pencherait sur ces offres fédérales. Celles-ci devraient
lier formellement le gouvernement du Canada et les provin-

ces pour être examinées par la commission. Le projet de loi 150, sanctionné le 20 juin 1991 après son adoption par l'Assemblée nationale du Québec, a formalisé les recommandations de la commission Bélanger-Campeau.

Encore et toujours moins que Meech

C'est à la lumière de cette évolution du dossier constitutionnel au Québec que doivent être analysées les propositions fédérales contenues dans le document *Bâtir ensemble l'avenir du Canada* ainsi que les recommandations du comité Beaudoin-Dobbie qui avait le mandat de les examiner. Globalement, répondent-elles aux besoins maintes fois exprimés par le Québec, à savoir: reconnaissance de son droit à la différence; nouveau partage des compétences (impliquant l'abolition du pouvoir fédéral de dépenser dans les champs de compétences québécoises); transfert des ressources fiscales et financières aux compétences et responsabilités exercées par le Québec; préservation de la représentation du Québec au sein des institutions fédérales; garantie d'un droit de veto au Québec à l'égard de toute modification constitutionnelle ou un droit de retrait assorti d'une juste compensation financière? De manière plus précise, on peut se demander si les orientations fédérales, telles qu'elles peuvent être comprises à la lumière des documents constitutionnels déposés à la fin de 1991 et au début de 1992, sont plus intéressantes pour le Québec que ce que contenait le défunt accord du lac Meech.

Haro sur les propositions fédérales de septembre 1991

Des cinq conditions de Robert Bourassa au moment de Meech, il n'en restait plus que trois dans le projet fédéral de septembre 1991[22]. Deux éléments ne pouvaient être pris en considération que s'il y avait unanimité et concernaient les nominations à la Cour suprême du Canada et la formule de modification de la Constitution (sections 12 et 13). Il faut rappeler que l'obtention d'un droit de veto sur les futurs amendements constitutionnels est considérée depuis fort longtemps comme une condition essentielle qui permettra au Québec de s'assurer que ses intérêts seront pris en compte et que ses acquis au sein de la fédération seront préservés. De la même façon, la constitutionnalisation de la présence à la Cour suprême de trois juges issus du Barreau du Québec n'était plus à l'ordre du jour.

Néanmoins, le document fédéral faisait écho à trois des conditions énoncées antérieurement par le Québec. D'abord, le gouvernement fédéral se disait disposé à négocier avec toute province des ententes sur l'immigration et à les inclure dans la Constitution. Ensuite, il suggérait encore des dispositions visant à limiter le pouvoir de dépenser du gouvernement fédéral. Or, tout comme dans Meech, cette disposition relative aux programmes cofinancés constituait une reconnaissance de la légitimité du pouvoir de dépenser du gouvernement central dans des champs de compétences provinciales. Le droit de retrait avec compensation ne représente en fait qu'une modalité encadrant une nouvelle forme de transfert des pouvoirs du niveau provincial au niveau central. Le recours à ce droit était conditionnel à la mise sur pied de programmes atteignant les objectifs nationaux définis par Ottawa. En somme, l'adoption de cette clause se traduirait par un accroissement de la capacité d'intervention du gouvernement central qui pourrait dorénavant occuper légitimement un champ de compétence qui n'était pas de son ressort. Enfin, il se disait prêt à inscrire dans la Constitution la reconnaissance du caractère distinct du Québec. On le faisait toutefois dans des termes différents de Meech. D'une part, alors que dans Meech cette disposition s'appliquait à toute la Constitution, cette règle d'interprétation se serait limitée à la Charte des droits et libertés, réduisant de ce fait son champ d'application. D'autre part, la notion était perçue sous trois aspects: «une majorité d'expression française, une culture unique en son genre et une tradition de droit civil». Tout au long des débats qui se sont déroulés au Québec sur la notion de société distincte, les constitutionnalistes, tout comme Robert Bourassa d'ailleurs, avaient insisté pour que la définition soit la plus ouverte possible. La raison en était simple: toute définition est en soit restrictive. De plus, le gouvernement du Québec perdait son rôle de protection et de promotion de la société distincte. C'était plutôt dans la «clause Canada» que l'on faisait référence à cette responsabilité qualifiée de fondamentale (section 7). Elle ne représentait toutefois qu'un élément parmi les 14 de l'énumération de ce qu'est le Canada comme peuple et ce à quoi il aspire. On peut légitimement s'interroger sur le poids qu'aurait eu l'attribution d'une telle responsabilité, noyée parmi d'autres caractéristiques, sur l'interprétation qu'en feraient les juges de la Constitution.

Plusieurs autres éléments contenus dans le document fédéral ont soulevé des interrogations. Ainsi, la réforme souhaitée du Sénat, suivant la formule d'une représentation équitable, posait et pose toujours le problème de la diminution de l'influence du Québec sur cette institution qui, faut-il le rappeler, risque de jouer un plus grand rôle à l'avenir, compte tenu de la diminution vraisemblable du nombre de sièges alloués au Québec, en nombre absolu ou relatif, et du pouvoir qu'exercerait dorénavant la Chambre haute. On prévoyait aussi, pour les questions relatives à la langue et à la culture, que le Sénat soit assujetti à la règle de la majorité double pour la tenue des votes. Par ailleurs, les dispositions quant à l'union économique traduisaient une volonté de centralisation et de contrôle des leviers de la politique économique qui ne sont pas sans causer de problèmes au Québec. Alors que ce dernier n'a eu de cesse de réaffirmer la nécessité de contrôler son économie tout en préservant l'espace économique canadien, la proposition fédérale présentait une orientation qui ouvrait la porte à une dynamique diamétralement opposée. Le pouvoir de gestion de l'union économique que voulait s'attribuer le gouvernement d'Ottawa était présenté de façon tellement extensive qu'il aurait justifié l'intervention de ce palier de gouvernement dans tous les domaines de la vie économique et sociale des provinces canadiennes, y compris le Québec. En outre, et même si les gouvernements du Québec ont continuellement réitéré leur demande d'une révision des compétences législatives entre les deux ordres de gouvernement, les propositions fédérales restaient faibles à ce chapitre. Le fédéral est disposé à reconnaître certaines sphères de compétences provinciales exclusives, mais en assortissant cette rétrocession d'un désir de continuer d'y exercer son rôle (section 24). On se demande alors ce que le terme «exclusif» peut bien signifier si Ottawa continue d'être présent. Le seul véritable transfert de pouvoir vers les provinces consenti concernait la formation de la main-d'oeuvre qui serait reconnue explicitement comme étant un domaine relevant des provinces. C'est bien peu si on compare ces offres aux demandes québécoises en matière de développement social, économique, culturel et linguistique.

C'est ainsi que la première proposition sérieuse d'Ottawa, loin de satisfaire aux demandes du Québec, adoptait une logique qui n'était pas sans rappeler celle mise de l'avant par Pierre Elliott Trudeau. Cette logique se fonde toujours sur le renforcement du gouvernement central et sur l'accroissement du contrôle exercé à l'endroit des gouvernements provinciaux. Conséquemment à la présentation des propositions fédérales, un comité mixte du Parlement et du Sénat fut chargé de recueillir l'opinion des Canadiens sur la voie à privilégier pour «résoudre» le problème constitutionnel canadien à la lumière des offres déposées.

Beaudoin-Dobbie: un exemple de fédéralisme dominateur

Hormis quelques rares fédéralistes, il s'en est trouvé bien peu au Québec pour défendre les principales recommandations du rapport du comité Beaudoin-Dobbie[23]. Même le premier ministre Bourassa, qui a continué d'espérer des propositions acceptables pour le Québec, a qualifié le document comme étant l'expression d'un «fédéralisme dominateur», à savoir un arrangement grâce auquel le gouvernement fédéral aurait toujours le dernier mot. Selon lui, l'approche retenue par les signataires du rapport ne respectait pas l'esprit de la Constitution canadienne. Et comme pour souligner davantage le malaise, il s'en est trouvé fort peu au sein du gouvernement conservateur pour aller expliquer aux Québécois le bien-fondé des modifications constitutionnelles préconisées par le Comité mixte spécial sur le renouvellement du Canada.

Le peu d'enthousiasme à l'endroit du rapport Beaudoin-Dobbie a reflété l'écart grandissant entre les attentes du Québec définies par les rapports Allaire et Bélanger-Campeau et la volonté de revoir en profondeur le mode de fonctionnement du fédéralisme canadien. Pour être acceptables aux yeux de la majorité québécoise, les offres du reste du Canada devront non seulement répondre aux cinq éléments présentés par le Québec pour adhérer de plein droit à la Constitution canadienne, mais aussi ouvrir la voie à un partage significatif des compétences. Or il appert que les recommandations du comité Beaudoin-Dobbie étaient loin de rencontrer le contenu de l'accord du lac Meech et de favoriser un réaménagement des compétences favorable au Québec.

Des cinq conditions préalables à Meech, une seule fut satisfaite dans Beaudoin-Dobbie: celle ayant trait à l'immigration où il était prévu que des accords bilatéraux pourraient être conclus entre une province et le gouvernement fédéral. Quant aux autres recommandations, on peut y noter des imprécisions ou des nets reculs, ou les deux à la fois.

Au chapitre de la reconnaissance du Québec comme société distincte, la recommandation était non seulement moins généreuse que ce qui était présent dans l'accord du lac Meech, mais encore plus restrictive que ce que contenait le document *Bâtir ensemble l'avenir du Canada*. D'une part, on continuait à définir le caractère distinct du Québec en termes restrictifs (majorité d'expression française, culture unique et tradition de droit civil) et à limiter cette reconnaissance à la seule interprétation de la Charte canadienne des droits et libertés. D'autre part, on y spécifiait que la Charte devrait concorder avec «l'épanouissement et le développement linguistiques et culturels des collectivités minoritaires de langue française ou anglaise partout au Canada». Une telle recommandation a été perçue comme un élément favorisant l'anglicisation du Québec en ce qu'elle permettrait d'invalider toutes les tentatives du Québec pour se constituer comme société dont le principal pôle d'attraction est le français. En d'autres termes, cette recommandation obligerait le Québec à promouvoir la langue anglaise au Québec bien qu'elle n'y soit pas menacée. Qui plus est, il est fort possible qu'elle permettrait d'invalider à terme les dispositions de la Charte de la langue française en matière de langue d'enseignement pour le enfants d'immigrants[24], de francisation des milieux de travail et de statut du français comme langue officielle du Québec. Finalement, alors que le projet de la «clause Canada» déposé en septembre 1991 attribuait au Québec le rôle de protéger et de promouvoir la société distincte, cette préoccupation fut évacuée du libellé de la «clause Canada» concoctée par le comité Beaudoin-Dobbie. On y retrouvait plutôt un charabia alambiqué faisant l'éloge des ancêtres ayant «permis au Québec de s'épanouir comme société distincte au sein du Canada». La portée juridique d'une telle clause demeure on ne peut plus nébuleuse.

Les recommandations du Comité sont demeurées imprécises quant aux questions relatives au droit de veto et à la participation au processus de nomination des juges à la Cour suprême du Canada. D'abord, sur le droit de veto, il faut noter que le Comité n'a pas été en mesure de formuler une recommandation unique. Il propose plutôt cinq démarches qui ont toutes en commun de soustraire au veto consenti au Québec dans l'entente de 1987 la création de nouvelles provinces et le rattachement aux provinces existantes de tout ou partie des territoires. Il faut noter que quatre des cinq formules envisagées attribuent le droit de veto à l'Assemblée nationale alors qu'une autre formule prévoit plutôt le maintien de la procédure actuelle en y ajoutant la nécessité de tenir un référendum assorti d'un veto régional. En ce qui a trait à la Cour suprême du Canada, deux textes de modification furent proposés. Ils insistaient surtout sur le processus de consultation auprès des provinces de la part du gouvernement d'Ottawa en cas de vacance à la Cour suprême. Toutefois, un seul texte stipulait, conformément à Meech, que trois juges de tradition civiliste devraient être choisis.

Le problème est demeuré entier en ce qui concerne le pouvoir de dépenser du gouvernement fédéral. Alors que dans Meech et les propositions de septembre 1991 la compensation financière était conditionnelle à la mise sur pied de programmes atteignant les objectifs nationaux tels que définis par Ottawa, une telle compensation ne serait plus allouée que si «la province applique un programme ou une mesure réalisant les objectifs du programme fédéral». On assiste ici à un glissement sémantique important. Il faudrait maintenant que la province voulant se soustraire à un programme national cofinancé dans un secteur de compétence *exclusive* (*sic*) provinciale applique un programme *réalisant* les objectifs nationaux. La marge de manœuvre est mince pour les provinces dans la mesure où le critère d'évaluation porterait davantage sur les résultats visés que sur la compatibilité aux objectifs ou normes nationales. En fait, le pouvoir fédéral de dépenser dans des champs de compétences provinciales ne serait en rien limité. Ce qui est concédé aux provinces récalcitrantes, c'est un droit de gérance des programmes fédéraux.

Tant les rapports Allaire que Bélanger-Campeau réclamaient un important partage des compétences. Le rapport Beaudoin-Dobbie proposait quant à lui un réaménagement mineur de ces dernières, la reconnaissance de pouvoirs concurrents et la mise en place de mécanismes favorisant la flexibilité du fédéralisme canadien. C'est fort peu compte tenu des attentes du Québec: le partage des compétences souhaité est fort ténu et les mécanismes prévus sont loin de garantir des résultats à court terme.

Le seul nouveau pouvoir reconnu au Québec a trait à la culture. Beaudoin-Dobbie proposait de confirmer la compétence *exclusive* (*sic*) du Québec de légiférer pour la province en matière de culture. Toutefois, le document s'empressait de rappeler que le gouvernement fédéral a un rôle important à jouer dans la sphère culturelle et qu'il entend y demeurer tout aussi présent. Dans ce contexte, on peut se demander en quoi l'attribution au Québec d'une compétence *exclusive* en matière culturelle changerait quoique ce soit à la réalité actuelle. La portée réelle d'une telle «décentralisation» des pouvoirs est somme toute nulle, hormis sur le plan symboli-que.

Le même raisonnement peut être appliqué en ce qui a trait à la modification touchant le domaine de la formation de la main-d'œuvre revue par Beaudoin-Dobbie. D'une part, chaque province pourrait légiférer pour confirmer sa compé-tence *exclusive,* mais devrait en même temps négocier avec le gouvernement du Canada afin de conclure des accords sur la formation de la main-d'œuvre. En d'autres termes, la compé-tence provinciale serait subordonnée au pouvoir de dépenser d'Ottawa, les compensations financières demeurant condi-tionnelles et le tout devant être agréé par le biais d'accords intergouvernementaux ayant préséance sur toute législa-tion de l'Assemblée nationale. C'est dire que cette compé-tence *exclusive* fait l'objet d'un encadrement on ne peut plus serré de la part du gouvernement fédéral.

Finalement, au chapitre du partage des compétences, le comité Beaudoin-Dobbie reconnaissait la nécessité d'inclure dans la Constitution deux nouveaux pouvoirs concurrents: les pêches intérieures et la faillite personnelle. Il est toutefois clairement spécifié dans le rapport que la primauté serait accordée au Parlement fédéral. Il ne s'agit pas à proprement parler, en ces matières, d'un nouveau partage des compéten-ces ni de l'attribution au Québec d'un nouveau rôle.

Le comité Beaudoin-Dobbie mettait aussi de l'avant l'adoption de deux mécanismes assurant la flexibilité du régime fédéral: la délégation de pouvoirs législatifs et la constitutionnalisation de la procédure de conclusion des accords intergouvernementaux. Le premier mécanisme n'aurait fait que spécifier la manière dont pourrait s'exercer un transfert bilatéral des pouvoirs et pourrait éventuellement ouvrir la porte à un fédéralisme asymétrique. Une telle délé-gation des pouvoirs devrait s'effectuer notamment au sein d'un Parlement canadien substantiellement réformé si les recommandations relatives à la réforme du Sénat devaient être adoptées. Dans un tel contexte, il faudrait que les trans-ferts de pouvoirs qui satisferaient le Québec soient agréés aussi par les nouveaux sénateurs représentant l'ensemble des provinces canadiennes. Même si le nouveau Sénat ne jouirait que d'un pouvoir limité puisque la Chambre des communes pourrait annuler le vote du Sénat en cas d'impasse (selon des modalités encore imprécises), cela ne pourrait que rendre le recours au processus de délégation fort complexe et, en dernière analyse, exceptionnel. Le même raisonnement pourrait s'appliquer au projet de constitutionnaliser les mécanismes conduisant à la conclusion d'accords inter-gouvernementaux.

En somme, au chapitre du partage des compétences, les recommandations du comité Beaudoin-Dobbie auraient fait en sorte que le gouvernement fédéral ne se retirerait d'aucune sphère d'activité, si exclusivement provinciales soient-elles. Elles confirment plutôt la présence d'Ottawa par la constitutionnalisation de son pouvoir de dépenser. La notion de *pouvoirs exclusifs* n'a plus de signification ni de portée réelle puisqu'il n'y aurait plus rien qui serait uniquement du ressort provincial. Dans ce contexte, il est plus facile de comprendre les raisons ayant poussé Robert Bourassa à conclure que le comité Beaudoin-Dobbie s'inscrivait dans le courant du *fédéralisme dominateur*.

La fin de la valse:
«On achève bien les chevaux!»

Peu de temps avant le dépôt du rapport du Comité Beaudoin-Dobbie, le premier ministre canadien invitait les représentants des provinces, des territoires ainsi que les dirigeants autochtones à entamer une série de rencontres en vue de dégager un consensus qui permettrait de présenter des propositions constitutionnelles acceptables pour la population canadienne et le Québec. S'inspirant des recommandations du Comité mixte spécial sur le renouvellement du Canada, le processus de négociation se mit en branle le 12 mars 1992. Après une longue série de rencontres et vingt-sept jours de travail, les neuf provinces anglophones, le gouvernement fédéral et les représentants autochtones s'entendaient le 7 juillet 1992 sur un projet d'entente. S'inscrivant dans la foulée des projets et recommandations précédents, le nouvel accord énonçait dans une clause Canada les valeurs fondamentales du pays en mentionnant au passage le Québec comme société distincte, prévoyait la transformation du Sénat en suivant les paramètres du triple E (élu, égal et efficace), obligeait le gouvernement canadien à négocier avec les provinces des ententes en matière d'immigration qui auront force de loi, mettait en place un nouveau mécanisme de délégation mutuelle des pouvoirs législatifs sur des questions spécifiques ne pouvant pas dépasser cinq ans, modifiait la formule d'amendement, spécifiait le processus de nomination des juges de la Cour suprême, créait un troisième ordre de gouvernement pour les autochtones et précisait les pouvoirs provinciaux et les modalités d'intervention du gouvernement fédéral.

La réaction du gouvernement du Québec fut encore une fois ambiguë. Essentiellement, Robert Bourassa réclamait des «clarifications» au projet d'entente. En fait, le premier ministre du Québec se trouvait coincé par sa propre stratégie. Manifestement, la «menace du couteau sur la gorge», pour reprendre l'expression utilisée par le politologue Léon Dion, n'avait pas produit les résultats attendus, et pour cause. Robert Bourassa, en affirmant sur toutes les tribunes et tous les tons qu'il ne considérait pas sérieusement l'option souverainiste, avait lui-même désamorcé la menace qui pouvait faire en sorte que le reste du Canada prenne les revendications du Québec au sérieux. Par ailleurs, toute la stratégie du premier ministre reposait sur le dépôt d'offres provenant de ses homologues. En leur absence, la seule option était celle d'un référendum sur la souveraineté devant être tenu au plus tard à la fin octobre. Mais cette voie avait été depuis longtemps écartée. Le premier ministre québécois avait donc désespérément besoin d'une entente.

On peut aussi supposer que Robert Bourassa a subi d'énormes pressions de la part de représentants du milieu des affaires. Les gens d'affaires fédéralistes, pressés d'en finir avec le débat constitutionnel, anticipant un climat d'instabilité si le Québec devait modifier profondément le régime politique canadien et désireux de voir l'État se pencher sur les problèmes économiques, ont sans doute incité Robert Bourassa à se rasseoir à la table constitution-nelle. C'est ainsi que le premier ministre du Québec s'est retrouvé en compagnie des autres premiers ministres et des représentants autochtones, du 18 au 22 août, pour obtenir des «éclaircissements» au sujet de l'entente du 7 juillet et, ultime-ment, conclure un accord sur les grands principes de la réforme constitutionnelle. Le calendrier des négociations était déjà connu. Le Québec se devait maintenant de limiter les pots cassés. La voie qui semble privilégiée par le reste du Canada est loin de répondre aux réticences exprimées par le Québec suite aux propositions de septembre 1991 et aux recommandations du Comité Beaudoin-Dobbie.

Ce revirement de Robert Bourassa, à la fois sur le con-tenu et la stratégie, fut endossé par le Parti libéral du Québec lors d'un congrès spécial tenu le 29 août 1992. C'est au nom du «réalisme» que les instances du Parti et les mili-tants ont entériné l'accord conclu par le premier ministre. En d'autres mots, on a fait entendre aux Québécois que jamais ils ne pourront espérer obtenir davantage dans le cadre du fédéralisme canadien. Cet appel au réalisme prend des allures de résignation. Ce congrès constitue un point tour-nant de l'histoire récente du Québec en ce qu'il marque un retour en force des troupes libérales au fédéralisme tel qu'il s'est mis en place depuis 1982. Le PLQ a rompu avec les principaux éléments de son programme constitutionnel adopté en mars 1991 et montré clairement qu'il n'est plus possible d'être à la fois nationaliste et fédéraliste. Le cli-vage qui s'est traditionnellement mis en place entre les nationalistes qui souhaitaient la souveraineté et ceux qui réclamaient un fédéralisme renouvelé ne tient plus. Les deux pôles de l'alternative sont maintenant plus solidement cam-pés: d'une part les souverainistes et, d'autre part, les tenants d'une nouvelle forme de *statu quo* constitutionnel. Au-delà des réaménagements proposés le 22 août, l'entente est loin de se situer dans le sillage des revendications du Québec qui s'articulaient autour d'une refonte en profondeur des pou-voirs et du respect des principes constitutifs du fédéralisme.

L'entente survenue le 22 août reprend pour l'essentiel les éléments de l'accord du 7 juillet, tout en prenant soin d'en atténuer certaines dispositions jugées irrecevables par le premier ministre québécois. Elle est problématique à plus d'un titre.

Premièrement, on y retrouve une clause Canada énumérant plus d'une demi-douzaine de caractéristiques du Canada. Parmi elles, on compte bien sûr la reconnaissance du caractère distinct du Québec, limité à la langue, la culture et le droit civil. Toutefois, cette caractéristique devrait être interprétée à la lumière du principe de l'*égalité des provinces*, élément nouvellement inclus dans la clause Canada dont on ne peut que soupçonner la fonction de banalisation de la spécificité québécoise. La reconnaissance du caractère distinct serait toujours accompagnée, telle une sœur siamoise, de la reconnaissance de la dualité linguistique. L'entente multilatérale stipule que les Canadiens et les *gouvernements* seraient tenus d'assurer l'épanouissement et le développement de la langue et de la culture des communautés minoritaires francophones et anglophones dans l'ensemble du Canada.

Pour éviter que le Québec ne soit tenu de promouvoir l'anglais au Québec, la clause Canada précise que le Québec aurait le rôle de protéger et de promouvoir la société distincte. Robert Bourassa, à qui l'on doit l'ajout d'une telle précision, a ainsi souhaité que les juges puissent établir une hiérarchie entre les multiples éléments qui composent la clause Canada. Toutefois, rien ne garantit que les juges ne seront pas sensibles à la nécessité de promouvoir la langue anglaise au Québec, qui constitue un des éléments qui alimente son caractère distinct. On ne saurait trop insister sur les conséquences qu'aurait pour le Québec cette obligation, clairement adressée au gouvernement, de promouvoir la langue anglaise sur son territoire. Les questions linguistiques continueront à être soumises au jugement de la Cour suprême et c'est à elle que reviendra la responsabilité ultime de poser des limites à la reconnaissance de la société distincte. La nouvelle responsabilité qui incombera au gouvernement du Québec d'assurer l'épanouissement de sa minorité linguistique ne pourrait éventuellement que remettre en question les quelques acquis de la loi 101 qui sont restés intacts, notamment en matière de francisation de la langue de travail et de l'obligation qui est faite aux enfants d'immigrants de fréquenter l'école française.

Deuxièmement, la limitation du pouvoir de dépenser reprend *in extenso* le libellé problématique présent dans les documents fédéraux soumis à l'analyse depuis septembre 1991. Le droit de retrait assorti d'une compensation financière est toujours conditionnel à la mise en œuvre de programmes ou initiatives compatibles avec les objectifs nationaux. Qui plus est, il n'est toujours pas précisé si cette compensation serait fiscale ou ferait plutôt l'objet de transferts financiers.

Troisièmement, l'entente demeure toujours aussi peu généreuse au chapitre du partage des compétences. Le domaine de l'immigration pourrait toujours faire l'objet d'ententes qui ne pourraient être modifiées sans le consentement du Parlement fédéral et de l'Assemblée nationale, reprenant ainsi les intentions exposées dans l'accord du lac Meech. En matière de formation de la main-d'œuvre, la Constitution reconnaîtrait la compétence provinciale exclusive tout en veillant à en limiter la portée: les provinces devraient négocier la limitation du pouvoir de dépenser du gouvernement fédéral et rendre compatibles aux objectifs «nationaux» les programmes de perfectionnement. La Constitution reconnaîtrait les domaines de la culture, des forêts, des mines, du tourisme, du logement, des loisirs et des affaires municipales et urbaines comme étant de compétence provinciale exclusive. Outre le fait que ceux-ci sont déjà alloués aux provinces en vertu de la Constitution de 1867, plusieurs d'entre eux devraient faire l'objet d'ententes intergouvernementales qui seraient protégées pour une période d'au plus cinq ans contre tout changement unilatéral. Encore une fois, la définition du caractère *exclusif* de certains pouvoirs échappe à l'entendement et au sens commun.

Quatrièmement, au chapitre des aménagements institutionnels, la plus grande surprise de l'entente fut sans doute le fait que l'on ait pu tomber d'accord sur une réforme du Sénat. Ainsi, cette institution serait façonnée selon le principe de l'égalité des provinces, chacune d'elle «élisant» six sénateurs. Le mode d'élection des sénateurs sera défini dans une loi-cadre fédérale, bien qu'une province pourra faire élire ses sénateurs par son assemblée législative. Pour compenser la diminution du nombre de sénateurs, le Québec obtiendrait 18 députés de plus à la Chambre des communes. De plus, la Constitution garantirait au Québec un minimum de 25 % des sièges à la Chambre des communes, peu importe son poids démographique dans l'avenir. Ce «gain» est loin de compenser pour la réduction de 23 % des sénateurs à l'heure actuelle à 9,7 % dans un Sénat comptant 62 membres. Cette proportion ne peut que diminuer considérant la création éventuelle de nouvelles provinces et les sièges que les autochtones veulent obtenir à la nouvelle Chambre haute.

Le Sénat serait doté d'un pouvoir essentiellement négatif: le Sénat pourrait, avec 50 % des voix plus une, imposer son veto sur tout projet de loi touchant les ressources naturelles. De plus, les projets fédéraux qui touchent *sensiblement* à la langue et à la culture françaises devraient être approuvés par une majorité des sénateurs francophones participant au vote. Toutefois, c'est l'auteur du projet de loi, donc le gouvernement dans la très grande majorité des cas, qui indiquerait s'il s'agit ou non d'un projet de loi qui appelle une telle indication. Les mécanismes de contestation d'une telle procédure, bien que devant assurer une protection suffisante aux francophones, n'ont pas été définis. En d'autres termes, l'exercice de la double majorité serait conditionné par le bon vouloir du gouvernement fédéral. Dans ce contexte, la notion de culture pourrait être définie de façon très étroite afin d'éviter qu'un grand nombre de projets de loi tombe sous l'obligation de la règle de la double majorité. Le principe de la double majorité signifie que les sénateurs francophones pourront bloquer un projet de loi ayant des incidences culturelles qui ne correspond pas à la volonté du Québec. Cela veut aussi dire, par la force des choses, que les sénateurs anglophones pourront aussi bloquer une politique fédérale qui pourrait être bénéfique pour le Québec. Il s'agit donc d'une «protection» pouvant ultimement jouer contre le Québec. De plus, le Sénat devrait ratifier les nominations du gouverneur de la Banque du Canada

ainsi que d'autres nominations clés. Compte tenu de la faiblesse du Québec au sein du nouveau Sénat, on peut
légitimement s'interroger sur la tradition d'alternance entre
francophones et anglophones qui a présidé aux nominations aux postes d'organismes importants relevant de la
responsabilité du gouvernement fédéral. Enfin, un projet
de loi battu par la majorité des sénateurs devrait revenir
devant le Parlement au cours d'une séance conjointe des
deux Chambres et un vote à majorité simple pourrait en
disposer. Advenant l'élection d'un gouvernement minoritaire
ou faiblement majoritaire, ce vote conjoint pourrait
éventuellement être suffisant pour empêcher l'adoption
d'un projet de loi. Dans un tel cas, le poids politique du
Québec, qui ne serait plus de 25 % mais pourrait éventuellement tomber à moins de 22 %, serait moins déterminant sur
l'issue du vote.

Par ailleurs, le premier ministre québécois a présenté
comme un gain considérable le fait que le Québec ait obtenu
un droit de veto sur les changements apportés aux institutions fédérales. En fait, toute l'entente renvoit à cet ultime
exercice: faire en sorte que le Québec ne puisse se faire
imposer par le reste du Canada des politiques et des institutions qu'il ne veut pas. Lise Bissonnette, dans un percutant
éditorial, a bien montré la vision qui se dégage d'une telle
entente:

> Ces verrous résument toute la politique constitutionnelle
> de Robert Bourassa, toute son ambition. Ils ne sont pas
> négligeables. Même si une réforme constitutionnelle
> devient quasiment impensable, il vaut mieux avoir un
> veto sur des changements éventuels aux institutions.
> Même si le poids démographique du Québec ne risque
> guère de descendre sous le seuil du quart de la population
> canadienne, il vaut mieux être constitutionnellement
> assuré du quart des sièges aux Communes. Même si la
> majorité doit toujours avoir le dernier mot à la Cour
> suprême, il vaut mieux avoir la garantie d'un tiers des
> juges québécois. Même si les immigrants jouissent de
> l'entière liberté de mouvement au Canada, il vaut mieux
> pouvoir choisir ceux dont la première destination est le

Québec. Même si l'inscription de la «société distincte» dans la constitution ne confère au Québec aucun pouvoir supplémentaire, comme la «ronde» Canada vient de le confirmer, elle peut toujours servir en cas de litige[26].

Dans l'ensemble, il semble donc que le gouvernement fédéral et les gouvernements des autres provinces ne soient pas en mesure de briser la logique qui a présidé aux exercices constitutionnels depuis l'échec de l'accord du lac Meech. Dans le meilleur des cas, il a repris le libellé de certaines dispositions de la défunte entente, comme ce fut le cas en ce qui concerne le processus de nomination des juges à la Cour suprême ou la constitutionnalisation d'ententes portant sur l'immigration. Néanmoins, les «offres» du gouvernement fédéral ne pourront jamais égaler ni même se situer au-dessus du niveau minimal fixé par le gouvernement du Québec au moment de Meech. Quant au partage des compétences, l'entente du 22 août 1992 vient mettre un frein à une dynamique québécoise alimentée par une volonté de revoir de fond en comble les pouvoirs dévolus au gouvernement du Québec. La seule ouverture manifestée consiste à reconnaître des pouvoirs qui sont déjà attribués aux provinces dans la Constitution de 1867, ces pouvoirs de compétence provinciale exclusive étant souvent, de surcroît, assortis de la nécessité d'en négocier l'exercice à la pièce et de manière révocable. Dans ce contexte, on comprend mal comment il pourrait être possible au Québec de trouver acceptable ce qui, de tout temps, aurait été jugé irrecevable.

L'entente survenue vient confirmer le fait que le Québec ne peut être considéré autrement que comme une minorité au Canada. Le principe de la dualité, si chère aux Laurendeau et Lévesque, battu en brèche par le rapatriement de la Constitution de 1982, n'a pas été et ne saurait plus être un des fondements du fédéralisme canadien. Les espoirs de fédéralisme renouvelé se sont échoués sur les écueils du «réalisme» et de la continuité. Il souligne l'incapacité d'une certaine classe politique à envisager d'autres solutions. Ce «réalisme» n'est pas autre chose que l'acceptation par le Québec d'un Canada qui continue encore et toujours à vouloir faire d'Ottawa un gouvernement fort, à reconnaître l'inéluctable centralisation des pouvoirs politiques aux mains d'un gouvernement où les Québécois ne seront toujours qu'un élément minoritaire. C'est ainsi que risque de se terminer une valse ironiquement réclamée par le Québec dans les années soixante. Le dernier tour ne piste évoque un film qui fut populaire et qui se terminait par la désillusion des joueurs. C'est ainsi qu'«on achève bien les chevaux!»

Conclusion

La question posée par le Québec depuis maintenant trois décennies renvoie non seulement à une reconnaissance symbolique de son caractère distinct, mais aussi à l'accroissement de sa capacité d'intervention pour assurer l'épanouissement de sa société. En cela, il s'est opposé à la logique centralisatrice qui a guidé les projets constitutionnels fédéraux depuis 1968. S'il est une chose que l'on doit retenir de l'évolution des positions constitutionnelles du Québec, cela étant d'autant plus manifeste depuis l'échec de l'accord du lac Meech, c'est que les possibilités de discussion de la «dernière chance» tirent à leur fin. L'entente du 22 août montre éloquemment tout ce que le Québec pouvait espérer tirer des négociations constitutionnelles. Certains se bercent d'illusions en croyant que le contentieux Québec-Canada sera ainsi réglé pour longtemps. Au contraire, les mécanismes prévus dans l'entente ouvrent la porte au marchandage continuel entre Ottawa et Québec, à la petite politique et aux récriminations constantes. Dans un tel contexte, rien n'est réglé. De la même manière, la population québécoise continuera à être divisée sur les voies à suivre pour assurer son avenir. La pomme de discorde entre francophones et anglophones québécois autour de la question linguistique continuera à hanter la vie politique. Si les Québécois, comme bien des Canadiens, sont fatigués des longs débats constitutionnels, l'application de l'entente survenue risque de raviver certaines désillusions à l'endroit du fédéralisme canadien.

Le fédéralisme renouvelé est devenu une hypothèse désuète. Ne reste plus que le fédéralisme tel qu'il s'est développé depuis la fin de la Seconde Guerre mondiale, centralisateur, prônant l'égalité des provinces et jetant aux orties le principe de la dualité, ou l'indépendance du Québec. En dehors de ces deux voies, il n'est plus possible d'espérer.

Notes

1. Frank R. Scott, «French Canada and Canadian Federalism», dans A. R. M. Loower, F. R. Scott *et al.* (dir.), *Evolving Canadian Federalism*, Durham (N. C.), Duke University Press, 1958, p. 57.

2. Gérard Boismenu, «La pensée constitutionnelle de Jean Lesage», dans R. Comeau (dir.), *Jean Lesage et l'éveil d'une nation*, Sillery, Presses de l'Université du Québec, 1990.

3. Jean-Louis Roy, *Le choix d'un pays*, Montréal, Leméac, 1978, p. 15-19.

4. Commission royale d'enquête sur le bilinguisme et le biculturalisme, *Rapport préliminaire*, Ottawa, Imprimeur de la Reine, 1965, p. 127.

5. Roy, *op. cit.*, p. 66.

6. Daniel Johnson, *Égalité ou indépendance*, Montréal, Éditions de l'Homme, 1965.

7. François Rocher, «Pour un réaménagement du régime constitutionnel: Québec d'abord!», dans R. Comeau, M. Lévesque et Y. Bélanger (dir.), *Daniel Johnson. Rêve d'égalité et projet d'indépendance*, Sillery, Presses de l'Université du Québec, 1991.

8. Gérard Boismenu et François Rocher, «Une réforme constitutionnelle qui s'impose...», dans Y. Bélanger et D. Brunelle (dir.), *L'ère des libéraux. Le pouvoir fédéral de 1963 à 1984*, Sillery, Presses de l'Université du Québec, 1988, p. 87-91.

9. Alain-G. Gagnon et Mary Beth Montcalm, *Quebec: Beyond the Quiet Revolution*, Scarborough, Nelson Canada, 1990, p. 158.

10. Québec, *La nouvelle entente Québec-Canada. Propositions du gouvernement du Québec pour une entente d'égal à égal*, Québec, Éditeur officiel, 1979, p. 17-19.

11. *Ibid.*, p. 51-57.

12. Louis Balthazar, *Bilan du nationalisme au Québec*, Montréal, l'Hexagone, 1986, p. 177-181.

13. Guy Laforest, *Protéger et promouvoir une société distincte au Québec*, mémoire présenté à la Commission sur l'avenir politique et constitutionnel du Québec, 20 novembre 1990.

14. Gagnon et Montcalm, *op. cit.*, p. 162-163.

15. Dossier du *Devoir*, *Le Québec et le lac Meech*, Montréal, Guérin littéraire, 1987, p. 52 et suiv.

16. François Rocher et Gérard Boismenu, «L'accord du lac Meech et le système politique canadien», dans *Politique*, n° 16, automne 1989.

17. José Woehrling, «L'échec de l'Accord du lac Meech et l'avenir constitutionnel du Canada», dans C. H. W. Remie et J. M. Lacroix (dir.), *Canada on the Threshold of the 21st Century*, Amsterdam/Philadelphie, John Benjamins, p. 393-396.

18. *Le Devoir*, 23 juin 1990.

19. Parti libéral du Québec, Comité constitutionnel, *Un Québec libre de ses choix*, s. l., 1991, p. 3.

20. Québec, Commission sur l'avenir politique et constitutionnel du Québec, *L'avenir politique et constitutionnel du Québec*, Québec, 1991, p. 82.

21. *Ibid.*, p. 91.

22. Canada, *Bâtir ensemble l'avenir du Canada. Propositions*, Ottawa, Approvisionnements et Services Canada, 1991.

23. Canada, *Rapport du comité mixte spécial sur le renouvellement du Canada*, 1992.

24. Cette menace est d'autant plus vraisemblable que le gouvernement de Robert Bourassa a manifesté une grande ouverture à l'endroit du rapport Chambers qui recommandait que «l'accès au réseau scolaire anglophone soit élargi *au moins* à tous les enfants qui faisaient leurs études en anglais ou dont l'un des parents est originaire d'un pays anglophone du monde» (Groupe de travail sur le réseau scolaire anglophone, *Rapport au ministre de l'Éducation du Québec*, janvier 1992, p. 7; les italiques sont de nous). Si le Québec suivait cette voie, la «clause Canada» imposée par la Constitution canadienne de 1982 concernant l'admission des enfants aux écoles anglaises serait remplacée par une clause internationale déjà prévue dans le même document. Il faut souligner deux choses: d'une part, le Québec ne pourrait plus faire marche arrière et, d'autre part, il devrait répéter la mauvaise expérience de la loi 22 qui obligeait les enfants à démontrer leur habileté linguistique pour accéder au réseau anglais.

25. Canada, *Rapport d'étape. Réunions multilatérales sur la Constitution. Ébauche progressive au 11 juin 1992 – fin de la journée*, p. 17.

26. Lise Bissonnette, «Le mur», *Le Devoir*, 24 août 1992, p. 1.

JEAN H. GUAY[1] ET FRANÇOIS ROCHER

De la difficile reconnaissance de la spécificité québécoise

> Traitez-les comme une nation et ils se comporteront comme le fait généralement un peuple libre: avec générosité. Traitez-les comme une faction et ils se conduiront en factieux.
>
> JOHN A. MACDONALD

L'électeur moyen n'a ni le temps ni l'énergie pour scruter à la loupe les politiques fiscales et budgétaires ou les projets de réformes économiques. Aussi les débats techniques ne l'intéressent guère. Il est plus souvent qu'autrement indifférent aux modalités du partage des pouvoirs entre les divers paliers de gouvernement. Habituellement, il préfère regarder de loin la vie politique, se limitant à exercer son droit de vote. La passion grandit en fait lorsque le débat se cristallise autour de symboles. Ceux-ci touchent l'affectivité; ils entraînent alors des adhésions et fondent des loyautés..., et ce malgré que leur contenu soit flou et leur portée difficilement mesurable. Le débat sur la spécificité du Québec ou sur la reconnaissance constitutionnelle de la société distincte est passé, au cours des dernières années, dans l'ordre du symbolique.

Lors du débat à propos de l'accord du lac Meech, ce fut la question la plus litigieuse et la plus débattue, bien que les aspects techniques et les implications juridiques n'aient été discutés que par les experts. En 1989, au milieu du débat, les Québécois divergeaient peu de l'ensemble des Canadiens sur la réforme du Sénat, sur les aspects administratifs du fédéralisme ou sur les programmes sociaux. La dualité entre les deux groupes linguistiques était cependant manifeste à propos de la reconnaissance de la société distincte: 59 % des anglophones désapprouvaient cette inclusion dans la Constitution contre seulement 14 % des francophones[2]. Pour les premiers, cette reconnaissance est immédiatement associée à l'établissement de privilèges pour l'autre peuple. L'égalité des citoyens est alors menacée. À l'inverse, pour les Québécois, il s'agit là d'un minimum, d'une évidence, dont on doute, paradoxalement, des effets réels, mais dont la non-reconnaissance par le Canada anglais est assurément associée à la gifle; l'orgueil et la fierté sont atteints et blessés. Le sentiment d'aliénation grandit, et l'appui à la souveraineté grandit de même[3]. Dans les pages du rapport du Comité constitutionnel du Parti libéral du Québec déposé pour le 25e congrès tenu en mars 1991, on trouve le verdict suivant: «[...] l'échec de l'accord du lac Meech a été durement ressenti. Il a été perçu comme refus du Canada de reconnaître le caractère distinct de la société québécoise[4] [...]».

Lors des discussions constitutionnelles de 1991-1992, la question du caractère distinct du Québec n'a pas fait les manchettes tout autant. Elle a cependant resurgi sous une forme élargie, repérable à deux niveaux. Primo, le Parti libéral du Québec, convaincu que l'échec de Meech fut un «événement historique», soutient que le Canada est placé «devant l'impératif du changement[5]»; il exige donc une décentralisation massive, seul rempart permettant de défendre la spécificité québécoise. Jamais le Parti libéral du Québec n'avait été aussi loin, du moins dans son programme, et pour un temps! Secundo, les Premières Nations se sont appropriées à leur tour de cette revendication pour exiger une reconnaissance de leur autonomie gouvernementale.

L'enchâssement d'une distinction (pour le Québec ou pour les Premières Nations) — banale et anodine en apparence — apparaît donc plus que jamais comme un cheval de Troie. Pour faire le bilan de la mécanique de cette question hautement symbolique qui pèse très lourdement dans le débat sur le fédéralisme canadien et qui risque de conduire celui-ci à sa perte, il convient donc de suivre simplement le parcours du temps en examinant les positions des uns et des autres.

1760-1840: la reconnaissance stratégique

Sous des vocables différents, cette question a toujours été présente; elle traverse l'histoire; à certains égards, elle en constitue même le fil rouge. En fait, dès après la conquête de 1759-1760, la Couronne britannique a réalisé que si elle voulait gérer la colonie et profiter de ses atouts sans, par ailleurs, engager des ressources militaires importantes, elle devait trouver un compromis. Elle ne pouvait imposer brutalement sa structure politico-sociale. On lit dans le traité de Paris de 1763 que sa Majesté la Couronne «donnera des Ordres les plus précis & les plus effectifs, pour que ses nouveaux Sujets Catholiques Romains puissent professer le Culte de leur Religion selon le Rit de l'Église Romaine, en tant que le permettent les Lois dans la Grande Bretagne». Dans l'Acte de Québec de 1774, on précise que le «clergé de la dite Église peut tenir, recevoir et jouir de ses dus et droits accoutumés, en égard seulement aux personnes qui professeront la dite Religion». Le mode de propriété est également maintenu. En somme, la langue, la religion et des aspects importants de la structure économique du conquis sont reconnus par le conquérant. Déjà à ce moment, la spécificité du peuple qui habite sur les deux rives du Saint-Laurent, qui se définit alors comme «Canadien» par opposition aux «Anglais», est établie dans les plus hauts textes de loi, même si, faut-il le préciser, cette reconnaissance relève plus des impératifs de la gestion politique que de la primauté du droit des peuples à maintenir leur identité, concept alors quasi absent dans la culture occidentale. Cette vision se retrouve également dans l'Acte constitutionnel de 1791 par lequel on procède à la création du Bas et du Haut-Canada.

Les événements de 1837-1838 suscitèrent évidemment des craintes chez les «Anglais»; on enregistre dès lors un recul[6] dans la politique de reconnaissance de la spécificité; le rapport Durham et l'Acte d'Union en sont des manifestations évidentes. On propose d'abord l'assimilation, puis la fusion des deux législatures; les textes de la nouvelle législature ainsi créée devront être «dans la langue anglaise seulement», précise l'Acte d'Union de 1841; «Louis-Hippolyte Lafontaine s'obstinait à le parler [le français] quand même[7]».

1867: la reconnaissance par dépit

Cette ambition d'assimilation et de fusion apparaît rapidement irréalisable. Le nouveau régime constitutionnel se révèle, après quelques années, ingouvernable. Même si les anglophones l'emportent peu à peu numériquement, les francophones représentent plus du tiers de la population canadienne. Le fédéralisme avec ses deux paliers de gouvernement s'impose dès lors comme la solution la plus viable. La spécificité québécoise, dans les domaines de la langue, de l'éducation, de la religion et du code civil, se retrouve à plus d'un endroit précisée. Selon Leslie, «la confédération a confirmé et augmenté les droits acquis de la population catholique française et marqué l'abandon officiel de la politique d'assimilation de Durham[8]». On n'y trouve cependant aucun énoncé global relatif à cette spécificité. Les Québécois ont toujours interprété cet Acte comme un «pacte entre les deux peuples fondateurs»; d'une manière générale, les Canadiens anglais ne partagent évidemment pas cette lecture.

Mais il y a plus. S'il n'y avait pas eu la spécificité des Canadiens français, les constituants de 1867 auraient probablement établi un régime unitaire. Macdonald écrit ainsi: «J'ai maintes et maintes fois déclaré que si nous pouvions avoir un gouvernement et un parlement pour toutes les provinces, nous aurions eu le gouvernement le meilleur, le moins dispendieux, le plus vigoureux et le plus fort[9].» Puis, pensant aux résistances inévitables du Bas-Canada, il ajoute à propos d'un régime unitaire qu'il ne

> [...] saurait rencontrer l'assentiment du peuple du Bas-Canada, qui sent que, dans la position particulière où il se trouve comme minorité, parlant un langage différent, et professant une foi différente de la majorité du peuple sous la confédération, ses institutions, ses lois, ses associations nationales, qu'il estime hautement, pourraient avoir à en souffrir. C'est pourquoi il a été compris que toute proposition qui impliquerait l'absorption de l'individualité du Bas-Canada, ne serait pas reçue avec faveur par le peuple de cette section[10].

Dans ses mémoires, on retrouve la mise en garde suivante à propos d'un projet unitaire: «Le Bas-Canada n'aurait eu qu'une voix pour protester, et alors adieu la fédération[11]». Macdonald estime qu'il n'est pas le seul à penser ainsi: «[...] tous ceux qui, comme moi-même, étaient d'abord en faveur d'une Union législative, furent forcés de modifier leurs vues à cet égard et d'accepter le projet d'une Union fédérale comme étant la seule chose praticable, même pour les provinces maritimes.» Dans un jugement de 1892 considéré par plusieurs comme une «véritable Charte du fédéralisme canadien[12]», on trouve l'énoncé suivant:

> Le but de l'Acte n'était pas de fusionner les provinces en une seule ni de subordonner les gouvernements provinciaux à une autorité centrale, mais de créer un gouvernement fédéral dans lequel elles seraient toutes représentées et auquel serait confiée de façon exclusive l'administration des affaires dans lesquelles elles avaient un intérêt commun, chaque province conservant son indépendance et son autonomie...

On aurait donc tort de croire que la Couronne britannique ou le Canada anglais n'ont jamais reconnu la spécificité québécoise. Exception faite de la période qui suit immédiatement la rébellion, cette spécificité était, du moins indirectement, établie juridiquement depuis la conquête. L'esprit de Durham ne l'a pas emporté. On ne peut pas, d'un autre côté, ignorer les balises ou les limites constitutionnelles de cette reconnaissance. Les principes théoriques du fédéralisme ne sont pas respectés en tout point: le droit de désaveu, le droit de dépenser ou le droit de taxer sous toutes les formes, voilà autant de garde-fous que les constituants de 1867 ont institués pour limiter l'expression de la spécificité québécoise. Ce compromis — défendu par l'Église catholique romaine — n'allait cependant pas éteindre le feu des passions et des identités.

1867-1960: la reconnaissance à l'épreuve du temps

L'affaire Riel, celle des écoles catholiques de l'Ontario, les problèmes d'enrôlement au moment de la Première Guerre mondiale, et surtout la crise de la conscription qui culminera en 1942 par un référendum au cours duquel 71 % des Québécois appuyèrent le NON et 80 % des Canadiens des autres provinces votèrent OUI ont constitué autant d'enjeux où, à chaque fois, la dualité et l'animosité entre les deux groupes se manifestaient. Si les tensions politiques sont alors fortes, elles ne dégénèrent cependant pas en litiges constitutionnels. L'une des causes est sans aucun doute la présence de têtes d'affiche francophones à Ottawa. Ainsi, au tournant du siècle, la victoire durable de Wilfrid Laurier à la tête du pays favorise le développement d'un sentiment d'appartenance au Canada chez les francophones qui se définissent alors comme Canadiens français. Au fil des décennies, la pratique de l'alternance à la tête du Parti libéral du Canada entre les deux groupes ethniques a, sans nul doute, permis un renouvellement périodique du sentiment de puissance chez les francophones. Il était aussi habile de la part des chefs anglophones de s'associer étroitement à un francophone, baptisé «lieutenant québécois»: les associations Macdonald-Langevin ou King-Lapointe en sont des exemples frappants.

La forte emprise qu'exerçait l'Église sur la vie politique et culturelle contribuait aussi à maintenir les revendications dans un cadre limité. Enfin, la forte croissance démographie des francophones permettait de croire à la survie de la «race canadienne-française». Ce qui s'estompa peu à peu, c'est l'espoir de créer de nouveaux foyers de culture francophone. Le problème des écoles francophones au Manitoba et en Ontario a marqué la fin d'un rêve. Au fil du temps, les minorités francophones hors Québec, qui ne constituaient que des îlots, ne parvinrent pas à résister aux forces de l'assimilation. Leur situation économique et professionnelle ne leur procurait pas les mêmes avantages que ceux dont dispose la minorité anglophone au Québec. La conséquence est celle-ci: géographiquement, le fait français devient de moins en moins canadien et de plus en plus québécois.

Jusqu'à la Seconde Guerre mondiale, le sentiment d'aliénation chez les francophones ne débouchait donc pas sur une volonté d'indépendance ou de réforme constitutionnelle majeure. Les tensions politiques fédérales-provinciales, bien que très réelles, ne dépassaient pas les balises établies par le pacte de 1867, même si, au profit des deux guerres et de la crise économique, le fédéral utilisait son pouvoir de dépenser pour envahir des champs de compétences reconnus en 1867 comme étant exclusivement du domaine provincial.

En 1956, la commission Tremblay, créée par le gouvernement du Québec, soulignait la mission particulière de celui-ci. À travers tout le rapport, on décèle des symptômes de malaise croissant; on se sent de plus en plus à l'étroit dans le cadre du pacte de 1867. Les deux guerres et la crise ont modifié sérieusement le partage de l'assiette fiscale entre les deux paliers de gouvernement, au profit du gouvernement central. On réclame des modifications constitutionnelles. Les commissaires écrivaient ainsi:

> Pour se maintenir et se renouveler d'une génération à l'autre et produire son maximum de fruits, toute culture particulière a besoin d'un foyer, c'est-à-dire d'un centre [...] le fédéralisme doit être assez large pour assurer à chacun l'initiative politique des fonctions de la vie col-

lective qui sont le plus immédiatement en relation avec les exigences idéologiques, intellectuelles et sociales de la culture elle-même: enseignement, assistance, entraide, régime de travail, régime de la famille[13].

À la veille de la Révolution tranquille, le groupe francophone est donc détenteur de droits spécifiques restreints mais néanmoins réels[14]. Dans le jeu des coalitions politiques, il occupe aussi une place significative. C'est sur le plan économique et social que les francophones restent des joueurs de ligues mineures. Ils sont moins scolarisés, affichent une espérance de vie moins élevée; leurs revenus sont de 15 % plus bas; ils sont aussi absents des postes de décision. Leslie écrit: «Le Québec était donc un exemple, qui n'est apparemment pas inhabituel, d'une majorité défavorisée qui obtient certains droits politiques en échange, pour ainsi dire, de son acceptation de sa condition d'infériorité économique[15].» Ce paradoxe allait cependant s'achever.

1960-1984: une reconnaissance qui s'affirme et déborde du cadre constitutionnel

La restructuration économique et la redéfinition du rôle de l'État vont créer une nouvelle dynamique de revendications. La spécificité du Québec n'est plus seulement associée à la survie de la langue et de la religion et à l'utilisation du Code civil. Santé, éducation, économie, travail, tous ces aspects sont introduits dans l'équation. La laïcisation de la société balaie le réflexe d'acceptation et de soumission. L'Église — favorable au pacte de 1867 — n'exerce plus sa fonction traditionnelle parce que ses modalités d'action (l'idéologique) et ses lieux de pouvoir (la famille et la campagne) ne sont plus au cœur de la nouvelle structure sociale qui s'impose. La domination économique des anglophones au Québec est devenue inacceptable, aux yeux d'un nombre croissant de francophones. L'État du Québec est, dès lors, vu comme l'outil par excellence de défense et de promotion générale des Québécois. Et l'ensemble de la situation des

francophones est du même coup politisée, voire constitution-
nalisée. Parallèlement à la Révolution tranquille, on assiste à
la multiplication inévitable des revendications à l'adresse du
gouvernement fédéral. Tous les secteurs sont touchés par
des conflits de compétence. La spécificité s'élargit tellement
que l'autonomie provinciale n'est plus la bannière politique appropriée. Le projet politique d'un État national québécois émerge. La nouvelle génération, plus scolarisée, est
porteuse de ce projet. Le nationalisme québécois n'en est
plus un de défense, mais de croissance.

La création de la Commission royale d'enquête sur le
bilinguisme et le biculturalisme constitue la première tentative du gouvernement fédéral de faire le point sur l'état de la
fédération. On a diagnostiqué l'étendue de la «crise canadienne» et indiqué qu'il était important que francophones et
anglophones se sentent chez eux partout à travers le Canada.
Le concept clé est celui «de l'égalité entre les deux peuples».
La conséquence la plus importante peut-être des travaux
de cette commission est celle-ci: toutes les forces politiques
devront tenir un discours sur la crise canadienne et proposer
des solutions. Plus que jamais, le problème constitutionnel se
trouve au cœur de l'agenda des forces politiques où l'on
retrouve d'abord ceux qui estiment que la reconnaissance de
la spécificité ne doit pas être élargie dans la mesure où le
Canada constitue une seule et même nation et doit le
demeurer.

Pierre Elliott Trudeau est évidemment le premier défenseur de cette thèse: «[...] il n'y a pas deux nations au Canada;
car si vous commencez à parler de deux nations, il y a danger
que vous vous orientiez vers deux entités légales distinctes
qui seront appelées soit des "États", soit des "pays", soit
des "peuples".» En fait, selon Trudeau, il existe deux importantes communautés linguistiques au pays. «Et à cause de
cela, il est important que les membres de ces deux communautés puissent communiquer avec l'État dans la langue
officielle de leur choix[16].» Pour Trudeau, s'inspirant sans
aucun doute de Hobbes, l'égalité des deux peuples est déjà
acquise: «En terme de *realpolitik*, les francophones et les
anglophones sont égaux au Canada parce que chacun de

ces groupes linguistiques a le pouvoir de briser le pays[17].» Le Québec n'est donc pas une nation ni même un territoire national; il constitue, à la limite, le foyer de l'une des deux communautés linguistiques. La solution de Trudeau au problème canadien passe donc par une politique de bilinguisme à l'échelle canadienne et non pas par l'octroi au Québec d'un statut particulier, ou d'une souveraineté culturelle. Toute solution régionale aggraverait, selon lui, la dualité des solitudes que les recensements n'ont pas cessé de relever. «Et le reste du Canada, lancera-t-il, devra aussi cesser de s'énerver si un groupe de francophones occupe des postes de commande au niveau fédéral[18].» La loi sur les langues officielles incarnera cette vision. Jean Chrétien est du même avis: «Je m'oppose, dit-il, à ce que le Québec obtienne un statut particulier plus marqué au sein de la Confédération[19].» Eugène Forsey, expert constitutionnel en vue au cours des années soixante, partage la même lecture: la reconnaissance d'un statut particulier pour le Québec conduirait à «une fureur, une frustration, un mécontentement et une récrimination sans pareils[20]» au Canada anglais. Il prophétisait les réactions à l'accord du lac Meech. Cette position ferme de Trudeau contrastait peu avec la politique déjà établie du Parti libéral du Canada. Pearson était un peu moins radical dans sa définition: le Québec représente, à la limite, la «mère-patrie» des Canadiens français. Mais il ajoutait: «Quoi qu'il en soit, le gouvernement central n'a pas l'intention d'être pris dans un tourbillon de concessions unilatérales et imprudentes qui pourraient détruire notre système fédéral de gouvernement[21].» En somme, la position du Parti libéral fédéral demeurera quasi inchangée du début des années soixante jusqu'à la fin des années quatre-vingt. La lecture de Trudeau de la crise canadienne sera largement majoritaire[22].

Les deux partis d'opposition à la Chambre des communes ont présenté un discours moins cohérent. Ainsi, au milieu des années soixante-dix, le Nouveau Parti démocratique d'Ed Broadbent opte pour une politique très semblable à celle de Trudeau: la reconnaissance de la société distincte crée «plus d'obstacles que de possibilité d'accords». Des arrangements administratifs qui concéderaient un peu plus de pouvoirs dans les domaines des communications et de l'immigration sont possibles; on ferait ainsi l'économie d'une révision constitutionnelle majeure. Plus tard le Nouveau Parti démocratique tient un discours différent dans lequel les néo-démocrates reconnaissent le statut spécifique du Québec[23].

Du côté conservateur, des voix discordantes se font entendre. Selon Diefenbaker, la philosophie qui doit l'emporter est celle d'un «seul Canada et non de deux, d'une seule nation et non de deux[24]». Un an plus tard, il soutenait que «le temps est venu de mettre fin aux jongleries de sémantique qu'on poursuit à des fins partisanes[25]». Par contre, l'un des candidats à la course à la direction de l'été 1967 n'hésitait pas à dire: «Les dispositions particulières à chaque province pourraient varier. Le pays ne sera pas démembré si l'une de ses parties est légèrement différente de l'autre[26].» Quant à Robert Stanfield, il est à peu près du même avis. Il proposera une révision des compétences fédérales[27]. Sur le fond du problème, il fait une distinction qu'on retrouve fréquemment chez d'autres politiciens, sauf chez Trudeau: «Si le mot "nation" signifie une liberté culturelle et sociologique, il est acceptable pour tout Canadien. Mais si "deux nations" signifie deux entités distinctes, ce concept devient inacceptable[28].» En somme, le Parti conservateur, et ce malgré le peu d'appuis électoraux qu'il recueillera jusqu'au milieu des années quatre-vingt au Québec, semble être un peu plus enclin que les libéraux de Trudeau à reconnaître une spécificité au Québec et à entrevoir un réaménagement des pouvoirs. La politique de Joe Clark en 1979 présentant le Canada comme une «communauté de communautés» n'était donc pas sans racine. Elle correspondait à la philosophie d'un parti dont la composante «reconnaissance des régionalismes» est aussi plus prononcée. Il se trouvait du même coup à répondre aux demandes grandissantes d'autonomie de l'Ouest, demandes engendrées par les politiques nationales de Trudeau.

Le rapport de la commission Pépin-Robarts publié en janvier 1979, commission qui réunissait des personnes de tous les partis et de tous les paliers et qui visait à faire une fois de plus le point sur la crise canadienne, exprime très bien l'ambiguïté. Jamais, dans le rapport final, on ne propose un statut particulier pour le Québec, associé à un «traitement de faveur», mais dans toutes les pages du rapport on souligne la spécificité québécoise. Et les propositions sont conséquentes: la Cour suprême devrait donner plus de place aux juges ayant une «formation civiliste». Un Conseil de la fédération remplacerait le Sénat et le Québec aurait 12 sièges sur 60. Un préambule constitutionnel viendrait reconnaître la «spécificité culturelle» du Québec. Finalement, on y reconnaît le droit du Québec à l'autodétermination: «C'est à la population du Québec qu'il incombe d'exercer ses propres choix politiques et constitutionnels et non au pays tout entier[29].»

Il n'y a donc pas homogénéité. Les élites politiques canadiennes se retrouvent sur un continuum balisé d'un côté par le minimum consenti par l'AANB et, de l'autre, par une volonté manifeste d'obtenir un statut particulier que les fédéralistes québécois vont affirmer. Pendant toutes ces années, il faut cependant constater que la tendance majoritaire fut celle de Trudeau: le Québec n'a pas besoin de plus de reconnaissance que ce que lui confère déjà l'AANB.

Les élites politiques ne sont cependant pas seules. Par-delà les politiciens et les partis, on trouve dans la population de multiples tendances. Une enquête empirique de Laczki, intitulée «English Canadians and Québécois Nationalism: An Empirical Analysis[30]», indique un clivage très net en fonction de la scolarité: les plus scolarisés sont «sympathiques» aux revendications du Québec dans une proportion de 49 %; chez les moins scolarisés, seulement 30 % affichent une position semblable. Ces résultats concordent avec les positions publiques des uns et des autres.

Ainsi, une portion significative des intellectuels canadiens-anglais récusent la lecture de Trudeau. Une déclaration de 1977 signée par une quarantaine de professeurs, d'écrivains et d'avocats qui avaient formé le Committee for a New Constitution appuie de façon très nette la reconnaissance de la spécificité québécoise et le droit à l'autodétermination. «À supposer que le Québec continue à faire partie du Canada, nous croyons que certains pouvoirs devraient être attribués au Québec, en conformité avec ses aspirations en tant que nation. Nous ne croyons pas que les arrangements constitutionnels qui seront faits avec le Québec doivent nécessairement être les mêmes avec les autres provinces[31].» Gérard Bergeron soulignera «la netteté et le courage intellectuel avec lesquels on envisage les arrangements constitutionnels conséquents à la possible expression de la libre détermination du peuple québécois[32]». Selon Gad Horowitz, de l'université McGill, il serait bénéfique pour le Canada anglais d'avoir son propre État national. «Il me semble, dit-il, que pour résoudre ces difficultés, la meilleure formule consisterait à envisager un fédéralisme à deux degrés, l'autorité du gouvernement central s'exerçant beaucoup plus fortement dans les autres provinces que dans le Québec. Ou si l'on préfère, ce serait l'octroi au Québec d'un statut particulier au sein de la fédération canadienne[33].»

Quant aux positions dominantes au sein de la population canadienne, on les retrouve fort bien dans les rapports des commissions Laurendeau-Dunton et Pépin-Robarts. Les commissaires ne l'ont pas caché: «Durant les réunions du soir tenues en dehors du Québec, nous avons pu, à maintes reprises, sentir un malaise grandissant chez une partie de l'auditoire: lorsque la discussion tombait sur les particularismes qui existent au Canada, nous pouvions prévoir qu'un partisan de l'idée d'"un seul Canada" ne tarderait guère à se saisir du microphone[34].» Ainsi un citoyen de Terre-Neuve apportait le témoignage suivant: «Le processus normal de l'histoire, pour une minorité, c'est l'assimilation ou l'absorption.» Puis un autre ajoutait: «On se demande pourquoi l'assimilation s'est produite pour d'autres groupes ethniques, et non pour les Canadiens français.» Un résident de l'Ontario faisait la prédiction suivante: «Le Canada est un "melting pot"[...]. Les Canadiens français seront inévitablement assimilés[35].» D'autres ont souligné que l'histoire était la source même de la dualité: «L'avenir du Canada importe beaucoup plus que son passé. Travaillons donc tous ensemble à créer un canadianisme au Canada[36].» Il existait donc un fort sentiment anti-francophone. Lors des audiences de la commission Pépin-Robarts, on a retrouvé le même sentiment. «Nous avons 73 nationalités, pas seulement deux peuples fondateurs, soutient un résident de l'Alberta. Cela est contraire à la Déclaration des droits.» Un intervenant du Manitoba affirmait ainsi: «Nous avons un pays, un drapeau, un peuple[37]!» Dans la population, on trouve donc des positions plus tranchées, présentant des similitudes avec le rapport Durham de 1839. On y trouve aussi toutes les frustrations engendrées par la Loi sur les langues officielles de Trudeau. Du point de vue des intervenants, Trudeau demeure avant tout un francophone, cherchant à satisfaire les siens. On comprend ainsi peu à peu comment il s'aliénera progressivement l'Ouest canadien. Au Canada anglais, il existe donc un segment anti-francophone très manifeste, que la classe politique n'assume toujours pas. Plusieurs sont d'avis que l'AANB est déjà trop généreux, position radicale qu'on ne retrouve pas dans la classe politique, du moins parmi les équipes gouvernementales. La commission Spicer visant à sonder les cœurs et les esprits, dans le but d'apaiser la colère de l'après-Meech, enregistrera les mêmes sentiments.

Au Québec, il existe également une portion significative de la population qui déborde des balises en vigueur de 1867 à 1970. Après les fédéralistes-nationalistes, partisans d'un statut particulier ou de la reconnaissance de la société distincte, on détecte dès le début des années soixante un courant indépendantiste qui estime que le cadre canadien, même réformé, restera trop étroit pour réaliser les aspirations spécifiques du Québec. Au moment des audiences de la commission Laurendeau-Dunton, plusieurs témoignages auront une couleur «séparatiste»: «Si la Commission en venait à la conclusion qu'en fait la cohabitation est impossible ou non désirée par les deux nations, elle pourrait faire comme nous, les avocats, nous faisons quand nous sommes dans de pareilles situations; nous recommandons aux époux qui ne peuvent s'entendre de s'éloigner quelque peu, de s'organiser chacun chez eux[38][...].»

En fait, les commissaires ont très bien saisi l'asymétrie dans les attitudes. Ils concluaient ainsi: «L'un des problèmes, c'est qu'une fraction du peuple canadien ne se rend pas compte qu'un fossé s'est creusé entre les partenaires et qu'il faut repenser notre pays[39].»

À la limite, aux deux extrémités, on rejette la problématique de la reconnaissance de la spécificité québécoise dans les textes constitutionnels canadiens mais, faut-il le préciser, pour des raisons diamétralement opposées. Les uns ne croient pas en la reconnaissance constitutionnelle de la spécificité québécoise, qu'on estime ou bien injustifiée ou bien dangereuse; les autres ne croient tout simplement pas en la Constitution canadienne. Et des deux côtés, on rejette à la limite le pacte fédératif de 1867 au profit d'un régime unitaire. Au Québec, le RIN et le PQ ne tarderont pas à récupérer ce sentiment d'insatisfaction. Au Canada anglais, il faudra attendre plusieurs années avant que ne se constituent, en dehors des grands partis et d'une manière durable, des véhicules, des segments anti-francophones.

Les tendances démographiques ne sont pas étrangères à tout le processus. En effet, la concentration démographique des francophones au Québec a conduit à l'émergence parmi eux d'un sentiment d'appartenance à leur territoire, condition préalable à la constitution d'un État national. Inévitablement, l'appellation de «Canadiens français» céda progressivement la place à celle de «Québécois»: en 1970, 21 % des francophones du Québec se définissaient comme Québécois, en 1977, 31 % se définissent ainsi; 37 % en 1984, puis 49 % en 1988. En 1990, 59 % se disent Québécois, 28 % se définissent comme Canadiens français et seulement 9 % comme Canadiens[40]. Dans le reste du Canada, le bilinguisme institutionnel du gouvernement central apparaît corrolairement de plus en plus dépassé et injustifié aux yeux d'un grand nombre de Canadiens anglais, notamment chez les autres minorités ethniques, démographiquement plus importantes que les francophones. Pour les uns et les autres, le «Canada français» est plutôt de l'ordre de l'histoire.

Ce long débat constitutionnel se terminera par le référendum québécois de 1980. La victoire du camp du NON, puis le rapatriement unilatéral de la Constitution et l'inclusion de la Charte des droits devaient donner un dur coup aux nationalistes québécois. La division surgit dans les rangs; la souveraineté devint une police d'assurance. Les énergies politiques n'étaient plus de ce côté. Les libéraux fédéraux pouvaient estimer l'affaire réglée.

1984-1990: la reconnaissance de la société distincte, dernier acte

L'équipe de Brian Mulroney, aspirant au gouvernement, n'ignorait pas que le rapatriement unilatéral de la Constitution avait laissé chez les partisans des deux grands partis québécois une amertume certaine. Ils s'étaient d'ailleurs refusés à endosser le *Canada Bill*. Les conservateurs cherchèrent donc à accumuler un capital politique sur cette base en vue d'effectuer des gains au Québec et de remporter les élections générales. L'honneur et l'enthousiasme devaient présider au retour du Québec dans le giron constitutionnel. Une large part des nationalistes votèrent donc pour les conservateurs, persuadés qu'il était temps de mettre les libéraux à la porte. Cette promesse jumelée à la tradition régionaliste du Parti conservateur aboutit à l'accord du lac Meech qui, d'une certaine manière, synthétisera l'ensemble de la problématique de la reconnaissance.

Cet accord établi par les premiers ministres reprenait plusieurs des propositions déjà soumises, notamment en regard de l'immigration, de la Cour suprême ou du pouvoir de dépenser. Aux yeux du Canada anglais, l'aspect le plus litigieux était évidemment la clause de la société distincte, et ce même si cette clause était limitée au sein même de l'accord: d'abord parce qu'il était précisé que celle-ci ne devait entraîner aucun nouveau pouvoir ni nouvelle compétence pour le Québec et, deuxièmement, parce qu'on y affirmait que la minorité anglophone du Québec constituait une caractéristique fondamentale du Canada et que celle-ci devait être «protégée» par le gouvernement du Québec. Malgré ces balises, jamais n'avait-on proposé autant au Québec dans un document constitutionnel entériné par les 10 autres premiers ministres. L'Assemblée nationale s'empressa donc de le ratifier le 23 juin 1987. À partir de là, les autres provinces disposaient d'un délai de trois ans pour ratifier législativement le document.

Cet accord était possible en fonction de plusieurs conditions: les conservateurs — un peu plus souples sur la question du statut particulier, et ce depuis les années soixante — avaient remplacé les libéraux; les libéraux québécois avaient remplacé les péquistes; et finalement, l'entente ne devait pas remuer les esprits au Canada anglais, notamment les segments les plus anti-francophones. Or ce fut précisément cette dernière condition qui tomba. D'abord Trudeau prit position contre l'accord et donna ainsi le coup d'envoi à un vaste débat; des campagnes électorales eurent lieu au Nouveau-Brunswick, puis à Terre-Neuve où les partis libéraux provinciaux dirigés par des partisans de Trudeau se chargèrent de populariser l'accord en ravivant les segments de la population qui s'étaient traditionnellement prononcés contre tout statut particulier pour le Québec. Finalement, la course à la direction du Parti libéral constituait une autre tribune pour raviver les rancœurs.

Mulroney avait, en 1984, rappelé les blessures de 1982 pour gagner des appuis au Québec; de 1988 à 1990, les opposants feront appel au peuple du Canada anglais, en remuant les vieilles rancunes. En 1984, le Canada anglais n'avait pas mal réagi parce que le projet élaboré dans le discours de Sept-Îles restait très vague et flou; il donnait des votes au Québec sans entraîner un rejet du Canada anglais. Il était cependant inévitable qu'une fois le projet connu, précisé et surtout perçu comme étant à l'avantage du Québec (bien que de manière limitée), les forces politiques d'opposition cherchent, d'abord pour leur propre profit, à réveiller les oppositions traditionnelles à cette reconnaissance.

Inévitablement, la clause de la société distincte devenait un symbole. Il n'en fallait guère plus pour que le gouvernement fédéral perde le contrôle de ce qu'il avait lui-même initié. Les conservateurs se trouvèrent donc confrontés à une opinion publique canadienne anglaise de plus en plus hostile à l'entente; dans l'Ouest et dans les Maritimes, des forces politiques se constituèrent à partir des segments les plus radicaux. La croissance du Reform Party dans l'Ouest et celle du COR (Confederation of Regions Party) dans les Maritimes sont les manifestations politiques de cette insatisfaction. Ces organisations sont les véhicules de tendances réelles. Au moment du débat sur l'accord de Meech, le sentiment anti-francophone et la bigoterie ont donc refait surface; mais on camoufle ceux-ci en répliquant que le processus n'était pas démocratique, parce qu'il impliquait 11 hommes blancs négociant derrière des portes closes. À la fin des années quatre-vingt, les élites gouvernementales se trouvent dépassées par des forces qui souhaitent abolir le bilinguisme institutionnel et toute trace de la spécificité.

Au Québec, l'opposition à l'accord existe chez les francophones-souverainistes; le premier ministre Bourassa parvient cependant à maintenir le cap sur l'objectif-Meech, mais en adoptant, sous la pression de l'opinion publique, une politique linguistique, la loi 178, contraire aux promesses électorales de 1985 et qui alimentera les craintes des Canadiens anglais de tout le pays à l'endroit de toute clause reconnaissant constitutionnellement la spécificité québécoise.

L'addition des oppositions du Canada anglais devait évidemment faire échouer l'accord des premiers ministres de 1987; le peuple du Canada anglais récusa le projet et chassa du pouvoir toutes les forces politiques provinciales qui avaient signé initialement l'accord: en Ontario, en Colombie-Britannique, en Saskatchewan. À cette liste il faut bien sûr ajouter le Nouveau-Brunswick, Terre-Neuve et le Manitoba qui avaient déjà chassé les signataires de l'accord avant 1990. À l'été 1992, il ne reste plus que l'Île-du-Prince-Édouard et l'Alberta; le premier ministre de cette dernière province, Don Getty, a dû d'ailleurs présenter une tout autre image, et se montre hostile aux revendications du Québec et au bilinguisme institutionnel. À la limite, si le débat avait pu n'engager que la classe politique, il est fort probable que celui-ci se serait réglé à l'amiable à l'avantage des partis. Le Québec se serait vu accorder un statut particulier. Mais ce scénario ne tient pas compte du jeu électoral des partis, ni des tendances structurelles de l'opinion publique, ni des dimensions démographiques. Celles-ci ont exercé une influence déterminante tout au long du débat. En 1760, les Anglais ne voulaient reconnaître ni la langue française ni la religion catholique, mais le poids du nombre et la gestion stratégique de la colonie les y obligea; en 1867, Macdonald ne souhaitait pas établir un régime fédéral, mais le Bas-Canada se serait farouchement opposé à une autre solution; en 1990, les premiers ministres auraient bien voulu reconnaître la spécificité québécoise, mais, cette fois, ce fut le poids des Canadiens anglais qui se manifesta. En fait, chaque fois qu'on a voulu régler le débat constitutionnel sans tenir compte des forces de la société civile, ou bien on a dû faire marche arrière — ce qui fut le cas avec le régime de l'Union —, ou bien il s'est trouvé des forces politiques qui utilisèrent l'inévitable amertume des populations — ce qui fut le cas au cours des dernières années. On aurait donc tort de croire que les problèmes se situent essentiellement au niveau des élites politiques; les oppositions les plus farouches à la reconnaissance constitutionnelle de la société distincte sont structurelles et trouvent leurs racines dans la culture politique canadienne. Et dès que l'on soulève cette question — même d'une manière très circonscrite —, les passions se déchaînent. Le débat devient dès lors très symbolique, et les partisans du compromis se retrouvent coincés entre des loyautés opposées.

Notes

1. Nous tenons aussi à remercier Pierre Nicol, de l'Université de Sherbrooke, pour ses efforts dans le domaine de la recherche bibliographique.

2. *Gallup Report*, 16 janvier 1989.

3. E. Cloutier, J.-H. Guay, D. Latouche, *Le virage ou comment le Québec est-il devenu souverainiste*, Montréal, Québec/Amérique, 1992.

4. Parti libéral du Québec, *Un Québec libre de ses choix*, rapport du Comité constitutionnel du Parti libéral du Québec, janvier 1991, p. 3.

5. *Ibid.*

6. Il faut cependant noter que sur la question du «gouvernement responsable» Durham propose en fait des modifications qui rejoignent les demandes des patriotes. Voir aussi: D. R. Cameron, «Lord Durham

Then and Now», *Revue d'études canadiennes*, vol. XXV, n° 1, printemps 1990, p. 5-23

7. William Johnson, *Anglophobie made in Québec*, Montréal, Éditions Stanké, 1991, p. 34.

8. P. Leslie, «Le Canada en tant qu'entité politique abritant deux collectivités», dans C. F. Beckton et A. W. Mackay (dir.), *Les dossiers permanents du fédéralisme canadien*, Approvisionnements et Services Canada, 1986, p. 125.

9. *Débats parlementaires sur la question de la Confédération des provinces de l'Amérique britannique du Nord*, Québec, 1865, p. 30.

10. *Ibid.*

11. Cité dans le *Rapport de la Commission royale d'enquête sur les problèmes constitutionnels*, volume I, Province de Québec, 1956, p. 19.

12. Pierre Patenaude, «La constitution canadienne, une lourde hypothèque pour le Québec», dans Pierre Patenaude (dir.), *Québec-communauté française de Belgique: autonomie et spécificité dans le cadre du système fédéral*, Montréal, Wilson & Lafleur, 1992, p. 8.

13. Québec, *Rapport de la Commission royale d'enquête sur les problèmes constitutionnels. Aperçu général et sommaire des recommandations*, 1956, p. 14.

14. Bien que ceux-ci soient définis à l'intérieur «d'un régime institutionnel portant la marque d'un génie différent du leur et dont ils ne possédaient pas ou ne partageaient pas l'esprit», écrivent les commissaires.

15. Leslie, *op. cit.*, p. 127.

16. *Le Devoir*, 28 mars 1969, p. 4.

17. Cité par Leslie, *op. cit.*, p. 117.

18. *Le Devoir*, 24 décembre 1976, p. 1.

19. *Le Devoir*, 1er juin 1967, p. 10.

20. *Le Devoir*, 7 avril 1967, p. 2.

21. *Le Devoir*, 22 janvier 1966, p. 4.

22. F. Rocher et A.-G. Gagnon, «Pour prendre congé des fantômes du passé», dans *Réplique aux détracteurs de la souveraineté du Québec*, Montréal, VLB éditeur, 1992.

23. *La Presse*, 16 mars 1987, p. 2.

24. *Le Devoir*, 3 août 1966, p. 8.

25. *Le Devoir*, 24 août 1967, p. 1.

26. *Le Devoir*, 21 août 1967, p. 7.

27. *Le Devoir*, 3 octobre 1967, p. 1.

28. *Le Devoir*, 26 août 1967, p. 4.

29. *Le Devoir*, 26 janvier 1979, p. 6.

30. L. Laczki, «English Canadians and Québécois Nationalism: An Empirical Analysis», *Revue canadienne de sociologie et d'anthropologie*, vol. XV, n° 2, 1978, p. 206-217.

31. *Le Devoir*, 22 avril 1977, p. 5.

32. *Le Devoir*, 30 avril 1977, p. 5.

33. *Le Devoir*, 30 juin 1967, p. 9.

34. Commission royale d'enquête sur le bilinguisme et le biculturalisme, *op. cit.*, p. 45.

35. *Ibid.*, p. 46.

36. *Ibid.*, p. 37.

37. Commission de l'unité canadienne, *Un temps pour parler. Les commentaires du public*, commission Pépin-Robarts, ministère de l'Approvisionnement, 1979.

38. Commission d'enquête sur le bilinguisme et le biculturalisme, *op. cit.*, p. 34.

39. *Ibid.*, p. 136.

40. M. Pinard, «The Quebec Independence Movement: A Dramatic Reemergence», *Journal of International Affairs*, hiver 1992.

MIRIAM SMITH

Le choc des identités au Canada: du rejet de la dualité à la quête d'une identité plurielle

Traduit de l'anglais par Maya Berbery

L'échec de l'accord du lac Meech en juin 1990 a pris les élites canadiennes par surprise. Le premier ministre Mulroney, habitué depuis longtemps au courtage d'intérêts en transigeant avec les élites, particulièrement les élites francophones et anglophones, a vu son coup de dé se heurter à la plume d'Elijah Harper. Le rôle qu'a joué Harper dans l'obstruction à l'accord à l'Assemblée du Manitoba est devenu un symbole puissant pour le Canada anglais. Du même coup, il inaugurait l'entrée des Premières Nations du Canada dans le processus politique et démontrait la complexité du jeu des identités politiques en concurrence dans la politique canadienne. Après tout, les Premières Nations voulaient participer au processus constitutionnel en tant que nation et non seulement comme des porteurs de droits individuels. Pour le Canada anglais, la plume d'Elijah Harper a donné le signal du déclin de l'importance et de la valeur marchande du dualisme politique.

L'échec de l'accord du lac Meech a été abondamment discuté[1]. On dira pour l'expliquer qu'il s'est fondé sur un processus antidémocratique de huis clos («11 hommes blancs»), qu'il a négligé de reconnaître les droits des autochtones et des minorités ethniques et qu'il a accordé au Québec trop de pouvoirs sans raison. La clause de la société distincte, craignait-on, mettait en jeu les droits individuels au Québec tandis que l'enchâssement de droits collectifs allait à l'encontre de l'attachement du Canada anglais aux droits individuels[2]. La clause de la société distincte et les autres «concessions» en faveur du Québec auraient eu pour effet de déséquilibrer et de décentraliser le fédéralisme canadien; ces dispositions ont par conséquent déplu à la gauche libérale du Canada anglais, traditionnellement favorable à un État fédéral fort.

Dans la mesure où l'accord du lac Meech représentait un retour au dualisme politique après l'orientation «nationalisante» de la Constitution de 1982, son échec traduit l'impopularité politique des conceptions du fédéralisme canadien fondées sur l'idée des «deux nations». Dans ce texte, j'examinerai les causes du déclin du dualisme au Canada anglais. J'y soutiens que le concept même de «nation», de toute façon déjà précaire au Canada anglais, s'est trouvé encore affaibli avec la montée de nouvelles identités politiques — ethnique, féminine, autochtone — qui entrent en concurrence avec le concept de «nation» au Canada anglais et qui remettent en question sa capacité de traiter avec son partenaire, le Canada français, selon la définition traditionnelle du dualisme. Le problème tient moins au fait que les Canadiens anglais disputent au Québec son droit de se définir comme «nation» qu'au fait qu'ils ne peuvent s'identifier au concept même de «nation». La politique de diversité au Canada anglais est fondée sur des identités politiques en concurrence. Elle témoigne d'une profonde hostilité à l'égard d'une définition politique de la «nation» ou du «peuple».

Ironiquement, le gouvernement fédéral a lui-même joué un rôle important dans l'émergence de la politique de la diversité. Alors qu'on attribue souvent l'émergence, le pouvoir accru et la définition de nouvelles identités politiques au Canada anglais à la Charte des droits[3], les politiques fédérales de bilinguisme et de multiculturalisme — conçues comme une stratégie de définition et de sauvegarde de la nation — ont également contribué à l'élaboration de la politique de diversité, avant même l'adoption de la Charte. En fait, la Charte des droits elle-même est bien en quelque sorte le produit de la politique de diversité, en dépit des intentions «nationalisantes» de Trudeau.

Dans ce texte, j'examinerai d'abord les politiques fédérales des années soixante et du début des années soixante-dix — le bilinguisme et le multiculturalisme — et leurs effets sur la politique au Canada anglais. Je tenterai ensuite de montrer comment les nouvelles identités politiques s'inscrivent dans les débats constitutionnels des années quatre-vingt et concluerai enfin par quelques réflexions sur la manière dont le déclin du dualisme influencera les possibilités de rapprochement entre le Canada anglais et le Québec dans l'actuel débat constitutionnel.

Le dualisme en question: retour critique sur les années soixante

Les années soixante sont marquées par plusieurs processus qui remettront en question le dualisme comme fondement du fédéralisme canadien. Des années soixante aux années quatre-vingt, certains facteurs sociologiques, notamment la transformation de l'équilibre ethnique de la population et la montée d'identités politiques non traditionnelles ou post-matérialistes, ont modifié toutes les sociétés capitalistes avancées, y compris le Canada.

Depuis les années soixante, la montée d'identités post-matérialistes s'est fait sentir dans toutes les sociétés capitalistes avancées. De façon générale, ces valeurs post-matérialistes ont donné le signal du déclin de la politique traditionnelle fondée sur l'opposition de la gauche et de la droite et sur les structures de classes, et ont permis l'émergence des enjeux liés à la qualité de vie — environnementalisme, mouvements pacifiste et féminisme. Bien que la politique de classe n'ait jamais été particulièrement vigoureuse au Canada, cette vague de fond dans la vie politique y a tout de même

laissé des traces. Les nouveaux mouvements sociaux, comme
le féminisme et l'environnementalisme en particulier, ont
pris forme durant ces deux décennies et sont apparus sur la
scène politique comme des acteurs significatifs au cours des
années quatre-vingt. Par conséquent, certains aspects de la
politique de diversité à l'œuvre dans les débats constitutionnels des années quatre-vingt reflètent les courants politiques traversant l'ensemble des démocraties capitalistes,
et non seulement le Canada[4].

Parallèlement à l'émergence de nouvelles identités politiques, la période allant des années soixante aux années
quatre-vingt a connu aussi la montée d'identités politiques
propres à l'«ancienne» politique d'éthnicité. Au cours des
années soixante, ce que l'on appelle la «Troisième Force»
en politique canadienne, c'est-à-dire les groupes d'origine
autre que britannique ou française, était politisée. Les groupes de la «Troisième Force» se sont mobilisés autour du processus politique, de façon à marquer profondément le débat
politique des années quatre-vingt et quatre-vingt-dix.

Bien que ces changements aient coloré toutes les sociétés capitalistes, ils ont pris une teinte particulière au Canada.
Les mesures du gouvernement fédéral pour nourrir et promouvoir la politisation de ces identités est ce qui distingue le
plus le contexte canadien des autres sociétés capitalistes.
Ce n'est pas dire que l'État a créé de toutes pièces ces identités, mais plutôt qu'il les a délibérément renforcées et canali-
sées. Ironiquement, ce sont les travaux de la commission
Laurendeau-Dunton, la politique de bilinguisme et de biculturalisme et les modes de mises en œuvre de cette politique
par le gouvernement fédéral qui ont contribué à créer des
identités politiques qui, vingt ans plus tard, reviendront
miner la notion de dualisme.

La politique d'éthnicité de la «Troisième Force» a posé
un défi à la politique du dualisme. Cela a transparu dans le
«canadianisme sans trait d'union» de John Diefenbaker voulant que tous les Canadiens soient canadiens, sans égard à
leur origine ethnique. Cette vision éminemment libérale de
la politisation de l'identité ethnique s'offrait comme la
réponse à la notion de droits collectifs. Plutôt que de recon-

naître des droits collectifs, le *Bill of Rights* de Diefenbaker, précurseur de la Charte des droits, donnait aux Canadiens des droits individuels leur assurant l'égalité devant la loi, sans égard à leurs caractéristiques ethniques, raciales ou linguistiques. Diefenbaker proposait en quelque sorte un *melting-pot* à l'américaine dans lequel aucun groupe ne bénéficierait d'un statut spécial, encore moins de droits collectifs. Dans ses propres mots: «*"One Canada" stood for prejudice toward none and freedom for all. There were to be no second-class citizens*[5][...].» Cette vision négligeait les réels problèmes auxquels étaient confrontées les minorités pour préserver leur identité. Elle négligeait aussi les moyens par lesquels le *level playing field* et les garanties des droits individuels privilégieraient les groupes dominants en empêchant les minorités de se définir et de se défendre.

À l'arrivée au pouvoir des libéraux au cours des années soixante, la Révolution tranquille posait une menace potentiellement sérieuse à l'unité canadienne, menace qui manifestement ne pourrait être dissipée par un discours sur le «canadianisme sans trait d'union». Le gouvernement fédéral répondait à ce défi par la création de la Commission royale sur le bilinguisme et le biculturalisme. Cette commission, comme bien d'autres dans l'histoire canadienne, a contribué non seulement à élaborer un nouveau discours centré sur un «problème» perçu — dans le cas présent, le nationalisme québécois —, mais également à offrir une tribune pour la mobilisation des groupes et la diffusion de leurs demandes.

La création de la commission Laurendeau-Dunton a marqué le sommet de la popularité du concept des «deux nations» au Canada anglais. Le mandat de la Commission définit la confédération comme «*a partnership between the two founding races*» et les recommandations de la Commission ont mené à l'adoption d'une politique de bilinguisme officiel, de promotion du statut égal du français dans la fonction publique fédérale et de protection des minorités linguistiques officielles à travers le Canada. Malgré quelques grincements de dents contre le français sur les boîtes de céréales, cette politique a été fortement soutenue par les élites de tous les partis politiques fédéraux qui y voyaient une mesure d'unité nationale et une mesure de construction de la nation. Bien entendu, pour Pierre Elliott Trudeau, ces politiques (comme la Charte des droits qui suivra) visaient à miner la légitimité du gouvernement québécois en tant qu'unique défenseur de la langue et de la culture françaises et à accroître la visibilité et le rôle du gouvernement fédéral dans la défense des droits linguistiques. Les francophones devaient se sentir «chez eux» partout au Canada.

Toutefois, le mandat de la commission Laurendeau-Dunton visant principalement le bilinguisme et le biculturalisme a également fait face à des résistances significatives de la part des Canadiens de la «Troisième Force». En fait, les pressions contre la politique du dualisme venant de ces groupes ont été si fortes qu'elles ont obligé la Commission à enrichir son rapport d'un quatrième volume traitant des autres groupes ethniques[6]. Ce volume du rapport recommandait une politique multilingue et multiculturelle pour tenir compte des préoccupations de ces «autres». C'est forte de ce quatrième rapport que la «Troisième Force» canadienne entreprit son odyssée vers la constitutionnalisation. C'est donc vers la fin des années soixante que les minorités ethniques font leurs premières armes sur la scène politique nationale. Leur participation aux débats des années quatre-vingt doit donc être vue dans la continuité de vingt ans de luttes pour une reconnaissance constitutionnelle et non comme un produit récent de la Charte.

Le gouvernement fédéral a vite fait de mesurer l'importance de ce phénomène et de rajuster son tir. Le premier ministre Trudeau déclara à la Chambre des communes: «*Although there are two official languages, there is no official culture, nor does any ethnic group take precedence over any other*[7].» Bien que le gouvernement n'ait pas retenu les recommandations de la Commission relatives au multiculturalisme, il mit néanmoins en place un programme de multiculturalisme.

Ce programme comprend l'établissement d'une Direction générale du multiculturalisme au sein du Secrétariat d'État en 1971, la création du Conseil canadien sur le multiculturalisme chargé de conseiller le gouvernement (1973) et l'adoption de la Loi canadienne sur les droits de la personne (1977) qui créa la Commission canadienne des droits de la personne. Le Secrétariat d'État mit sur pied un programme de financement en faveur des minorités linguistiques officielles et des groupes ethniques. Le programme de multiculturalisme visait à soutenir les groupes ayant besoin d'aide pour abattre les barrières culturelles freinant leur épanouissement et leur participation à la société canadienne, à encourager les échanges entre les différents groupes et à favoriser chez les immigrants l'apprentissage des langues officielles[8].

Le programme de bilinguisme — conçu pour émousser le nationalisme québécois — allait, dès ses débuts, de pair avec la reconnaissance de la nature multiculturelle de la société canadienne. En fait, la politique du multiculturalisme a été plus loin que la simple reconnaissance du multiculturalisme; elle a offert un programme concret, financé par l'État, aux groupes des minorités ethniques et aux minorités linguistiques officielles. Comme l'affirme Leslie Pal: «*While never an enthusiastic supporter of multiculturalism, Trudeau saw its political advantages in blunting dualist claims and assumptions that might flow from the official languages policy*[9].» Le multiculturalisme allait donc, dès sa définition, à l'encontre des «deux nations» puisqu'il misait sur le sens ambigu de l'identité nationale des Canadiens anglais; le programme tentait d'élargir la définition des anglophones du Canada au-delà de leur nature «anglaise» et cela, sous la rubrique d'un programme conçu pour soutenir les communautés de minorités linguistiques officielles à travers le pays. Il s'agissait là du projet par excellence de construction d'une nation, projet qui définissait l'ensemble du Canada par deux communautés linguistiques et par une identité politique multiculturelle (c'est-à-dire multiraciale).

Ensemble, la Loi sur les langues officielles, le rapport de la commission Laurendeau-Dunton, la création de la Direction du multiculturalisme et les débuts d'une politique officielle de multiculturalisme et de bilinguisme auront eu une incidence importante. Premièrement, la perception de la politique du dualisme a, en définitive, suscité une réaction

politique brutale au Canada anglais, allant du pur secta-
risme à l'anti-bilinguisme. La politique du dualisme n'a pas
freiné la montée du nationalisme québécois. La politique
du dualisme n'a pas empêché le gouvernement du Québec de
revendiquer plus de pouvoirs au sein du système fédéral
canadien[10]. Et au fur et à mesure que le Québec revendi-
quait plus de pouvoirs, une partie de l'opinion du Canada
anglais, désireuse de sauvegarder un État fédéral fort, commençait à percevoir le caractère irréconciliable de ces deux
positions. La politique du dualisme se discréditait lente-
ment, même parmi ceux qui, à l'origine, appuyaient le bilinguisme et reconnaissaient que le Québec devait protéger et
promouvoir sa langue et sa culture. La politique du dualisme en est donc venue à signifier que le programme politique du Canada anglais serait dicté par les exigences du
Québec.

Le deuxième effet de cette politique se manifeste par les
conséquences involontaires de la politique fédérale de financement de groupes appuyant la cause de la construction de la
nation. Le programme du Secrétariat d'État s'était élargi
pour financer également des organismes de défense des
femmes et des personnes handicapées. À mesure que de
nouvelles identités politiques se mobilisaient et adressaient
des demandes à l'État, elles s'intégraient au système de
financement. Bien qu'il soit difficile d'évaluer l'effet du
financement public sur le statut et les activités de ces organismes, selon Susan Phillips, «*a significant consequence [of this pro-
gram] has been that many identity-promoting groups, supported by
the federal departments, have come to look to government, and the
federal government in particular, to protect or address their inter-
ests*[11]». Et, comme l'affirme Isajev, «*the multicultural policy
has given ethnic collectivities a legal basis for making claims on
public policy and public funds*[12]». C'est ainsi que les politiques fédérales, initialement conçues pour construire une
identité nationale et pour consolider l'unité nationale, ont au
contraire favorisé l'établissement de diverses identités politiques qui allaient remettre en question le concept et la pratique du dualisme.

Les années quatre-vingt: la consolidation d'une identité plurielle

La politique de diversité du Canada anglais a commencé à se faire sentir pendant le processus de rapatriement de 1980-1982. La stratégie de Trudeau fut de mener à terme les politiques que les libéraux avaient adoptées depuis les premières articulations du bilinguisme et du multiculturalisme à la fin des années soixante. Le rapatriement de la Constitution et l'adoption d'une Charte des droits seraient «nationalisants»; plus particulièrement, de solides garanties linguistiques dans la Charte enchâsseraient constitutionnellement la vision qu'avait Trudeau de la protection des minorités linguistiques officielles dans l'ensemble du pays et saperaient, une fois pour toutes, l'image du gouvernement québécois comme seul défenseur de la langue et de la culture françaises au Canada.

La grande surprise de 1982 n'a pas été causée par l'opposition des provinces à cette vision «nationalisante». On pouvait s'attendre à ce que les *province-builders* contestent le pari de Trudeau à l'égard de la nation. C'est la transformation de la Charte elle-même sous les pressions des mouvements sociaux qui surprend. Les Premières Nations, les représentants de minorités ethniques et le mouvement féministe ont été les groupes les plus militants dans la lutte pour faire inscrire leurs garanties dans la Charte. Les articles 25, 27 et 28 qui comprennent de fermes énoncés relatifs à la protection des droits acquis des autochtones, à la reconnaissance du caractère multiculturel du Canada et à l'égalité de la femme en vertu de la Charte sont le résultat de ces luttes. Bien que les provinces aient obtenu une clause dérogatoire en vertu de l'article 33, ces trois groupes, nouveaux représentants de la politique de diversité, ont eu gain de cause en obtenant que leur statut dans la Charte ne soit pas assujetti à cette clause[13].

Comme le fait remarquer Alan Cairns, ce processus et les séances de négociations constitutionnelles subséquentes ont constitutionnalisé comme jamais auparavant les politiques d'identité[14]. Alors que la Charte fait passer la Constitution canadienne des gouvernements au peuple, ses dispositions les plus importantes — dans la perspective des négociations constitutionnelles — ne sont pas les garanties des droits individuels, mais bien plutôt l'affirmation des droits collectifs que l'on retrouve dans les articles 25, 27 et 28 ainsi que la protection des droits linguistiques des minorités. Par conséquent, les acteurs dans le débat constitutionnel ne sont pas les Canadiens en tant que porteurs des droits individuels, mais bien les Canadiens anglais, défenseurs des droits collectifs, qui ont contesté l'appropriation de la Constitution par les élites politiques.

Cette politique d'identité combinée à la réaction brutale des provinces envers le dualisme a posé des obstacles énormes à l'accord du lac Meech. Comme en 1980-1982, les défenseurs des droits collectifs du Canada anglais ont profité du processus relativement long de ratification de l'accord pour se mobiliser autour de leurs revendications constitutionnelles. Les Premières Nations ont protesté contre leur exclusion complète de l'accord et ont mis en doute la légitimité même d'une «séance québécoise» de négociation. Le mouvement féministe s'est inquiété de la force réelle des dispositions de la Charte portant sur l'égalité, compte tenu de la clause de la société distincte. Et, de façon similaire, les minorités ethniques ont voulu s'assurer de la «parité» entre le multiculturalisme, comme principe constitutionnel, et la clause de la société distincte.

Parallèlement, les *province-builders* du début des années quatre-vingt commençaient à manifester leur opposition au dualisme en avançant l'idée de «l'égalité des provinces». Les tenants de l'égalité des provinces demandaient à la fois leur inclusion dans la politique nationale et davantage de pouvoirs à l'intérieur des institutions fédérales pour contrecarrer la force du Canada central plutôt que des pouvoirs accrus pour le palier provincial lui-même. La rhétorique de l'égalité des provinces misait sur la popularité de la Charte en soulignant que «toutes les provinces devraient être traitées également» et qu'aucune ne devrait bénéficier d'un «statut particulier»; analogie implicite entre les droits individuels des Canadiens tels que la Charte les garantit et les «droits» des provinces. Tout comme les droits ne devraient pas être définis différemment au Québec avec la clause de la société distincte, les pouvoirs des provinces et leur statut dans le système fédéral ne devraient pas différer d'une province à l'autre. Un fédéralisme asymétrique qui accorderait officiellement au Québec un statut particulier en conservant la possibilité d'un État fédéral fort dans le reste du Canada trouve sa plus vive opposition dans cette doctrine de l'égalité des provinces.

Toutes ces identités politiques remettent en question à la fois l'idée d'une nation canadienne unique et celle du binationalisme. Parmi ces identités politiques, les Premières Nations sont celles qui peuvent le plus facilement adhérer au discours fondé sur la nationalité, puisque c'est cela même qu'elles demandent et revendiquent. Le mouvement féministe, bien que composé de deux ailes très distinctes (au Québec et au Canada anglais), revendique une identité politique qui transcende la langue et l'ethnicité. Enfin, les minorités ethniques posent le défi le plus sérieux. Les discours de un, deux ou trois de ces groupes soulèvent d'emblée la question de la manière d'insérer le multiculturalisme et les identités des minorités ethniques dans la société canadienne, dans la Charte des droits et dans la Constitution canadienne.

En outre, les nouvelles identités politiques remettent en question le principe de la territorialité. La politique de diversité défie les définitions territoriales traditionnelles en politique canadienne. L'autonomie des Premières Nations, accompagnée d'un règlement de leurs revendications territoriales, pourrait conduire à redessiner la carte du Canada. Des telles communautés autonomes placeraient tant le pouvoir provincial que le pouvoir fédéral face à un nouveau défi. Le mouvement féministe, qui revendique pour les femmes la moitié des sièges du nouveau Sénat, heurte manifestement le principe de la représentation territoriale. La reconnaissance de l'héritage multiculturel du Canada transcende elle aussi le territoire dans la mesure où les minorités ethniques sont disséminées à travers le Canada et n'expriment pas leur identité par le biais d'un gouvernement territorial. En revanche, la clause de la société distincte du Québec coïncide avec un territoire défini, l'une des provinces du Canada. En conséquence, la reconnaissance du Québec comme nation ou comme société distincte soulève le problème de la reconnaissance du statut différent ou inégal d'une province, au moment même où des identités politiques non territoriales font valoir leurs revendications. Dans la hiérarchie symbolique de la Constitution canadienne, il est difficile de savoir comment le caractère distinct du Québec, l'autonomie des autochtones, les droits des femmes ainsi que la représentation et le statut des minorités ethniques auront une place égale dans la société canadienne. Les demandes sont de nature différente; elles requièrent, dans certains cas, des ensembles de dispositions institutionnelles contradictoires.

Les défenseurs des droits collectifs ont donc contribué à créer une nouvelle politique de diversité vitale au Canada anglais. Cette politique de diversité a pu émerger parce que le Canada anglais n'a eu, historiquement, qu'une vision très précaire de son identité comme nation. Ce phénomène se manifeste aujourd'hui par la confusion linguistique des termes «Canada anglais». Après tout, l'«anglais» n'est plus (s'il l'a jamais été) une description ethnique adéquate du Canada, le Québec mis à part. Le «Canada anglais» ne sait plus comment se désigner. S'agit-il du Canada anglophone? S'agit-il du reste du Canada? Ou bien le Canada anglais constitue-t-il une unité significative? Se désintégrera-t-il si le Québec devient indépendant? L'identité nationale du Canada anglais — comme elle a toujours existé — était liée d'abord à l'empire britannique et, plus tard, à l'anti-américanisme. Contrairement aux Québécois, les Canadiens anglais n'ont pas eu à défendre et à protéger leur langue. Ces facteurs expliquent le fait que la politique d'identité ait trouvé l'espace politique pour émerger au Canada anglais.

La stratégie de Pierre Elliott Trudeau a donc réussi autant qu'elle a échoué. Elle a réussi à miner et à discréditer le nationalisme. Cependant, ce nationalisme affaibli et moins crédible est davantage celui du Canada anglais que le nationalisme québécois. Ironiquement, le premier volet de la stratégie trudeauiste de la sauvergarde de la nation, le bilinguisme et le multiculturalisme, a contribué à renforcer, au

Canada anglais, les identités politiques qui allaient remettre en question le statut constitutionnel du dualisme politique. Dans la mesure où la stratégie fédérale visait à construire un État pancanadien plutôt qu'à le démanteler, celle-ci a échoué non seulement au Québec, mais également au Canada anglais. La Charte des droits, second volet de la stratégie fédérale, est elle-même un produit des nouvelles identités formées au cours des années soixante et soixante-dix. La Charte renforce encore davantage le statut des défenseurs des droits collectifs sur la scène constitutionnelle. C'est lors de l'accord du lac Meech que s'est déclarée l'opposition entre les pressions du Québec pour obtenir des pouvoirs accrus au sein du système fédéral et les revendications issues de la nouvelle politique d'identité. Et cette nouvelle politique de diversité entravera à l'avenir tout arrangement constitutionnel qui serait fondé sur le dualisme politique.

Notes

1. Guy Laforest, «Interpreting the Political Heritage of André Laurendeau», dans David E. Smith, *After Meech Lake: Lessons for the Future*, Saskatoon, Fifth House Publishers, 1991, p. 99-108.

2. Pour quelques exemples de ces perspectives, voir John D. Whyte, «The 1987 Constitutional Accord and Ethnic Accommodation», dans Katherine Swinton et Carol Rogerson, *Competing Constitutional Visions: The Meech Lake Accord*, Toronto, Carswell, 1988, p. 263-270; Kathleen Mahoney, «Women's rights», dans Roger Gibbins, *Meech Lake and Canada: Perspectives from the West*, Edmonton, Academic Printing and Publishing, 1988, p. 159-170; Anthony Parel, «The Meech Lake Accord and Multiculturalism», dans Gibbins, *op. cit.*, p. 171-177; Chief George Erasmus, «Native Rights», dans Gibbins, *op. cit.*, p. 179-183.

3. Alan Cairns, *The Charter vs. Canadian Federalism*, Montréal et Kingston, McGill-Queen's University Press, 1992.

4. Ronald Inglehart, *The Silent Revolution*, Princeton, Princeton University Press, 1977; Ian Brodie et Neil Nevitte, «An Empirical Test of Cairns' Citizens' Constitution Theory: Charter Canadians or Postmaterialists?», texte présenté au congrès annuel de l'Association canadienne de science politique, Charlottetown, Î.-P.-É., 31 mai 1992.

5. *One Canada: Memoirs of the Rt. Hon. John G. Diefenbaker*, t. II, Scarborough, Macmillan, 1976, p. 27.

6. *The Cultural Contribution of Other Ethnic Groups*, Ottawa, Queen's Printer, 1971.

7. Cité dans William Sheridan, *Canadian Multiculturalism*, Ottawa, Library of Parliament Research Branch, 1990, p. 8.

8. Sheridan, *op. cit.*, p. 54; Evelyn Kallen, «Multiculturalism: Ideology, Policy and Reality», *Journal of Canadian Studies*, vol. XVII, 1982, p. 51-63; M. P. Lupol, «The Political Implementation of Multiculturalism», *Journal of Canadian Studies*, vol. XVII, 1982, p. 93-102.

9. Leslie A. Pal, *Public Policy Analysis: An Introduction*, 2ᵉ éd., Scarborough, Nelson, 1991, p. 83.

10. Kenneth McRoberts, «Making Canada Bilingual: Illusions and Delusions of Federal Language Policy», dans David P. Shugarman et Reg Whitaker, *Federalism and Political Community: Essays in Honour of Donald Smiley*, Peterborough, Broadview Press, 1989, p. 141-171.

11. Susan D. Phillips, «How Ottawa Blends, Shifting Government Relationships with Interest Groups», dans Frances Abele, *How Ottawa Spends; The Politics of Fragmentation, 1991-92*, Ottawa, Carleton University Press, 1991, p. 204-205.

12. W. E. Isajev, *Report of a Conference on Minority Rights*, York University, 29 février 1980.

13. Chaviva Hosek, «Women and Constitutional Process», dans Keith Banting et Richard Simeon, *And No One Cheered*, Toronto, Methuen, 1983, p. 280-300.

14. Cairns, *op. cit.*

FRANÇOIS ROCHER ET DANIEL SALÉE

Logique d'État
et fédéralisme canadien:
l'improbable décentralisation

Il existe dans la littérature spécialisée une controverse quant à la nature réelle du système fédéral canadien. Plusieurs n'hésitent pas à conclure que l'évolution du fédéralisme canadien est caractérisée par l'érosion des pouvoirs administratifs et politiques de l'État central. D'autres ont remis en question la thèse de la croissance des pouvoirs provinciaux au détriment de ceux du gouvernement fédéral. Donald Smiley lui-même, qui a longtemps cru à l'influence décentralisatrice des provinces, a admis dans ses derniers travaux qu'il avait surestimé l'effet du nationalisme québécois et des pressions provincialistes et sous-estimé la capacité du système de répondre aux tendances à l'éclatement du fédéralisme canadien[1]. Ce genre de controverse jamais résolue démontre combien les analyses du fédéralisme canadien reposent généralement sur une vision dichotomique des choses, renvoyant aux dynamiques de centralisation et de décentralisation. Ces tensions sont bien réelles et il ne s'agit pas ici de les nier. Seulement, elles sont trop souvent tenues pour acquises et rarement expliquées. Leur logique, vraisemblablement immuable, est posée comme une donnée incontournable du fédéralisme canadien sans qu'on sache vraiment pourquoi il en est ainsi.

La problématique de la centralisation/décentralisation est presque toujours liée à la question de la distribution des pouvoirs entre les deux paliers de gouvernement[2]. Vision limitative des choses, essentiellement marquée par la réalité du contentieux constitutionnel entre Québec et Ottawa, cette dernière renvoie d'abord à la capacité de chaque palier de gouvernement d'agir de manière efficace et autonome dans un secteur particulier. La recherche d'une plus grande autonomie d'action de la part de chacun des deux niveaux de gouvernement se retrouve au cœur des analyses. Le problème central est celui de l'accroissement de la capacité d'intervention des gouvernements central ou provinciaux[3]. Cette réalité se double du phénomène de la coexistence de deux communautés nationales (ou ethniques) disposant d'une reconnaissance politique formelle. Ainsi, la récurrence de la «question nationale» est souvent présentée comme la clé de l'intelligibilité du fédéralisme ainsi que de la crise politique au Canada[4].

Certains ont tenté de démontrer que l'action de l'État central devait être interprétée à la lumière d'une volonté explicite d'envahissement de l'espace politique québécois[5]. Les conflits entre paliers gouvernementaux se résumeraient pour l'essentiel en une opposition entre communautés nationales. Le gouvernement fédéral et les autres provinces, dominés par la communauté canadienne-anglaise, partageraient la même vision du fédéralisme et se concerteraient pour confier au pouvoir central les responsabilités les plus importantes[6]. Selon cette perspective, les divergences pouvant survenir entre Ottawa et les autres capitales provinciales s'expliqueraient par des motifs de politique partisane ou des facteurs d'ordre psychologique, nommément les frustrations d'hommes politiques conservateurs voulant résister aux initiatives fédérales.

D'autres attribuent directement l'origine de la crise de la fédération à la concurrence qui s'est développée entre les gouvernements central et provinciaux dans la conduite des affaires économiques, tout en constatant que ce processus prend un visage différent au Québec étant donné «la mission culturelle et linguistique de cette province[7]». La crise canadienne s'expliquerait par la combinaison de deux réalités, à savoir le dualisme et le régionalisme. La modernisation économique et politique du Québec, amorcée au cours de la période de la Révolution tranquille, aurait été accompagnée par l'émergence d'une nouvelle élite favorisant une centralisation de tous les pouvoirs au niveau provincial de l'État. S'éloignant de la thèse du complot pour rendre compte de la dialectique centralisation/décentralisation, cette analyse opte plutôt pour une explication liée au processus de modernisation et à l'émergence d'une nouvelle classe sociale. Elle renvoie ainsi dos à dos une tendance intégratrice propre au gouvernement central et une tendance provincialiste québécoise reposant sur le désir de renforcer les particularismes culturels.

Quelle que soit l'approche, les manifestations du nationalisme québécois se présentent comme la principale explication de la réalité socio-politique canadienne[8]. Elles donnent un sens au perpétuel tiraillement entre les tendances centralisatrice et décentralisatrice. Or une appréhension de la réalité qui repose principalement sur la dichotomie nationale tend à reléguer au second plan les autres types de contradictions ou d'antagonismes[9]. De plus, poser uniquement le Québec comme une entité nationale peut tendre à faire oublier que celui-ci, en tant que composante provinciale de l'État canadien, participe, tout comme les autres provinces, à la structuration socio-institutionnelle de ce dernier. Comme le souligne Dorval Brunelle, «toute la question de l'étude des rapports entre le fédéral et les provinces ne trouvera de solution satisfaisante que si l'on délaisse une approche fonctionnaliste fondée sur une articulation entre deux gouvernements relativement autonomes, pour s'attacher d'abord et avant tout à la complémentarité politique entre chacune des provinces et le gouvernement fédéral[10]».

À partir d'un examen de l'évolution récente des relations Québec/Ottawa, cet essai cherche à ouvrir de nouvelles pistes d'analyse qui permettraient de mieux saisir les facteurs endogènes qui alimentent la dynamique des relations fédérales-provinciales au Canada telle qu'elle s'est manifestée depuis un peu plus d'une dizaine d'années. Il s'agit de relever les facteurs structurels spécifiques à l'État et à l'économie canadienne qui expliquent la nature des relations entre les deux paliers de gouvernement.

Pour ce faire, nous analyserons les «tendances lourdes» qui se sont développées au sein du fédéralisme canadien depuis le début des années quatre-vingt. Trois événements majeurs retiennent l'attention: les exercices constitutionnels de 1982 et 1987 ainsi que la signature de l'Accord de libre-échange canado-américain. Ces «temps forts» n'épuisent évidemment pas l'ensemble des éléments constitutifs des relations intergouvernementales depuis 1980. Ils sont toutefois porteurs de sens pour l'avenir de la fédération canadienne et l'évolution des rapports entre le gouvernement central et les provinces. Leur analyse devra permettre de dégager et de mieux comprendre la logique politique et institutionnelle qui préside aux rapports entre Ottawa et les provinces. Il s'agit ici de poser les fondements d'un cadre général d'interprétation des relations fédérales-provinciales.

Gestion politique de la crise: des stratégies contradictoires

Il semble plus fécond d'analyser la dynamique du fédéralisme canadien à partir des manifestations concrètes des contradictions qui logent au sein de la formation sociale canadienne. Cette dynamique repose sur des intérêts divergents, s'exprimant dans chacune des régions de manière diversifiée. L'analyse de l'économie politique du fédéralisme de la dernière décennie doit donc dépasser les frontières institutionnelles pour prendre en compte les problèmes rencontrés par la formation sociale canadienne. Ces derniers renvoient notamment à la crise économique du début de la décennie et à la tendance à la mondialisation des rapports économiques. La spécificité de la crise au Canada est intimement liée à la forme fédérative de l'État et aux limites que cette forme impose à sa gestion.

La reproduction du capitalisme au Canada rencontre aujourd'hui des problèmes nouveaux qui sont liés entre autres aux transformations des rapports économiques sur la scène mondiale. Cette crise touche l'ensemble des pays soumis au mode de production capitaliste, bien qu'elle se répercute différemment au sein de chacun des espaces nationaux. Ainsi, la restructuration et le redéploiement de l'économie nationale sont commandés par deux phénomènes distincts mais interdépendants, à savoir la crise du capitalisme et la tendance à la mondialisation de l'économie. Ces deux phénomènes exercent de fortes pressions sur la structure économique canadienne et appellent des transformations importantes de cette dernière. À long terme, l'économie nationale est vouée à rationaliser son développement en tenant compte de son intégration à l'économie mondiale. Les interventions de l'État seront déterminées par cette double réalité et les stratégies de gestion politique du développement économique verront à redéployer cette dernière en fonction du processus de spécialisation/intégration au marché mondial. Compte tenu de l'inévitable intégration au marché mondial, les rapports entre les capitaux nationaux et étrangers sont aussi soumis à de nouvelles contraintes. Les éléments nationaux de la bourgeoisie doivent à la fois maintenir leur position sur le marché national tout en cherchant à tirer profit des potentialités économiques offertes par le marché international.

Les nombreux changements au sein de l'économie internationale ont touché de façon différente les pays industrialisés. Le Canada n'a évidemment pas échappé à ces importantes mutations et doit réévaluer la place qu'il occupe dans la division internationale du travail. Comme producteur de matières premières et de produits finis, il se situe à la jonction des courants qui bouleversent les flux économiques et commerciaux. Le Canada se caractérise notamment par la très grande ouverture de son économie, ce qui le rend particulièrement sensible aux changements qui affectent le marché international. Ces transformations se sont traduites par un déclin de la position relative du Canada dans le commerce mondial. Cette décroissance s'est particulièrement manifestée dans les branches à haute intensité en technologie alors que la part du Canada sur les marchés mondiaux s'est maintenue pour les branches à moyenne et faible intensité. Dans ce contexte, la capacité d'adaptation du Canada n'est guère prometteuse.

Finalement, mentionnons que l'évolution des relations commerciales du Canada a été marquée, depuis trois décennies, par un double problème: d'abord, les relations économiques canado-américaines se sont accrues, ce qui soulève la question de la prédominance des entreprises sous contrôle étranger dans certains secteurs et explique le fait qu'une proportion non négligeable du commerce international de produits manufacturés effectué par le Canada soit accompagnée de liens de dépendance, limitant ainsi les possibilités d'interventions gouvernementales; ensuite la faible proportion des produits finis dans les exportations explique l'anémie de la structure industrielle. En somme, la crise économique que traverse l'économie mondiale entraîne la nécessité d'une restructuration aussi bien des activités économiques que des interventions de l'État.

Pour se réaliser de manière cohérente, ces multiples ajustements se doivent d'être gérés politiquement. Plus que jamais, l'État est au cœur de l'actuelle réorganisation des rapports capitalistes et en constitue même un des enjeux majeurs. Les problèmes financiers inhérents à la crise d'accumulation pavent la voie à un processus de compression des dépenses, de redéfinition des axes prioritaires d'intervention et de rationalisation des programmes à caractère social. Au-delà de la simple crise financière qui l'affecte, l'État cherche à redéfinir son rôle en fonction des besoins de la classe dirigeante, tend à favoriser une privatisation des activités productives du secteur public et à soumettre son action à la logique de l'accumulation[11]. Ce faisant, il cherche à soutenir encore plus directement les entreprises les mieux placées pour faire face à la concurrence internationale, permettant ainsi de relancer la croissance économique. L'État participe donc à la réorganisation des rapports entre les diverses fractions et couches de la classe dominante.

Au Canada, cette redéfinition du rôle de l'État est plus problématique en raison de son mode d'organisation. Ainsi, la forme fédérative de l'État fait en sorte que chaque niveau de gouvernement ne privilégie pas nécessairement des stra-

tégies identiques de gestion de la crise même si elles se rejoignent sur certains aspects, notamment en matière de réduction de la croissance des dépenses publiques et de restrictions
au chapitre des programmes sociaux. Chaque niveau de
gouvernement peut même adopter des stratégies cherchant
consciemment à faire porter le poids de ses problèmes sur les
épaules de l'autre. Il en est ainsi au chapitre de la fiscalité.
Pour améliorer sa position financière, le gouvernement central a cherché, lors de la révision des accords fiscaux en 1982
et en 1987 et dans ses derniers budgets, à réduire les paiements de transfert aux provinces. L'équilibre entre la capacité
fiscale et les responsabilités de dépenses a constitué un des
thèmes centraux des négociations sur les arrangements fiscaux. Le gouvernement central veut contrecarrer la tendance, qui s'est installée depuis la fin de la Seconde Guerre
mondiale, à la diminution relative de la part fédérale des
recettes publiques[12]. De plus, les provinces disposant d'une
plus grande capacité fiscale peuvent plus aisément promouvoir des objectifs économiques allant à l'encontre de l'union
économique canadienne.

La stratégie du gouvernement central dépasse largement le simple cadre des politiques fiscales. Elle vise, d'une
part, à élargir davantage les possibilités d'intervention de
l'État central en lui conférant un rôle de coordinateur des
politiques de stabilisation et de développement et, d'autre
part, à réduire le plus possible la portée des interventions
provinciales qui peuvent avoir des effets négatifs sur l'économie des autres provinces. On comprendra aisément que la
logique de l'union économique teintera l'ensemble des débats
économiques et politiques de la décennie. Seule l'intégration
économique peut permettre d'atteindre, dans un contexte de
crise économique, un niveau de croissance acceptable sur les
marchés national et international. Qui plus est, le marché
commun et l'union économique constituent les fondements
de la fédération canadienne. En somme, l'objectif visé est
l'harmonisation des politiques économiques fédérales et
provinciales[13].

Pour réaliser cet objectif, le gouvernement central doit
établir une stratégie cohérente, mais surtout unitaire, misant

sur les secteurs concurrentiels. Il importe donc de recon-
quérir le terrain perdu au profit des provinces. Ces dernières
ont par ailleurs eu tendance à formuler des stratégies de
gestion de la crise divergeant de celle de l'État central et
s'opposant en partie à la réalisation de l'intégration économique. Elles ont plutôt chercher à maximiser leurs revenus, à
augmenter le nombre d'emplois disponibles et à encourager
la croissance de la population sur leur territoire respectif. Les
objectifs de développement se sont articulés autour de deux
axes: d'une part, diversification industrielle et transformation
plus poussée des ressources naturelles et, d'autre part, élargissement de la sphère de décision provinciale afin de promouvoir les intérêts des capitaux régionaux, de sensibiliser
les firmes contrôlées de l'extérieur aux intérêts régionaux et,
finalement, d'accroître les pouvoirs des gouvernements provinciaux et d'étendre l'influence des régions sur les politiques fédérales[14].

Ces gestions politiques contradictoires de la crise économique et les stratégies différenciées d'insertion à l'économie
mondiale auront une incidence majeure sur la conduite des
relations intergouvernementales au cours des années quatre-
vingt. À la dynamique de fragmentation le gouvernement
central opposera une logique d'unification. Celle-ci pose la
question de la redéfinition des lieux d'exercice du pouvoir. La
gestion politique de la crise conduit à une crise de la gestion
politique dans le cadre du partage initial des pouvoirs. C'est
exactement ce à quoi nous avons assisté au cours des années
quatre-vingt: les initiatives constitutionnelles du gouvernement fédéral et le traité de libre-échange ont constitué les éléments d'une nouvelle donne visant à rétablir l'équilibre des
forces entre Ottawa et les provinces.

La Loi constitutionnelle de 1982: l'obsession de l'union économique

Le débat constitutionnel est un indicateur privilégié
pour mesurer l'ampleur de la crise de l'État canadien. Le
Québec, à travers sa volonté de remettre en question le cadre

traditionnel du fédéralisme, a enclenché un processus de résolution des problèmes auxquels est confronté le système politique canadien. Toutefois, la victoire du NON au référendum de mai 1980 a eu pour conséquence de redonner au gouvernement central le contrôle du processus de révision constitutionnelle et de lui permettre d'interpréter à sa façon les résultats de la consultation populaire. Il exposera clairement ses objectifs au cours de l'exercice de modification constitutionnelle entamé à l'été 1980. Dès le départ, le gouvernement central précise que la décentralisation des pouvoirs doit être écartée des discussions. Au contraire, le Canada a un besoin impérieux d'une forte direction économique que seul l'État central peut assumer[15]. L'intérêt économique de l'ensemble du Canada est en jeu, même si le renforcement de l'union économique doit en bout de piste surtout profiter à l'économie ontarienne où sont principalement concentrées les industries manufacturières. Le palier provincial de l'État doit donc être délesté d'une partie de sa capacité d'intervention dans le champ de l'économie. Reprenant la logique de l'union économique, il propose trois moyens pour améliorer l'espace économique national: inscrire dans la Charte des droits et libertés le principe de liberté de circulation des biens, des services et des capitaux; limiter la capacité des gouvernements d'entraver la mobilité économique; étendre les compétences fédérales à toutes les matières essentielles au maintien de l'union économique.

La Loi constitutionnelle de 1982 doit être interprétée à la lumière des intentions avouées du gouvernement central. Elle se compose de plusieurs éléments: une Charte des droits et libertés portant sur les libertés fondamentales, les droits démocratiques, la liberté de circulation et d'établissement, les garanties juridiques, les droits à l'égalité, les langues officielles et, finalement, les droits à l'instruction dans la langue de la minorité; la confirmation des droits des peuples autochtones assortie de l'engagement à convoquer deux conférences constitutionnelles portant directement sur des questions les touchant; la constitutionnalisation du principe de la péréquation et l'adoption d'une formule d'amendement de la Constitution.

Plusieurs éléments de la nouvelle Constitution modifient l'organisation des lieux d'exercice du pouvoir[16]. Par de nombreuses limitations posées à l'exercice de compétences constitutionnelles relevant des provinces, la modification constitutionnelle contribue à renforcer la capacité d'intervention du gouvernement canadien.

D'abord, la Charte des droits et libertés s'adresse avant tout aux citoyens et non aux collectivités qui forment le Canada. Le fait de privilégier une approche atomiste — l'individu comme sujet juridique — contribue à dénier toute prétention d'un gouvernement provincial qui voudrait agir au nom d'intérêts collectifs propres à une collectivité. De plus, elle ne fait qu'encadrer les droits «publics» des citoyens en ne touchant que les rapports entre les citoyens et l'État. La Charte ne s'étend pas aux relations entre les individus ni aux relations entre ces derniers et les corporations privées. L'insistance mise sur la souveraineté de la personne conduit à reconnaître des droits universels sans égard à la situation géographique, renforçant ainsi la centralisation et l'unité nationale. Il en est de même de l'accroissement des pouvoirs des tribunaux qui seront maintenant appelés à contribuer à l'élaboration des politiques. Par ailleurs, la Charte tend à rapprocher le régime canadien du modèle américain de telle sorte que l'interprétation de ce document par la Cour suprême contribuera sans doute, comme aux États-Unis, à favoriser la centralisation des pouvoirs. D'ailleurs, les lois provinciales ont été contestées avec plus de succès que celles adoptées par le gouvernement central[17]. Il faut finalement noter que cette Charte sera ultimement interprétée par des juges majoritairement anglophones et nommés par Ottawa.

Même si, par les dispositions relatives au droit à l'instruction dans la langue de la minorité, la Constitution de 1982 pénètre un champ de compétence provinciale et invalide une partie de la Charte de la langue française du Québec adoptée en 1977, l'offensive contre les pratiques provinciales passe expressément par l'introduction dans la Charte du droit à la liberté de circulation et d'établissement. Cette clause s'attaque aux activités provinciales limitant la circula-

tion de la main-d'œuvre. Elle permet dorénavant aux tribunaux de s'opposer à certaines politiques provinciales qui
visaient à orienter le développement économique régional.
Ainsi, les politiques restreignant la circulation des biens,
services, personnes, capitaux et entreprises sont prohibées.
Toutefois, Ottawa est autorisé, par des politiques de subventions et de péréquation, à répondre aux besoins particuliers
des régions. Ce ne sont donc pas tous les obstacles à la libre
circulation qui doivent être éliminés, mais seulement ceux
établis par les provinces.

Il importe de noter que la clause dérogatoire ne peut être
invoquée pour l'ensemble des articles qui composent la
Charte des droits et libertés. Les domaines qui causent problème à l'union économique et qui peuvent relever des compétences législatives provinciales, nommément la liberté de
circulation et d'établissement, les langues officielles du
Canada et les droits à l'instruction dans la langue de la
minorité, ne sauraient souffrir une dérogation. Cette dernière possibilité est réservée aux libertés fondamentales,
aux garanties juridiques et aux droits à l'égalité. La protection de certains droits économiques, tout comme ceux qui
confortent la position d'Ottawa sur sa vision du «peuple
canadien», semble l'emporter sur la stricte protection des
droits de la personne.

De la même manière, la capacité des gouvernements
provinciaux de lutter contre les inégalités régionales est
subordonnée à la logique de l'union économique. La constitutionnalisation de la péréquation se fait essentiellement en
termes d'égalité des chances et d'accès à des services publics
essentiels. L'inclusion du principe de la péréquation dans la
Constitution privilégie une approche «individuelle» — égalité des chances — et ne saurait confirmer la volonté des
gouvernements provinciaux d'adopter des politiques pour
combattre les causes structurelles du sous-développement.

La modification constitutionnelle relative aux ressources naturelles non renouvelables, aux ressources forestières
et à l'énergie électrique a été interprétée par certains comme
une illustration de la présence d'éléments décentralisateurs
dans la nouvelle Constitution. Elle doit plutôt être lue à la

lumière du conflit ayant entouré la gestion et la répartition des revenus provenant de l'exploitation des ressources énergétiques de l'Ouest canadien au cours des années soixante-dix[18]. Si la Constitution ne peut régler l'ensemble des problèmes intergouvernementaux relatifs aux ressources naturelles, elle peut toutefois poser certaines balises. Même si, dans la modification constitutionnelle de 1982, la compétence exclusive de chaque province est reconnue en matière de prospection, d'exploitation, de conservation, d'exportation et de gestion des ressources, elle est assortie de deux restrictions. D'une part, les gouvernements provinciaux ne peuvent établir des disparités en ce qui a trait aux prix ou aux exportations destinées aux autres provinces. De plus, en cas d'incompatibilité ou de conflit, la position du gouvernement central l'emporterait sur celle de la province concernée. D'autre part, même si les gouvernements provinciaux peuvent taxer les ressources selon les modalités qui leur conviennent, ils ne peuvent établir de discrimination entre la production exportée hors de la province et celle qui ne l'est pas. En somme, la reconnaissance du pouvoir exclusif du niveau provincial en matière de ressources naturelles se fait sous le signe de l'union économique dont les termes sont définis par le gouvernement central. Le caractère «exclusivement provincial» de ce champ de compétence est subordonné aux impératifs de l'intérêt national tels que fixés par Ottawa[19].

La procédure de modification de la Constitution retenue s'articule autour du principe de l'égalité juridique des provinces. Aucune d'entre elles n'obtient un droit de veto sur d'éventuels changements au partage des pouvoirs. La formule générale d'amendement stipule que pour toute modification constitutionnelle, l'accord de sept provinces représentant au moins 50 % de la population est nécessaire. L'unanimité est requise pour des modifications à caractère institutionnel, notamment la composition de la Cour suprême et l'usage des langues officielles. Une compensation est toutefois prévue pour les provinces qui refuseraient d'entériner un transfert de compétences dans les domaines de l'éducation et de la culture. La procédure d'amendement retenue se révèle relativement souple. D'une part, pour des changements majeurs aux champs de compétences, l'hypothèque de l'unanimité est levée. D'autre part, la possibilité pour les provinces d'obtenir une compensation en cas de refus est quant à elle limitée à deux domaines. Les mécanismes prévus en cas de désaccord tendent à favoriser la position du gouvernement central. Ainsi, une assemblée législative peut signifier son désaccord uniquement avant l'adoption d'une modification, mais peut entériner celle-ci en tout temps.

En somme, la Loi constitutionnelle de 1982, à travers une multitude de dispositions dont il a été question, pose un frein à l'exercice du pouvoir par les gouvernements provinciaux. Bien qu'Ottawa n'ait pas procédé à une révision constitutionnelle s'articulant autour d'un partage plus «fonctionnel» des compétences législatives comme l'avait souhaité Pierre Elliott Trudeau en 1978[20], force est d'admettre que les initiatives provinciales font face à plusieurs entraves qui contraignent l'union économique. De plus, la négation de tout droit collectif, le primat accordé à l'individu comme sujet juridique et le refus de reconnaître au gouvernement du Québec la possibilité d'intervenir pour développer les assises économiques et culturelles de la communauté francophone renforcent l'attribution au seul État central du devoir d'agir au nom de l'intérêt «national» canadien. Le gouvernement du Québec n'est pas l'unique «perdant» de cette joute constitutionnelle puisque, dorénavant, les possibilités, pour les gouvernements provinciaux, de mettre en place des politiques économiques favorisant le développement régional pourront être battues en brèche par le gouvernement central. La Constitution de 1982 confirme la prépondérance de l'État central et modifie la forme traditionnelle d'organisation du pouvoir entre les deux paliers de gouvernement.

Le libre-échange: vers le renforcement du pouvoir du gouvernement central

Le réaménagement constitutionnel de 1982 ne peut à lui seul résoudre l'ensemble des problèmes économiques canadiens. Il est un moyen, parmi d'autres, permettant de redéfinir les paramètres de l'intervention du gouvernement central. Le libre-échange canado-américain fut présenté comme l'option la plus prometteuse pour favoriser, ou à tout le moins maintenir, la place du Canada au sein de la division internationale du travail. Si un des objectifs de l'exercice constitutionnel de 1982 était la consolidation de l'union économique, celle-ci constitue un préalable à l'amélioration de la position concurrentielle du Canada sur les marchés internationaux. Cette préoccupation était d'ailleurs présente lors des négociations constitutionnelles du début des années quatre-vingt. Le gouvernement central avait déjà souligné l'interdépendance entre les questions de l'union économique et la position concurrentielle du Canada[21]. Ces deux réalités se présentent comme les deux faces d'une même médaille. Comme l'a clairement énoncé le rapport Macdonald: «l'économie canadienne doit devenir plus concurrentielle et [...] les politiques intérieures qui retardent cette adaptation doivent faire place à des stratégies qui encouragent ce rajustement. Notre position en matière internationale et notre position sur les politiques intérieures sont complémentaires[22].» Ainsi, les conditions identifiées pour la réalisation de l'union économique se révèlent les mêmes que celles facilitant l'approfondissement des relations commerciales continentales.

L'initiative du libre-échange aura donc une portée importante sur la conduite des relations intergouvernementales au Canada et sur la capacité respective d'intervention des deux niveaux de gouvernement[23].

Traditionnellement, la continentalisation de l'économie fut perçue comme renforçant les gouvernements provinciaux. En effet, l'implantation de filiales de firmes américaines au Canada et la tendance à l'exploitation des ressources naturelles, principalement contrôlées par les États provinciaux, au bénéfice du marché américain, contribueraient à affaiblir la capacité d'intervention du niveau central de l'État sur l'économie. Selon certains analystes, l'intégration continentale, en affaiblissant les rapports économiques selon l'axe traditionnel est-ouest, renforcerait les économies régionales et, ce faisant, le pouvoir politique détenu par les gouvernements provinciaux[24]. Par ailleurs, même si l'autonomie provinciale était affectée par l'Accord de libre-échange, cette perte de pouvoir serait mineure comparativement à l'affaiblissement du pouvoir d'intervention sur l'économie du gouvernement central[25].

Une autre interprétation des effets de l'intégration continentale sur les lieux d'exercice du pouvoir au Canada est possible. La forme fédérative de l'État a des incidences sur la conduite du commerce international du Canada. Les activités des gouvernements provinciaux se sont étendues à la scène internationale. De plus, les interventions économiques des provinces ont eu des répercussions sur le commerce extérieur à travers l'érection de barrières non tarifaires, notamment les programmes et règlements provinciaux, les politiques fiscales, les redevances, les subventions, etc. Plusieurs activités économiques sont déterminantes dans le commerce international, mais relèvent en partie du niveau provincial de l'État, telles l'exploitation des ressources, la réglementation de l'industrie manufacturière et de l'agriculture. Dans cette perspective, il est tentant de voir dans la présence active des gouvernements provinciaux une des causes importantes de la balkanisation économique du pays et de sa faible influence sur la scène économique internationale[26]. Précisons que les gouvernements provinciaux ne cherchent pas délibérément à exercer une discrimination à l'égard des producteurs exerçant au sein des autres espaces régionaux. Ils visent plutôt à favoriser les producteurs locaux dans une perspective de développement économique régional. À travers ces politiques, certaines activités manufacturières ou financières font l'objet d'une protection spéciale dans la mesure où elles sont considérées comme essentielles au développement régional. Les gouvernements provinciaux deviennent les lieux où s'expriment politiquement les intérêts de ces secteurs. Les stratégies régionales d'industrialisation impliquent généralement la mise en place de mesures restrictives en matière de commerce international[27].

Bien que la compétence fédérale en matière de commerce international et interprovincial soit clairement reconnue, les recours judiciaires contre les entraves provinciales au commerce ne donnent pas toujours les résultats escomptés. La diversité des mesures pouvant être adoptées par les gouvernements provinciaux souligne le caractère relatif de la notion d'entrave au commerce et de mobilité des facteurs de production. Il est par ailleurs hasardeux de déterminer, par le biais des tribunaux, si les interventions législatives provinciales visent clairement à protéger le marché local ou constituent au contraire des mesures correctives profitant, en dernière analyse, à l'économie globale[28].

La prolifération des barrières non tarifaires n'a toutefois pas causé des distorsions catastrophiques sur les marchés intérieurs et internationaux. Les analyses ayant pour objet de quantifier le coût de ces distorsions évaluent ces dernières entre 0,11 % et 1,54 % du produit national brut[29]. Mentionnons que ces données tiennent aussi compte des barrières imposées par le gouvernement fédéral, ces dernières ayant même des effets plus importants que celles mises en place par les provinces[30].

Aux arguments économiques invoqués pour condamner ces barrières s'ajoutent des arguments d'ordre politique. D'abord, l'on craint le caractère potentiellement inflationniste des mesures provinciales. Si celles-ci sont aujourd'hui relativement peu importantes et les mécanismes de coopération et de coordination encore efficaces, il s'agirait tout de même d'un processus d'effritement de l'union économique qui pourrait produire, à terme, des effets plus imposants. Cet argument est cependant mineur par rapport au second. En effet, le libre-échange, par le musellement du niveau provincial de l'État en matière de commerce international, vise, à terme, à renforcer le sentiment d'identité nationale. Selon cette vision de la hiérarchisation des pouvoirs entre les gouvernements provinciaux et central, seul ce dernier est habilité à répondre aux besoins exprimés par tous les Canadiens. Le rapport de la commission Macdonald avait clairement saisi la faiblesse de la seule argumentation économique pour restreindre la portée des interventions des gouvernements provinciaux. Les dimensions politiques apparaissent même plus importantes pour justifier l'émasculation du niveau provincial de l'État[31].

Le gouvernement central s'attribue un rôle prépondérant dans la protection de l'union économique, et ce malgré les contraintes imposées par l'actuel partage des compétences. La logique de l'intégration continentale fait en sorte qu'il ne reste plus beaucoup de champs d'activité où la compétence provinciale peut être considérée comme déterminante. Les gouvernements provinciaux doivent reconnaître la prépondérance du niveau central de l'État et n'utiliser les outils dont ils disposent que pour compléter les activités du gouvernement central en fonction des priorités nationales et non des préférences régionales.

En somme, le partage des compétences entre les deux niveaux de gouvernement limite la portée des politiques économiques pouvant être adoptées par le gouvernement central. Il favorise la sélectivité des interventions et accentue les possibilités d'affrontement. Le rapport existant entre le libre-échange, l'union économique et la révision des lieux d'exercice du pouvoir s'articule donc dans les termes suivants: «le fédéralisme justifie des variations entre les provinces, en réponse à des préférences locales; il ne justifie pas une discrimination volontaire contre les autres provinces. Il faut équilibrer le besoin de tenir compte de la diversité des préférences, qui prêche en faveur de la décentralisation, par des objectifs tirés du commerce, qui prêchent en faveur d'une plus grande centralisation ou d'une uniformité des politiques[32].» Ainsi, la conséquence à long terme du libre-échange, parce qu'il consoliderait l'union économique, se situe sur le plan du renforcement de l'unité nationale par la suppression des politiques protectionnistes qui ont historiquement été le vecteur du sentiment d'aliénation à l'égard du gouvernement fédéral.

Au-delà des principes généraux qui fondent la logique du gouvernement central, certaines dispositions de l'Accord de libre-échange canado-américain touchent directement la conduite des relations fédérales-provinciales. Plus particulièrement, l'article 103 de l'Accord stipule que «*the Parties to this Agreement shall ensure that all necessary measures are taken in order to give effect to its provisions, including their observance [...] by state, provincial and local gouvernments*». Plusieurs éléments de l'Accord auront des répercussions sur les relations fédérales-provinciales. C'est directement le cas en ce qui concerne les vins et les eaux-de-vie distillées. Les éléments touchant l'énergie, les services et le traitement aux investisseurs risquent aussi d'avoir des répercussions sur les législations provinciales. Bien qu'Ottawa ait opté pour une stratégie qui n'exige pas de modification constitutionnelle formelle pour asseoir son autorité, la réalisation du libre-échange va tout de même dans le sens d'un renforcement du pouvoir central dans ses rapports avec les gouvernements provinciaux[33]. Ainsi, le gouvernement central pourrait vraisemblablement faire reconnaître son autorité devant les tribunaux, advenant un contentieux fédéral-provincial quant à l'application du traité, en faisant appel à son pouvoir d'agir au nom du principe de «la paix, de l'ordre et du bon gouvernement» ou à son pouvoir formel en matière de réglementation des échanges et du commerce.

En somme, la réalisation du libre-échange, qui appelle l'union économique, semble être un moyen d'imposer une stratégie unitaire de développement économique et d'affaiblir la tendance à l'éclatement à travers une redéfinition des lieux d'exercice du pouvoir à l'avantage de l'État central.

L'accord du lac Meech ou l'impossible décentralisation

La modification constitutionnelle de 1987 visait à répondre aux conditions posées par le gouvernement du Québec pour adhérer à la Constitution canadienne rapatriée, sans son consentement, en 1982 par le gouvernement de P. E. Trudeau. Il s'agissait donc d'un exercice constitutionnel aux ambitions limitées. L'ordre du jour a été établi sur la base des conditions du gouvernement du Québec. Toutes les autres questions constitutionnelles ont volontairement été écartées et portées, d'un commun accord des premiers ministres, à une autre ronde de discussion. La question qui se pose est évidemment de savoir si cette entente constitutionnelle confirmait la tendance à la consolidation du pouvoir de l'État central ou si, au contraire, elle participait de la tendance à l'éclatement associée au renforcement des gouvernements provinciaux.

L'accord du lac Meech s'articulait autour de deux grandes questions: d'abord l'inclusion d'une nouvelle règle d'interprétation de la Constitution fondée sur la reconnaissance à la fois de la dualité linguistique, définie comme une caractéristique fondamentale du Canada, et du Québec en tant que société distincte; ensuite, un certain nombre de changements institutionnels touchant le processus de nomination des sénateurs et des juges à la Cour suprême, la possibilité de constitutionnaliser les accords bilatéraux relatifs aux immigrants, le pouvoir de dépenser du gouvernement central, la formule d'amendement, la constitutionnalisation de rencontres annuelles des premiers ministres portant entre autres sur l'économie et, finalement, la convocation annuelle d'une conférence constitutionnelle ayant notamment comme objet la réforme du Sénat et les rôles et responsabilités en matière de pêches.

Cette entente constitutionnelle devait matérialiser la nouvelle orientation du gouvernement central en matière de relations fédérales-provinciales et rencontrer ses objectifs de réconciliation nationale. Mettant fin au «préjugé centralisateur» de l'ancien gouvernement libéral, la nouvelle ligne de conduite s'articulait autour de trois objectifs: la concertation et l'harmonisation des politiques des deux ordres de gouvernement, le respect des compétences provinciales et, finalement, la dépolitisation du régime des subventions[34]. Ce discours laissait croire que le gouvernement dirigé par Brian. Mulroney entendait mettre fin à la tendance centralisatrice qui se dégageait de l'entente constitutionnelle de 1982 pour favoriser un plus grand exercice du pouvoir de la part des provinces. Le thème unificateur de l'accord de 1987 s'appuyait sur la reconnaissance de l'importance des provinces s'exprimant sur deux plans complémentaires: d'abord, par la précision du rôle des deux niveaux de gouvernement en matière de protection de la dualité linguistique et celui du gouvernement du Québec de promotion du caractère distinct de la société québécoise; ensuite, par la participation accrue des provinces à certaines institutions centrales, rendant ces dernières plus sensibles aux objectifs régionaux[35]. À la lumière de ce qui précède, il n'est pas étonnant que l'accord du lac Meech ait été considéré comme «décentralisateur», et ce aussi bien par ses détracteurs que par ses partisans[36].

Il fut notamment reproché à l'entente de diminuer les pouvoirs du gouvernement central dans des domaines de première importance ayant pour objet de maintenir un sentiment d'identité nationale et d'assurer un développement économique intégré. Les éléments de l'entente n'auraient pas eu pour effet de restreindre la capacité d'intervention d'Ottawa, mais s'inscrivaient plutôt dans la logique de la Constitution de 1982 en ce qu'ils réaffirmaient le principe de l'égalité juridique et politique des provinces. Par ailleurs, l'accord du lac Meech aurait modifié la dynamique des futures relations fédérales-provinciales en obligeant la collaboration restreignant la capacité de recourir à l'unilatéralisme.

La reconnaissance du caractère distinct du Québec établissait une association formelle entre la présence d'une majorité francophone au sein de la société québécoise et le rôle du gouvernement du Québec d'en assurer la protection. Il faut toutefois rappeler deux aspects majeurs qui relativisaient le potentiel désintégrateur de cette reconnaissance. D'abord, il était clairement spécifié que celle-ci ne s'accompagnait pas d'un transfert de pouvoirs du Parlement vers l'Assemblée nationale. Dans les domaines relatifs à la gestion de l'économie, la conséquence de la nouvelle clause d'interprétation aurait été somme toute fort limitée[37]. Ensuite, la nouvelle clause aurait été prise en considération suivant plusieurs règles d'interprétation déjà contenues dans la Constitution et dont la portée est par ailleurs asymétrique. Le principe de la dualité linguistique, qui était posé comme une caractéristique fondamentale du Canada, aurait primé celui du caractère distinct du Québec. Le gouvernement du Québec n'aurait pu faire valoir cet accord ni pour restreindre les droits constitutionnels de sa minorité — compte tenu du fait que la prédominance de la Charte des droits et libertés demeure — ni pour se soustraire à son obligation de promouvoir et valoriser le multiculturalisme[38]. La protection et la promotion du caractère francophone de la société québécoise n'auraient pu se faire que dans le respect du principe de la dualité linguistique. Comme le soulignait le Comité mixte spécial, l'incidence de la nouvelle règle d'interprétation ne se serait fait sentir qu'à la marge des compétences gouvernementales et n'aurait pas occasionné un déplacement des pouvoirs au profit du Québec[39]. La modification constitutionnelle de 1987 ne remettait donc pas fondamentalement en question l'économie générale de la Loi constitutionnelle de 1982. Le gouvernement du Québec n'aurait toujours pas disposé de pouvoirs particuliers l'autorisant à agir au nom des intérêts de la collectivité québécoise. Tout au plus, en cas de litige, les magistrats auraient-ils pu tenir compte du caractère distinct du Québec pour fonder une nouvelle interprétation de l'actuel partage des compétences.

Les modifications relatives au processus de nomination des juges à la Cour suprême et des sénateurs auraient contribué à affermir le rôle des provinces au sein des institutions du gouvernement central. Toutefois, au-delà de la nécessaire consultation des provinces, Ottawa conservait le contrôle des nominations et n'était nullement tenu de choisir des candidats qui ne lui convenaient pas. Ces nouvelles dispositions ne faisaient que renforcer la nécessité de procéder à des consultations préalables entre les provinces et le gouvernement central. Au lieu d'affaiblir les institutions du Parlement, ces mesures auraient contribué à asseoir les pouvoirs et la légitimité de ce dernier en en faisant un lieu plus représentatif des intérêts régionaux[40]. Ainsi, cette réforme ne correspondait nullement à un accroissement de l'autonomie des gouvernements provinciaux, mais permettait plutôt de mieux répondre aux préoccupations et aux intérêts régionaux dans l'évolution de la politique nationale. C'est donc le pouvoir central qui s'en trouvait bonifié à long terme même si, à court terme, il semblait affaibli par l'imposition d'un processus de consultation qui n'existait pas auparavant.

L'accord du lac Meech confirmait la formule générale d'amendement adoptée en 1982. Il apportait cependant deux changements. D'une part, il élargissait la règle de l'unanimité pour tous les changements touchant les institutions de la fédération et, d'autre part, il étendait le principe d'une compensation financière à toute modification comportant le transfert de compétences législatives provinciales au Parlement. L'universalisation de la compensation ne peut être considérée comme une mesure décentralisatrice puisqu'elle s'applique dans le cas d'un transfert de compétence vers le niveau central de l'État. Elle aurait modifié toutefois la dynamique traditionnelle entre les deux niveaux de gouvernement en fournissant un nouvel outil de négociation aux provinces: la possibilité de faire cavalier seul.

Le même raisonnement peut s'appliquer en ce qui concerne le pouvoir de dépenser d'Ottawa en matière de programmes cofinancés. Cette disposition constituait une reconnaissance de la légitimité du pouvoir de dépenser du gouvernement central dans des champs «exclusifs» de compétences provinciales. Il ne posait aucune restriction au gouvernement central quant à l'établissement de nouveaux programmes à frais partagés. Le droit de retrait avec compensation ne représentait qu'une modalité encadrant une nouvelle forme de transfert des pouvoirs au profit du gouvernement central. L'obtention d'une compensation était conditionnelle à la mise sur pied de programmes compatibles avec les objectifs nationaux tels que définis par Ottawa. En somme, les compétences législatives provinciales, pour les futurs programmes cofinancés, auraient été subordonnées aux conditions posées par le niveau central de l'État[41]. Il s'agit d'un transfert explicite du lieu d'exercice du pouvoir même si les provinces dissidentes auraient pu éventuellement se conformer de manière souple aux objectifs nationaux fixés par Ottawa afin d'obtenir une compensation financière. Cette disposition, tout en confortant le pouvoir d'Ottawa, aurait obligé ce dernier à consulter davantage les provinces avant d'établir un programme national. Il aurait toutefois cherché à éviter qu'elles ne limitent la portée de son initiative par le recours au droit de retrait. L'encadrement du pouvoir de dépenser établissait un nouvel équilibre entre les deux niveaux de gouvernement en matière de programmes cofinancés tout en reconnaissant la prépondérance du pouvoir central.

La possibilité de constitutionnaliser les accords bilatéraux relatifs à l'immigration s'inspirait du principe du consentement mutuel. Le gouvernement central et les provinces n'auraient pu adopter des politiques qui contreviennent aux intérêts de l'autre partie. Par ailleurs, le Parlement ne perdait pas de pouvoir. Il aurait dû entériner les accords conclus avec les provinces et serait toujours demeuré responsable de la fixation des normes et objectifs nationaux en ce qui concerne l'établissement des catégories générales d'immigrants ainsi que des niveaux d'immigration. Cette modification constitutionnelle répondait d'ailleurs davantage à des impératifs démo-linguistiques et culturels, à tout le moins pour le gouvernement du Québec, qu'à une volonté de maîtriser un levier de développement économique.

Tout compte fait, l'accord du lac Meech ne modifiait pas substantiellement l'économie générale de la Loi constitutionnelle de 1982. Il réaffirmait le principe de l'égalité juridique des provinces, ne modifiait pas la suprématie des droits individuels découlant de la Charte des droits et libertés, confirmait le pouvoir fédéral de dépenser et accroissait la légitimité des institutions du niveau central de l'État. Dans l'ensemble, il s'agissait non pas d'une décentralisation des pouvoirs, mais plutôt de la nécessité de s'entendre préalablement avec les provinces lorsqu'il aurait été question d'accroître les pouvoirs du gouvernement central ou de modifier les institutions de la fédération. L'incidence des changements occasionnés par l'accord sur la capacité du gouvernement central de mettre en place une stratégie unitaire de gestion du développement économique est somme toute nulle. En cela, la modification constitutionnelle de 1987 n'était pas incompatible avec l'adoption d'une politique commerciale continentaliste. Il s'agit plutôt de deux problématiques parallèles.

Conclusion

Les exemples retenus ont mis en lumière ce qui apparaît comme les tendances centrifuges du fédéralisme canadien. Centralisation, décentralisation, cela a finalement peu d'importance. On aura compris que notre analyse des récents développements en matière de relations fédérales-provinciales ne participe pas de quelque incantation provincialiste (ou régionaliste) visant à dénoncer l'ingérence supposée du gouvernement central dans les affaires provinciales. Notre réflexion se situe à un autre niveau. Elle cherche plutôt à rendre compte d'une réalité qui déborde et dépasse les calculs de gains ou de pertes juridictionnels réalisés par l'un et l'autre palier de gouvernement au hasard des conjonctures politiques. Elle cherche à cerner le sens, la logique propre de l'action étatique au Canada.

La gauche canadienne ne s'est peut-être pas suffisamment intéressée aux modulations du régime fédéral canadien, pourtant l'expression première du phénomène étatique dans ce pays. On préfère, semble-t-il, laisser aux auteurs institutionnels le soin de traiter de ces choses. C'est un tort. Leurs travaux ne débouchent dans l'ensemble sur aucune intelligibilité de l'État canadien autre que celle des apparences formelles. Les pistes interprétatives ouvertes ici posent d'une manière plus globale les problèmes de l'exercice du pouvoir au Canada, des lieux de cet exercice et, de manière encore plus large, toute la question de la nature de l'État fédéral canadien.

Or cet État fédéral apparaît particulièrement centralisateur au cours des années quatre-vingt. Non pas tant en raison de quelque processus d'envahissement physique de champs de compétences provinciales, mais bien par l'acharnement — au demeurant efficace — du niveau central de l'État à s'imposer comme lieu premier et décisif de définition du jeu politique (exercice constitutionnel) et de formulation des grandes politiques (entente sur le libre-échange). Ce faisant, Ottawa cherche à renforcer l'unité économique, sociale et politique de la «nation», unité inachevée et perpétuellement soumise aux tiraillements alimentés par des intérêts régionaux souvent contradictoires. Cette quête de l'unité ne s'est pas démentie depuis l'échec de l'accord du lac Meech. Que ce soit dans les propositions constitutionnelles fédérales de l'automne 1991 ou dans les recommandations de la commission Beaudoin-Dobbie, on note toujours la même volonté du gouvernement central d'agir et d'exister comme lieu premier de définition de politiques publiques et de l'intérêt national. Cachés derrière une ouverture apparente aux aspirations des provinces, ces mêmes mécanismes de contrôle fédéral sur les fonds transférés aux provinces et sur la mise en place de programmes nationaux peuvent être décelés. Logique récurrente qui montre bien finalement la continuité de pensée du fédéral et sa détermination à garder la main haute dans l'orientation socio-économique du pays.

Les Pères de la Confédération n'ont jamais caché leur intention de mettre en place des mécanismes centraux d'exercice du pouvoir d'État et de contrôle politico-administratif forts. L'AANB en est d'ailleurs le reflet: le pouvoir de désaveu, le droit de réserve du lieutenant-gouverneur des provinces, le pouvoir déclaratoire du gouvernement central, son statut comme protecteur des droits éducationnels des minorités, son contrôle des nominations judiciaires, sa supériorité fiscale et d'autres pouvoirs du même genre, tous indiquent «*an inferior "colonial" constitutional status for the provinces, not unlike the relationship of British colonies to the Imperial Motherland*[42]».

Les tendances des dernières années renouent donc avec la logique fondamentale qui a toujours informé l'exercice du pouvoir au Canada. Les exigences provincialistes des années soixante et soixante-dix ont été particulièrement éprouvantes pour cette logique. L'échec référendaire aidant, la Loi constitutionnelle de 1982 marqua le coup d'envoi d'une redéfinition, adaptée aux réalités nouvelles des rapports intergouvernementaux au Canada, du pouvoir de l'État central. Cette redéfinition a pour but essentiel de mettre fin à l'érosion du pouvoir du niveau central de l'État.

C'est là la dimension majeure de notre analyse. La réalité qu'elle recouvre s'inscrit en fait dans le sens même du développement des États capitalistes avancés au sein desquels les pressions à la centralisation du pouvoir d'État sont fonction du degré accru de complexité socio-économique du capitalisme lui-même. L'État canadien évolue ainsi dans la foulée des grands ensembles étatiques contemporains. Poser la question des relations fédérales-provinciales dans la problématique d'exercice du pouvoir d'État semble plus fécond.

Notes

1. Donald V. Smiley, *The Federal Condition in Canada*, Toronto, McGraw-Hill Ryerson, 1987, p. xi.

2. Une tendance à la «décentralisation» se manifeste lorsque les gouvernements provinciaux obtiennent de nouvelles responsabilités constitutionnelles ou augmentent le nombre de domaines d'intervention du gouvernement central à l'égard desquels ils doivent être consultés; accroissent leurs ressources fiscales indépendamment des transferts fédéraux ou leurs ressources financières par des transferts fédéraux inconditionnels; interviennent dans des champs de compétences réservés au fédéral ou lorsqu'ils exercent un plus grand contrôle sur les institutions du niveau central de l'État. Inversement, la tendance «centralisatrice» favorise l'exercice du pouvoir à Ottawa au détriment des gouvernements provinciaux, et ce même dans les secteurs qui étaient formellement réservés à ces derniers. La question fondamentale est donc de savoir quel est le principal lieu d'exercice du pouvoir en matière de politiques économique, sociale ou culturelle. Il s'agit de l'acception traditionnelle de la notion de centralisation. (Voir William Riker, *Federalism, Origin, Operation, Significance*, Boston, Little Brown, 1964).

3. Thomas Courchene, *La gestion économique et le partage des pouvoirs*, Ottawa, Approvisionnements et Services Canada (Commission royale sur l'union économique et les perspectives de développement du Canada, vol. XLVI), 1985, p. 5-6.

4. Cette vision a largement été développée par la Commission royale d'enquête sur le bilinguisme et le biculturalisme au milieu des années soixante et fut reprise par l'élite politique québécoise. Voir entre autres l'ouvrage de Daniel Johnson, *Égalité ou indépendance*, Montréal, Éditions de l'Homme, 1965.

5. Voir entre autres les travaux de Claude Morin, *Le pouvoir québécois... en négociation*, Ottawa, Boréal Express, 1972; *Le combat québécois*, Québec, Boréal Express, 1973; *Les lendemains piégés. Du référendum à la nuit des longs couteaux*, Montréal, Boréal Express, 1988; J.-P. Charbonneau et G. Paquette, *L'option*, Montréal, Éditions de l'Homme, 1978. Plus récemment, Philip Resnick développait la même thèse dans *Toward a*

Quebec Canada Union, Montréal-Kingston, McGill-Queen's University Press, 1990.

6. C'est cette vision de la réalité canadienne qui a d'ailleurs alimenté le document du gouvernement du Parti québécois qui expliquait à la population les motifs pour lesquels elle devait appuyer le projet de souveraineté-association. (Voir Québec, *La nouvelle entente Québec-Canada*, Québec, Éditeur officiel, 1979.)

7. Canada, Commission de l'unité canadienne, *Se retrouver. Observations et recommandations*, Ottawa, Approvisionnements et Services Canada, 1979, p. 14.

8. Ce qui explique qu'une grande partie de l'attention des analystes politiques ait portée sur cette question. Voir entre autres les travaux de Peter Leslie, «Le Canada en tant qu'entité politique abritant deux collectivités», dans C. F. Beckton et A. W. Mackay (dir.), *Les dossiers permanents du fédéralisme canadien*, Ottawa, Approvisionnements et Services Canada, 1986, p. 117-150 et «Bicommunalism and Canadian Constitutional Reform», *Publius*, vol. XVIII, printemps 1988, p. 115-129.

9. Pour une critique des approches sociologiques qui axent principalement leur appréhension du réel sur la question nationale, voir Daniel Salée, «L'analyse socio-politique de la société québécoise: bilan et perspectives», dans G. Boismenu *et al.*, *Espace régional et nation*, Montréal, Boréal Express, 1983, p. 15-49.

10. Dorval Brunelle, *La désillusion tranquille*, Montréal, Hurtubise HMH, 1978, p. 14.

11. David A. Wolfe, «Mercantilism, Liberalism and Keynesianism: Changing Forms of State Intervention in Capitalist Economies», *Canadian Journal of Political and Social Theory*, vol. V, n°s 1-2, hiver-printemps 1981, p. 69-96, ainsi que «Les dimensions politiques des déficits», dans Bruce G. Doern (dir.), *Les dimensions politiques de la politique économique*, Ottawa, Approvisionnements et Services Canada (Commission royale sur l'union économique et les perspectives de développement du Canada, vol. XL), 1985, p. 137-190.

12. Ce fut notamment la position adoptée par le ministre des Finances responsable des relations fiscales en 1982. (Canada, ministère des Finances, *Les relations fiscales fédérales-provinciales dans les années 80*, mémoire soumis au groupe de travail parlementaire sur les accords fiscaux entre le gouvernement fédéral et les provinces par Alan J. MacEachen, 23 avril 1981, p. 3-6.)

13. Comme le soulignera A. E. Safarian dès le milieu des années soixante-dix, «il faut reconnaître la primauté du gouvernement national pour ce qui est essentiel à la préservation de l'union économique fédérale. [...] Ce qui s'impose dans le domaine du commerce, c'est de s'assurer

que le gouvernement national a suffisamment de pouvoir pour légiférer lorsque l'intérêt économique national l'exige. Par ailleurs, il faut
que les règlements locaux évitent de gêner le maintien de l'unité du
marché commun et de l'union économique» (*Le fédéralisme canadien et
l'intégration économique*, Ottawa, Information Canada, 1974, p. 116-
118). La même conclusion fut avancée dix ans plus tard par la Commission de l'unité canadienne qui, en dépit de la reconnaissance explicite
des problématiques de la dualité et du régionalisme, n'en privilégiait
pas moins une concentration de pouvoirs plus poussée au sein du
gouvernement central. (Canada, Commision de l'unité canadienne, *op.
cit.*, p. 71 et 79.)

14. Judith Maxwell et Caroline Pestieau, *Economic Realities of Contemporary
Confederation*, Montréal, C. D. Howe Institute, 1980, p. 84. Pour ce
qui est du Québec, voir Raymond Hudon, «Quebec, the Economy
and the Constitution», dans Keith Banting et Richard Simeon, *And No
One Cheered. Federalism, Democracy & the Constitution Act*, Toronto,
Methuen, 1983, p. 142-147.

15. Au cours de l'exercice constitutionnel de l'été 1980, le gouvernement
central insistera surtout sur la question de l'union économique. Il
brossera un tableau de la situation existante en cinq points: 1) l'union
actuelle est d'abord et surtout une union douanière; 2) le Canada
présente un marché commun imparfait en ce qui a trait aux biens, puisque l'article 121 de l'AANB n'interdit pas les entraves non douanières
au commerce interprovincial; 3) le marché commun actuel n'assure pas
adéquatement la mobilité des capitaux, puisque les provinces peuvent
limiter le mouvement des entreprises et de certains avoirs financiers;
4) le Canada est formé de marchés distincts pouvant se protéger
concurremment aux plans de la main-d'œuvre et des services; 5) malgré tout, l'union économique est une réalité du fait des compétences
s'appliquant à l'ensemble du territoire canadien. (Canada, *Pouvoirs touchant l'économie. Fondements constitutionnels de l'union économique*,
document de travail 830-81/036, juillet 1980). Pour une analyse détaillée de la position du gouvernement central et des réactions des provinces, voir Thomas J. Courchene, «The Political Economy of Canadian
Constitution-Making: the Canadian Economic-Union Issue», *Public
Choice*, n° 44, 1984, p. 201-249.

16. Gérard Boismenu, «Le Québec et la centralisation politique au Canada.
Le «beau risque» du Canada Bill», *Cahiers de recherche sociologique*,
vol. III, n° 1, avril 1985, p. 120.

17. R. Rainer Knopff et F. L. Morton, «Le développement national et la
Charte», dans A. Cairns et C. Williams, *Constitution, démocratie et
citoyenneté au Canada*, Ottawa, Approvisionnements et Services Canada,
1986, p. 164-166.

18. A. R. Lucas et I. McDougall, «Petroleum and Natural Gas and Consti-
tutional Change», dans S. M. Beck et I. Bernier, *Canada and the New
Constitution. The Unfinished Agenda*, t. II, Montréal, Institute for
Research on Public Policy, 1983, p. 19-54.

19. R. D. Cairns, M. A. Chandler et W. D. Moull, «The Resource Amend-
ment (Section 92A) and the Political Economy of Canadian Federalism», *Osgoode Hall Law Journal*, vol. XXIII, n° 2, 1985, p. 253-274.

20. P. E. Trudeau, *Le temps d'agir. Jalons du renouvellement de la fédération
canadienne*, Ottawa, Approvisionnements et Services Canada, 1978,
p. 17-23. Pour plus de détails, voir Richard Simeon, «An Overview of
the Trudeau Constitutional Proposals», *Alberta Law Review*, vol. XIX,
n° 2, 1981. Sur les implications d'une perspective fonctionnelle du
fédéralisme, voir Richard Simeon, «Criteria for Choice in Federal Sys-
tems», *Queen's Law Journal*, vol. VIII, n°s 1-2, 1983 p. 141-150.

21. Canada, *Pouvoirs touchant l'économie. Fondements constitutionnels de
l'union économique, op. cit.*, p. 4.

22. Canada, Commission royale d'enquête sur l'union économique et les
perspectives de développement du Canada, *Rapport*, t. I, Ottawa,
Approvisionnements et Services Canada, 1985, p. 54.

23. François Rocher, «Les enjeux politiques pour le Québec de l'initiative
fédérale: vers une restructuration centralisée de l'État canadien»,
dans C. Deblock et M. Couture (dir.), *Un marché, deux sociétés?*, t. I,
Montréal, ACFAS, 1987, p. 151-168.

24. Garth Stevenson, «Le libre-échange entre le Canada et les États-Unis:
les conséquences pour les provinces de l'Ouest», dans C. Deblock et
M. Couture (dir.), *op. cit.*, p. 131-139; Richard Simeon , «Federalism and
Free Trade», dans Peter Leslie (dir.), *Canada: The State of the Federation*,
Kingston, Institute of Intergovernmental Relations, 1985, p. 210-211.
Ces propos furent repris par Ronald L. Watts, «The Macdonald Com-
mission Report and Canadian Federalism»», *Publius*, vol. XVI, n° 12, été
1986, p. 185.

25. John D. Whyte, «Federal Powers over the Economy: Finding New
Jurisdictional Room», *The Canadian Business Law Journal*, vol. XIII, n° 3,
décembre 1987, p. 301-302.

26. F. Fletcher et D. Wallace, «Les relations fédérales-provinciales et la formulation des politiques au Canada: une recension des études de cas»,
dans Richard Simeon (dir.), *Le partage des pouvoirs et la politique d'État*,
Ottawa, Approvisionnements et Services Canada (Commission royale
sur l'union économique et les perspectives de développement du
Canada, vol. LXI), 1985; Michael Jenkin, *Le défi de la coopération. La politique industrielle dans la fédération canadienne*, Ottawa, Conseil des

sciences, 1983; et H. G. Thorburn, *Planning and the Economy: Building Federal-Provincial Consensus*, Toronto, James Lorimer, 1984.

27. Ronald Shearer, «Le régionalisme et la politique en matière de commerce international», Roderick Hill *et al.* (dir.), *Le libre-échange canado-américain*, Ottawa, Approvisionnements et Services Canada (Commission royale sur l'union économique et les perspectives de développement du Canada, vol. XI), 1985, p. 369-418.

28. Ivan Bernier, «Législation et pratiques relatives à la libre circulation des marchandises, personnes, services et capitaux au Canada», *Revue d'intégration européenne*, vol. III, 1980, p. 281.

29. John Whalley, «Induced Distorsions of Interprovincial Activity: An Overview of Issues», dans M. J. Trebilcock *et al.* (dir.), *Federalism and the Canadian Economic Union*, Toronto, University of Toronto Press (Ontario Economic Council Research Studies), 1983, p. 161-200.

30. John Whalley, «The Impact of Federal Policies on Interprovincial Activity», dans Trebilcock *et al.*, *op. cit.*, p. 201-242.

31. Canada, Commission royale d'enquête sur l'union économique et les perspectives de développement du Canada, *Rapport*, vol. III, *op. cit.*, p. 125.

32. *Ibid.*, p. 147-148.

33. Pour une analyse juridique des implications de l'accord sur la conduite des relations fédérales-provinciales, voir l'article anonyme «Issues of Constitutional Juridiction», dans Peter M. Leslie et Ronald L. Watts, *Canada: The State of the Federation 1987-88*, Kingston, Institute of Intergovernmental Relations, 1988, p. 39-55.

34. Canada, *Discours de l'Honorable Brian Mulroney prononcé à Sept-Îles*, 6 août 1984.

35. A. Tremblay et C. Speyer (coprésidents), *L'entente constitutionnelle de 1987*, rapport du Comité mixte spécial du Sénat et de la Chambre des communes, (s. l.), Imprimeur de la Reine, 1987, p. 14.

36. Denis Robert, «La signification de l'accord du lac Meech au Canada anglais et au Québec francophone: un tour d'horizon du débat public», dans Peter M. Leslie et Ronald L. Watts, *op. cit.*, p. 117-156.

37. Thomas J. Courchene, «Meech Lake and Socio-Economic Policy», *Canadian Public Policy*, vol. XIV, 1988, p. 77-78.

38. José Woehrling, «La reconnaissance du Québec comme société distincte et la dualité linguistique du Canada: conséquences juridiques et constitutionnelles», *Canadian Public Policy*, vol. XIV, 1988, p. 57.

39. A. Tremblay et C. Speyer (coprésidents), *op. cit.*, p. 47.

40. Ce type de réforme participe à la dynamique propre au fédéralisme intra-étatique. Ce dernier se définit par «la façon dont les institutions et les mécanismes du gouvernement central répondent aux intérêts et aux préoccupations des régions du pays. Au Canada, comme dans d'autres fédérations, les intérêts régionaux sont protégés non seulement par une répartition constitutionnelle des compétences gouvernementales entre le pouvoir fédéral et les provinces, que nous appelons le fédéralisme inter-étatique, mais aussi par les instruments et les moyens qui intègrent ces intérêts dans l'activité du gouvernement central, que nous appelons le fédéralisme intra-étatique» (xv). Pour des considérations plus approfondies sur ces concepts, voir Donald V. Smiley et Ronald L. Watts, *Le fédéralisme intra-étatique au Canada*, Ottawa, Approvisionnements et Services Canada (Commission royale sur l'union économique et les perspectives de développement du Canada, vol. XXXIX), 1986, p. 29-42.

41. Andrée Lajoie, «The Federal Spending Power and Meech Lake», K. E. Swinton et C. J. Rogerson (dir.), *Competing Constitutional Visions. The Meech Lake Accord*, Toronto, Carswell, 1988, p. 185.

42. Reginald Whitaker, «Federalism, Democracy and the Canadian Political Community», dans Jon H. Pammett et Brian W. Tomlin (dir.), *The Integration Question*, Don Mills, Addison-Wesley, 1984, p. 76.

GUY LAFOREST

La Charte canadienne des droits et libertés au Québec: nationaliste, injuste et illégitime

> Qui veut changer la constitution d'un État libre de manière que ce changement soit accepté, et qu'il puisse se soutenir avec l'agrément de tous, doit nécessairement retenir quelques vestiges des anciennes formes, afin que le peuple s'aperçoive à peine du changement, quoique la nouvelle constitution soit bien étrangère à la première; car l'universalité des hommes se repaît de l'apparence comme de la réalité; souvent même l'apparence les frappe et les satisfait plus que la réalité même[1].

Les constituants de 1982 avaient bien retenu les enseignements de Machiavel. Ils ont conservé plusieurs vestiges de l'ancien édifice fédéral, donnant ainsi une impression de continuité. Pourtant, la Constitution qui nous régit depuis 1982 est bien étrangère à celle que les Macdonald et Cartier avaient façonnée en 1867. La Charte des droits et libertés se trouve au cœur des bouleversements institués par l'ex-premier ministre Pierre Elliott Trudeau et son équipe, et il importe d'en cerner le véritable sens pour le Québec.

D'entrée de jeu, je ne ferai pas mystère de mes couleurs. Je pense que la Charte des droits et libertés est illégitime au Québec et qu'elle recèle des dangers considérables pour tout projet de protection et de promotion d'une société distincte. Comme d'autres observateurs de la scène politique canadienne, j'ai perdu beaucoup de ma naïveté depuis l'échec de l'accord du lac Meech et la douce euphorie des premiers jours de la commission Bélanger-Campeau. En tant que lecteur de Locke et de Machiavel, je sais bien que les gens n'abandonnent pas facilement leurs institutions et leurs mœurs politiques, même s'ils ont les meilleures raisons du monde de le faire, comme je sais aussi que les partisans du statu quo se défendent avec l'énergie du désespoir lorsqu'ils se sentent menacés. Je prends toutefois mieux maintenant la mesure de ces vérités dans le contexte canado-québécois. Il y a une formidable force d'inertie qui joue en faveur du statu quo fédéral même si les Québécois, selon les paramètres de la philosophie politique libérale, ont tout ce qu'il faut pour déclencher une opération de sécession. La Charte des droits et libertés, comme on le verra, est loin d'être étrangère aux arguments en faveur de la sécession du Québec. Par ailleurs, au moment où ces lignes sont écrites, les partisans de l'ordre établi multiplient les offensives de toutes sortes. Brian Mulroney promet de se battre férocement, dans tous les villages et toutes les paroisses du Québec. À gauche comme à droite, les analystes canadiens-anglais pontifient sur le dépeçage du territoire du Québec en cas de sécession. La rhétorique du terrorisme économique refait surface, comme dans les pires moments de la campagne référendaire de 1980. Coup sur coup, des rapports internationaux sont publiés, vantant les mérites du Canada. Sur toutes les ondes, on profite du cent vingt-cinquième anniversaire de l'AANB de 1867 pour lancer de vibrants appels à l'unité nationale. À Ottawa, le gouvernement fédéral vient de déposer un projet de loi référendaire où la Charte des droits et la liberté d'expression sont invoquées pour justifier l'anarchie organisationnelle et l'absence de tout contrôle sur les dépenses. La lutte semble déjà féroce, alors que la campagne référendaire n'est pas encore commencée.

Au Québec, petit à petit, la lassitude s'est installée dans les esprits et dans les cœurs. De tergiversation en tergiversation, Robert Bourassa a réussi à calmer les ardeurs souverainistes. Même s'il n'y a rien de prometteur qui s'annonce sur le front des négociations constitutionnelles, il est fort possible que les Québécois choisissent en fin de compte de rentrer dans le rang. Le peuple québécois, comme les autres, n'acceptera de changer ses mœurs politico-constitutionnelles que lorsqu'il sera convaincu de la force et de l'imminence du danger pesant sur son identité et son devenir. Manifestement, les citoyens du Québec, dans une forte majorité, n'en sont pas encore convaincus. Pourtant, j'ai l'intime conviction que la sorte de danger qui pousse les peuples à s'aventurer sur les chemins de la sécession existe bel et bien pour le Québec. Il m'est d'autant plus difficile d'en convaincre mes concitoyens que ce danger se drape dans les couleurs d'une Charte des droits et libertés. La Charte des droits de 1982, c'est là ma thèse fondamentale, représente d'abord et avant tout l'arme ultime visant à susciter et à favoriser un nationalisme canadien. La Charte véhicule une conception de la nation canadienne incompatible avec les définitions du Québec en tant que peuple, nation, communauté politique autonome ou société distincte. La Charte des droits et libertés, un instrument d'oppression? Si j'osais affirmer une telle chose, je passerais sans doute pour un obsédé, un extrémiste, ou quelque chose du genre. Et pourtant... Et pourtant, je persiste à voir dans cette Charte un projet maladif, vicié, malsain. Je demeure convaincu qu'un régime politique construit sur de telles bases ne saurait durer bien longtemps.

Je ne pourrai dans ce texte me pencher sur toutes les dimensions de la Charte des droits et libertés de 1982. J'ignorerai en particulier le débat à propos de l'hypothétique subversion de la démocratie parlementaire au profit d'une certaine forme de juriscratie. Lors du congrès de l'ACFAS, tenu à Montréal en mai 1992, mon collègue Gary Caldwell est allé jusqu'à dire qu'en cette année où nous commémorons le bicentenaire des institutions parlementaires québécoises, nous devrions inviter nos concitoyens du reste du pays à choisir entre le Canada et cette nouvelle culture politique, fondée sur la prépondérance des droits, mise de l'avant par la Loi constitutionnelle de 1982. Caldwell a raison d'insister sur l'importance de la tradition parlementaire britannique pour le Québec contemporain. Si le Québec faisait sécession, il faudrait sans doute continuer dans cette voie. Mais pour que l'hypothèse de la sécession soit considérée avec tout le sérieux qu'elle mérite par les Québécois dans leurs délibérations, il faut selon moi viser une autre cible, à savoir la dimension nationaliste de la Charte des droits et libertés.

L'argumentation procédera en quatre temps. Je situerai d'abord la Charte sur l'échiquier du libéralisme contemporain. Nous verrons ensuite comment la réforme de 1982 s'inscrit dans une grande entreprise d'édification de la nation canadienne. Ce projet — ce sera l'étape suivante — demeure le pilier fondamental de la rénovation constitutionnelle entreprise à l'automne 1991. Pour étayer cette affirmation, il faudra se pencher sur les propositions fédérales de septembre 1991 et sur le rapport Beaudoin-Dobbie. Enfin, une réflexion sur l'éthique libérale de la sécession devrait nous permettre de dégager la véritable signification politique de la Charte des droits et libertés pour le Québec.

Le libéralisme au Canada

Deux intellectuels de l'Ouest canadien, David Bercuson et Barry Cooper, ont publié en 1991 un essai qui a fait beaucoup de bruit: *Goodbye... et Bonne chance! Les adieux du Canada anglais au Québec*. Ils y écrivent que le Québec et son nationalisme représentent des menaces pour la survie même de la démocratie libérale au Canada[2]. On relève plusieurs affirmations très discutables dans cet essai. Les auteurs pensent par exemple que le nationalisme québécois ne concerne que les descendants des colons français, qu'il ne s'agit somme toute que d'un phénomène ethnique. D'une certaine façon, les auteurs se créent conceptuellement ce Québec qu'ils souhaitent par la suite expulser du Canada. L'argumentation est grossière et cache selon moi un autre projet. La démocratie libérale que Bercuson et Cooper veulent protéger, c'est celle qui est fondée essentiellement sur la promotion des libertés individuelles, de l'égalité des droits ou de l'égalité devant la loi.

Selon les paramètres d'une telle pensée libérale, l'État devrait se comporter d'une façon tout à fait impartiale et neutre, non seulement face à la religion, mais aussi face à la culture[3]. Les auteurs s'inscrivent en faux contre l'accord du lac Meech, parce qu'il aurait contrevenu à l'une des bases de la démocratie libérale — l'égalité devant la loi — en accordant au gouvernement du Québec des pouvoirs de protection et de promotion de sa société distincte[4]. Le nationalisme québécois trouble profondément Bercuson et Cooper parce qu'il est l'expression d'une «coexistence malaisée des aspirations individuelles et collectives[5]».

Le libéralisme de Bercuson et Cooper apparaît monochrome. Leur vision de la justice s'appuie sur une conception symétrique de l'égalité, sur la croyance selon laquelle les droits et les libertés n'existent que pour les individus. Il n'y a pas de statut particulier pour les minorités culturelles et nationales dans une telle doctrine. Pour reprendre une expression de Janet Ajzenstat, une admiratrice de Lord Durham comme Bercuson et Cooper, les gens qui appartiennent à de telles minorités doivent renoncer à leurs particularités pour bénéficier de tous les avantages de la justice libérale dans un régime politique donné. Quand l'État cesse d'être neutre, quand on traite les minorités de façon particulière, les fondements de la justice libérale sont menacés.

Selon mon interprétation, le Québec compte en réalité pour bien peu dans les calculs stratégiques de Bercuson et Cooper. S'ils militent en faveur de la sécession du Québec, c'est au fond parce qu'ils voient dans la culture politique québécoise un obstacle sur la route de la conquête des institutions publiques canadiennes par leur propre version de la démocratie libérale. Ils voient dans les mœurs québécoises la prépondérance d'une conciliation entre droits individuels et collectifs, entre aspirations individuelles et communautaires, qu'ils souhaiteraient éliminer du panorama juridico-politique canadien. C'est lorsque l'on se penche sérieusement sur la

Charte fédérale des droits et libertés que l'on comprend la vraie nature de leur projet.

Pour que l'on prenne au sérieux les intentions explicites de Bercuson et Cooper, il faudrait que les institutions et la culture politique canadiennes correspondent à leur vision de la démocratie libérale. Expulser le Québec, cela ne représente selon moi dans le projet de Bercuson et Cooper qu'une étape préliminaire dans une grande entreprise visant à ramener le Canada dans le giron du libéralisme monochrome. Si j'émets cette hypothèse, c'est parce que la Charte fédérale des droits et libertés, le document clé de l'édifice constitutionnel canadien depuis 1982, ne véhicule absolument pas la même interprétation de la démocratie libérale que celle mise de l'avant par Bercuson et Cooper. Bien au contraire. En fait, la Charte me semble remarquablement proche de la culture politique québécoise et de ses «tares» telles que disséquées par les deux professeurs de l'Université de Calgary.

Comme plusieurs analystes — notamment David Elkins, Will Kymlicka et Andrew Stark —, je vois dans la Charte un équilibre entre des libertés et des droits individuels et ceux qui peuvent être exercés par des groupes ou par des citoyens en tant que membres de collectivités particulières[6]. L'esprit qui souffle sur la Charte, dans le vocabulaire de Bercuson et Cooper, c'est celui d'une «coexistence malaisée des aspirations individuelles et collectives». Les libertés individuelles occupent évidemment beaucoup d'espace dans la Charte, et je ne conteste pas le degré élevé d'importance que les tribunaux leur ont donné en dix ans de jurisprudence. La Charte protège les libertés fondamentales des citoyens canadiens (liberté de conscience, d'expression, d'association, etc.), leurs droits démocratiques (droit de vote, éligibilité aux élections), comme elle leur procure toutes sortes de garanties juridiques formulées dans un langage strictement individualiste. Mais la Charte ne fait pas que cela. Dans son article 25, elle réaffirme l'obligation de maintenir les droits et libertés des peuples autochtones du Canada. Cette disposition revêt un caractère explicitement communautariste. L'article 27 stipule que toute interprétation de la Charte doit concorder avec l'objectif de promouvoir le maintien et la valorisation du patrimoine multiculturel des Canadiens. Cela signifie que les citoyens sont protégés dans la mesure où un des pôles de leur identité consiste en leur appartenance à une communauté multiculturelle minoritaire. Les articles 16 à 23 enchâssent le français et l'anglais comme langues officielles du Canada; ils procurent aux citoyens des droits linguistiques et scolaires qui, dans certains cas, ne peuvent être exercés que lorsque les collectivités linguistiques minoritaires possèdent suffisamment de vitalité. L'article 15(2) autorise la discrimination positive en faveur d'individus ou de groupes défavorisés, notamment à cause de leur race, de leur couleur, de leurs déficiences mentales ou physiques. Grâce à l'article 6(4), les communautés provinciales économiquement défavorisées peuvent freiner la mobilité des citoyens des autres provinces. Au chapitre de la justice sociale, la réforme de 1982 garantit aussi des paiements de péréquation aux provinces les plus pauvres.

Outre toutes ces dispositions affirmant les droits de groupes, de communautés, ou d'individus en tant que membres de collectivités particulières, la Charte contient deux articles qui restreignent la portée de l'individualisme libéral au Canada. Elle contient une clause de dérogation par déclaration expresse (l'article 33), qui permet au Parlement fédéral et aux législatures des provinces de se soustraire pour une période de cinq ans, avec possibilité de renouvellement, de l'application des articles 2 et 7 à 15, ceux qui portent précisément sur les libertés fondamentales et les garanties juridiques. Une assemblée législative peut, en théorie, se prévaloir de cette clause dérogatoire ou clause nonobstant non seulement pour protéger le système de base des libertés individuelles fondamentales, mais aussi pour sauvegarder le patrimoine linguistique et culturel d'une communauté donnée. C'est ce que le gouvernement du Québec et l'Assemblée nationale ont fait dans la loi 178, pour mettre la législation linguistique québécoise à l'abri d'un jugement nullificateur de la Cour suprême. Notons, en passant, que la Cour suprême du Canada n'a pas du tout nié la liberté d'action des institutions québécoises dans ce domaine. Contrairement à Bercuson et Cooper, la Cour suprême reconnaît, dans son interprétation de la Charte, que l'État peut ne pas être neutre à propos de la protection linguistique et culturelle. D'autre part, la Charte reconnaît dans son tout premier article l'existence de limites raisonnables à l'exercice des droits dans une société libre et démocratique. Rien ne laisse présumer que le maintien des seuls droits individuels épuise le sens de telles limites raisonnables.

Après avoir examiné, même de façon très sommaire, le contenu de la Charte des droits et libertés, on comprend mieux la perplexité de celles et ceux qui ont milité en faveur de la reconnaissance accordée au Québec en tant que société distincte dans l'accord du lac Meech en 1987, pour assister, impuissants, au dérapage de l'entente trois ans plus tard. Si l'accord avait été officiellement entériné, cela aurait légèrement modifié l'équilibre entre droits individuels et droits collectifs dans l'édifice constitutionnel canadien, mais n'aurait pas équivalu à une révolution philosophique ou juridique. En rejetant la clause de la société distincte, les libéraux canadiens ne disaient pas aux Québécois qu'ils ne sauraient jouir de droits collectifs. Les Québécois bénéficient déjà de droits de ce genre grâce à la Charte de 1982. Les libéraux canadiens prévenaient plutôt les Québécois qu'ils ne devraient pas avoir de droits collectifs différents des autres Canadiens. Bercuson et Cooper ont le mérite d'être francs sur cette question: «L'accord du lac Meech aurait été l'avant-dernier coup porté au Canada en tant que nation[7].»

J'estime que les idées et valeurs libérales possèdent en définitive une importance secondaire dans la Charte des droits et libertés. L'idée-force du document central de la révision constitutionnelle de 1982, c'est le nationalisme canadien, thème que nous allons maintenant explorer.

Édifier la nation canadienne

Pierre Elliott Trudeau, le grand concepteur de la réforme de 1982, le «père» de la Charte des droits et libertés, a reconnu ces dernières années les véritables intentions qui l'animaient à l'époque. Il voulait «constitutionnaliser les

Canadiens», donner un sentiment d'appartenance nationale à tous les citoyens. Dans cette perspective, il n'y a pas de peuple québécois, pas de communauté nationale autonome sur le territoire du Québec. Il n'y a au Québec que des membres de la nation canadienne, qui bénéficieraient des mêmes droits, grâce à la Charte, s'ils déménageaient dans une autre province. Un des plus réputés experts de la Charte au Canada anglais, le politologue Alan Cairns de l'Université de la Colombie-Britannique, a confirmé cette lecture de la réalité dans une analyse récente du débat entourant l'accord du lac Meech:

> For Quebec's government, Meech Lake was an attempt to escape from some of the Charter's restraints via the "distinct society" clause. For English Canada, that attempted escape was unacceptable precisely because it would have diluted the Charter's impact on Quebec...

> Indeed, from the vantage point of English Canada, the impact of the Charter is precisely its capacity to transform the relation between provincial governments and provincial residents into one between provincial governments and Canadian citizens who happen to reside in a province[8].

La Charte de 1982 «déterritorialise» les conflits, elle les sort des confins provinciaux pour les replacer dans une arène juridico-politique pancanadienne où ils seront arbitrés, en dernière instance, par une Cour suprême qui relève de l'État central. Pour obtenir l'enchâssement de cette Charte, Pierre Elliott Trudeau a dû surmonter l'opposition de plusieurs gouvernements provinciaux. Pour les faire plier, il a fait appel directement aux groupes d'intérêts et aux individus les plus concernés par le thème de la protection de droits spécifiques. Ces groupes ont fait sentir leur présence lors des audiences d'un Comité mixte spécial du Sénat et de la Chambre des communes à l'hiver 1980-1981, qui donnèrent lieu à d'importantes modifications du projet fédéral. D'une certaine façon, la dimension fédérale du Canada fut un obstacle sur la route de l'enchâssement de la Charte. La clause nonobstant fut une concession accordée aux plus farouches défenseurs de la suprématie parlementaire et du fédéralisme exécutif. Ces derniers n'obtinrent toutefois qu'une bien maigre consolation, une victoire à la Pyrrhus. Car la Charte, par l'entremise de la judiciarisation du système politique, travaille contre la nature fédérale du Canada. Le pouvoir judiciaire est celui qui reflète le moins bien la réalité fédérale de notre pays. C'est incontestablement celui qui obtient les meilleurs résultats sur le plan de la centralisation. Le gouvernement fédéral nomme unilatéralement les juges de toutes les hautes cours du pays, y compris ceux de la Cour suprême. Dans leurs analyses de la jurisprudence issue de la Charte, les principaux experts, les Peter Russell, Rainer Knopff et F. L. Morton, concluent que cette dernière est parvenue à recentraliser la fédération canadienne. Il y a bel et bien eu homogénéisation des politiques publiques, et ce pas uniquement dans le domaine linguistique. Des normes nationales uniformes ont été imposées là où régnait auparavant la diversité régionale[9]. Notons que cette jurisprudence ne fait pas que standardiser certaines pratiques sociales. Elle contribue aussi à rapprocher la *Common Law* et ce droit civil qui est au cœur de la société distincte québécoise. Quelque dix ans après l'avènement de la Charte, Russell, Knopff et Morton notent que la Cour suprême du Canada, qui trône sur le processus de judiciarisation de la politique, joue désormais un rôle socio-politique plus important que son pendant américain[10].

La judiciarisation du système politique canadien réalisée par la Charte de 1982 fut effectuée au nom du principe de la souveraineté populaire. Le projet du gouvernement central fut présenté comme un *people's package,* se réclamant d'une légitimité plus fondamentale que les principes fédéraux invoqués par les gouvernements provinciaux récalcitrants. Le discours de la primauté constitutionnelle des citoyens et le langage des droits humains universels furent employés pour circonvenir la dimension fédérale du régime politique et susciter une plus grande allégeance envers la communauté nationale canadienne[11]. Dans la logique de 1982, le fédéralisme s'estompe en résumé d'une pluralité de façons. Il est relégué au deuxième plan dans l'ordre des principes de légitimation. Il s'efface aussi au fur et à mesure où se précisent des «normes nationales». L'uniformisation des lois et des règlements provinciaux par la Cour suprême n'a pas laissé les critiques indifférents. Certains lui reprochent de ne pas prendre suffisamment en considération dans son travail la diversité des communautés provinciales[12]. D'après Patrick Monahan, les critères que la Cour suprême s'est donnés pour interpréter l'article 1 de la Charte, qui reconnaît l'existence de limites raisonnables à l'exercice des droits dans une société libre et démocratique, occultent les valeurs communautaires qui trouvent pourtant une place dans cette même Charte et dans l'ensemble de la société canadienne[13].

L'accord du lac Meech, comme le démontre Alan Cairns de façon très convaincante, violait les normes de l'égalité des provinces et de l'égalité dans la citoyenneté qui avaient été objectivées dans la culture politique canadienne à la suite de la réforme de 1982[14]. Le politologue parvient à expliquer aussi l'affaiblissement de la tradition canadienne du fédéralisme exécutif depuis une décennie. La Charte des droits a créé toute une série de nouveaux joueurs constitutionnels: les femmes et leurs organisations, les groupes multiculturels et les minorités visibles, les peuples autochtones, les minorités de langues officielles. Les groupes d'intérêts qui représentent ces joueurs ont en quelque sorte colonisé la Constitution. Les droits qu'ils ont obtenus par l'entremise de la Charte sont des symboles de leur nouveau statut dans la société, dans la nation canadienne. Un des objectifs de la Charte était de diminuer le sentiment d'appartenance régionale, territoriale, des membres de ces groupes et de promouvoir chez eux une identification sans médiation avec la communauté nationale canadienne dans son ensemble. Cairns invite ceux qui mettraient en doute l'atteinte de cet objectif à considérer le rôle de ces «patriotes de la Charte» contre la clause de la société distincte dans le débat sur l'accord du lac Meech[15].

D'après Cairns, la Charte des droits et libertés promeut une culture politique fondée sur le minoritarisme constitutionnel. Pour toutes sortes de raisons, la force de ces acteurs, leur aptitude à influencer des rondes ultérieures de négociations constitutionnelles, ne peut que s'accroître. Ces acteurs possèdent désormais des droits, un statut dans le système, de

véritables identités constitutionnelles. Les mouvements sociaux auxquels ils sont associés — qu'on pense à la nouvelle ethnicité, au féminisme, à la résurgence autochtone —
traversent une phase de croissance dans le monde. Par
ailleurs, ces groupes ont mis en place leur propre infra-
structure bureaucratique, laquelle peut compter sur des spécialistes des groupes d'intérêts, des programmes
universitaires et des revues spécialisées, de même que sur un
regard sympathique dans les médias. Graduellement, l'immigration est en train de transformer le Canada en un pays
encore davantage ouvert au multiculturalisme et au pluralisme racial. Toujours selon Cairns, ces diverses minorités
bénéficient d'un certain effet de contagion. Chaque gain
obtenu par l'une d'entre elles convie les autres à l'imitation
et renforce le système général du minoritarisme constitutionnel[16]. On oublierait à tort, dans les officines de ceux qui
besognent dans l'actuelle ronde de négociations constitutionnelles, que ces groupes ont fortement ressenti leur situation de marginaux dans le système. Appuyés sur leurs
nouveaux droits, ils se battront avec acharnement et beaucoup d'émotivité. Leur vocabulaire, écrit Cairns, est celui de
la «honte, de la fierté, de la dignité, de l'insulte, de l'inclusion
et de l'exclusion, de l'humiliation et de la reconnaissance[17]».

En mars 1991, le rapport de la commission Bélanger-
Campeau concluait que l'échec de l'accord du lac Meech
avait mis en lumière un véritable choc des visions, des aspirations et des identités nationales entre le Canada et le Québec[18]. Depuis, les péripéties ont été nombreuses sur le front
des négociations constitutionnelles. Dès lors, on peut se
demander si le système politique canadien semble engagé sur
la voie du dépassement d'un tel choc.

Les propositions de renouvellement constitutionnel

À lire les propositions fédérales de septembre 1991 et le
rapport Beaudoin-Dobbie, on apprend que les citoyens du
Canada chérissent les valeurs de tolérance, d'ouverture et de

respect des différences, qu'ils sont fiers de vivre dans un pays où l'esprit d'une authentique diversité anime les institutions publiques. S'il sait lire entre les lignes, le lecteur de ces documents apprendra aussi qu'il y a des limites au respect de la différence et de la diversité dans le fédéralisme canadien. Le système politique refuse d'affronter directement et franchement la dimension nationale de la question québécoise. Il se heurte contre l'écueil du pluralisme national. Le projet de Pierre Elliott Trudeau, qui voulait façonner une seule et unique grande communauté nationale canadienne, continue d'inspirer les réformateurs de 1991-1992. Pendant le débat sur l'accord du lac Meech, Trudeau a vaillamment défendu ses idées en faveur d'un patriotisme national canadien:

> Mais encore une fois c'est la tendance toujours accentuée, c'est le poids dans la balance du côté du provincialisme aux dépens d'une institution fédérale, ou d'une législation, qui, jusqu'à présent, donnait aux Canadiens un sens d'appartenance nationale un peu comme la Charte des droits et libertés était importante pour l'unité canadienne, un peu comme le rapatriement de la Constitution, un peu comme le drapeau canadien. Tout cela, c'est important en ce sens que ça fait comprendre aux Canadiens qu'ils partagent avec TOUS les Canadiens, de TOUT le pays, un MÊME ensemble de valeurs fondamentales[19].

Cette conception d'un nationalisme canadien fondé sur des valeurs communes à tous, quel que soit le lieu de résidence, est le pilier central de *Bâtir ensemble l'avenir du Canada,* le document faisant état des propositions constitutionnelles fédérales de septembre 1991. La première partie du document vante les mérites d'une citoyenneté commune, «l'expression même de l'appartenance à un même pays[20]». La première sous-section porte sur l'identité canadienne: des valeurs communes. Est-il exagéré de voir derrière cela un postulat selon lequel il y aurait bel et bien une identité nationale canadienne? Les auteurs rappellent les témoignages de nombreux Canadiens aux audiences du Forum des citoyens présidé par Keith Spicer, qui disaient avoir le «sentiment profond de partager un ensemble de valeurs avec *tous* les Canadiens[21]». Les valeurs promues par la Charte, dont nous venons de cerner les vertus «nationalisantes» avec l'aide de la science politique canadienne-anglaise, sont les premières à être désignées dans *Bâtir ensemble l'avenir du Canada*. On y insiste sur une véritable égalité fondée sur la reconnaissance des différences, sur la conciliation entre les droits individuels et ceux qui sont dévolus à des citoyens en fonction de leur appartenance à une collectivité particulière. Dans cette perspective, l'équilibre que l'on trouve dans la Charte entre droits individuels et droits collectifs devient une caractéristique fondamentale de l'identité nationale canadienne. Quel sort est réservé dans une telle vision à la clause reconnaissant le Québec en tant que société distincte, plaque tournante de l'accord du lac Meech? On commence à deviner la réponse à cette question dans une sous-section portant sur l'affirmation de l'identité canadienne dans la Constitution.

Dans l'accord du lac Meech, comme j'ai essayé de le démontrer plus amplement en d'autres circonstances[22], la clause de la société distincte réintroduisait des éléments dualistes dans l'édifice constitutionnel canadien. À défaut de reconnaître explicitement la vision dominante au Québec, celle qui veut que le Canada repose sur un pacte entre deux peuples ou deux nations, l'accord du lac Meech faisait de la clause de la société distincte un principe interprétatif valable pour l'ensemble de la Constitution, y compris le partage des pouvoirs et la Charte des droits et libertés. Par ailleurs, on reconnaissait au gouvernement du Québec et à l'Assemblée nationale les obligations de protection et de promotion de la société distincte québécoise. Dans les propositions de septembre 1991, la société distincte est d'abord réduite à un élément parmi d'autres — quatorze au total — de la «clause Canada».

L'expression de l'originalité du Québec, la clause de la société distincte, est passée au rang de vecteur de l'identité nationale canadienne. Dans sa version de septembre 1991, la «clause Canada» proclame «la responsabilité particulière qui incombe au Québec de protéger et de promouvoir sa société distincte[23]». Pour ceux qui douteraient de l'intégration de la clause de la société distincte dans un projet nationaliste canadien, le rapport du Comité mixte spécial du Sénat et de la Chambre des communes — ou rapport Beaudoin-Dobbie — est encore plus explicite:

> Nous réaffirmons notre attachement indéfectible aux principes et valeurs qui nous ont rassemblés, ont guidé notre vie *nationale*, et nous ont assuré paix et sécurité, notamment notre profond respect pour les institutions de la démocratie parlementaire; la responsabilité particulière du Québec de préserver et de promouvoir sa société distincte[24][...].

En plus de ramener la société distincte dans le giron de la nation canadienne, les propositions fédérales contribuent à la banaliser. La clause est dorénavant située à l'intérieur même de la Charte, où elle devient un paragraphe d'un article reconnaissant les droits ancestraux des peuples autochtones. Même si l'énumération n'est pas forcément exclusive, le paragraphe stipule que la société distincte comprend une majorité de langue française, une culture unique en son genre et une tradition de droit civil. Ce sont les aspirations du Québec au statut de société nationale moderne et globale qui sont menacées par cette formulation, qui correspond grosso modo à celle de l'Acte de Québec de 1774[25].

On sent aussi le poids du nationalisme canadien sur les propositions fédérales dans les dispositions relatives à la culture. S'il reconnaît la dualité des milieux culturels, le document de septembre 1991 ne la ramène pas moins à une seule identité canadienne. Par ailleurs, on recommande que le gouvernement fédéral conserve son contrôle sur un certain nombre d'institutions culturelles, parce qu'elles permettent justement «l'expression et l'affirmation de l'identité canadienne tant au Canada qu'à l'étranger[26]».

Pour que le message soit bien saisi, pour que les gens comprennent qu'il y a effectivement une identité canadienne fondée sur des valeurs communes, on a préparé un document d'appoint aux propositions fédérales de septembre qui l'affirme explicitement tout en rappelant les contours de cette identité. En voici quelques extraits:

> Même s'ils perdent de vue quelquefois cette notion d'unité, les Canadiens d'un bout à l'autre du pays, autochtones, personnes vivant au sein de la société distincte du Québec ou immigrants, partagent tous ces valeurs fondamentales. Tous ont contribué et continuent à contribuer à ces valeurs [...]. Le présent document vise à déterminer et à énoncer les valeurs et les réalités fondamentales de la société canadienne[27].

Sur la question de l'existence d'une identité nationale canadienne, le vocabulaire choisi par les auteurs de *Bâtir ensemble l'avenir du Canada* conservait certaines réserves. Si l'on se référait bel et bien à «l'identité canadienne», on hésitait à y accoler l'épithète «nationale». Les auteurs du rapport Beaudoin-Dobbie, déposé le 29 février, ont laissé de côté de telles hésitations. Une lecture attentive du rapport démontre clairement que ce Canada que l'on souhaite redéfinir constitue la communauté nationale d'appartenance pour les citoyens de toutes les provinces, y compris ceux du Québec. Cette réalité transpire d'abord dans une sous-section sur les valeurs et l'identité qui prend le relais de *Bâtir ensemble l'avenir du Canada*:

> Une nouveauté de nature à nous rassurer sur notre capacité de collaborer, c'est la convergence notable de nos valeurs fondamentales. Il subsiste entre nous des nuances de goût et de comportement, comme dans toute nation du reste, mais nous avons atteint un remarquable degré d'harmonie sur l'essentiel [...].
>
> Tant qu'existera le Canada, il y aura place pour une forte identité nationale — elle sera même requise — non pas pour concurrencer ni nier d'autres identités, mais pour les soutenir et les compléter, faire la somme des parties[28].

L'idéologie nationaliste véhiculée par P. E. Trudeau, faite d'une identité et de valeurs communes, obnubile les signataires du rapport Beaudoin-Dobbie dans leur quête d'un préambule constitutionnel mémorable et global, qui saurait «exprimer ce qui nous tient *tous* à cœur[29]». Laissons encore une fois au lecteur le soin de comparer un extrait de la «clause Canada» proposée dans le rapport Beaudoin-Dobbie avec un passage sous la plume de P. E. Trudeau, tiré d'un livre où l'ex-premier ministre fait le bilan à propos des valeurs ayant animé sa quête d'une société juste:

> Par conséquent, nous Canadiens, adoptons officiellement cette constitution, y compris la Charte canadienne des droits et libertés, comme l'expression solennelle de notre volonté et de nos aspirations nationales[30].

> Dans ce sens, la Charte canadienne constituait un nouveau départ pour la nation canadienne et cherchait à renforcer son unité en fondant la souveraineté du peuple canadien sur un ensemble de valeurs communes à tous, et notamment sur la notion d'égalité de tous les Canadiens entre eux[31].

Le rapport Beaudoin-Dobbie reprend la version édulcorée de la clause de la société distincte proposée dans *Bâtir ensemble l'avenir du Canada*. D'une certaine façon, il l'affaiblit encore davantage en retirant toute mention du caractère majoritairement francophone du Québec de la clause de la dualité linguistique. On notera que le rapport met sur le même pied toutes les minorités linguistiques en affirmant que l'interprétation de la Charte des droits et libertés devra concorder avec «l'épanouissement et le développement linguistiques et culturels des collectivités minoritaires de langue française ou anglaise partout au Canada[32]».

Les auteurs du rapport Beaudoin-Dobbie s'entendent unanimement sur la présence d'un gouvernement national à Ottawa. En matière de culture, l'autonomie législative des provinces serait confirmée «sous réserve de la capacité du gouvernement fédéral de maintenir les programmes[33] clairement motivés par des objectifs nationaux. Le pouvoir de dépenser du gouvernement fédéral sera limité, mais les provinces devront établir des programmes «conformément à l'esprit et aux objectifs du programme national[34]». Quant au nouvel article sur l'union économique, il «obligerait les gouvernements à se doter de normes aussi uniformes que possible à l'échelle nationale afin d'accroître la mobilité et le bien-être des Canadiens[35]». Le rapport recommande aussi l'adoption d'une loi référendaire «soit pour confirmer l'existence d'un consensus national, soit pour faciliter l'adoption des modifications constitutionnelles nécessaires[36]».

En dépit des vaillants efforts consacrés par P. E. Trudeau à la réalisation de son rêve, en dépit du travail de la Charte sur les valeurs des citoyens allant dans le sens de l'édification de la nation canadienne, le problème fondamental persiste. Il n'y a pas au Canada de consensus sur l'identité nationale. Je vois dans la tentative visant à promouvoir un tel consensus, par l'intermédiaire du développement d'un sentiment d'allégeance à la Charte des droits et libertés, sans considération pour les objections du Québec à la réforme constitutionnelle de 1982, une entreprise profondément viciée. C'est ce qui m'amène à aborder l'éthique libérale de la sécession et à réfléchir à sa pertinence dans la conjoncture canado-québécoise.

L'éthique libérale de la sécession

Depuis quelque temps, on sent que l'époque où les experts d'ici exerçaient un monopole quasi exclusif sur le débat canado-québécois est révolue. On voit de plus en plus de livres et d'articles sur le fédéralisme comparé, sur le nationalisme et la théorie politique où la situation canado-québécoise est expressément mentionnée et étudiée[37]. À l'automne 1991 un professeur américain, Allen Buchanan, a publié un ouvrage d'une importance capitale pour la philosophie politique libérale et d'une remarquable pertinence pour le Québec: *Secession. The Morality of Political Divorce from Fort Sumter to Lithuania and Quebec.* Sur ces deux axes, dépêchons-nous d'éviter les simplifications. Le livre de

Buchanan n'envisage pas de régler *a priori* tous les problèmes entourant la réflexion lucide et critique à propos de la sécession. L'auteur admet d'emblée qu'il n'y a pas de théorie morale dans l'absolu, que son discours philosophique n'élimine pas la nécessité de la délibération politique par les gens qui, sur le terrain, ont à se pencher sur les dilemmes de la sécession. D'un point de vue québécois, le livre peut paraître doublement décevant. Bien qu'il y soit beaucoup question du Canada et du Québec, l'analyse s'appuie sur des connaissances historiques assez limitées, à tout le moins si l'on se fie au texte lui-même. Buchanan parle un peu de la Conquête de 1763 et beaucoup de l'accord du lac Meech. Entre ces deux événements, un grand vide s'installe. À deux reprises, l'auteur mentionne certains articles de la Charte des droits et libertés mais sans expliquer que ce document appartient à une réforme constitutionnelle adoptée en 1982, et ce sans le consentement des autorités québécoises[38]. Par ailleurs, au terme de son étude, Buchanan conclut qu'à son avis les Québécois n'ont pas encore épuisé toutes les options qui s'offrent à eux dans un régime fédéral, en deçà de la sécession[39]. Je porterai, dans les paragraphes qui suivent, mon attention sur le rapport entre l'exploration théorique de Buchanan et la Charte canadienne des droits et libertés, particulièrement dans sa dimension nationaliste.

On commence à mieux saisir la portée de l'analyse de Buchanan pour le Québec lorsque l'auteur écrit que la protection des droits individuels n'est pas la seule raison que l'on peut invoquer pour faire sécession. Selon lui, semblable rupture peut être justifiée également lorsque des gens veulent promouvoir une autre conception de la communauté que celle qui prévaut dans leur régime politique, ou encore lorsqu'ils veulent protéger une culture originale[40]. Buchanan va jusqu'à affirmer qu'il n'y a rien qui empêche que les droits des groupes, les droits collectifs, puissent coexister avec les droits individuels dans la philosophie libérale. Il pense que le droit à la sécession représente un de ces droits qui ne sauraient être exercés que par une communauté dans son ensemble, au nom d'une collectivité[41]. Il n'hésite pas par ailleurs à reconnaître comme quelque chose d'éminemment valable l'appartenance à une communauté culturelle:

> *On the contrary, the assumption employed in the argument for group rights as necessary for preserving cultures was that participation in a culture is, at least for most individuals, something that is intrinsically good, and that part of what it is to be a member of a community and to partake of communal goods is to adopt the perspective of "our" interests rather than "my" interests*[42].

Plusieurs observateurs au Québec seront surpris d'apprendre que le droit des peuples à l'autodétermination, figure de proue de la rhétorique nationaliste, ne constitue pas selon Buchanan un motif particulièrement fort en faveur de la sécession. Comme d'autres avant lui, notamment Pierre Elliott Trudeau et Ernest Gellner, l'auteur estime que ce droit est trop vague et que sa généralisation conduirait à une fragmentation politique illimitée. Il énumère toutefois toute une série de raisons, que des sécessionnistes seraient en droit d'invoquer (douze en tout). Je ne ferai ressortir ici que celles qui me semblent parmi les plus pertinentes pour le Québec. Rappelons d'abord que, pour Buchanan, «*a variety of considerations taken together make a strong case for a moral right to secede under certain circumstances*[43]». À partir de la théorie de Buchanan, voici les facteurs qui me semblent les plus pertinents dans la mise en place d'un dossier en faveur de la sécession du Québec: la transformation substantielle de la loi fondamentale du Canada en 1982, notamment par l'entremise de l'enchâssement de la Charte des droits et libertés dans la Constitution, sans le consentement des détenteurs de l'autorité politique au Québec; la nécessité de procurer aux législateurs québécois les instruments requis pour protéger et promouvoir une culture et une société distinctes en Amérique, instruments qui ne paraissent pas compatibles avec la conception d'une communauté nationale et libérale canadienne véhiculée par la Charte des droits et libertés; l'approfondissement de la diversité, par la reconnaissance symbolique et substantielle du pluralisme national, une reconnaissance avec laquelle, jusqu'à présent tout au moins, le constitutionnalisme canadien et la Charte ont été incapables de se réconcilier.

Buchanan opère une distinction fondamentale entre le droit à la révolution et le droit à la sécession. Alors que les sécessionnistes veulent soustraire un territoire et des citoyens à l'autorité d'un certain gouvernement, les révolutionnaires, eux, veulent renverser un gouvernement pour faire des changements constitutionnels, économiques ou socio-politiques à l'intérieur d'un État[44]. L'auteur rappelle que pour le philosophe libéral John Locke le droit à la révolution, comme le droit de former une association politique, est un droit collectif que l'on peut exercer lorsqu'un régime perd sa légitimité en violant les droits individuels fondamentaux[45]. Buchanan élargit la pensée de Locke sur le droit de résistance aux régimes fédéraux:

> To accommodate federal systems, we can supplement the traditional liberal individual rights, with constitutionally designated states rights (to delineate a division of labour between state and federal functions). This addendum yields an expanded conception of governmental injustice and a correspondingly broadened conception of the conditions for justified revolution: if the central government violates basic individual rights or states rights, it may be resisted with force[46].

Je considère que les Québécois jouissent d'un tel droit par rapport aux institutions fédérales canadiennes. En 1982, la Constitution canadienne a été rapatriée et amendée — et la division du travail entre entités fédérées et gouvernement central a été changée, selon les termes de Buchanan — sans le consentement du gouvernement du Québec, sans celui de l'Assemblée nationale et sans que la population du Québec ait été antérieurement ou ultérieurement consultée de façon directe sur cette question, soit lors d'une élection fédérale ou d'une campagne référendaire. Qui plus est, la réforme fut effectuée moins de deux ans après des promesses notoirement ambiguës de renouvellement du fédéralisme faites aux Québécois par P. E. Trudeau lors du référendum de mai 1980. Pour empirer encore la situation, les articles sur les droits linguistiques et scolaires qui sont le cœur même de la

Loi constitutionnelle de 1982 et de la Charte des droits (particulièrement l'article 23) heurtaient de front l'Assemblée nationale du Québec et diminuaient ses pouvoirs législatifs, encore une fois sans son consentement. Cette attaque de l'autonomie législative du Québec n'était pas accidentelle. Considérons à ce propos l'analyse de Kenneth McRoberts:

> Deuxième volet de la stratégie de Trudeau: le renforcement des droits linguistiques. Son moyen: une charte des droits enchâssée dans la Constitution. La Charte des droits traite d'une multitude de sujets autres que les droits linguistiques. Mais ces droits linguistiques sont incontestablement sa raison d'être [...].
>
> Les stratèges fédéraux espéraient aussi que les Québécois, à l'instar des Canadiens anglais, verraient dans la Charte une déclaration de leurs droits et que, par conséquent, ils se sentiraient plus attachés à la communauté politique canadienne[47].

Je pense que tout cela rend la Charte des droits et libertés profondément illégitime, et injuste, au Québec. Non seulement ce document a-t-il été imposé aux autorités et à la population du Québec sans leur consentement, mais en plus il s'en prend à des pouvoirs considérés comme essentiels! À mon avis, depuis le 17 avril 1982, le pacte de confiance entre le gouvernement fédéral et le Québec est brisé. Je reconnais, avec Buchanan, que le droit à la révolution, le droit de se doter d'un nouveau régime et d'un nouveau gouvernement ne permet pas de conclure nécessairement à un droit de sécession. Il faut aussi que les titulaires du droit à la révolution puissent prétendre à la possession et au contrôle du territoire en question[48]. Je ne voudrais pas me lancer ici dans les méandres du droit international. Du point de vue de l'histoire et de la pensée politique, je me sens assez proche de la thèse de Buchanan: «*The claim that English Canada, which forcibly annexed Quebec in an imperial war of naked conquest, lacks valid title to Quebec is much more plausible than the contention that the Quebecois have valid title to all of it*[49].»
L'absence de consentement du Québec laisse planer des doutes très sérieux quant à la légitimité de la réforme de

1982 et des institutions fédérales au Québec. Sans être une condition suffisante, cela représente néanmoins une carte très importante dans l'argumentation prosécessionniste. Je vois dans le besoin de protéger l'intégrité d'une culture le deuxième motif amenant le Québec à vouloir quitter la fédération. En théorie, un système fédéral est tout à fait compatible avec l'objectif de protection et de promotion de la culture québécoise. En pratique, le Québec éprouve toutes les difficultés du monde à obtenir ou conserver les outils législatifs et institutionnels lui permettant de réaliser cet objectif. Comme on l'a vu, le Canada s'est doté en 1982 d'une Charte des droits qui visait intentionnellement les lois linguistiques québécoises. En 1990, l'accord du lac Meech, qui donnait au gouvernement et à l'Assemblée nationale des obligations de protection et de promotion d'une société distincte au Québec, a été rejeté. Même si la Charte tente d'équilibrer entre droits individuels et collectifs, le rejet de la clause de la société distincte signifie que dans la culture politique canadienne-anglaise, le libéralisme monochrome et symétrique, celui qu'encouragent Bercuson et Cooper, est en train de s'imposer. Charles Taylor interprète de la façon suivante le dérapage de l'accord du lac Meech: «*And Quebec saw that the move to give the Charter precedence imposed a form of liberal society that is alien, and to which Quebec could never accommodate itself without surrendering its identity*[50].»

Pour que la protection culturelle puisse servir de justification à une entreprise sécessionniste, Buchanan croit que cinq conditions doivent être remplies[51]. Je les reprends en ordre inverse de leur présentation. D'abord, le statut du territoire doit être clair. Sur cette question, vu l'ambiguïté du droit international et de la pensée politique, le Québec ne pourra pas faire l'économie de négociations politiques avec les peuples autochtones. Il faut aussi que l'indépendance ne mène pas à l'édification d'un État qui bafoue les principes libéraux, sur la base d'une culture qui ne respecterait pas les normes fondamentales de justice. D'après Buchanan, le Québec est en terrain solide à propos de ces deux conditions. Il faut aussi que l'on ait épuisé les mécanismes normaux à l'intérieur du régime dont on veut faire sécession. Pendant combien de décennies la société québécoise devra-t-elle consacrer le meilleur d'elle-même au renouvellement du fédéralisme pour satisfaire cette condition? Enfin, il faut que la culture en question soit vraiment en péril. Une telle situation de fragilité peut se démontrer par toutes sortes d'indicateurs empiriques. D'une certaine façon, la langue française et la culture québécoise seront toujours vulnérables en Amérique. J'en resterai dans ce texte à la dimension idéologique de l'affaire. Au Canada anglais, dans la Charte et dans l'opinion publique, plusieurs idéologies s'affrontent, plusieurs conceptions de l'État et de la citoyenneté. Selon Andrew Stark, elles se rejoignent toutes dans leur refus d'admettre de façon symbolique et substantielle la spécificité de la communauté québécoise: «*Each of these conceptions works, respectively, to transcend, thwart, deny, or diminish the distinctiveness of Quebecers within Canada[52].*»

Le projet d'édification d'une seule et unique nation canadienne met en péril le projet de promotion d'une identité et d'une culture distinctes au Québec. La Charte s'emploie à «déterritorialiser» les identités «locales» et «régionales» au profit de la communauté nationale canadienne et des institutions centrales. Si j'ai raison dans mon interprétation, et si le Canada s'apprête à s'effondrer du fait de son incapacité à reconnaître le pluralisme national, le Québec devrait en tirer une leçon capitale.

Si le Québec se lançait sur la voie de la sécession pour imposer à tous ses citoyens un même ensemble de valeurs fondamentales — selon la logique de Trudeau — ou encore pour faire triompher des conceptions «monochromes» de l'identité et de l'appartenance communautaires, il referait les mêmes erreurs que ce Canada qui a substitué un projet nationaliste au fédéralisme complexe en 1982. Outre les motifs déjà invoqués, le Québec devrait se réclamer de l'approfondissement de la diversité dans sa rhétorique sécessionniste. La société distincte québécoise devrait se montrer plus forte et plus généreuse que le Canada de 1982 et la Charte des droits et libertés dans son acceptation de la diversité authentique, en reconnaissant le pluralisme national sur son territoire. La constitution du Québec et les institutions parlementaires devraient refléter ce pluralisme, l'existence de communautés nationales francophones, anglophones et autochtones.

L'illégitimité de la Constitution de 1982 et de la Charte des droits et libertés, la nécessité de mettre fin au travail corrosif du nationalisme canadien pour promouvoir une société et une culture distinctes au Québec, de même que le désir d'approfondir la diversité, forment lorsqu'on les regroupe une combinaison gagnante pour justifier la sécession du Québec tout en respectant l'éthique libérale. Est-ce que les choses se passeront ainsi? Je suis loin d'en être convaincu. Je pense toutefois que le Canada, tant qu'il voudra s'appuyer sur la réforme de 1982 et sur la Charte des droits et libertés, ne connaîtra pas la paix politico-constitutionnelle.

Notes

1. Nicolas Machiavel, *Discours sur la première décade de Tite-Live*, Paris, Flammarion, 1985, Livre premier, chap. 25, p. 89.

2. David Bercuson et Barry Cooper, *Goodbye... et bonne chance! Les adieux du Canada anglais au Québec*, Montréal, Le Jour éditeur, 1991, p. 22.

3. *Ibid.*, p. 30.

4. *Ibid.*, p. 122.

5. *Ibid.*, p. 26.

6. David Elkins, «Facing our Destiny: Rights and Canadian distinctiveness», *Revue canadienne de science politique*, vol. XXII, n°4, 1989, p. 709; Will Kymlicka, *Liberalism, Community, Culture*, Oxford, Clarendon Press, 1989, p. 151; Andrew Stark, «English-Canadian Opposition to Quebec Nationalism», dans R. Kent Weaver (dir.), *The Collapse of Canada?*, Washington, The Brookings Institution, 1992, p. 150.

7. Bercuson et Cooper, *op. cit.*, p. 122.

8. Alan Cairns, *Charter versus Federalism: The Dilemmas of Constitutional Reform*, Montréal et Kingston, McGill-Queen's University Press, 1992, p. 121 et 119.

9. F. L. Morton, «The Political Impact of the Canadian Charter of Rights and Freedoms», *Revue canadienne de science politique*, vol. XX, n° 1, 1987, p. 44.

10. Peter Russell, Rainer Knopff et F. L. Morton, *Federalism and the Charter*, Ottawa, Carleton University Press, 1990, p. 11.

11. R. R. Knopff et F. L. Morton, *Charter Politics*, Scarborough, Nelson Canada, 1992, p. 66-67.

12. Pour une analyse plus approfondie sur ce thème, voir Katherine Swinton, *The Supreme Court and Canadian Federalism: the Laskin-Dickson Years*, Toronto, Carswell, 1990, p. 340-341. Voir aussi Rainer Knopff et F. L. Morton, «Nation-Building and the Canadian Charter of Rights and Freedoms», dans Alan Cairns et Cynthia Williams, *Constitutionalism, Citizenship and Society in Canada*, Toronto, University of Toronto Press, 1985, p. 170-171.

13. Voir Patrick Monahan, *Politics and the Constitution: The Charter, Federalism and the Supreme Court of Canada*, Toronto, Carswell/Methuen, 1987, p. 252. Lesdits critères sont présentés et analysés par Alain Baccigalupo, «Le système politique canadien depuis l'avènement de la Charte: démocratie ou juriscratie?», dans Louis Balthazar, Guy Laforest et Vincent Lemieux, *Le Québec et la restructuration du Canada 1980-1982 : enjeux et perspectives*, Sillery, Les Éditions du Septentrion, 1991, p. 134.

14. Alan Cairns, «Constitutional Change and the Three Equalities», dans Ronald L. Watts et Douglas M. Brown, *Options for a New Canada*, Toronto, University of Toronto Press, 1991, p. 81.

15. Alan Cairns, «The Charter, Interest Groups, Executive Federalism, and Constitutional Reform», dans D. E. Smith *et al.* (dir.), *After Meech Lake. Lessons for the Future*, Saskatoon, Fifth House, 1991, p. 23.

16. Alan Cairns, «Constitutional Minoritarianism in Canada», dans Ronald L. Watts et Douglas M. Brown, *Canada: the State of the Federation 1990*, Kingston, Institute of Intergovernmental Relations, 1990, p. 86-88.

17. Alan Cairns, «Political Science, Ethnicity and the Canadian Constitution», dans David P. Shugarman et Reg Whittaker, *Federalism and Political Community*, Peterborough, Broadview Press, 1989, p. 127.

18. *L'avenir politique et constitutionnel du Québec*, rapport de la Commission sur l'avenir politique et constitutionnel du Québec, Québec, Éditeur officiel du Québec, 1991, p. 43.

19. Pierre Elliott Trudeau et Donald Johnston, *Lac Meech, Trudeau parle*, textes réunis et présentés par Donald Johnston, Montréal, Hurtubise HMH, 1989, p. 41.

20. *Bâtir ensemble l'avenir du Canada*, propositions constitutionnelles du gouvernement du Canada, Ottawa, Approvisionnements et Services Canada, 1991, p. 1.

21. *Ibid.*, p. 2.

22. Guy Laforest, *Trudeau et la fin d'un rêve canadien*, Sillery, Les Éditions du Septentrion, 1992.

23. *Bâtir ensemble l'avenir du Canada, op. cit.*, p. 10.

24. *Un Canada renouvelé*, rapport du Comité mixte spécial du Sénat et de la Chambre des communes, Ottawa, Approvisionnements et Services Canada, 1992, p. 22. Je souligne.

25. Voir Simon Langlois, «Le choc de deux sociétés globales», dans Louis Balthazar, Guy Laforest et Vincent Lemieux, *op. cit.*

26. *Bâtir ensemble l'avenir du Canada, op. cit.*, p. 36.

27. *L'identité canadienne : des valeurs communes*, Annexe aux propositions fédérales de septembre 1991, Ottawa, Approvisionnements et Services Canada, 1991, p. 2.

28. *Un Canada renouvelé, op. cit.*, p. 9.

29. *Ibid.*, p. 20.

30. *Ibid.*, p. 22.

31. Pierre Elliott Trudeau, «Des valeurs d'une société juste», dans Thomas Axworthy et Pierre Elliott Trudeau, *Les années Trudeau. La recherche d'une société juste*, Montréal, Le Jour, éditeur, 1990, p. 386.

32. *Un Canada renouvelé, op. cit.*, p. 24.

33. *Ibid.*, p. 77.

34. *Ibid.*, p. 80.

35. *Ibid.*, p. 84.

36. *Ibid.*, p. 98.

37. Voir, par exemple, E. J. Hobsbawm, *Nations and Nationalism since 1780*, Cambridge, Cambridge University Press, 1990, p. 119 et 161. Voir aussi Kent Weaver (dir.), *op. cit.*

38. Allen Buchanan, *Secession. The Morality of Political Divorce from Fort Sumter to Lithuania and Quebec*, Boulder (Colorado), Westview Press, p. 61 et 83.

39. *Ibid.*, p. 161.

40. *Ibid.*, p. 6-7.

41. *Ibid.*, p. 74.

42. *Ibid.*, p. 79.

43. *Ibid.*, p. 74.

44. *Ibid.*, p. 10.

45. *Ibid.*, p. 77. Locke, comme on le verra dans un moment, allait plus loin que cela.

46. *Ibid.*, p. 38.

47. Kenneth McRoberts, «Dans l'œil du castor», *Possibles,* vol. XVI, n° 2, 1992, p. 40.

48. Buchanan, *op. cit.*, p. 72.

49. *Ibid.*, p. 111.

50. Charles Taylor, «Shared and Divergent Values», dans Ronald Watts et Douglas M. Brown, *Options for a New Canada,* Toronto, University of Toronto Press, 1991, p. 71.

51. Buchanan, *op. cit.*, p. 61.

52. Stark, *op. cit.*, p. 157.

LOUIS BALTHAZAR

L'émancipation internationale d'un État fédéré (1960-1990)

En 1960, le Québec n'était représenté à l'extérieur du Canada que par un modeste bureau à New York. En 1990, le Québec était présent sur les cinq continents par le biais d'une trentaine de missions[1]. Ces trente années ont donc marqué un accroissement spectaculaire des relations extérieures du Québec. Une véritable politique extérieure du Québec a été conçue, élaborée et mise en œuvre au cours de cette période.

Il semble bien que l'action internationale se soit située «au centre du processus global de modernisation[2]» que constituait la Révolution tranquille. Comment, en effet, la modernisation du Québec aurait-elle pu se poursuivre sans une ouverture nouvelle et délibérée à la réalité internationale? Dans la mesure où cette ouverture s'est traduite en politiques, il importe de nous interroger sur le fondement de ces politiques, d'en examiner le déroulement au cours de chacune des trois décennies et d'en dresser un bilan.

Le fondement de la politique extérieure

Notons d'abord que le Québec avait établi des relations avec l'extérieur bien avant la Révolution tranquille.

De 1816 à 1833, il existait une agence du Bas-Canada à Londres. En 1881, à la suite d'un voyage du premier ministre Adolphe Chapleau en France, un agent général du Québec est nommé à Paris. Hector Fabre représente le Québec, avant même d'être délégué par le gouvernement canadien, jusqu'en 1910. Des missions ont été également ouvertes au Royaume-Uni et en Belgique et le bureau économique de New York a été créé en 1941. Plusieurs premiers ministres ont visité, à titre officiel, la France et d'autres pays. Outre Chapleau, mentionnons Mercier, Gouin et Taschereau.

Mais tout cela est bien peu de choses en comparaison de ce qui allait surgir au moment de la Révolution tranquille. En dépit de ces quelques ouvertures, le Québec demeurait plutôt fermé à la réalité internationale. Le régime Duplessis surtout (1936-1939, 1944-1959) était marqué par une absence totale de politique extérieure.

Il est intéressant de noter que même le programme du Parti libéral de 1960, conçu sous le slogan «C'est le temps que ça change», ne contenait presque rien en matière de relations internationales sinon la création d'un département du Canada français d'outre-frontières au sein d'un éventuel ministère des Affaires culturelles.

Pourquoi donc les relations internationales devaient-elles devenir un champ important d'activité pour le gouvernement provincial du Québec? Pourquoi allait-on créer, de toutes pièces, une politique extérieure du Québec?

On peut relever, entre autres, quatre facteurs qui ont largement contribué à l'éclosion d'une telle politique: 1) une orientation nouvelle de l'État provincial et un nouveau rôle assigné à cet État; 2) la relative faiblesse de la politique étrangère canadienne, ses lacunes et son statut juridique imprécis; 3) un contexte international particulièrement favorable à l'action du Québec; 4) enfin, une volonté toute particulière, de la part de la France, d'accueillir le Québec comme un véritable acteur international.

L'État du Québec

Avec la Révolution tranquille, le gouvernement de la province de Québec allait se découvrir une nouvelle mission.

On pourrait même dire qu'un État nouveau a été créé. Dans la foulée des grandes réformes administratives, sociales, économiques et culturelles, l'État-Providence québécois est apparu et son interventionnisme devait recevoir une justification particulière. Le gouvernement québécois se définirait désormais, selon les paroles du premier ministre Jean Lesage, comme «l'expression politique du Canada français» ou, pour reprendre une formule déjà employée par des nationalistes comme André Laurendeau mais peu répandue avant la Révolution tranquille, comme l'*État national des Canadiens français*.

Plus que jamais, le Québec affirmait sa spécificité et le gouvernement du Québec se considérait comme assigné à une mission toute particulière, celle de veiller à l'épanouissement d'une culture française en Amérique du Nord. Cette prétention correspondait à une prise de conscience nouvelle que désormais, en raison des nécessités de la modernisation, il devenait impossible de bâtir une véritable société francophone en Amérique du Nord hors du territoire québécois et des régions limitrophes. Nulle part ailleurs n'existait la masse critique permettant le développement d'une telle société.

L'État du Québec se définissait donc comme un État national. En conséquence, comme tout État national, il allait se donner une politique extérieure lui permettant d'établir des relations avec les autres nations du monde.

Sans doute, cette prise de conscience ne s'est-elle manifestée qu'après une période de balbutiements, de tâtonnements, d'entreprises partielles et limitées pour répondre à des besoins particuliers. Mais, qu'on en fût conscient ou non, c'est bien cette volonté d'agir comme un État national qui a entraîné le Québec à devenir un acteur international. Voilà pourquoi d'ailleurs les relations avec la France et la francophonie ont constitué non seulement une première étape mais une véritable porte d'entrée dans le système international pour cet État national des Canadiens français. Le Québec ne peut vraiment affirmer sa spécificité, à l'âge de la modernité, sans référence à la grande communauté internationale francophone.

Un État fédéral en mal de croissance

On pouvait d'autant plus parler d'une nation canadienne-française au Canada que ce pays avait longtemps associé son identité au refus de constituer une véritable nation. Le Canada moderne doit son existence à la fidélité d'une population à l'empire britannique. Même au moment où Westminster conférait l'autodétermination à sa colonie par l'AANB de 1867, la Grande-Bretagne se réservait le droit de gérer sa politique étrangère. Ce droit fut exercé de moins en moins souvent à mesure que croissait le Canada et qu'il prenait des responsabilités. Mais il fallut attendre le statut de Westminster de 1931 pour que le Canada se voie attribuer l'entière souveraineté en matière de relations internationales.

Le Canada est une fédération régie par une constitution qui instaure le partage des pouvoirs. Or aucun texte juridique n'attribuait l'autorité au gouvernement central quant à la politique étrangère. Sans doute, le sens commun et la pratique des autres États fédérés conférait une sorte de compétence naturelle au gouvernement central et cette compétence fut rarement mise en doute avant les années soixante. D'ailleurs, même le Québec n'a jamais songé à contester l'autorité du gouvernement central sur les grandes questions de politique internationale, de défense et sur tous les domaines déjà définis par la Constitution. Par contre, dans les champs de compétences provinciales, comme l'éducation, il n'était pas évident que le gouvernement d'Ottawa puisse être considéré comme seul porte-parole dans les cas où ces domaines devenaient l'objet d'échanges et d'ententes internationaux.

Il faut dire de plus que la politique étrangère du Canada, quoique encore relativement jeune, était en croissance rapide et spectaculaire, en raison de la faiblesse des puissances européennes épuisées par la Seconde Guerre mondiale. Le personnel du ministère des Affaires extérieures d'Ottawa était encore sous l'effet de la griserie engendrée par des responsabilités nouvelles et l'accès du Canada au rang de puissance moyenne. On se tirait assez bien d'affaires dans les circonstances, et cela engendrait une grande fierté mais peut-être en même temps une certaine insécurité propre à ce type de croissance. Ce personnel était en grande majorité anglophone pour des raisons historiques dont certaines étaient reliées à l'absence d'intérêt des élites canadiennes-françaises pour la politique étrangère, d'autres relevant de la volonté des leaders du Canada anglais de garder la mainmise sur tous les dossiers importants. Malgré tout, quelques francophones s'étaient frayé un chemin aux Affaires extérieures et, de plus en plus, accédaient à des responsabilités importantes.

Ce phénomène a produit deux effets contraires. D'abord, une prise de conscience nouvelle, au moment de la Révolution tranquille, de la «minorisation» des francophones à Ottawa, notamment au sein de la diplomatie canadienne. Le fait que quelques francophones aient été engagés dans certains dossiers de politique étrangère et leur présence en quelques postes importants à l'étranger ne les faisaient qu'apparaître plus minoritaires et, somme toute, impuissants. On pourrait appeler ce phénomène «l'effet Chapdelaine» du nom du diplomate Jean Chapdelaine qui se mit au service du Québec à compter de 1965.

L'autre effet, c'est la réaction de ces francophones qui ont voulu demeurer à Ottawa pour recueillir les fruits de leur lutte et continuer le combat pour une présence francophone accrue au ministère des Affaires extérieures. Ceux-là ont été particulièrement outrés des progrès d'une politique internationale québécoise qui devait, pour ainsi dire, leur couper l'herbe sous le pied après tant d'efforts de leur part. Ils adoptèrent une attitude ombrageuse, inquiète et tatillonne face à toute prétention du Québec à jouer un rôle sur la scène internationale. Une personne qui a incarné, plus que toute autre, ce comportement, c'est Marcel Cadieux, qui était devenu le premier Canadien français à atteindre le sommet de la pyramide des Affaires extérieures. Il fut sous-secrétaire d'État durant une période critique, de 1964 à 1970. On pourrait donc parler de «l'effet Cadieux».

Dans ces circonstances, l'affrontement était inévitable entre Québec et Ottawa. Il put même prendre des proportions excessives en raison des enjeux en présence qui souvent avaient peu à voir avec la substance des problèmes.

Donc, un vide juridique, un État fédéral vulnérable n'ont pu qu'encourager le gouvernement québécois à aller de l'avant et à s'engager sur la scène internationale.

Un contexte favorable

Le Québec fut encore stimulé par un nouveau contexte international. Mentionnons d'abord le grand mouvement de décolonisation qui fit apparaître nombre d'États nouveaux, dont plusieurs se manifestaient dans la langue française et dont la faiblesse faisait apparaître le Québec comme un acteur potentiel fort respectable. Ce mouvement a surtout donné de l'aile aux indépendantistes, mais il a aussi contribué à donner de l'audace à ceux qui ne recherchaient qu'une affirmation québécoise limitée mais réelle sur la scène internationale.

Beaucoup plus important fut le mouvement de redéfinition et d'élargissement des enjeux internationaux qui se produisit graduellement dans les années qui suivirent la Seconde Guerre mondiale. L'État souverain traditionnel, jadis seul véritable interlocuteur international, apparaissait de plus en plus poreux. Les communications internationales allaient s'établir à des niveaux autres que ceux des gouvernements. On se mit à parler de «relations transnationales» pour désigner ce type d'échanges nouveaux. En conséquence, la distinction entre politique étrangère et politique intérieure devenait plutôt ténue puisque la plupart des politiques internes étaient susceptibles de connaître une extension internationale. Comme l'écrit Claude Morin, cela devait affecter particulièrement une fédération comme le Canada:

> Les relations internationales glissèrent graduellement vers des secteurs relevant des provinces. Les pays souverains signaient des accords sur l'éducation, la santé, les richesses naturelles, l'emploi, les conditions de travail, la culture, la formation professionnelle, l'environnement, la famille et bien d'autres choses encore[3].

Or rien dans la Constitution canadienne n'assurait que le gouvernement fédéral était autorisé à conclure et à signer des accords internationaux sur ces sujets, comme on l'a vu plus haut. Le Québec, en revanche, jaloux de ses compétences, était tout naturellement entraîné à les étendre sur le plan international selon les nécessités de l'interdépendance croissante.

L'attitude québécoise prit bientôt une allure plutôt nationaliste et les revendications du Québec ont été rattachées, non sans raison, au dynamisme de l'autodétermination. Mais il est important de noter que ce phénomène de l'apparition d'acteurs internationaux non souverains n'est pas limité, il s'en faut, au nationalisme. Il s'est manifesté surtout en raison de l'extension internationale de compétences internes. Le Québec n'est qu'une manifestation plus spectaculaire d'un phénomène fort répandu. Des provinces canadiennes, des États américains et d'autres composantes d'États fédérés ont ainsi joué un rôle international sans faire valoir, le plus souvent, une prétention nationaliste.

Rôle de la France

Enfin, s'il eût été possible pour le Québec de revendiquer l'extension de ses compétences internes au champ international sans que cela soit associé à des aspirations nationales et sans que le gouvernement fédéral s'y oppose, la France se serait tout de même chargée de donner un sens particulier aux positions québécoises.

Il s'est trouvé, en effet, que non seulement Paris a bien accueilli les démarches québécoises dans sa direction mais aussi, assez souvent, que l'initiative est venue de la France et que Québec fut invité par elle à prendre des positions plus audacieuses qu'il n'y aurait songé lui-même.

Quand on parle de la France, il s'agit, d'abord et avant tout, du président Charles de Gaulle qui a dominé, de toute sa stature et de son autorité, la politique française à l'époque où le Québec entrait en scène. Le général de Gaulle a été appelé à présider aux destinées de la France en 1958 et demeura en fonction jusqu'en 1969.

Il semble bien que, dès l'été 1960, le général de Gaulle était déjà persuadé de l'importance d'établir des relations avec le Québec. C'est ce qui ressort des paroles d'André

Malraux, alors ministre français des Affaires culturelles, à Georges-Émile Lapalme, membre du cabinet québécois, en septembre 1960: «À son retour de Québec [...] le Général m'a dit: "Il y a, me semble-t-il, un énorme potentiel français au Québec. Veuillez vous en occuper[4]."»

Trois ans plus tard, de Gaulle avait acquis la conviction, selon son expression, que le Canada français devait nécessairement devenir un État souverain et que l'action de la France devait s'orienter dans cette perspective[5].

C'est encore l'ambassadeur de France au Canada, Raymond Bousquet, qui abordait le ministre Paul Gérin-Lajoie, quelques jours à peine après la création du ministère de l'Éducation dont ce dernier devenait le premier titulaire, pour proposer un accord franco-québécois.

C'est le général de Gaulle qui, après avoir reçu les premiers ministres Lesage et Johnson comme des chefs d'État, débarque solennellement au Québec pour lancer un message d'émancipation et crier «Vive le Québec libre» du balcon de l'hôtel de ville de Montréal, le 24 juillet 1967.

C'est toujours la France qui a cuisiné l'invitation du Québec, à l'exclusion du Canada, à une conférence internationale sur l'éducation, au Gabon, en 1968. C'est sûrement aussi grâce à la France que le Québec est devenu gouvernement participant à l'Agence de coopération culturelle et technique, créée en 1971, et aux sommets de la francophonie inaugurés en 1986.

Non pas que les relations internationales du Québec se soient jamais limitées à la France, comme on le verra plus loin. Mais c'est d'abord la France qui reconnut le Québec comme acteur international et, de ce fait, lui conféra un certain statut diplomatique. Sans aucun doute, cette reconnaissance contribua à donner au Québec une nouvelle assurance qui lui permit de se manifester ailleurs dans le monde.

Repassons maintenant les événements majeurs qui ont marqué l'élaboration et le développement de la politique extérieure du Québec.

Le déroulement des événements

La décennie 1960

Il est possible de découper assez nettement l'histoire de trente années de relations internationales du Québec en trois périodes de dix ans puisque le début de chaque décennie est marqué par un événement majeur: l'arrivée d'un nouveau gouvernement réformiste en 1960, un changement de gouvernement qui signalait une nouvelle orientation en 1970 et le référendum de 1980 qui allait aussi ouvrir une nouvelle époque.

La décennie de la Révolution tranquille fut celle de la «relance des relations internationales du Québec», pour employer l'expression utilisée dans l'énoncé de politique du ministère des Relations internationales de 1985[6]. En fait, les liens formels du Québec avec l'extérieur avaient été si minimes dans le passé qu'on peut vraiment parler de la «création» des relations internationales modernes du Québec.

Tout a commencé, comme il se devait, par les relations avec la France mais, presque en même temps, ces relations ont été accompagnées d'autres percées en Europe et aux États-Unis. En 1965, le Québec s'affirme nettement comme un acteur international. Cette affirmation fut accompagnée et suivie d'affrontements avec le gouvernement fédéral qui ont culminé en 1968 pour se résorber quelque peu par la suite, sans que disparaissent vraiment les tensions.

La maison de Paris

C'est le gouvernement Lesage, porté au pouvoir en juin 1960, qui a ouvert la délégation du Québec à Paris en 1961. Mais il est intéressant de noter que le projet avait déjà été conçu, plutôt vaguement il faut le dire, par le très conservateur premier ministre Maurice Duplessis et par l'ambassadeur du Canada à Paris jusqu'en 1958, Jean Désy. Ce dernier rêvait de devenir délégué du Québec en France pour «montrer, à l'étranger, sans être tenus de le maquiller, notre visage originel[7]». Mais, fidèle à sa prudence, Duplessis se désista finalement et se contenta d'envoyer un chèque de six mille dollars à Jean Désy. Malgré tout, le projet n'était pas mort puisqu'il réapparaît dans un discours électoral du second successeur de Duplessis, Antonio Barrette, en juin 1960[8]. Ce dernier s'engage à ouvrir des bureaux du Québec à Paris et à Londres. Chose étrange, le Parti libéral, qui devait gagner l'élection du 22 juin 1960, ne renchérit pas sur le moment. Au cours de l'été toutefois, la presse spécule déjà sur ce sujet.

C'est au cours de la visite de Georges-Émile Lapalme, dont il a été question plus haut, que tout va démarrer. Lapalme était alors ministre de la Justice dans le nouveau gouvernement, mais il était promis au poste de ministre des Affaires culturelles dès que ce ministère serait créé. Son voyage à Paris était avant tout personnel et touristique, mais il entendait profiter de son séjour pour examiner les possibilités d'établir des liens culturels avec la France. Il obtint une entrevue avec André Malraux beaucoup plus facilement qu'il ne l'aurait cru, et c'est alors que se manifeste l'accueil sans équivoque du gouvernement français.

Le gouvernement fédéral, par l'intermédiaire de l'ambassadeur Pierre Dupuy, accorde son appui entier au projet. Le premier délégué du Québec est Charles Lussier, qui dirigeait la Maison canadienne à la cité universitaire de Paris. Mais déjà Ottawa veillait au grain. Marcel Cadieux, alors sous-secrétaire adjoint, se vit confier la tâche d'établir des balises à l'action du Québec et l'ambassadeur Dupuy déclarait à Lussier: «Vous êtes sous ma coupe[9].»

La délégation fut inaugurée en grande pompe, le 5 octobre 1961, par le premier ministre Lesage lui-même, en présence du ministre français de la culture, André Malraux. Lesage fut accueilli avec les honneurs habituellement réservés à un chef d'État. Il fut tout de même soucieux de rappeler à ses hôtes que l'État du Québec demeurait une composante de la fédération canadienne et qu'il entendait respecter l'autorité d'Ottawa en matière de politique étrangère.

Autres relations

Sans doute pour équilibrer la relation avec la France qui promettait de s'intensifier rapidement et peut-être aussi pour se défendre d'une possibilité de néo-colonialisme français, d'autres relations furent établies à peu près au même moment.

Au cours du même voyage dont l'objet était l'ouverture officielle de la délégation de Paris, le premier ministre Lesage s'arrêta à Londres, à Milan et à Rome. Il fut reçu en audience au Vatican par le pape. À Londres, il eut un entretient avec l'agent général du Québec, qui avait été nommé presque en même temps que le délégué à Paris. À Milan, il jeta les bases d'un futur bureau de nature commerciale.

La délégation générale de Londres fut ouverte en 1962, le bureau de Milan en 1965. Ce bureau est devenu par la suite une délégation. En février 1962, Jean Lesage se rendit à New York, soucieux de renforcer les liens de son gouvernement avec les milieux financiers de la métropole américaine. Le bureau de New York fut transformé en délégation générale. Les voyages des premiers ministres québécois aux États-Unis sont devenus très fréquents par la suite.

Dès le début des années soixante apparaît donc l'embryon d'un réseau de relations internationales du Québec. Un ministère des Relations fédérales-provinciales, dont le premier ministre demeura longtemps le titulaire, fut créé en 1963 en vue de l'élaboration d'une politique extérieure.

L'année 1965

En 1965, les deux premières ententes internationales qui ont établi dans les faits le statut diplomatique du Québec furent signées. Au cours de la même année, le Québec s'est aussi donné une doctrine pour appuyer ses interventions.

Comme on l'a mentionné, au mois de juin 1964, l'ambassadeur Raymond Bousquet avait présenté au ministre de l'Éducation Paul Gérin-Lajoie l'ébauche d'un accord franco-québécois d'échanges et de coopération dans le domaine de l'éducation. Il proposait aussi la création d'une commission permanente de coopération franco-québécoise[10]. Gérin-Lajoie en avait informé le ministre canadien des Affaires extérieures, Paul Martin, qui n'avait pas soulevé d'objection. Mais Ottawa n'en resta pas là et mit tout en œuvre par la suite pour minimiser la portée de l'accord.

Mentionnons aussi qu'à l'automne de 1964, Québec s'était vu conférer par Paris un véritable statut diplomatique. L'arrivée d'un homme qui avait été ambassadeur du Canada au Brésil, en Suède et au Caire au poste de délégué général du Québec devait rehausser encore le prestige diplomatique de la représentation québécoise. Les Français donnant toujours le titre d'ambassadeur à une personne qui a déjà occupé cette fonction, Jean Chapdelaine, délégué général du Québec à compter du 1er janvier 1965, était appelé Monsieur l'ambassadeur.

L'accord en matière d'éducation fut signé le 27 février 1965. Il prit le non d'*entente* pour rassurer les hauts fonctionnaires canadiens qui s'alarmaient de ce que le Québec signe, de sa propre initiative, quelque chose qui ressemblait à un traité. On réussit à coiffer le tout d'un échange de lettres entre le ministère des Affaires extérieures du Canada et l'ambassade de France à Ottawa. Mais, en fait, Québec était bel et bien entré dans l'univers de la diplomatie. Il avait signé sa première véritable entente internationale.

Une autre entente fut conclue et signée, en novembre de la même année, en matière d'échanges culturels. Cette fois, Ottawa avait prévu le coup et avait réussi à signer avec Paris, une semaine avant l'entente franco-québécoise, un accord cadre englobant toute entente culturelle entre la France et une province canadienne.

De toute évidence, l'atmosphère était tendue entre Ottawa et Québec et un débat de principes était engagé. Québec avait-il oui ou non le droit de signer des traités? Oui, dans les domaines de sa compétence, prétendait-on à Québec. Non, répondait Ottawa, puisque seul le gouvernement central était reconnu comme détenteur de souveraineté et personnalité internationale.

C'est le ministre Gérin-Lajoie qui exposa le plus clairement et de façon officielle la doctrine québécoise, dans un discours devant le corps consulaire de Montréal, le 12 avril 1965. Selon cette doctrine, les prolongements externes des compétences d'une province canadienne relevaient du gouvernement de cette province autant que ses aspects internes. Le gouvernement chargé d'élaborer et de mettre en œuvre une entente internationale se devait donc de conclure et de signer lui-même cette entente:

> Il n'y a, déclarait Gérin-Lajoie, [...] aucune raison que le fait d'appliquer une convention internationale soit dissocié du droit de conclure cette convention. Il s'agit de deux étapes essentielles d'une opération unique. Il n'est plus admissible, non plus, que l'État fédéral puisse exercer une sorte de surveillance et de contrôle d'opportunité sur les relations internationales du Québec[11].

Ce discours eut pour effet de déclencher une réaction rapide d'Ottawa. La dernière phrase citée plus haut était particulièrement inadmissible pour les responsables de la politique extérieure du Canada. Selon eux, bien qu'une province puisse être en droit d'administrer une entente et d'être associée à son élaboration, seul le gouvernement central était juridiquement doté de la capacité de signer un accord international. Le ministre des Affaires extérieures fit une déclaration:

> Le Canada ne possède qu'une seule personnalité internationale au sein de la communauté des nations. Il n'y a aucun doute que seul le gouvernement canadien a le pouvoir ou le droit de conclure des traités avec d'autres pays [...][12].

Inutile de dire que la question n'a pas été vraiment tranchée en 1965. Même si le débat s'est grandement apaisé à la suite de compromis, de *modus vivendi*, la question de principe n'est pas encore résolue. Dans les années qui suivirent 1965, les tensions s'accrurent considérablement entre Québec et Ottawa.

Tensions croissantes et guerre de drapeaux

En 1967, le général de Gaulle venait au Québec et faisait connaître ses véritables couleurs quant au statut qu'il souhaitait pour le Québec. Cette visite, quoi qu'on en dise et quel que soit le bien-fondé de la célèbre déclaration du président français, fut un moment historique pour le Québec.

Pour la première fois, et tout probablement la seule, dans l'histoire du Québec, province canadienne, un grand chef d'État s'adressait à la nation québécoise comme telle et faisait du Québec l'objet essentiel de sa visite. En raison de la réaction d'Ottawa, il s'est trouvé aussi que de Gaulle aura visité le Québec sans mettre les pieds à Ottawa. Cet événement aura eu pour effet de placer le Québec sur la carte du monde. Même si la presque totalité des médias internationaux ont blâmé l'attitude de De Gaulle, l'image du Québec n'en a pas été ternie pour autant.

Dans la foulée de cet événement symbolique, Québec parvient à se faire inviter à une conférence internationale des ministres de l'Éducation des pays francophones au Gabon. À l'instigation de la France, l'invitation est adressée au Québec sans passer par Ottawa. Dans la capitale canadienne, déjà passablement bouleversée par le cri du général de Gaulle, c'est la panique au ministère des Affaires extérieures. Ottawa réagit en suspendant les relations diplomatiques avec le Gabon. Ce dernier pays se rendra bientôt aux exigences canadiennes devant l'éventualité d'une aide généreuse provenant du Canada. Aux conférences suivantes, Ottawa veillera à ce que la délégation canadienne encadre bien le Québec, les provinces de l'Ontario et du Nouveau-Brunswick étant également représentées.

Il faut dire qu'au début de 1969, alors qu'avait lieu la seconde conférence sur l'éducation à Kinshasa (Zaïre) et une autre à Niamey (Niger), dont il sera question plus loin, la position du Québec s'était affaiblie. En effet, les axes du triangle Paris-Ottawa-Québec étaient sensiblement modifiés à la suite d'événements importants. Au Canada, Pierre Elliott Trudeau devint premier ministre en juin 1968 avec le mandat implicite de mettre le Québec à sa place, c'est-à-dire d'atténuer le rôle politique du Québec (en tant que gouvernement) à l'intérieur de la Confédération et, en conséquence, à l'extérieur, en échange d'une meilleure représentation francophone à Ottawa et de l'établissement du bilinguisme officiel dans toutes les institutions fédérales. De plus, Trudeau entendait redéfinir la politique étrangère du Canada dans un sens plus «national», c'est-à-dire en fonction des intérêts spécifiques du Canada comme pays. Cela laissait très peu de place au rôle d'une province comme le Québec sur la scène internationale.

À Paris, au même moment, le pouvoir gaullien était durement secoué par les événements de mai 1968, et de Gaulle devait tôt ou tard se retirer, ce qu'il fit en mars 1969, à la suite des résultats d'un référendum contraires à ses vœux.

Au Québec, enfin, Daniel Johnson meurt subitement à la fin de septembre 1968. Son successeur, Jean-Jacques Bertrand, n'a pas la même stature et ses positions en matière de relations internationales sont beaucoup plus prudentes que celles de Johnson.

Malgré tout, le Québec poursuit sa lutte et réussit à obtenir, encore avec l'aide de la France (qui est maintenant acquise bien au-delà de la personnalité de De Gaulle), le statut de *gouvernement participant* dans une organisation internationale dont les visées sont beaucoup plus larges que le domaine de l'éducation.

C'est à Niamey, au cours de deux conférences, en février 1969 et en avril 1970, que fut mise sur pied l'Agence de coopération culturelle et technique, une organisation regroupant la majorité des pays d'expression française et visant à favoriser des échanges variés et multiples entre ces pays. Le Canada cherchera toujours à y constituer une seule participation et à encadrer complètement sinon à éliminer le gouvernement du Québec. Ce dernier parvient tout de même à s'assurer un statut qui lui permettra de parler et d'agir en son nom propre. Voici le texte de l'article de la charte de l'Agence qui lui assure ce droit:

> Dans le plein respect de la souveraineté et de la compétence internationale des États membres, tout gouvernement peut être admis comme gouvernement participant aux institutions, aux activités et aux programmes de l'Agence, sous réserve de l'approbation de l'État membre dont relève le territoire sur lequel le gouvernement participant concerné exerce son autorité

et selon les modalités convenues entre ce gouvernement et celui de l'État membre[13].

Il est vrai que ce statut est fragile et soumis aux «modalités convenues» avec Ottawa. Mais, en pratique, le Québec
devenait, au sein de l'Agence, un acteur aussi bien reconnu
que les «États membres» et ayant accès «aux institutions,
aux activités et aux programmes de l'Agence». Somme toute,
c'était un autre pas en avant pour le Québec.

LA DÉCENNIE 1970

La décennie 1970 en fut une, selon les termes de l'énoncé
gouvernemental de 1985, de consolidation et d'élargissement[14] de la politique extérieure du Québec.

L'administration Bourassa (1970-1976)

Avec l'arrivée de Robert Bourassa au pouvoir en avril
1970, on aurait pu croire que les relations internationales
du Québec seraient réduites en raison du caractère franchement fédéraliste du nouveau gouvernement et de sa volonté
de s'intéresser davantage aux dossiers économiques et à la
rationalisation de la gestion. Bourassa avait peu parlé de
relations extérieures dans sa campagne sinon pour décrier la
«guerre des drapeaux» à laquelle s'étaient livrés les gouvernements de l'Union nationale.

Mais les changements d'administration sont toujours
moins marqués qu'on ne les fait paraître. La politique extérieure du Québec était à ce point lancée que sa dynamique ne
pouvait être entravée. D'ailleurs, le gouvernement Bourassa
n'a voulu rien interrompre dans ce domaine. Bien au contraire, cette époque a donné lieu à une expansion assez
impressionnante des relations internationales du Québec,
probablement plus accentuée que celle de la période qui
suivit.

Bourassa demeure foncièrement persuadé de l'importance de la francophonie pour ce qu'il appellera la «sécurité
culturelle» du Québec. Il cherche à faire accepter son fédéralisme auprès des nationalistes québécois en se faisant le

champion de la «souveraineté culturelle» du Québec. À la deuxième conférence de l'Agence de coopération culturelle et technique, dont le Canada était le pays hôte et qui se déroula en deux temps, d'abord à Ottawa, puis à Québec, Robert Bourassa prononça l'allocution de clôture (Trudeau s'était adressé aux participants à l'ouverture) et parla en ces termes: «Comment pourrions-nous rester étrangers aux manifestations du monde culturel francophone sans renoncer à une partie importante de nous-mêmes[15]?»

Peu avant cette conférence, Québec et Ottawa étaient convenus des modalités de participation du Québec. Des modalités peut-être restrictives mais qui n'empêchaient pas le Québec de parler en son propre nom, même si ce devait être «au sein de la délégation canadienne».

Le gouvernement Lévesque jusqu'au référendum (1976-1980)

On pourrait être porté à penser que le gouvernement du Parti québécois, issu de l'élection du 15 novembre 1976, engagerait le Québec sur la voie des opérations de haute politique en vue de préparer la souveraineté. C'est bien plutôt le contraire qui se produisit. Le gouvernement de René Lévesque n'avait obtenu qu'un mandat pour gouverner le Québec dans le cadre de la Constitution canadienne. Dans la mesure où il voulait préparer le référendum sur la souveraineté-association, il cherchait bien plutôt à rassurer la population du Québec et la communauté internationale et à observer strictement la consigne de ne pas engager le Québec comme un État souverain avant d'en avoir obtenu le mandat au référendum.

La politique extérieure du Parti québécois fut donc caractérisée par une grande prudence et le souci de continuer la politique déjà enclenchée par ses prédécesseurs en se contentant d'innover dans des secteurs qui n'avaient rien à voir dans l'immédiat avec la souveraineté. Le gouvernement Lévesque a même procédé à des nominations à la direction de certaines délégations, en particulier aux États-Unis, de personnes qui étaient connues pour s'opposer à la souveraineté du Québec. Il faut dire aussi que cette prudence était presque nécessitée par l'attitude du gouvernement fédéral dont les agents redoublaient de surveillance sur toutes les opérations du Québec pour les entraver ou les dénoncer à la première occasion. Cette tension ne favorisait guère la liberté de mouvement de la politique extérieure du Québec.

Il est même établi, sur la base d'une étude empirique des énoncés d'objectifs des gouvernements du Québec, que les préoccupations relatives à la mobilité des ressortissants québécois à l'étranger, aux transferts technologiques et au commerce extérieur sont beaucoup plus accentuées sous le régime du PQ que sous celui du PLQ[16]. On pourrait dire, en fait, qu'on assiste, à la fin de la décennie 1970, à une sorte de maturation de la politique extérieure québécoise dans des dossiers plutôt techniques.

Cette période a été aussi marquée par l'«opération Amérique», une orientation nouvelle des efforts du côté des États-Unis en vue de faire contrepoids à un énorme système de désinformation sur le Québec orchestré à partir des sources médiatiques du Canada anglais.

Les relations avec la France n'en demeurent pas moins très étroites. La position française est devenue plus respectueuse de la souveraineté canadienne: «non-ingérence mais non-indifférence». Mais cela n'empêche pas le président Valéry Giscard d'Estaing de recevoir Lévesque comme un chef d'État à l'automne 1977 et de lui conférer les insignes de grand officier de la Légion d'honneur. De même, un projet de sommet des États francophones cher à Trudeau est écarté par la France aussi longtemps qu'il doit exclure le Québec.

Cette époque se caractérise donc par la continuité et la maturation dans une atmosphère de prudence.

LA DÉCENNIE 1980

La décennie suivante permet plus de liberté aux agissements extérieurs du Québec dans la mesure où l'échec référendaire désamorce les craintes et suspicions. Paradoxalement, dans une certaine mesure, un Québec rentré dans le rang, pour ainsi dire, est parfois plus libre qu'un Québec en passe de réaliser son indépendance.

Nouvelle conjoncture: accent sur l'économique

Mais l'échec retentissant des négociations constitutionnelles, c'est-à-dire l'isolement du Québec en novembre 1981 et, par la suite, son impuissance à entraver le *Canada Bill* à Westminster en dépit d'une activité diplomatique intense de la part de la délégation de Londres, a considérablement atténué l'ardeur du Québec. Ajoutons à cela la crise économique de 1982, il devient évident que l'affirmation nationale et internationale du Québec n'est plus ce qu'elle était.

Si l'État du Québec a perdu des plumes et qu'on parle plus souvent de la décroissance de l'appareil étatique que de son développement, il en va tout autrement du secteur privé québécois où se manifeste graduellement et discrètement un nouveau nationalisme, celui de la «garde montante» des gens d'affaires et entrepreneurs francophones. C'est aux intérêts de cette nouvelle élite que la politique extérieure du Québec va tenter de répondre dorénavant.

Définition

On assiste à une tentative de prise de conscience, de définitions nouvelles de la politique extérieure du Québec avec le Sommet sur le Québec dans le monde qui permit aux intervenants québécois sur la scène internationale, de concert avec une délégation du gouvernement fédéral, de s'exprimer et de dégager des consensus. Le gouvernement du Québec prit des engagements quant à son action envers les pays en voie de développement et quant aux priorités à retenir en matière de relations économiques internationales et d'immigration[17]. Pour la première fois en vingt-cinq ans de relations internationales, un énoncé de politique assez élaboré était publié par le ministère des Relations internationales en juin 1985. Il s'agit du document *Le Québec dans le monde; le défi de l'interdépendance.*

La même année, pour faire suite à un certain déblocage du côté d'Ottawa en raison de l'élection, en septembre

1984, d'un gouvernement conservateur dirigé par Brian Mulroney, le gouvernement québécois déposait un *Projet d'accord constitutionnel*. Les revendications traditionnelles du Québec en matière de relations internationales y étaient incluses. On y mentionnait spécifiquement l'importance pour le Québec d'être représenté auprès des organisations internationales œuvrant dans des domaines qui relèvent de sa responsabilité et surtout dans un éventuel concert de la francophonie. Expressément, on y réclamait: «[...] que soit reconnue la situation spécifique du Québec en tout ce qui touche à ses compétences et à son identité, notamment dans le cadre de la francophonie[18].»

Sommet de la francophonie

Enfin, il devint possible de dénouer l'impasse dans le dossier du Sommet des pays francophones. On sait que P. E. Trudeau tenait à la représentation unique du gouvernement canadien puisqu'il devait s'agir de réunir des pays souverains. Le premier ministre Mulroney s'est montré plus conciliant. Une entente fut signée en novembre 1985 reconduisant l'essentiel des dispositions de la participation du Québec à l'Agence de coopération culturelle et technique. Le Québec serait gouvernement participant, recevrait une invitation en propre, mais ferait partie de la délégation canadienne. Cette fois-ci cependant, la portée des conférences serait plus large. On y discuterait des grands problèmes internationaux. Il fut entendu que Québec serait autorisé à traiter de coopération et de développement et de tous les sujets pertinents à ses compétences. Cette entente ne visait toutefois que le premier Sommet qui eut lieu à Paris en février 1986. Elle fut reconduite avec des modalités nouvelles pour la conférence qui s'est tenue à Québec en septembre 1987 et dont le Canada fut l'hôte officiel. Le premier ministre du Québec y obtint une grande visibilité. Au Sommet de Dakar en 1989, le Québec conserva son statut de gouvernement participant et d'acteur international.

Le gouvernement Bourassa

Entre temps, Robert Bourassa et les libéraux étaient revenus au pouvoir à la suite de l'élection du 2 décembre 1985. Le changement, cette fois-ci, était loin d'être aussi marqué qu'en 1976. Car le gouvernement précédent avait perdu beaucoup de sa ferveur indépendantiste et Bourassa ne put que continuer, en matière de relations internationales, dans le chemin tracé par le ministre du PQ, Bernard Landry, qui lui convenait à quelques exceptions près.

À l'été de 1988, Paul Gobeil est nommé ministre des «Affaires internationales». Il annonce son intention d'accentuer encore la vocation économique de son ministère, minimisant par là les missions politique et culturelle. Pendant ce temps, Ottawa continuait, contre vents et marées, à allouer de fortes sommes aux échanges culturels et aux études canadiennes partout dans le monde, bien souvent au détriment d'une image spécifique du Québec.

Il serait faux cependant d'affirmer que le rôle international du Québec a été remis en question au cours des années quatre-vingt. Au contraire, le Québec continue d'être représenté un peu partout.

Bilan de trente années

La politique extérieure du Québec est donc un phénomène bien établi et, après trente ans de développement à travers plusieurs régimes et des conjonctures fort différentes tant sur le plan interne que dans le système international, il est permis de dire que ce phénomène est irréversible.

On peut en dégager quelques caractéristiques fondamentales. D'abord, la politique extérieure du Québec est une activité bien distincte du nationalisme québécois et des aspirations du Québec à l'autonomie. En conséquence, dans la mesure où le Québec a fait partie d'une fédération canadienne, ses relations internationales se sont inévitablement situées à l'intérieur d'un triangle où le gouvernement fédéral a pris le plus souvent au moins autant de place que le

Québec lui-même dans sa relation à un partenaire donné. De plus, en raison des intérêts du Québec et d'un certain nombre de facteurs inéluctables, deux partenaires ont été privilégiés, soit la France et les États-Unis. Enfin, à travers ces trente années, la continuité est remarquable. Des constantes se manifestent: un besoin incessant du Québec de prolonger ses compétences internes et sa spécificité, mais en même temps une obsession perpétuelle de rentabiliser ses activités internationales sur le plan économique.

La souveraineté perforée

La première caractéristique tient au phénomène quasi universel de l'entrée en scène de ce qu'on a appelé les «entités sous-nationales» dans le système international. Ce terme est assez mal approprié pour définir le Québec qui s'est constamment affirmé, au cours des dernières décennies, comme un État national. Mais le Québec, en tant qu'acteur non souverain, fait tout de même partie de cette pléiade d'organisations de toutes sortes qui jouent un rôle de plus en plus prononcé dans les relations internationales.

Il est devenu impossible de définir le système international contemporain sans y inclure ces nouveaux acteurs, dont plusieurs sont des États fédérés. Le Québec apparaît comme le cas le plus avancé de ce phénomène qui englobe un nombre impressionnant de provinces canadiennes, d'États américains, de cantons suisses, de *lander* allemands et d'entités politiques régionales de plusieurs autres pays qui se livrent à des activités internationales fort variées.

S'il est vrai que le Québec a des raisons bien particulières de poursuivre une politique extérieure, il serait inexact d'affirmer que sa politique extérieure est motivée par les seuls facteurs relatifs à son statut et au nationalisme québécois.

En raison de la complexité des dossiers relatifs à des questions qui intéressent des autorités régionales, il est devenu impossible aux États nationaux souverains d'en traiter de façon satisfaisante même sur le plan international. Les gouvernements régionaux se permettent donc de plus en plus d'établir eux-mêmes des relations avec des États souverains ou d'autres gouvernements non souverains. Cela a pour conséquence d'abolir l'exclusivité que s'arrogeaient les États souverains en matière de relations internationales. On a parlé de «souveraineté perforée» pour caractériser ce phénomène[19].

La majeure partie des activités internationales du Québec tombe sous cette catégorie. Si le Québec poursuit un programme d'échange d'étudiants avec la France ou avec la Californie, s'il envoie une délégation de gens d'affaires en Asie ou traite d'environnement avec des visiteurs scandinaves, cela n'a rien à voir avec une quelconque «guerre des drapeaux».

Posons même l'hypothèse que les médias en mal de sensation ou les politiciens en mal de prestige ont eu tendance à accentuer parfois démesurément l'aspect hautement politique ou nationaliste d'une politique extérieure qui se poursuivait en fonction d'intérêts bien concrets. En d'autres mots, les facteurs relatifs aux nécessités et à l'adaptation à l'environnement international ont pu être occultés en faveur des facteurs relatifs au statut qui sont plus propres à susciter la curiosité[20]. Les choses ont souvent été perçues comme si l'essentiel des relations internationales du Québec tenait à un affrontement entre Québec et Ottawa. C'est plutôt le contraire qui est vrai.

L'incontournable triangle

En effet, compte tenu de la position constitutionnelle du Québec au cours de ces trente années, il était inévitable que la politique extérieure du Québec se situe sur un triangle où les deux autres vecteurs étaient Ottawa et l'interlocuteur international du Québec. Comment Québec aurait-il pu prétendre (et l'a-t-il jamais prétendu) agir comme s'il n'était pas partie intégrante du Canada? Et comment Ottawa pouvait-il prétendre empêcher (et on se défend bien, dans la capitale, de l'avoir fait) le Québec de se manifester sur le plan international?

À l'intérieur de ces deux évidences, il y avait sans doute place pour un incessant débat relatif au degré d'autonomie dont devait jouir le Québec. Ce débat a probablement été envenimé par l'insécurité congénitale du Canada quant à son identité. Ancienne colonie britannique aujourd'hui sans cesse préoccupée par l'omniprésence du voisin américain, le Canada est naturellement jaloux de ses prérogatives et de son rôle international. On comprend alors que le jeune ministère des Affaires extérieures n'ait pas eu envie de partager ses fonctions et se soit montré, à l'occasion, intraitable avec le Québec.

Mais le Québec, de son côté, devait se rendre compte qu'il avait tout à gagner à collaborer avec le gouvernement fédéral. Bien plus, il ne pouvait vraiment se passer de la diplomatie canadienne. En fait, toute l'action internationale du Québec consiste, sauf en de rares occasions, à s'appuyer sur les acquis de la politique étrangère du Canada, à en tirer le meilleur parti tout en poursuivant ses objectifs propres qui n'ont rien d'incompatible avec les grands objectifs canadiens[21].

Relations privilégiées

Les triangles Paris-Ottawa-Québec et Washington-Ottawa-Québec ont retenu beaucoup d'attention pour des raisons évidentes, la France et les États-Unis étant l'objet des relations privilégiées du Québec.

La France a été pour le Québec, dès le début, bien davantage qu'un simple partenaire international. Comme on l'a vu plus haut, la relation franco-québécoise a été, en quelque sorte, la bougie d'allumage de la politique extérieure du Québec.

Mais la géopolitique, les assises de notre économie, nos affinités culturelles, notre mode de vie nous invitaient à privilégier nos relations avec les États-Unis. Il faut dire que l'entreprise se révélait, à certains égards, plus difficile que les relations franco-québécoises. Le Québec trouvait sur son propre chemin l'omniprésence des Canadiens de langue anglaise qui s'étaient habitués à occuper presque tout le champ des relations canado-américaines. En même temps, contrairement à la France, Washington se montrait fort réservé face au Québec et toujours soucieux d'assurer à Ottawa l'exclusivité de la relation.

En général, les Américains, tout à fait à l'opposé des Français, ont été à la fois plutôt réticents quant aux prétentions politiques du Québec et très ouverts aux aménagements concrets. À cause de la réticence, les relations ont peu bougé entre 1977 et 1980. Par contre, en raison de l'ouverture, le Québec a enregistré des progrès notables après 1980. Ainsi, le Consulat général des États-Unis à Québec a agi concrètement, mais sans jamais le déclarer, comme une sorte d'ambassade auprès du Québec. Ses fonctions sont évidemment politiques. Le Québec, de son côté, tout en réservant des fonctions politiques plutôt discrètes à la délégation générale de New York, s'est permis quelques approches dans la capitale, non pas auprès de l'Exécutif ou du Département d'État, mais au Congrès où sont déjà présents tant de *lobbies* de toutes sortes et où des sénateurs et des représentants de certains États ont pu avoir intérêt à traiter directement avec les autorités québécoises.

Paradoxalement, la politique québécoise aux États-Unis peut requérir de ses agents plus de diplomatie que la politique du Canada souverain. En effet, si les Canadiens anglais sont souvent considérés comme des frères aux États-Unis, les Québécois, si sympathiques et proches qu'ils apparaissent, demeurent des étrangers, parlant une langue étrangère. Le tour de force des Québécois est de s'appuyer autant qu'ils peuvent sur la représentation canadienne, d'utiliser la panoplie de ses instruments variés et de chercher en même temps à faire valoir la spécificité et les intérêts propres du Québec avec ses moyens modestes.

Continuité remarquable

La politique extérieure du Québec s'est poursuivie, soulignons-le enfin, avec une remarquable continuité à travers des circonstances fort diverses et sous des régimes très différents. Que ce soit dans l'euphorie de la Révolution tranquille ou dans l'atmosphère nationaliste du régime de l'Union nationale, sous Johnson ou sous Bertrand, dans la vague affairiste et pragmatique des gouvernements Bourassa ou encore sous le Parti québécois enthousiaste d'avant le référendum ou résigné et récupéré durant les années quatre-vingt, dans les moments de croissance économique comme en période de récession, dans les périodes de nationalisme ardent comme aux moments du triomphe du fédéralisme, toujours et sans cesse, au cours de ces trente années, le Québec a voulu prolonger ses compétences internes sur le plan international. Jamais le gouvernement du Québec, quel qu'il fût, n'a remis en cause ce principe énoncé par Paul Gérin-Lajoie en 1965 et pressenti dès 1960.

Toujours aussi, en raison de son statut de province canadienne et de la méfiance congénitale de ses citoyens envers les dépenses inutiles, peut-être aussi en raison d'un pragmatisme nord-américain qui s'est développé au cours de la Révolution tranquille, il a fallu rentabiliser les opérations pour les «vendre» à la population.

Pour importantes que soient les démarches visant à attirer des investissements ou à promouvoir le commerce, elles ne constitueront jamais cependant le tout d'une politique extérieure. Comment, d'ailleurs, parviendrons-nous à vendre nos produits si nous ne nous faisons pas connaître avec notre spécificité? Cela est encore plus urgent pour un petit État que pour un grand.

Aussi est-ce une politique à bien courte vue que celle qui prétend minimiser les aspects culturels de la politique extérieure. Il faut donc se réjouir de ce que le ministre des Affaires internationales, John Ciaccia, en poste depuis l'automne 1989, déclarait en novembre de la même année:

> Mon intérêt pour le développement économique s'accompagne constamment d'un souci du développement culturel. Le dynamisme d'une société ne se compartimente pas. En raison même de l'importance des télécommunications, le domaine de la culture est le lieu d'enjeux majeurs à la fois pour notre spécificité et pour les retombées économiques [...].

> [...] notre politique internationale doit non seulement prendre en considération l'aspect économique mais toutes les dimensions de l'activité humaine [...][22].

Quel que soit l'avenir du Québec, quel que soit son statut, son degré d'autonomie par rapport au Canada, la politique extérieure aura permis aux Québécois de mieux s'affirmer, de mieux se dire au monde dans un contexte d'interdépendance croissante.

Notes

1. Suivant l'importance des missions, on parle de délégation générale, de délégation, de bureau (pour le commerce ou pour l'immigration) ou de représentation à l'intérieur d'une mission canadienne.

2. Paul Painchaud, «L'État du Québec et le système international», dans Gérard Bergeron et Réjean Pelletier (dir.), *L'État du Québec en devenir*, Montréal, Boréal, 1980, p. 352.

3. Claude Morin, *L'art de l'impossible; la diplomatie québécoise depuis 1960*, Montréal, Boréal, 1987, p. 38.

4. Cité par Georges-Émile Lapalme, *Le Paradis du pouvoir* (mémoires, t. III), Montréal, Leméac, 1973, p. 47.

5. Lettre à Malraux citée le 2 novembre 1977 dans *Le Quotidien de Paris*, reproduite par Dale Thomson, *De Gaulle et le Québec*, Montréal, Éditions du Trécarré, 1990, p. 145.

6. *Le Québec dans le monde ou le défi de l'interdépendance*, Québec, gouvernement du Québec, 1985, p. 8.

7. Lettre de Jean Désy au premier ministre Duplessis, le 17 avril 1958, citée par Conrad Black, *Duplessis*, t. II: *Le Pouvoir*, Montréal, Les Éditions de l'Homme, 1977, p. 295. Voir aussi Dale Thomson, *op. cit.*, p. 35-36.

8. Dale Thomson, *op. cit.*, p. 115.

9. *Ibid.*, p. 119.

10. Paul Gérin-Lajoie, *Combats d'un révolutionnaire tranquille*, Montréal, Centre éducatif et culturel, 1989, p. 322 et suiv.

11. Cité par Claude Morin, *op. cit.*, p. 28.

12. *Ibid.*, p. 29.

13. *Ibid.*, p. 227.

14. *Le Québec dans le monde ou le défi de l'interdépendance, op. cit.*, p. 11.

15. Cité par Shiro Noda, *Les relations internationales du Québec de 1970 à 1980. Comparaison des gouvernements Bourassa et Lévesque*, thèse de

doctorat en histoire, Faculté des arts et sciences, Université de Montréal, 1988, p. 93.

16. Louis Bélanger, Guy Gosselin et Gérard Hervouet, *La recherche sur les relations internationales du Québec. Bilan et perspectives*, communication présentée à l'occasion du congrès annuel de la Société québécoise de science politique, 58e congrès de l'ACFAS, Université Laval, mai 1990.

17. *Le Québec dans le monde, op. cit.*, p. 18.

18. *Ibid.*, p. 19.

19. Voir Ivo Duchacek *et al.*, *Perforated Sovereignties and International Relations*, New York, Greenwood Press, 1988.

20. Voir à ce sujet Claude Morin, *op. cit.*: «Les décisions québécoises des années 1960 en matière internationale [...] furent toujours reliées à des problèmes ou à des besoins concrètement ressentis en ce temps-là.» (p. 35.)

21. Même au moment où Paul Gérin-Lajoie déclarait, en 1965, que le Québec n'avait pas de permission à demander pour établir avec des pays étrangers des relations dans le champ de ses compétences, Claude Morin cherchait à s'assurer que l'entente franco-québécoise était compatible avec la politique étrangère du Canada. (*Ibid.*, p. 54.)

22. Allocution prononcée à l'occasion de la semaine Italie-Québec, *Le Devoir*, 25 novembre 1989, p. A7.

JEAN MERCIER

Bilan québécois du fédéralisme canadien: perspectives d'un administrativiste

À première vue, l'idée d'un bilan administratif du fédéralisme canadien peut paraître incongrue. En effet, le domaine de l'administration publique n'est-il pas subordonné au politique, au point de ne pas avoir d'existence propre, autonome? Parler de «bilan administratif», n'est-ce pas placer la charrue devant les bœufs?

Ces questions, que nous nous posons peut-être tous, nécessitent quelques remarques préalables. Bien sûr, l'administratif est subordonné au politique. Mais, historiquement, l'administratif a pris une part plus importante dans le processus décisionnel chaque fois que le niveau politique avait besoin d'éclairage pour démêler une question complexe.

Dans le débat que nous vivons, le rôle des constitutionnalistes et autres juristes a pris une importance tout à fait démesurée. Des expressions comme «clause Canada», «clause Québec» ou «fédéralisme asymétrique» font maintenant partie de notre paysage médiatique quotidien. Il peut être étonnant qu'en cette fin de XXᵉ siècle, les débats sur notre avenir institutionnel soient encore dominés par les juristes et leur jargon. Tellement qu'on pourrait avoir l'impression que les choses n'ont pas tellement changé depuis qu'on disait, au siècle dernier, que les seules élites que le Canada français avait réussi à se donner étaient des élites des professions libérales. Ce n'est plus vrai, bien sûr, mais à écouter les débats actuels, on pourrait encore le croire. Pour résumer, on pourrait dire qu'après avoir excessivement formalisé les relations de travail dans le secteur public, les juristes s'attaquent maintenant aux relations intergouvernementales. Posée trop juridiquement, la question constitutionnelle ne peut que s'éterniser dans des discussions légalistes pour lesquelles il n'y aura pas de solutions véritables. Le Québec ne deviendra-t-il souverain que pour se retrouver prisonnier des avocats? Il est bien évident à mes yeux qu'une souveraineté québécoise exclusivement dominée pas les juristes, leur langage et leurs présuppositions ne sera rien de moins qu'un désastre total. La question, dès lors, n'est pas tellement «Souveraineté, oui ou non?», mais plutôt: «Souveraineté définie par qui?» Définie par les juristes, le nouveau statut québécois ne peut donner lieu qu'à des rigidités institutionnelles importantes, qui seraient dysfonctionnelles tout autant dans nos relations avec nos éventuels voisins Canadiens qu'à l'intérieur d'un éventuel Québec souverain.

L'hypertrophie du juridique et l'allure affective qu'ont prises les discussions avec nos voisins Canadiens ont quelque peu faussé le débat sur l'avenir du Québec. Pour cette raison, le bilan d'un administrativiste doit être posé quelque peu différemment. Ce bilan devra sortir des sentiers habituels de l'administration publique pour être pertinent. Nous adopterons donc un point de vue historique, car un bilan implique toujours un horizon, c'est-à-dire un passé et un avenir.

Le contexte de l'administration publique au Canada

Poser la question du bilan administratif de l'expérience canadienne, c'est en même temps poser la question de l'origine même de la Confédération. Le Canada a été créé dans le but de partager des risques, des marchés et des matières premières à l'aube de l'industrialisation. Notre chemin de fer canadien, dont le maintien est aujourd'hui menacé, symbolise parfaitement cette origine. Les économies d'échelle, c'est-à-dire la possibilité de profiter de diminutions de coût des unités produites, représentent un élément important du regroupement canadien. Le partage des risques, comme dans le cas d'une compagnie d'assurances, en est un autre. Le Canada est donc un pays construit sur la rationalité, sur la raison. Ce n'est que lorsque son existence a été menacée que des participants aux débats ont invoqué des raisons affectives (comme l'idée que les Québécois étaient attachés aux montagnes Rocheuses de l'Ouest).

Mais, maintenant que nous sommes engagés dans une nouvelle ère économique, dont les caractéristiques sont très différentes, comparativement aux débuts de l'industrialisation, le Canada garde-t-il toute sa pertinence ? La réponse est complexe et pas du tout univoque; les aspects administratifs qui s'y rattachent ne sont pas négligeables.

Il faut situer la crise canadienne dans le cadre de ce que Daniel Bell a appelé, il y a déjà plusieurs années, «la société post industrielle[1]». Ce type de société se caractérise entre autres par la part importante qu'y joue le secteur des services. Contrairement à l'ancien secteur industriel, le secteur des services est un domaine où l'interaction entre les individus est prédominante. Les questions de langue n'étaient pas très importantes quand les populations étaient isolées et qu'elles n'étaient unies que pour des questions de partage de risques et d'économies d'échelle. La situation est tout autre quand l'activité économique principale devient l'interaction humaine et la communication.

Ce n'est pas seulement le développement des services qui a modifié notre environnement économique et administratif. La croissance économique régulière de l'après-guerre, ce que l'on a appelé les «trente glorieuses», tire à sa fin, et les problèmes économiques et administratifs qui pouvaient être camouflés par les surplus ou, en langage administratif, par l'*organizational slack*, apparaissent maintenant au grand jour.

De plus, la croissance de la productivité nord-américaine a connu un certain ralentissement par rapport à celle des nouveaux pays industriels, mais aussi par rapport à l'Europe; c'est donc suivant la perspective d'un déclin relatif qu'il faut regarder à la fois le Canada et l'Amérique du Nord. Parce que nous sommes engagés dans ce déclin, il peut être important que nous en partagions les risques; mais, en même temps, les partenaires canadiens sur qui nous voudrions compter font eux-mêmes face à des difficultés assez sérieuses. En partie parce que l'approvisionnement en matières premières n'est plus un facteur de localisation industrielle aussi déterminant qu'il l'a été dans le passé, le Canada, qui a toujours pu jouer cette carte, se trouve quelque peu affaibli. Ce qui compte maintenant, c'est la compétitivité et la qualité de la main-d'œuvre, la flexibilité institutionnelle et la proximité des centres de recherche et de développement. Cela constitue, à n'en pas douter, un tout autre environnement que celui qui a présidé au regroupement canadien.

Sur le plan de l'administration publique du Québec lui-même, les mutations dans l'environnement social risquent aussi de changer les données de la question référendaire. La chute de la natalité des Québécois, les familles monoparentales, la désintégration du tissu urbain et la violence sous toutes ses formes, voilà autant de réalités diverses que n'avaient pas imaginées les premiers penseurs souverainistes. Ces questions surgissent au moment même où l'on vote des compressions budgétaires en vue de réduire l'ampleur des services publics.

Par ailleurs, les minorités ethniques au Québec se sont toujours appuyées psychologiquement sur le gouvernement fédéral et ses institutions, sur ce pays fondé sur la rationalité et non sur les passions nationales. A-t-on pensé à mieux les intégrer au tissu québécois? A-t-on un plan quelconque? Cela risque d'affecter les budgets à venir, sans qu'on l'ait prévu. Renaud Sainsaulieu a déjà fait remarquer qu'une forte culture organisationnelle avait pour résultat paradoxal de créer des exclus, et qu'un des rôles importants des administrateurs était justement d'atténuer ce sentiment de rejet. Ne peut-on pas faire le même raisonnement pour ce qui est du sentiment nationaliste qui, même involontairement, crée lui aussi des exclus? Les politiciens esquivent cette question, mais les administrateurs publics pourraient bien être obligés, eux, de faire face à ses conséquences. Dans les pays qui ont choisi le service militaire obligatoire, les différences se juxtaposent plus facilement. Ne pourrait-on pas entrevoir un système analogue pour un éventuel Québec souverain, sous la forme, par exemple, d'un service civil obligatoire? Qui s'opposerait sérieusement à cette formule qui donnerait l'occasion aux jeunes de mieux se connaître, au-delà de leurs préjugés, tout en apprenant à travailler en équipe, sinon des intérêts corporatistes ou des cœurs trop tendres? Des anthropologues nous répètent depuis des années qu'il manque aux jeunes d'aujourd'hui un rituel du passage à l'âge adulte, rituel tellement nécessaire dans les sociétés traditionnelles. Ne serait-ce pas là l'occasion de l'instituer? Ne peut-on imaginer les jeunes désœuvrés contribuer au tri et au recyclage de résidus domestiques ou encore visiter des personnes âgées? Sans compter que la formule pourrait apporter une solution à la délicate question de la langue au Québec.

Dernier point de contexte, avant d'entreprendre le bilan administratif comme tel. Il a beaucoup été question, ces dernières années, des progrès des Québécois dans le domaine des affaires, de ce que Jacques Parizeau a appelé «la garde montante de l'économie québécoise». Cette nouvelle donnée, tous en conviendront, est bien réelle, même si la récession de 1980-1981 a grugé une partie des gains réalisés. Mais je citerai une remarque de Jean Francœur qui nous rappelle que notre réalité est multidimensionnelle, puisqu'il y a, ici comme ailleurs dans les sociétés industrielles, beaucoup de gens qui ne peuvent plus suivre la parade: «Si le Québec se félicite de sa garde montante, il lui faut tout aussi bien traîner sa garde descendante, lourde de dépendance, d'irresponsabilité ou même d'infantilisation[2].»

Sur le plan de l'administration publique, il faut ajouter ces coûts à ceux, déjà importants, entraînés par le vieillissement de la population, vieillissement plus prononcé au Québec qu'ailleurs. Cela ne doit pas être considéré comme un empêchement à la souveraineté, car, comme on l'a vu, la compagnie d'assurances que constitue le Canada est elle-même en difficulté. Mais il faut aussi regarder les choses comme elles sont, pour éviter d'avoir de mauvaises surprises.

Bilan administratif du fédéralisme

Faire le bilan administratif du fédéralisme pour le Québec, c'est un peu comme se demander ce que nous serions devenus si nous avions été quelqu'un d'autre. Tentons néanmoins l'exercice.

Il faut dire d'abord que les contacts administratifs entre les organismes fédéraux et les Québécois eux-mêmes ne se multiplient qu'à partir des années trente, quand le fédéral intervient de plus en plus, par les politiques sociales, dans la vie de tous les Canadiens. Il faut bien se rappeler qu'encore dans les années vingt, le gouvernement local, c'est-à-dire municipal, était celui qui venait le plus souvent en contact direct avec les citoyens. En 1926 par exemple, la proportion des dépenses municipales dans l'ensemble des dépenses publiques était de 39,9 % (avant paiements de transferts) alors qu'en 1950 elle n'était plus que de 18 %[3]. Avant l'avènement de l'État-Providence, le gouvernement fédéral présentait, administrativement parlant, une gamme de services beaucoup moins étendue qu'aujourd'hui. L'administration publique provinciale était elle-même proportionnellement moins importante qu'aujourd'hui. Faut-il condamner cette intrusion massive des organismes fédéraux à l'occasion de l'évolution du *Welfare State*? Plusieurs de nos collègues économistes de la revue *L'Analyste* n'hésitent pas à le faire et soulignent qu'en intervenant massivement dans des mécanismes de redistribution, autant entre les individus qu'entre les régions, les organismes fédéraux ont bouleversé la structure naturelle des coûts, ce qui a contribué, à terme, aux difficultés économiques que tout le Canada éprouve présentement[4]. Sans compter que les différentes formules de redistribution et de péréquation ont jeté de l'huile sur le feu de nos rivalités régionales canadiennes, en intensifiant les jalousies inutilement. Ce faisant, le gouvernement fédéral s'arrogeait un pouvoir que ni la Constitution ni les économies d'échelle ne lui dictaient de prendre. Ce qui se passe maintenant, c'est-à-dire le retrait progressif et obligé du gouvernement fédéral du domaine de la santé et de l'éducation postsecondaire, nous donne l'occasion de revenir à un véritable fédéralisme, c'est-à-dire à un ensemble dont le dynamisme se situe d'abord dans les régions et dont la principale caractéristique est de donner le maximum de libertés et de choix au citoyen. Nous serions donc en train de revenir, budget fédéral oblige, à ce que le véritable fédéralisme aurait dû demeurer, avant l'avènement de l'État-Providence.

Le fédéralisme est intervenu non seulement dans le domaine de la redistribution de la richesse, mais aussi dans celui de la spécialisation de la production. C'est ainsi qu'à travers ce que les Américains appellent les *independant regulatory agencies*, une certaine coordination de plusieurs secteurs de l'économie canadienne a été réalisée. Dans le domaine de l'agriculture, par exemple, la production laitière est concentrée au Québec[5] dans une proportion de 40 %, tandis que la production de bœuf est surtout concentrée dans l'Ouest. Est-ce que ces arrangements sont favorables au Québec? L'Union des producteurs agricoles, lors des audiences de la commission Bélanger-Campeau, a soutenu que non. Doit-on y voir l'insatisfaction légendaire du monde agricole, ou s'agit-il d'une récrimination bien fondée? Quoi qu'il en soit, il faut convenir qu'une certaine forme de spécialisation sera nécessaire afin que l'agriculture puisse compétitionner avec l'extérieur, peu importe qui sera notre partenaire ou quelle formule de partage sera choisie.

Mais faire un bilan de notre association avec le Canada anglais ne se résume pas seulement à des questions d'économie d'échelle et de spécialisation régionale. Et il n'est pas du tout nécessaire de faire intervenir un nationalisme *canadian* artificiel pour le constater. Ainsi, il est bien probable que le contact administratif avec nos collègues anglophones ait contribué à développer nos capacités organisationnelles. En effet, on ne doit pas oublier que la tradition administrative anglo-saxonne est une des grandes traditions de l'histoire de la gestion. En tant que francophones en contact avec des anglophones, nous nous sommes frottés à cette tradition, et plusieurs de nos hauts fonctionnaires ou personnages politiques s'y sont abreuvés avant d'entreprendre des réformes au Québec, en commençant par Jean Lesage lui-même, le père de la Révolution tranquille. Ainsi que l'a déjà fait remarquer Michel Crozier à propos de la France, c'est l'ouverture sur l'extérieur qui fait réellement changer les administrations. C'est ainsi que la présence du gouvernement fédéral et son engagement dans la redistribution du *Welfare State* ont aiguillonné notre gouvernement provincial et l'ont incité à devenir, dans les années soixante, un État réellement moderne. Sur quel autre modèle aurait-on pu s'inspirer? Quel autre modèle avions-nous à notre disposition? Celui de l'Église catholique? Celui du petit propriétaire foncier français? Celui des professions libérales? À cette époque, il n'y avait tout simplement pas, pour nous, d'autres modèles pertinents pour la gestion d'un État moderne.

Les grandes institutions administratives anglaises, la responsabilité ministérielle, le système collégial du cabinet, la décentralisation locale, voilà autant de principes administratifs et politiques anglais qui nous ont été appris, et que nous avons d'ailleurs tellement bien assimilés que nous pouvons même, maintenant, les retourner contre ceux qui nous les ont enseignés!

Dans cet apprentissage administratif, le Canada anglais a davantage adopté l'attitude d'un grand frère, donc d'un rival potentiel, que d'un père ou d'une mère désintéressés. Il était bien normal que la majorité se réserve les postes les plus intéressants. Ainsi, les Ontariens, nombreux dans la fonction publique fédérale, allaient souvent décider en faveur de l'Ontario. Le contraire aurait été surprenant! Plus le contact administratif entre les deux groupes linguistiques devenait intense, plus cette réalité devenait difficile à supporter pour la minorité francophone, d'autant que le pourcentage de la population qui vit de ses salaires (et non de son capital ou de son travail autonome) augmente parallèlement à l'intégration organisationnelle des deux anciennes solitudes[6]. La situation était donc bien différente de celle du début du siècle, où, comme l'a décrit entre autres Arnaud Sales[7], la spécialisation des occupations suivait fidèlement celle de l'origine ethnique. Les citoyens du Canada anglais voient la politique fédérale depuis vingt-cinq ans comme un jeu dont les dés seraient pipés en faveur du Québec, mais ils oublient que cette image n'est qu'une *figure* sur un *ground* de priorité en faveur de l'Ontario. On constate cet état de fait encore plus clairement aujourd'hui, alors que la libéralisation du commerce avec les États-Unis a sérieusement ébranlé l'économie de cette province. Les Ontariens s'étaient, avec raison, méfié du traité du libre-échange, eux qui n'ont pas beaucoup donné de députés conservateurs à la dernière élection fédérale (1988).

Autrement dit, tant que les organisations francophones et les organisations anglophones étaient séparées, les relations entre les deux groupes ne pouvaient guère se gâter. Mais leur plus grande intégration a fait prendre conscience des intérêts divergents des uns et des autres. L'évolution des moyens de communication, longtemps perçus comme un remède à l'isolement des Canadiens, n'a fait qu'envenimer les choses, car ces divergences ne pouvaient plus être camouflées. Ainsi, une des images les plus révélatrices de l'histoire canadienne est cette toute première émission de télévision publique au cours de laquelle les deux animateurs se séparent, après un bref boniment bilingue, pour continuer l'émission dans deux réseaux différents, un pour chacune des langues officielles. L'un des deux animateurs était René Lévesque.

Comme on le découvre un peu partout dans le monde actuellement, les nouveaux moyens de communication ont souvent pour effet de diviser les gens plutôt que de les rapprocher:

> The new electronic technologies of communication have [...] evolved as if they were going to produce [...] the instantaneous confrontation of every part of our society with every other part. As a result, social inequities leap into universal attention [...]. Conflicts long suppressed by separation and isolation escape the bounds that had confined them, and as new societies come into conflict, new conflicts emerge[8].

Comme cela arrive souvent dans le cas de rencontres organisationnelles entre groupes ethniques différents, les participants se sont aussi partagés des rôles psychologiques. Les Franco-Ontariens ont plus facilement accepté de jouer les rôles de seconds que les Québécois et ils se sont donc trouvés en nombre important dans la fonction publique fédérale. Ce n'était pas toujours des rôles secondaires qu'ils y jouaient, mais les postes de commande leur étaient rarement accessibles jusque dans les années soixante-dix. La ville de Hull (au Québec), avec son image de lieu peu recommandable, contrepartie de la sérieuse capitale, n'est pas tout à fait étrangère à cette dynamique de partage des rôles entre les deux groupes linguistiques[9].

Quel constat dégager de la rencontre organisationnelle des deux solitudes? Comment être respectueux des faits, qui sont assez complexes, et pas du tout univoques? Un bilan réaliste doit souligner le fait que des organisations réellement bilingues n'ont jamais existé au Canada, pas plus dans l'administration publique que dans le secteur privé. Le président d'une grande firme montréalaise, lui-même formé dans une entreprise pancanadienne, l'avouait récemment lors d'un colloque au Canada anglais. Par ailleurs, le contact avec les organisations du gouvernement fédéral a probablement ouvert les Québécois à «l'autre», à ce qui n'était pas eux-mêmes. Cela n'est pas un mince résultat, car le vieux fantasme du petit propriétaire foncier français, capable de survivre sans avoir besoin de personne, est toujours tenace ici, comme en France d'ailleurs. Le mot «français» lui-même ne signifie-t-il pas «franc et libre de toute servitude», c'est-à-dire indépendant? Il n'est pas impossible que certains des propos agressifs des Canadiens anglophones proviennent de leur impatience devant ce vieux trait français, qu'ils perçoivent à travers les discours politiques et qu'ils interprètent comme un manque de solidarité organisationnelle.

Les arrangements institutionnels

J'ai souligné, au début de ce texte, qu'il était impossible de faire un bilan sans parler à la fois du passé et de l'avenir, car le présent se trouve toujours dans un horizon qui inclut l'avant et l'après. Je veux maintenant imaginer, à travers quelques concepts organisationnels, des règles simples qui nous permettraient à la fois de compléter ce bilan et d'entrevoir des arrangements institutionnels différents.

Il faut tout de suite préciser que ni la théorie des arrangements institutionnels ni la théorie des organisations ne nous présentera un bilan univoque et clair. La décision sur la souveraineté est une décision qui se prend, pour ainsi dire, «dans la brume», et les sciences sociales ne pourront nous protéger contre une mauvaise décision, quelle qu'elle soit, pas plus qu'elles ne pourront empêcher que des relations de force et de pouvoir n'interviennent.

Du point de vue strictement administratif, le premier argument qu'on relève dans les débats référendaires est celui du coût des chevauchements et des duplications de services entre le niveau provincial et le niveau fédéral. Ce serait le cas de la formation professionnelle, du financement de la recherche ou de l'environnement, par exemple. Il n'y a pas, à ma connaissance, d'étude publique sur cette question. On a dit qu'une étude confidentielle, commandée par le gouvernement fédéral, indiquerait qu'il s'agit avant tout de complémentarité et pas tellement de chevauchement proprement dit. D'autres opinions ont été émises, par des économistes québécois sérieux, selon lesquelles le Québec pourrait épargner des sommes appréciables en mettant fin à la duplication des services. Les «clients» des services dédoublés, quant à eux, ne donnent pas l'impression de se plaindre de cet état de fait. Ainsi les groupes écologistes, par exemple, y voient surtout des avantages, car ils peuvent faire jouer un niveau de gouvernement contre l'autre. Les chercheurs universitaires qui sollicitent des subventions de recherche ne s'en plaignent pas non plus, les uns se sentant plus à l'aise dans le réseau fédéral, les autres dans le réseau du Québec. Bien sûr, comme client, chacun aime avoir le choix. Placés en situation de monopole, les organismes scientifiques québécois n'auraient-ils pas tendance à attribuer leurs subventions sur des bases de copinage ou de cooptation? Répondre oui équivaudrait à dire que ni la Suisse ni la Belgique ne peut faire de la science. Par ailleurs, la tentation de l'inceste organisationnel serait nettement plus grande, tendance qui n'a jamais été négligeable au Québec.

Selon la théorie administrative classique, celle qui avait cours dans les années trente par exemple, la duplication des services constitue un indice de manque de coordination, donc quelque chose à proscrire. Mais les approches plus récentes ne sont pas aussi catégoriques. L'exemple de plusieurs organisations japonaises nous apprend qu'on peut fonctionner efficacement en créant délibérément une certaine duplication et un certain niveau de chevauchement. Plusieurs grandes corporations japonaises ont en effet, en leur sein même, diverses unités de production qui offrent des biens de consommation comparables et en compétition les uns avec les autres. Un autre principe organisationnel récent est celui de la «redondance», selon lequel il est toujours bon d'avoir plusieurs unités responsables de la même chose, étant entendu que personne n'a une vision complète des phénomènes qui sont un tant soit peu complexes. F. D. Roosevelt, président américain, pratiquait la «redondance», lui qui confiait délibérément les mêmes missions d'information à des adjoints différents.

Bien sûr, on pourrait rétorquer que les règles qui s'appliquent à une corporation privée, *a fortiori* japonaise, ne doivent pas servir de guide aux arrangements institutionnels du gouvernement du Québec ou du Canada. Mais on mentionne quand même ces exemples pour souligner le fait que l'existence de chevauchements de compétences et d'attributions n'est pas un argument décisif. Les principes d'une vie organisationnelle saine ne correspondent pas toujours à une vision cartésienne des choses.

Par contre, l'hypertrophie de la fonction *staff*, celle qui crée des normes canadiennes pour des services comme la santé ou l'éducation, constitue un meilleur argument pour les souverainistes. En effet, partout dans les organisations modernes, on tend à réduire considérablement cette fonction qui vise à standardiser et à uniformiser, autant dans le secteur public que dans le secteur privé. Le consultant américain Tom Peters, coauteur du populaire *Prix de l'excellence*[10], fait même le tour du monde à l'aide de ce simple conseil: «Sabrez dans vos services centraux, faites comme la société Brown Boveri, réduisez drastiquement les effectifs de votre bureau chef: pas plus de quatre personnes par milliard de dollars de vente!» Il n'est pas du tout impossible que les changements technologiques importants que nous connaissons depuis une dizaine d'années ne jouent pas, eux aussi, contre les services centraux de toutes natures. D'une certaine façon, le gouvernement fédéral est un énorme service *staff* que les services opérationnels (les provinces) doivent supporter.

Les tendances actuelles en administration visent en effet à revaloriser les services de première ligne, les services opérationnels, et à réduire les services de planification centrale, de plus en plus perçus comme déconnectés de la réalité. D'une certaine façon, il s'agit d'une nouvelle esthétique qui dépasse le niveau administratif lui-même, puisqu'on la retrouve aussi en politique, par la nouvelle vigueur des nationalismes et des entités de petite échelle. Par contre, gardons à l'esprit que tous les services du gouvernement fédéral ne sont pas de la nature de «services centraux». Plusieurs d'entre eux sont des services opérationnels, comme l'assurance-chômage.

Deux autres notions peuvent nous aider à débroussailler les aspects administratifs d'un bilan du fédéralisme. Il s'agit de la notion de *external costs* et de celle de *agreement costs*. L'*external cost*, c'est le coût que l'on supporte lorsque l'on entreprend quelque chose avec autrui et qu'à cause de ce partage, le résultat n'est pas celui que l'on aurait souhaité si on avait été seul dans l'entreprise. La notion d'*external cost* est un argument qui favorise la souveraineté, car il est bien certain qu'on n'obtient pas tout à fait ce que l'on aurait souhaité quand on doit partager avec le Canada anglais. Quand des insulaires mettent des ressources en commun pour construire un pont, il est impossible de faire en sorte qu'il soit construit tout près du domicile de tous et chacun. Au Canada, l'*external cost* peut comporter des dimensions culturelles spécifiques, en raison de la rivalité traditionnelle entre les deux groupes linguistiques et de la valorisation de l'autonomie et de l'indépendance par les Québécois (et par tous les participants à la culture française).

La question des *transaction costs*, c'est-à-dire le coût des énergies qui sont nécessaires pour se mettre d'accord, est plus complexe. Comme chacun le sait, en période de discussion constitutionnelle intense, comme c'est le cas présentement, ces coûts sont très importants. Nous ne saurions nous investir trop longtemps dans ces discussions sans que les capacités productives de l'ensemble canadien en souffrent sérieusement. C'est pourquoi les gens d'affaires disent avec raison: réglons la question, dans un sens ou dans l'autre. La théorie institutionnelle nous dit que les *transaction costs* sont moins élevés dans les sociétés homogènes, ce qui donne à ces sociétés un avantage éventuel sur le plan des coûts. Cette notion semble favoriser la souveraineté du Québec, qui serait une société «tricotée serrée», comme on dit ici. Mais ajoutons quelques nuances. Le Québec est une société maintenant pluraliste et donc, par le fait même, moins unanime qu'auparavant. Aussi, sur le plan de la consommation et des styles de vie, les Québécois ressemblent maintenant de plus en plus aux autres citoyens de l'Amérique du Nord, et on peut donc penser que, structurellement, les *transaction costs* (entre Québécois et Canadiens) pourraient diminuer dans l'avenir.

Pour la survie de l'ensemble canadien, la question essentielle est la suivante: est-ce que les *transactions costs* sont devenus à ce point élevés qu'ils annulent les bénéfices des économies d'échelle réalisées par la Confédération? Ce n'est pas là une question simple, car les avantages des économies d'échelle ne sont pas toujours faciles à déterminer dans un pays si vaste et relativement peu peuplé comme l'est le Canada. On pourrait même parler d'un paradoxe spécifiquement canadien, qui serait le suivant: les économies d'échelle sont absolument nécessaires dans un pays vaste comme le Canada, mais, justement à cause de cette taille, elles y sont plus difficiles à réaliser.

Il est clair qu'un éventuel Québec souverain devra partager des coûts économiques avec des partenaires pour réaliser des économies d'échelle, mais il n'est pas évident que c'est avec le reste du Canada que ce partage sera toujours le plus économique. Par contre, dans la mesure où ces choses se décident politiquement, il n'est pas certain que le Québec détienne un pouvoir de négociation avec les États américains semblable à celui qu'il a actuellement avec le Canada.

Mais un des arguments les plus décisifs pour la souveraineté, même s'il n'est pas formulé aussi explicitement, c'est qu'il y a beaucoup moins d'économies d'échelle à réaliser dans le secteur des services que dans celui de la production industrielle. Or le secteur des services est en croissance constante depuis plusieurs années au Canada et au Québec. C'est au cours des années soixante que ce secteur a dépassé le cap de 50 % de la population active, représentant 72,5 % de celle-ci en 1988[11]. L'évolution du nationalisme québécois et du débat des langues suit la croissance du tertiaire de façon très fidèle. Daniel Bell de même que Jean Fourastié[12] n'avaient-ils pas prédit avec raison que la croissance de ce secteur constituait un des phénomènes les plus importants de la deuxième moitié de notre siècle? Ce phénomène, par ailleurs universel, interpelle la société québécoise de façon très particulière.

La société postindustrielle est composée de gens en interaction intense avec d'autres et est donc plus «politique», c'est-à-dire plus conflictuelle. Quand le Canada n'était qu'une grande compagnie d'assurances qui visait à partager du *hardware* industriel, les deux groupes linguistiques pouvaient vivre une solitude à deux. Mais ce n'est plus possible dès que la principale activité économique devient l'interaction entre personnes. Dans cette atmosphère chargée de conflits potentiels, la lutte pour les emplois intéressants devient féroce. Cette lutte, sourde mais très réelle, est à l'origine de tous les conflits importants entre francophones et anglophones au Canada. Si le Canada devait perdre le Québec, d'innombrables individus au Canada anglais auraient des emplois moins importants du simple fait que les troupes qu'ils dirigeraient seraient moins nombreuses. Cette question secoue le Québec de façon particulière, car le chômage des jeunes, celui des jeunes diplômés universitaires en particulier, n'est pas négligeable. Comme ce fut le cas avec la loi 101, le Québec pourrait perdre des sièges sociaux avec la souveraineté. Mais les souverainistes pourraient rétorquer que ces sièges sociaux n'ont pas su toujours donner aux francophones des rôles bien importants. L'argument des fédéralistes, ici, serait que la souveraineté est effectivement une stratégie d'augmentation de l'emploi, mais qu'il s'agit essentiellement d'emplois d'élite dont profiterait peu l'ensemble de la population, qui devrait même en payer éventuellement la note.

Enfin, même si je me suis limité à éclairer les différents points de vue du débat le plus équitablement possible, j'avancerai tout de même une conclusion pour ce qui concerne la question des arrangements institutionnels au Canada et au Québec, qui tient en ceci: le Québec et le Canada devront continuer à partager les risques et les coûts de plusieurs de leurs activités industrielles, tout en séparant leurs activités qui ne comportent pas d'économies d'échelle, en particulier dans le secteur des services, lorsque leurs *external costs* et leurs *transaction costs* se révèlent trop élevés.

Conclusion

Si le Québec accède à la souveraineté, le partage des actifs et des organisations fédérales se posera. En tant qu'administrativiste, j'aimerais seulement évoquer quelques scénarios et quelques règles simples, ne serait-ce que pour éclairer davantage le bilan que j'ai tenté de dresser.

D'abord se poserait la question de l'intégration des fonctionnaires fédéraux qui sont Québécois, soit environ 100 000 personnes. S'il s'en trouve beaucoup dans l'Outaouais, il y en a aussi un nombre non négligeable à Montréal. Dans la mesure où les Québécois sont sous-représentés dans la fonction publique fédérale (les francophones qui s'y trouvent étant souvent des Ontariens), le problème pourrait être moindre, mais ce serait quand même une question délicate. Il y a déjà eu des précédents en la matière, le rapatriement des fonctionnaires de l'immigration, par exemple: il faudrait en tirer des leçons, car l'opération ne s'est pas réalisée sans anicroche.

Durant les périodes de négociations, on pourrait s'entendre pour que les services très opérationnels, les postes par exemple, poursuivent leurs activités normales.

On pourrait s'entendre pour que les actifs sur le territoire québécois, y compris les forces armées, soient présumés appartenir au Québec. On pourrait s'entendre sur un rythme de l'absorption de la dette canadienne par le Québec (la portion québécoise est évaluée entre 75 et 100 milliards de dollars), sur une somme minimale, et laisser à un tribunal international le soin de décider des sommes contestées.

Tout cela requiert, comme dans n'importe quel divorce, un arbitre. Ce pourrait être une sorte d'instance suprême composée de membres non canadiens, par exemple de la CEE. Il faudrait essayer de rendre cet arbitrage le plus souple possible, afin de ne pas tomber dans la tentation du juridisme, et même, par des incitatifs musclés, encourager les parties en présence à n'y recourir qu'en cas de désaccord sérieux. Il faudrait tout faire pour que la négociation prenne l'allure d'un marché plutôt que celle d'un procès. Dans certains cas, le Québec voudrait confier des responsabilités au gouvernement fédéral et serait prêt à en partager les coûts; dans d'autres cas, il voudrait rapatrier la fonction. Le Canada négocierait à son tour, et il pourrait y avoir des échanges, des marchandages. Si on ne réussissait pas à instaurer une telle dynamique, le juridisme triomphera, au grand détriment de toutes les parties intéressées.

Le triomphe du juridisme, évident au cours de ces débats constitutionnels, nous rappelle que les arrangements institutionnels ont des effets très réels sur notre rendement économique. Il s'agit là d'un sujet qui tombe pour ainsi dire entre deux spécialités et qui est donc négligé. Certains économistes s'y intéressent, mais d'une façon souvent très étroite. Ainsi, il y a plus d'avocats dans la seule région de Washington qu'il y en a dans tout le Japon, ce qui a des effets très réels sur la structure des coûts et le déclin de la compétitivité de l'industrie américaine. Au Québec et au Canada, nous souffrons essentiellement des mêmes maux à cet égard. Au Québec en particulier, la judiciarisation des relations de travail, qui fait la fortune des cabinets d'arbitres et des bureaux d'avocats, est bien entendu un boulet pour l'ensemble de la société québécoise.

Je mentionne ces aspects institutionnels parce qu'un éventuel Québec souverain ou indépendant sera inévitablement mis à l'épreuve par ses voisins. La situation exigera non seulement une grande solidarité, mais aussi une capacité à

innover et à changer plusieurs de nos habitudes organisationnelles. Dans bien des cas, il faudra éliminer le moindre gas-
pillage, notamment dans le secteur de l'administration
publique, et plusieurs arrangements qui existent aujourd'hui
ne pourront plus être tolérés, ce qui créera inévitablement des
conflits. Avons-nous les capacités organisationnelles pour
contrer ces tensions? Paradoxalement, un éventuel Québec
souverain devra tenir compte beaucoup plus de ce qui lui
sera extérieur, car il devra assumer lui-même une partie du
rôle traditionnellement dévolu au gouvernement fédéral.
La situation ne sera pas très différente de celle où, en 1981, le
gouvernement du Parti québécois avait été obligé d'effectuer
des coupures dans les salaires des fonctionnaires provinciaux. Il est tout à fait logique que ce soit un parti souverainiste qui ait pris ces décisions difficiles, car un parti qui
aspire à l'autonomie ne peut rejeter le rôle ingrat de *boss*
sur une entité extérieure. Dans ces remous et ces tempêtes,
aurons-nous les capacités organisationnelles pour tenir le
cap?

Ces questions de capacités organisationnelles et d'arrangements institutionnels sont au moins aussi fondamentales
que ne le sont les questions économiques. On a trop souvent
tendance à oublier que la santé de l'économie n'est finalement qu'un *output*, qu'une conséquence de choix plus fondamentaux. Nous partageons avec nos voisins américains ce
fétichisme du résultat économique magique, à court terme,
attitude qui sert tellement mal les Américains dans le commerce mondial aujourd'hui.

Dans les arrangements institutionnels qui seront discutés, il ne faudrait pas céder trop facilement à la tentation de
suivre la mode, même mondiale, de réduction aveugle des
responsabilités du secteur public. Depuis la belle époque
de C. D. Howe, le Canada a toujours eu une tradition d'intervention étatique éclairée, tradition qui se justifie par la faible
population et la taille du pays. La même chose serait vraie
pour un éventuel Québec souverain, associé ou non au
Canada.

Notes

1. Daniel Bell, *The Coming of Post-Industrial Society*, New York, Basic Books, 1976.

2. Jean Francœur, «Du pain et du beurre, s.v.p.», *Expressions*, juin 1991, p. 44.

3. Voir Gérard Bélanger, «Austérité budgétaire et décentralisation», *L'Analyste*, n° 34, été 1991, p. 40-41.

4. Voir Jean-Luc Migué, «La centralisation, instrument de balkanisation au Canada», *L'Analyste*, n° 2, été 1983, p. 19-24.

5. Jean Pelletier, «Le partage de la dette», *Expressions*, juin 1991, p. 32.

6. Pour la montée du salariat depuis cent ans, voir Gareth Morgan, *Images de l'organisation*, Québec, Les Presses de l'Université Laval, 1989, p. 330.

7. *Sociologie et Sociétés*, vol. VI, n° 2, novembre 1974, p. 101-114.

8. Donald A. Schon, *Beyond the Stable State*, New York, Random House, 1971, p. 26.

9. Voir Christopher Beattie, Jacques Desy et Stephen Longstaff, *Bureaucratic Careers: Anglophones and Francophones in the Canadian Public Service*, Ottawa, Commission royale d'enquête sur le bilinguisme et le biculturalisme, 1972.

10. T. J. Peters et R. H. Waterman, *Le prix de l'excellence: les secrets des meilleures entreprises*, Paris, InterÉditions, 1983.

11. On pourra consulter à ce sujet Simon Langlois (dir.), *La société québécoise en tendances 1960-1990*, Québec, Institut québécois de recherche sur la culture, 1990.

12. Jean Fourastié, *Le grand espoir du XXᵉ siècle*, Paris, 1958.

MICHEL SARRA-BOURNET

«French Power, Québec Power»: La place des francophones québécois à Ottawa

Tout se passe comme si l'état de choses, établi en 1867 et jamais gravement remis en question depuis, était pour la première fois refusé par les Canadiens français du Québec[1].

Il y a trente ans, le mécontentement grondait au Québec en raison de l'infériorité économique et politique des Canadiens français. D'une part, la nouvelle prospérité du Québec ne semblait profiter qu'à ses citoyens de langue anglaise. D'autre part, la langue française n'avait pas droit de cité en dehors des frontières du Québec: les droits linguistiques des francophones y étaient bafoués depuis la fin du XIXe siècle, et la langue de l'administration fédérale était immanquablement l'anglais.

Au tournant de la décennie 1960, l'arrivée au pouvoir d'une nouvelle élite enclencha la Révolution tranquille. Dès lors, l'État du Québec devait servir de levier pour faciliter la mobilité sociale des Canadiens français. La découverte de ce puissant instrument, couplée à la prise de conscience de l'état moribond de la langue française en dehors de la province de Québec, stimula une nouvelle conscience nationale chez les francophones québécois[2]. On envisageait dorénavant le salut de la communauté à l'intérieur des frontières du Québec. Cette dynamique appelait une plus grande autonomie du Québec à l'intérieur du Canada. Poussée à sa conclusion logique, elle conduisait à l'indépendance.

En contrepartie, un courant de pensée dissident, dit anti-nationaliste, se développa au Québec. Basé dans la revue *Cité libre*, un forum intellectuel qui fut le lieu de certains des débats les plus importants de cette époque, ce mouvement se concrétisa par l'action politique, lorsque ses principaux promoteurs prirent le chemin d'Ottawa:

> Mes amis et moi nous engagions en politique fédérale, précisément dans le but d'établir que les Canadiens français pouvaient être «chez eux» hors du territoire québécois, et exercer tous leurs droits dans la capitale fédérale et dans le pays tout entier[3].

Lorsque Pierre Elliott Trudeau, Gérard Pelletier et Jean Marchand se firent élire à la Chambre des communes, ils rejoignirent ceux qui leur avaient ouvert le chemin dans le Parti libéral du Canada et qu'ils allaient bientôt remplacer: Maurice Lamontagne, Guy Favreau, Maurice Sauvé. Avec Jean Chrétien et Jean-Luc Pépin, déjà députés, ceux qu'on avait surnommés les «trois colombes» entreprirent de tirer le tapis sous les pieds des nationalistes québécois. Il s'agissait d'éliminer les griefs les plus importants à l'endroit du régime fédéral canadien.

Le premier grief tenait à la prospérité économique des francophones québécois. Pour ne pas qu'ils associent leur redressement économique au seul «État du Québec», le gouvernement Trudeau est intervenu dans le développement régional. De l'aveu même de l'ancien premier ministre du Canada, les disparités régionales persistent, après plus de vingt ans[4]. Aujourd'hui plus que jamais le Québec reçoit sa part du gâteau canadien sous forme de prestations d'assurance-chômage, et l'Ontario, en aide au développement industriel[5].

Le second reproche vient du manque de vigueur du français à l'extérieur du Québec. Là-dessus, Trudeau s'en était déjà pris, en 1962, au «nationalisme anglo-britannique» qui avait engendré le «nationalisme canadien-français[6]». La Loi sur les langues officielles, adoptée en 1969, devait permettre, au dire de son parrain Gérard Pelletier, «à tout citoyen de communiquer avec le Gouvernement et ses agences dans la langue officielle de son choix, donc à la limite de rester unilingue s'il y tenait absolument[7]». De plus, Michael Kirby, un ancien conseiller de Trudeau, confirme que c'est surtout aux droits scolaires des «minorités de langues officielles» (anglo-québécoise et franco-canadienne) plutôt qu'aux libertés fondamentales que le premier ministre pensait quand il a fait inclure une Charte des droits dans la Constitution en 1982[8]. Toujours est-il que l'assimilation des francophones va bon train, et que si le français gagne du terrain au Québec, ce n'est certes pas à cause de l'intégration des immigrants, mais du départ des anglophones. Ainsi, malgré les politiques de biliguisme, la polarisation linguistique se poursuit, entre un Canada anglais et un Québec français[9].

Enfin, les nationalistes québécois ont reproché le peu de place que faisait l'appareil gouvernemental canadien aux francophones, d'une part, et à la langue française, d'autre part. Là-dessus, la Commission royale d'enquête sur le bilinguisme et le biculturalisme (Laurendeau-Dunton) avait fait un constat éloquent. Historiquement, la proportion de francophones s'est maintenue de 1867 à 1918, grâce au système de patronage, si bien qu'au moment de l'entrée en vigueur de la Loi du service civil, elle était de 21,58 %. En 1936-1937, elle n'était plus que de 19,90 %. En 1945, on l'estime à 12,25 % pour les postes dont le salaire dépassait 2400 $[10].

L'amélioration de la position des francophones dans la fonction publique fédérale est une des réussites des gouvernements libéraux de 1963 à 1984. En 1961, la proportion de francophones au sein de la fonction publique était de 21,5 %. Vingt ans plus tard, elle était de 26,4 %. Dans les échelons les plus élevés, on est passé de 10,8 % en 1965 (salariés de 10 000 $ et plus) à 22,5 % (haute direction) en 1980[11]. Les chiffres récents du Commissaire aux langues officielles confirment cette tendance sous les conservateurs: de 1984 à 1990, la proportion des francophones faisait un bond de 27,8 à 28,3 % chez les quelque 212 500 fonctionnaires fédéraux. Dans la catégorie gestion (4000 employés), le progrès était de l'ordre de 20,5 à 22,2 %[12].

Comme l'a constaté Gérard Pelletier, c'est surtout la création de postes bilingues qui a ouvert une avenue à la mobilité des Canadiens français. Les anglophones bilingues, au sens de la Loi sur la fonction publique, ont une connaissance plutôt théorique du français[13]. Cela ne saurait étonner, puisqu'en 1986 plus de 65 % des Canadiens bilingues ont le français comme langue maternelle[14]. Ainsi, 36 % des francophones sont bilingues, contre seulement 7,7 % des anglophones[15].

Cependant, là s'arrêtent les bonnes nouvelles. Car si ces chiffres démontrent une ouverture de la fonction publique canadienne aux francophones, ils traduisent également une réalité incontournable: le fardeau du bilinguisme est porté par les francophones dans la fonction publique du Canada, car la langue du travail y demeure l'anglais[16]. Un deuxième problème fondamental de la politique de bilinguisme officiel du gouvernment Trudeau, c'est le ressac qu'elle a provoqué contre les francophones, et contre les Québécois. La préface du «best-seller» de la fin des années soixante-dix au Canada anglais (*Bilingual Today, French Tomorrow*) en dit long à ce sujet:

> *Lt. Cdr. Andrew's thesis that Prime Minister Trudeau and his close colleague Gerard Pelletier are scheming to turn Canada into a French-Speaking country by colonization from Quebec is difficult to refute*[17].

La perception que le Québec francophone a pris d'assaut la capitale fédérale n'est qu'une des nombreuses faussetés qui circulent actuellement et qui nourrissent l'hostilité du Canada anglais à son égard. Elle renforce également le sentiment que l'appartenance du Québec au Canada ne saurait être remise en question sans abandonner prospérité et pouvoir. Ce que j'entends démontrer ici, c'est que si la quantité de francophones est disproportionnée dans la fonction publique fédérale, les Québécois francophones y sont pour peu. De plus, cette étude confirmera qu'il existe bel et bien une surreprésentation du Québec dans la fonction publique fédérale, mais qu'elle est attribuable à un trop grand nombre d'anglophones québécois. Ainsi, s'il y a un «French Power» et un «Quebec Power», il n'y a pas de «French Québec Power». Les francophones québécois n'occupent pas plus que la place qui leur revient à Ottawa, et cela est vrai autant à la direction politique (le cabinet) que dans l'administration.

Cette démonstration se fera en deux temps. Tout d'abord, un répertoire renfermant les biographies de 733 hauts fonctionnaires (*Ottawa's Senior Executive Guide*) fournira notre échantillon pour une étude de la place occupée par les «minorités de langues officielles» par rapport aux francophones québécois et aux Canadiens anglais dans la haute fonction publique. Ces fiches biographiques donnent le lieu de naissance, la première langue officielle apprise, les langues officielles connues, ainsi que le lieu de travail. Les résultats bruts du traitement de ces données sont fournis dans le tableau A-1, en annexe de ce texte.

Ensuite, des données extraites du *Guide parlementaire canadien* et d'autres répertoires nous permettront de mettre en parallèle la proportion des Québécois à la Chambre des communes, dans le caucus ministériel et dans le premier cabinet de chacune des 15 dernières législatures fédérales, de 1945 à 1988. Le nombre de francophones et d'anglophones dans chaque cabinet inaugural y sera examiné. Le tableau A-3 en reproduit les résultats.

Enfin, les recensements de 1941 à 1986 seront mis à profit pour éclairer ces données, ce qui donnera des résultats fort étonnants. Une discussion quant à la place des francophones québécois à Ottawa, dans l'appareil politique central, tiendra lieu de conclusion.

La haute fonction publique fédérale

Le portrait des langues officielles dans la fonction publique outaouaise peut être tracé de trois façons grâce aux données que nous avons pu extraire de notre échantillon.

D'abord, on pourra classer les fonctionnaires selon leur origine (leur lieu de naissance) et leur connaissance des deux langues officielles. Par la suite, on donnera un aperçu du bilinguisme en fonction du lieu de travail.

La montée des francophones et des Québécois

Cet échantillon de 733 hauts fonctionnaires n'est peut-être pas la source la plus précise, mais elle a l'avantage de permettre une étude approfondie de la présence des groupes de langues officielles et de leurs principales caractéristiques. Le Commissaire aux langues officielles, de même que le Secrétariat d'État, ne fournissent pas toujours des données assez détaillées pour permettre de comprendre tous les aspects d'un phénomène comme la montée du «French Power» à Ottawa. Or qu'en est-il exactement?

Voyons jusqu'à quel point l'échantillon reproduit quelques caractéristiques de la population canadienne.

TABLEAU 1

Proportion de fonctionnaires nés à l'étranger, au Québec et dans le reste du Canada, par rapport à la population

Source / Lieu de naissance	Échantillon	Recensement 1981*
Canada	54,3	59,0
Québec	29,5	25,5
Étranger	16,3	15,4
Total	100,1	99,9

* Le pourcentage total n'égale pas 100 en raison de l'arrondissement. Le calcul exclut les individus dont le lieu de naissance est inconnu dans l'échantillon, de même que les non-réponses et les réponses multiples dans le recensement de 1981. Tiré de Statistique Canada, *Guide de l'utilisateur des données du recensement de 1981 sur le lieu de naissance, la citoyenneté et l'immigration*, Ottawa, Approvisionnements et Services Canada, 1986, tableau 1.

Comme nous pouvons le constater, la proportion de fonctionnaires nés à l'extérieur du Canada est très proche de la proportion calculée sur l'ensemble de la population canadienne. Par contre, les Québécois se retrouvent en plus grand nombre dans notre échantillon. Qu'en est-il des francophones et des anglophones?

TABLEAU 2

Proportion de fonctionnaires parlant l'anglais ou le français comme première langue officielle, par rapport à la population

Source ⟋ Langue	Échantillon	Commissaire aux langues officielles	Recensement de 1986*
Anglais	71,3	71,7	73,9
Français	28,7	28,3	26,1
Total	100,0	100,0	100,0

* Pour la colonne du centre, voir note 12. Les données utilisées dans la colonne de droite ne comprennent pas les personnes ne connaissant ni l'anglais ni le français. Elles sont adaptées de Statistique Canada, *Recensement Canada 1986. Estimation de la population selon la première langue officielle parlée*, référence n° 47-013, septembre 1989.

Ici, la première constatation est que notre échantillon reproduit presque à la perfection les chiffres du Commissaire aux langues officielles, dont la base de calcul est de 212 587 fonctionnaires. Toutefois, nous trouvons dans les deux cas que le nombre de francophones dépasse la proportion normale trouvée dans la population. Couplés à ceux du tableau 1, où les Québécois étaient plus nombreux, ces résultats laissent entendre que les Québécois francophones seraient surreprésentés dans la fonction publique fédérale. Voyons donc comment se répartissent les fonctionnaires nés au Canada, selon leur lieu de naissance.

TABLEAU 3

Pourcentage de fonctionnaires de l'échantillon nés au Québec et dans le reste du Canada, par langue officielle (n = 549*)

Langue Origine	Anglais	Français	Total
Canada	57,6	7,1	64,7
Québec	9,5	25,9	35,3
Total	67,0	33,0	100,0

* Les données excluent les personnes nées à l'étranger ou dont le lieu de naissance ou la langue officielle est inconnu. Adapté de Statistique Canada, *Recensement 1986. Profil de la population immigrante*, référence n° 93-155, janvier 1989.

Des données comparables sur la population née au Canada nous sont fournies par le recensement de 1986:

TABLEAU 4

Pourcentage de population non immigrante par lieu de résidence (Québec et reste du Canada) et par langue officielle (n = 19 605 500*)

Langue Origine	Anglais	Français	Total
Canada	67,1	4,1	71,2
Québec	2,5	26,3	28,8
Total	69,6	30,4	100,0

* Les données ne comprennent que les personnes qui ont déclaré une seule langue officielle comme langue maternelle. Adapté de Statistique Canada, *Recensement 1986. Profil de la population immigrante*, référence n° 93-155, janvier 1989.

Une étude attentive de ces deux tableaux nous instruit sur la disparité entre les hauts fonctionnaires fédéraux et la réalité canadienne.

Lorsqu'on isole les fonctionnaires nés sur le territoire canadien (tableau 3), la surreprésentation de francophones s'accentue sensiblement. Par rapport au tableau 2, on passe de 28,7 à 33,0 %. Cela n'est guère étonnant puisque parmi les fonctionnaires immigrants, près de 90 % optent pour l'anglais, ou l'ont déjà comme langue maternelle (voir le tableau A-1).

Ce qui frappe davantage, c'est la position respective des deux minorités de langue officielle. En effet, les Anglo-Québécois ne représentent que 2,5 % de la population née au Canada (tableau 4), alors qu'ils représentent 9,5 % de notre échantillon (tableau 3). Ensuite, les Canadiens français (hors Québec), qui ne forment que 4,1 % de la population canadienne, en représentent ici 7,1 %. Ainsi, si on les combine, on retrouve 16,6 % de représentants des minorités de langues officielles dans la haute fonction publique (nés au Canada), alors que seulement 6,6 % de la population en font partie.

Par contre, seulement 25,9 % de l'échantillon est composé de natifs francophones du Québec, contre 26,3 % dans la population non immigrante. La surreprésentation de francophones et de Québécois ne s'explique donc pas par la présence de francophones québécois.

Un bilinguisme à sens unique?

La seconde série de données extraites de notre échantillon porte sur les connaissances linguistiques des hauts fonctionnaires. L'argument est très simple. Comme en fait foi le tableau A-2 (en annexe), tous les fonctionnaires francophones (208) connaissent l'anglais. Ainsi, les francophones représentent à eux seuls 42,4 % (208/490) des effectifs bilingues de la fonction publique, selon l'échantillon de hauts fonctionnaires que nous utilisons. Les 57,6 % (282/490) qui restent sont évidemment anglophones. Mais ce groupe de fonctionnaires bilingues ne représente que 54,5 % (282/517) du total des anglophones. La question qui nous vient à l'esprit est la suivante: où donc sont concentrés les 235 fonctionnaires anglophones unilingues qui restent?

Un Québec bilingue dans un Canada anglais

Les données tirées du *Ottawa's Senior Executive Guide* permettent de classer les hauts fonctionnaires fédéraux selon leur lieu de travail. En effet, si la majorité (73,8 %) des personnes répertoriées travaillent dans la région de la capitale fédérale, il en reste un bon nombre (15,0 %) qui travaillent à l'étranger pour le Service extérieur, et un certain nombre (11,1 %) dans les provinces. Nous avons exclu de l'échantillon les fonctionnaires des commissions itinérantes.

TABLEAU 5

Connaissance des langues officielles en fonction du lieu de travail

Bilinguisme Lieu de travail	Bilingue	Unilingue	Total
Ottawa-Hull	370	160	530
(Ottawa)	(306)	(133)	(439)
(Hull)	(64)	(27)	(91)
Étranger	80	28	108
Provinces	35	45	80
(Québec)	(21)	(2)	(23)
(Reste du Canada)	(14)	(43)	(57)
Total	485	233	718

Ce que le tableau 5 nous indique, c'est que les régions d'Ottawa et de Hull ne présentent pas de différences significatives entre elles quant aux taux de bilinguisation. La comparaison vaut également pour les postes à l'étranger. Là où l'on retrouve une disproportion de fonctionnaires unilingues, c'est dans les provinces anglaises du Canada, où plus de 75 % des hauts fonctionnaires ne parlent que l'anglais. Par contre au Québec, où se trouvent 28,8 % des postes situés dans les régions, on ne compte pas un seul haut fonctionnaire francophone unilingue. On y trouve même deux anglophones unilingues!

En résumé, la fonction publique centrale du gouvernement fédéral est composée d'un grand nombre de francophones et de Québécois, mais d'une proportion à peu près équitable de francophones québécois. Le fardeau du bilinguisme y est porté par les francophones, alors que la langue commune est l'anglais. Il est possible de poursuivre une carrière de haut fonctionnaire sans apprendre le français. C'est surtout vrai à l'extérieur du Québec et de la région de la capitale fédérale, mais c'est aussi vrai au Québec où la connaissance de l'anglais est nécessaire à tous.

L'exécutif politique: le cabinet

Depuis plus d'une décennie, on entend une plainte incessante gronder dans l'Ouest canadien, à savoir que le centre du Canada, et surtout le Québec, contrôle le gouvernement du Canada. Cette insatisfaction envers le gouvernement fédéral trouve son écho dans le rapport du Comité spécial de l'Assemblée législative de l'Alberta qui, en 1985, mettait de l'avant l'idée d'un Sénat «Triple-E»: élu, égal et efficace.

> There is a feeling that [...] fundamental changes to Confederation are required in order to ensure that the Western and Atlantic provinces in particular are adequately represented in the federal decision-making process. In the last few years Albertans have experienced feelings of alienation unmatched in past decades of Confederation[18].

Ce sentiment d'aliénation était fondé sur les politiques du gouvernement Trudeau envers l'Ouest. Il était aussi le résultat d'une accumulation de frustrations devant la sous-représentation constante des provinces de l'Ouest dans les caucus du Parti libéral au pouvoir[19]. L'arrivé des conservateurs avait créé des attentes qui n'ont pas toutes été satisfaites. Cela n'a fait qu'intensifier le sentiment d'aliénation de l'Ouest.

Pendant ce temps, l'attention portée au Québec, de même que la présence très marquée des ténors fédéralistes québécois dans les cabinets Trudeau, a laissé une impression de déséquilibre. En effet, les Québécois, grâce à leur habitude de voter en bloc, voient la très grande majorité de leurs députés siéger du côté du pouvoir. Jackson rapporte que cela a été le cas lors de 27 des 32 élections fédérales depuis 1867. Même qu'en 1921, le Parti libéral a remporté tous les sièges en jeu au Québec[20]. Par conséquent, les députés du Québec sont surreprésentés dans le caucus ministériel. Or l'arrivée en masse de nouveaux députés de l'Ouest dans le caucus conservateur en 1984 n'a pas entraîné la disparition du contingent québécois. Encore une fois, les électeurs du Québec avaient «voté du bon bord».

Ce phénomène oblige nécessairement le premier ministre du jour à gouverner avec la confiance d'un bon nombre de députés du Québec. Mais dans quelle mesure est-ce que cet ascendant du Québec se traduit par une présence accrue au sein du Conseil des ministres?

Jusqu'à ce jour, les études sur la formation des cabinets sont restées de l'ordre du qualitatif, ou même du narratif. Quelques études récentes sont de ce type[21] . Afin de la rendre compatible avec les données de la première partie, et celles qui ont déjà été compilées par Jackson sur les caucus ministériels, l'étude qui suit sera quantitative. Elle cherchera moins à savoir la manière par laquelle un ministre a été nommé, ou son influence dans le cabinet, qu'à relever la présence de ministres francophones et anglophones, Québécois ou non. L'objectif est de savoir dans quelle mesure la surreprésentation des Québécois dans les caucus ministériels a donné lieu à une présence disproportionnée dans le cabinet. Nous nous intéresserons ensuite aux effectifs francophones et aux francophones québécois dans les 15 derniers cabinets fédéraux.

Le «Québec Power»: les cocus du caucus

Le tableau A-3 (en annexe) présente de façon détaillée la provenance et la langue des ministres nommés au cabinet immédiatement après les 15 dernières élections générales fédérales. Le total de 399 ministres ne représente pas des personnes physiques, puisqu'un grand nombre d'individus ont fait partie de plusieurs cabinets. Les tableaux 6A et 6B présentent des données plus fines.

Que peut bien révéler ce tableau qui rend méconnaissables les données recueillies auparavant? La première partie (6a) montre, pour chaque cabinet inaugural depuis 1945, le pourcentage de députés québécois dans les trois instances du Parlement. La seconde (6b) indique, pour chaque année, s'il y a surreprésentation, sous-représentation ou représentation proportionnelle de députés québécois dans les instances supérieures par rapport aux instances inférieures, une représentation proportionnelle étant égale à 1.

On voit qu'effectivement les députés québécois sont presque constamment en surnombre dans le caucus ministériel par rapport à la Chambre des communes, excepté pour les gouvernements de Diefenbaker et de Clark (1957, 1958, 1962, 1979). Le rapport moyen pour les 15 législatures est de 1,17.

Cependant, la situation est différente lorsqu'on s'arrête au cabinet. En effet, les périodes de sous-représentation (1957, 1958, 1962, 1963, 1979) font contrepoids aux périodes de surreprésentation. Parmi ces cabinets du «Québec Power», notons le premier et le troisième de Trudeau (1968 et 1974), de même que celui qui a été mis sur pied pendant la campagne référendaire du Québec, en 1980. À noter que P. E. Trudeau a été beaucoup plus prudent après l'élection qui l'a reconduit avec une pluralité de députés, en 1972. Cependant, le rapport moyen de la présence québécoise au cabinet par rapport à la Chambre n'est que de 1,04.

Enfin, pour remettre la surreprésentation des Québécois au caucus ministériel en perspective, comparons-la à leur présence au cabinet. Sauf pour les situations où des premiers ministres conservateurs ont eu à faire face à des caucus exceptionnellement petits[22], la surreprésentation des Québécois au caucus est généralement réduite au cabinet. Grosso modo, la présence québécoise au cabinet n'est donc pas exagérée par rapport à sa présence dans le caucus. Le gros des troupes ministérielles québécoises est donc composé de députés sans portefeuille, de *backbenchers*.

En somme, le nombre de députés du Québec à la Chambre des communes est en constant déclin depuis 1945 puisqu'il suit le poids démographique du Québec dans la

TABLEAU 6A

Proportion de députés Québécois à la Chambre des communes, au caucus ministériel, dans le cabinet après chaque élection depuis 1945

Lieu / Année	Chambre (%)	Caucus (%)	Cabinet (%)
1945	26,5	43,2	30,0
1948	27,9	34,7	28,6
1953	28,3	38,8	28,6
1957	28,3	8,0	11,8
1958	28,3	24,0	21,8
1962	28,3	12,1	18,2
1963	28,3	36,4	26,9
1965	28,3	42,7	34,6
1968	28,0	36,1	42,3
1972	28,0	51,4	33,3
1974	28,0	42,6	39,3
1979	26,6	1,5	13,3
1980	26,6	50,3	37,5
1984	26,6	27,5	28,9
1988	25,4	37,3	33,3

TABLEAU 6B

Rapport de surreprésentation des députés québécois dans le caucus ministériel et dans le cabinet en relation avec leur proportion à la Chambre

Caucus / Chambre	Chambre / Cabinet	Cabinet / Caucus
1,62	1,13	0,69
1,24	1,03	0,82
1,35	1,01	0,74
6,28	0,42	1,48
0,85	0,77	0,91
0,43	0,64	1,50
1,29	0,95	0,74
1,51	1,22	0,81
1,29	1,51	1,17
1,85	1,19	0,64
1,52	1,40	0,92
0,06	0,50	8,73
1,89	1,40	0,75
1,03	1,08	1,05
1,47	1,31	0,89

Source: Robert J. Jackson, *Politics in Canada*, 2e éd., Scarborough (Ont.), Prentice-Hall, 1990, p. 444-445; voir aussi le tableau A-3 de l'annexe.

fédération. Par contre, les habitudes électorales des Québécois ont fait en sorte qu'on les a retrouvés en surnombre dans les caucus ministériels, ce qui, cependant, ne s'est pas traduit par une présence accrue dans les cabinets fédéraux. Maintenant, comment peut-on décrire la présence francophone au cabinet?

L'épiphénomène du «French Power»

TABLEAU 7A		TABLEAU 7B		
Proportion de députés francophones dans le cabinet après chaque élection depuis 1945		Rapport de surreprésentation des députés francophones au cabinet en relation avec leur proportion dans la population		
Année du cabinet	Lieu Cabinet (%)	Population (%)	Cabinet Population	Lieu Année du recensement
1945	30,0	34,1	0,88	1941
1949	28,6	32,9	0,87	1951
1953	28,6	32,9	0,86	1951
1957	5,9	32,4	0,18	1961
1958	13,0	32,4	0,40	1961
1962	13,5	32,4	0,42	1961
1963	38,5	32,4	1,19	1961
1965	38,5	32,4	1,19	1961
1968	43,2	30,9	1,40	1971
1972	33,3	30,9	1,08	1971
1974	35,7	30,9	1,15	1971
1978	13,3	29,5	0,45	1981
1982	46,9	29,5	1,59	1981
1984	23,7	28,8	0,82	1986
1988	30,8	28,8	1,07	1986

Sources: Tableau A-3 et adaptation des données des recensements de 1941 à 1986, en excluant les sujets dont la langue maternelle n'est ni l'anglais ni le français.

Nous pouvons déceler en deux occasions une surreprésentation notable de francophones au sein du cabinet (tableau 7B). En 1968, lors de l'arrivée de Trudeau, et en 1980, à quelques mois du référendum sur la souveraineté-association. Le rapport de surreprésentation atteint alors 1,40 et 1,59 respectivement. En d'autres temps, les francophones sont ou bien sous-représentés, ou très peu surreprésentés au sein du cabinet par rapport à leur proportion dans la population. Le rapport moyen pour les 15 cabinets est de 0,90. S'il y eut un «French Power», ce fut un épiphénomène très peu représentatif de la réalité. Où sont donc ces francophones québécois qui dirigeraient le Canada?

Les minorités au pouvoir?

Les deux tableaux suivants nous indiquent la langue et la provenance de l'ensemble des ministres de 1945 à 1988, par rapport à la population canadienne de 1971.

TABLEAU 8

Pourcentage de ministres représentant le Québec et le reste du Canada, par langue; total des 15 cabinets

Langue / Origine	Anglais	Français	Total
Canada	64,2	6,5	70,7
Québec	6,8	22,7	29,3
Total	69,9	29,1	100,0

Source: Données adaptées du tableau A-3.

TABLEAU 9

Pourcentage de la population canadienne, par lieu de résidence (Québec et reste du Canada), 1971

Origine \ Langue	Anglais	Français	Total
Canada	64,9	4,9	69,9
Québec	4,2	25,9	30,1
Total	69,1	30,9	100,0

Source: Statistique Canada, *Recensement du Canada 1971. Population. Langue maternelle,* cat. n° 92-725, avril 1973.

Comme le révèlent les deux tableaux précédents, la surreprésentation des Québécois et des francophones observée dans l'administration publique n'existe plus dans l'exécutif politique. De 1945 à 1988, les Québécois (29,3 % par rapport à 30,1 %), et les francophones (29,1 %/30,9 %) sont légèrement sous-représentés.

Par contre, les Anglo-Québécois (6,8 % par rapport à 4,2 %) et les Canadiens français (6,5 %/4,9 %) sont en surnombre. Ces groupes ont un rapport de surreprésentation combiné de 1,45 (il était de 2,52 au niveau des hauts fonctionnaires). Fait à signaler ici, le surplus de représentants des minorités de langues officielles se fait aux dépens des francophones du Québec (dont le rapport de sous-représentation est de 0,87). Dans la première partie de cette étude, ce sont les Canadiens anglais qui avaient été affectés par la surreprésentation des minorités de langues officielles (rapport de 0,86).

En somme, si on se fie aux données exposées dans cette deuxième partie, la direction politique du Canada n'est le repaire ni d'un «Québec Power» ni d'un «French Power», et encore moins d'un «French Québec Power». En effet, il n'y a pas de surplus de Québécois ni de francophones au cabinet. Par contre une partie des postes qui devraient être occupés par des francophones québécois le sont par des membres des minorités de langues officielles.

Conclusion: l'illusion de la politique des langues officielles

Le «French Québec Power» est une hyperbole fondée sur la présence démesurée d'anglophones du Québec et de francophones du reste du Canada. L'affirmation que les francophones du Québec occupent une trop grande place dans les institutions centrales du Canada tient donc plutôt du mythe[23].

Le surnombre de francophones québécois au cabinet est, au mieux, un épiphénomène relié à la trudeaumanie de 1968 et à la campagne référendaire de 1980. Historiquement, en fait, ils ont été sous-représentés dans l'ensemble des premiers cabinets des législatures fédérales depuis 1945, au bénéfice des minorités de langues officielles.

Ce surplus de membres des minorités de langues officielles est aussi observé dans la haute fonction publique, où les francophones québécois occupent leur juste part des postes. Cet excès d'Anglo-Québécois et de Canadiens français des provinces anglaises existe donc aux dépens des Canadiens anglais.

L'ascendant des minorités au sein du gouvernement fédéral peut s'expliquer comme une récompense pour leur tendance à voter pour le Parti libéral du Canada. Comme l'ont rapporté deux politicologues de Toronto:

> The linguistic minorities — English in Quebec and French outside Quebec — are significantly more likely across all six elections to vote Liberal. The figures [...] can be seen as evidence of a long-term tendency for the Liberal party to become a party of minorities — before, during and after Trudeau[24].

À son arrivée à la tête du gouvernement fédéral, Trudeau a établi une politique fédérale des langues officielles, comprenant plusieurs volets. Au début des années soixante, un des griefs des francophones québécois visait particulièrement la place occupée par les Canadiens français dans les institutions centrales. Est-ce que les vingt-cinq dernières années y ont changé quelque chose[25]?

Bien sûr, il est loin le temps où on ne comptait que 3 francophones parmi les 37 «mandarins», les fonctionnaires les mieux placés à Ottawa[26]. Notre étude de la haute fonction publique a montré que les francophones québécois y sont en nombre suffisant, quoiqu'il existe maintenant un surplus de francophones. Mais cela n'empêche pas le milieu de travail fédéral d'être anglophone, selon l'Institut professionnel de la fonction publique fédérale[27].

En clair, la langue commune de la fonction publique outaouaise est l'anglais. Ce phénomomène peut être partiellement attribué à la présence d'un fort contingent de fonctionnaires anglophones unilingues, situation qui n'a guère changé depuis la commission Laurendeau-Dunton. Ainsi, si le désavantage historique des francophones a été corrigé sur le plan de l'accès à l'emploi, il ne l'a pas été du côté de la langue de travail.

La philosophie qui prévaut à Ottawa est celle de Trudeau: on exclut à l'avance l'obligation d'utiliser le français, parce que les droits linguistiques sont vus comme des droits individuels et non collectifs. D'Iberville Fortier, Commissaire sortant aux langues officielles, résume à la fois la problématique des langues officielles et l'approche adoptée à Ottawa:

> Les Canadiens d'expression française sont mieux représentés dans l'ensemble de l'appareil fédéral; on leur procure généralement les moyens de travailler dans leur langue et le nombre de collègues anglophones capables de maîtriser le français est plusieurs fois supérieur à ce qu'il était autrefois. [...] Que l'on soit francophone et désireux d'utiliser sa langue dans son travail ou que l'on soit anglophone et que l'on ait besoin de mettre en pratique le français appris, il n'y a pas d'excuse, il faut foncer pour faire le premier pas. [...] [Cela] impose à la majorité une sorte de noblesse de cœur, l'obligeant à ignorer le principe selon lequel la raison du plus fort est toujours la meilleure[28].

Il s'agit là d'une approche volontariste, préconisée par ailleurs par Don Getty de l'Alberta, qui ne tient pas compte des «tendances lourdes» du rapport anglais-français au Canada. Comme l'a fait remarquer le politicologue Samuel LaSelva: «*If a minority language is surrounded by a language whose speakers are more numerous and more prosperous, the pressures of linguistic assimilation will be enormous*[29].»

La perspective d'un changement de politique est illusoire puisqu'on a déjà atteint les limites de la tolérance du Canada anglais et celles des goussets du gouvernement fédéral. À la fin de 1990, Gilles Loiselle, président du Conseil du Trésor, a affirmé qu'il n'était pas question d'imposer le français, langue de travail[30].

Depuis le milieu des années soixante, Ottawa n'aura changé qu'en surface. D'ailleurs, selon D'Iberville Fortier lui-même, c'est Montréal, plutôt qu'Ottawa, qui a l'apparence d'une ville bilingue. Le premier rapport de son successeur, Victor Goldbloom, confirme que c'est au Québec que se concentrent les postes bilingues de la fonction publique fédérale[31]. La fonction publique fédérale continuera donc d'être un foyer d'assimilation pour les francophones du Québec et du Canada.

Trente ans après la Commission royale d'enquête sur le bilinguisme et le biculturalisme, dont il avait été le directeur de la recherche, Michael Oliver nous en rappelle les circonstances politiques:

> Une des façons dont le gouvernement Pearson a tenté de composer avec le retour du nationalisme au Québec a été de créer la Commission [...] et d'en nommer André Laurendeau comme un des deux présidents[32].

Malheureusement, Pierre Elliott Trudeau a remplacé Lester B. Pearson et «Trudeau voulait une approche très étroite, orientée vers les problèmes de la langue[33]». Dès 1963, Oliver parlait de l'insuffisance d'une approche individuelle des problèmes linguistiques: «*It is unlikely, however, that changes in the civil service will be enough to relieve feelings of injustice in French Canada*[34].»

La politique linguistique fédérale n'a créé que l'illusion d'un pouvoir québécois francophone à Ottawa: elle n'a pas tant promu les francophones québécois que les membres de minorités de langues officielles. De plus, la «réforme» de la fonction publique est un cadeau à la Pyrrhus: les bureaux du gouvernement fédéral demeurent un lieu où la domination démographique de l'anglais continue de se faire sentir à tous les jours.

Par ailleurs, qu'est-ce qui empêche Ottawa de régler les autres aspects du contentieux québécois? Il y a évidemment le «mandarinat fédéral», ces hauts fonctionnaires qui refusent que l'on décentralise la fédération[35]. Parmi ceux-ci, même les francophones québécois sont «hérissés» par le rapport Allaire[36.] Selon eux, les Anglo-Québécois et les Canadiens français ont peu d'intérêt à ce que les provinces soient maître d'œuvre des communications et des politiques culturelles.

Donc, il y a fort à parier que le gouvernement fédéral conservera l'essentiel de ses compétences. Dans ces conditions, le Québec a tout intérêt à ce que ses représentants exercent du pouvoir à Ottawa. Mais la présence massive de Québécois dans le caucus ministériel n'est pas la garantie d'une influence équivalente dans le cabinet. D'ailleurs, la surreprésentation du Québec au caucus du parti au pouvoir est fonction de deux conditions. La première est la nécessité pour les électeurs du Québec de voter «en bloc» pour le même parti, comportement qui les éloigne du pluralisme des idées cher à P. E. Trudeau. La seconde condition est que le Québec continue d'envoyer suffisamment de députés à Ottawa pour qu'aucun gouvernement ne puisse gouverner sans le «bloc» québécois. Or le poids démographique du Québec tend à diminuer[37]. Ainsi, la prochaine révision de la carte électorale devrait se traduire par une perte de poids politique pour la province de Québec.

Par conséquent, seul le retrait du Québec de la fédération canadienne saurait accroître le contrôle des Québécois sur leurs affaires et répondre aux insatisfactions exprimées par le Québec depuis la Révolution tranquille.

ANNEXE

TABLEAU A-1

Première langue officielle apprise en fonction du lieu de naissance de 733 hauts fonctionnaires fédéraux

Langue / Origine	Anglais	Français	Inconnue	Total
Canada	316	39	2	357
Québec	52	142	0	194
Étranger	95	11	1	107
Inconnue	54	16	5	75
Total	517	208	8	733

Source: Ottawa's Senior Executive Guide, 1990 et 1991, Toronto, Info Globe, 1990 et 1991.

TABLEAU A-2

Première langue officielle apprise en fonction du bilinguisme de 725 hauts fonctionnaires fédéraux

Langue / Bilinguisme	Anglais	Français	Total
Bilingue	282	208	490
Unilingue	235	0	235
Total	517	208	725*

* Exclut les 8 individus dont la langue n'est pas connue.

Source: Ottawa's Senior Executive Guide, 1990 et 1991, Toronto, Info Globe, 1990 et 1991.

Note sur la source: Ce répertoire biographique comprend les personnes occupant les postes les plus élevés dans les 132 principales organisations fédérales, soit les ministères, les sociétés de la couronne, les commissions, le service extérieur, etc. Les biographies de 106 individus n'ayant pas été fournies, nous parlerons d'un «échantillon» de 733 parmi les 849 plus importants fonctionnaires. Le guide de 1991 n'indiquait pas la première langue officielle apprise. En cas de doute, le guide de 1990 a été utilisé pour obtenir cette information. À noter que le *Ottawa's Senior Executive Guide* n'est offert qu'en anglais.

TABLEAU A-3

Membres des cabinets inauguraux selon la langue officielle et le lieu représenté (Québec et reste du Canada), par législature, 1945-1988

Année	Québec (total)	Canada (total)	Français (total)	Anglais (total)	MLO*	Français Qué.-Can.		Anglais Qué.-Can.		Total
						Qué.	Can.	Qué.	Can.	
1945	6	14	6	14	4	4	2	2	12	20
1949	6	15	6	15	4	4	2	2	13	21
1953	6	15	6	15	4	4	2	2	13	21
1957	2	15	1	16	1	1	0	1	15	17
1958	5	18	3	20	2	3	0	2	18	23
1962	4	18	3	19	1	3	0	1	18	22
1963	7	19	10	16	5	6	4	1	15	26
1965	9	17	10	16	5	7	3	2	14	26
1968	11	15	11	15	6	8	3	3	12	26
1972	10	20	10	20	4	8	2	2	18	30
1974	11	17	10	18	5	8	2	3	15	28
1979	4	26	4	26	2	3	1	1	25	30
1980	12	20	15	17	5	11	4	1	16	32
1984	11	27	9	29	2	9	0	2	27	38
1988	13	26	12	27	3	11	1	2	25	39
Total	117	282	116	283	53	90	26	27	256	399

* MLO: Minorités de langues officielles.

Sources: Canada, Bureau du Conseil privé/Archives publiques, *Répertoire des ministères canadiens depuis la Confédération*, 1er juillet 1867–1er février 1982 (sous la direction de Jack L. Cross), Ottawa, Approvisionnements et Services Canada, 1982.

Guide parlementaire canadien, 1967-1992, diverses années, Ottawa, Normandin/Globe and Mail Publishing.

J. K. Johnson, *The Canadian Directory of Parliament 1867-1967*, Ottawa, Public Archives of Canada, 1968.

Notes

1. Canada, Commission royale d'enquête sur le bilinguisme et le biculturalisme, *Rapport préliminaire*, 1965, p. 5.

2. La notion de francophone québécois est développée par Gérard Bouchard, François Rocher et Guy Rocher, *Les Francophones québécois*, Montréal, Conseil scolaire de l'île de Montréal, 1991, p. 1-5. Il s'agit d'un ensemble plus large que les «Québécois de souche», qui comprend tous les citoyens de langue française établis depuis plus d'une génération.

3. Pierre Elliott Trudeau, «Des valeurs d'une société juste», dans T. A. Axworthy et P. E. Trudeau, *Les années Trudeau. La recherche d'une société juste*, Montréal, Le Jour, éditeur, 1990, p. 390.

4. *Ibid.*, p. 403. Le développement régional visait à contrer tout «régionalisme». Tout comme le «nationalisme québécois», le «provincialisme» était une force centrifuge qui menaçait l'unité du Canada.

5. «Aide fédérale: le Québec est en queue de peloton», *La Presse*, 30 novembre 1991, p. A1-A2.

6. Pierre Elliott Trudeau, «La nouvelle trahison des clercs», dans Yvan Lamonde et Gérard Pelletier (dir.), *Cité Libre. Une anthologie*, Montréal, Stanké, 1991, p. 152.

7. Gérard Pelletier, «1968: l'humeur du Québec et la politique des langues», dans Axworthy et Trudeau (dir.), *Les années Trudeau, op. cit.*, p. 236.

8. Le sénateur Kirby va plus loin en affirmant que l'objectif ultime était de contrer la loi 101 qui limitait l'accès à l'école anglaise au Québec. Voir «Les droits linguistiques ont primé sous Trudeau», *Le Devoir*, 13 avril 1992.

9. Statistique Canada, *Recensement 1986. Le Canada. Un profil linguistique*, série «Le Canada à l'étude», 1986.

10. Taylor Cole, *The Canadian Bureaucracy. A Study of Canadian Civil Servants and Other Public Employees, 1939-1947*, Durham (N. C.), Duke University Press, 1949, p. 89-90.

11. Gordon Robertson, «Les principes et l'art du possible», *Langue et société*, n° 10, été 1983, p. 14.

12. Commissaire aux langues officielles, *Rapport annuel 1990*, Ottawa, Approvisionnements et Services Canada, 1991, p. 345.

13. Pelletier, *op.cit.*, p. 237.

14. Sauf exception, nous emploierons le mot «francophones» et «anglophones» pour désigner les personnes dont la première langue officielle
apprise est respectivement le français et l'anglais, afin d'alléger la
lecture de cette étude.

15. Données tirées du recensement de 1986 par Louise M. Dallaire et
Réjean Lachappelle, Secrétariat d'Etat, *Profils démolinguistiques. Une
synthèse nationale*, Ottawa, Direction générale de la promotion des
langues officielles, 1990, p. 19.

16. Voir «Langues de travail: on n'y travaille guère», chapitre 4 du *Rapport
annuel 1990* du Commissaire aux langues officielles, p. 144-150.

17. Winnett Boyd, dans J. V. Andrew, *Bilingual Today, French Tomorrow.
Trudeau's Master Plan and How It Can Be Solved*, Richmond Hill (Ont.),
BMG Publishing, 1977, p. v.

18. Alberta, Legislative Assembly, *Strengthening Canada. Reform of the
Senate*, Report of the Alberta Select Special Committee on Upper
House Reform, Edmonton (Alta.), Plains Publishing, mars 1985, p. 10.

19. Voir Robert J. Jackson, *Politics in Canada*, 2ᵉ éd., Scarborough (Ont.),
Prentice-Hall, 1990, p. 445; William Thorsell, «How Trudeau's Energy
Policy Sowed the Seeds of Senate Reform», *Globe and Mail*, 30 mai
1992, p. D6.

20. *Ibid.*, p. 444.

21. Voir Harman Bakvis, *Regional Ministers. Power and Influence in the
Canadian Cabinet*, Toronto, University of Toronto Press, 1991; John
English, «The "French Lieutenant" in Ottawa», dans R. Kenneth Carty
et W. Peter Ward, *National Politics and Community in Canada*, Vancouver, UBC Press, 1986, p. 184-200. La Commission royale d'enquête sur
le bilinguisme et le biculturalisme avait consacré une recherche sur la
formation des cabinets, de Macdonald (1867) à Saint-Laurent (1958):
Frederick W. Gibson, *La formation du ministère et les relations biculturelles*,
étude nº 6, Ottawa, Imprimeur de la Reine, 1970.

22. En 1979, Joe Clark a fait entrer quatre Québécois au cabinet, dont
deux sénateurs, alors qu'il n'y avait que deux députés à sa disposition.

23. Le journaliste Michel Vastel associe ce phénomène à la présence à
Ottawa de premiers ministres provenant du Québec. De fait, même si
elle était réelle, cette situation serait aléatoire et ne saurait durer.
Voir «La réplique du "French Power"», *Le Droit*, 17 décembre 1991,
p. 15.

24. H. D. Forbes et Joseph F. Fletcher, «Trudeau's Appeal to the Canadian
Electorate: Some Notes for an Analysis», Paper presented to the

Annual Meeting of the Canadian Political Science Association, University of Prince Edward Island, 31 mai 1992, p. 9.

25. Pour des critiques plus globales de cette politique, voir Hubert Guindon, «Modernisation du Québec et légitimité de l'État canadien» (1978), dans Tradition, modernité et aspiration nationale de la société québécoise, Montréal, Édition Saint-Martin, 1990, p. 99-134; Kenneth McRoberts, «Making Canada Bilingual: Illusions and Delusions of Federal Language Policy», dans David P. Shugarman et Reg Whittaker, Federalism and Political Community. Essays in Honour of Donald Smiley, Peterborough (Ont.), Broadview Press, 1989, p. 141-171. Par ailleurs, un récent sondage Gallup démontrait que seulement 19 % des Québécois et 22 % des Canadiens pensent que cette politique est un succès. Voir La Presse, 21 mai 1991, p. E1.

26. Voir «Les mandarins d'Ottawa», Magazine Maclean, vol. III, n° 37, octobre 1964, p. 27, 42.

27. «Fonction publique fédérale: le français piétine», La Presse, 25 mars 1991, p. A1.

28. D'Iberville Fortier, «Rompre avec une vieille habitude», Langue et société, n° 24, automne 1988, p. 12, 13, 14.

29. Samuel LaSelva, «Re-Imagining Confederation: Moving Beyond the Trudeau-Levesque Debate», Communication présentée au congrès annuel de l'Association canadienne de science politique, Université de l'Île-du-Prince-Édouard, 2 juin 1992, p. 14.

30. Voir «Ottawa ne garantit pas le bilinguisme "mur à mur"», La Presse, 5 décembre 1990, p. C10.

31. «Montréal a un visage plus bilingue que la capitale fédérale, selon D'Iberville Fortier», La Presse, 26 mars 1991, p. B1; et «Le Québec souffre de "bilinguite"», Le Droit, 6 mai 1991, p. 21.

32. Michael Oliver, «Laurendeau et Trudeau, leurs opinions sur le Canada», dans Réjean Pelletier et Raymond Hudon (dir.), L'engagement intellectuel. Mélanges en l'honneur de Léon Dion, Québec, Presses de l'Université Laval, 1991, p. 342.

33. Ibid.

34. Article reproduit dans Frank Scott et Michael Oliver, Quebec States Her Case, Toronto, Macmillan of Canada, 1964, p. 5.

35. Voir Michel C. Auger, «Tout ça pour rien!», Le Journal de Montréal, 29 avril 1992, p. 8.

36. Voir «Le Canada des mandarins francophones», La Presse, 25 mai 1991, p. A1-A2.

37. Les données toutes fraîches du recensement de 1991 démontrent qu'aucune autre province n'a perdu autant de poids dans la fédération que le Québec. Depuis 1951, les Québécois sont passés de 28,9 % à 25,3 % de la population canadienne. En comparaison, la Colombie-Britannique est passée de 8,3 % à 12 %. Voir Statistique Canada, *Recensement de 1991. Chiffres de population et des logements,* cat. n° 93-301, 1992, tableau 2.

JACQUES FORTIN

L'intégration des économies au Canada

Le niveau d'intégration de deux ou plusieurs économies se mesure d'abord, bien sûr, par le niveau des échanges commerciaux, et le plus souvent les auteurs s'en tiennent aux échanges de biens pour le mesurer. Mais l'image que ces données peuvent fournir est forcément incomplète. En particulier, elle ne tient pas compte du mouvement des capitaux, ni de l'intégration des entreprises et du système financier, ni du mouvement des personnes, qui demeurent aussi des indices importants de mesure de l'intégration économique.

En fait, on devrait mesurer les effets d'une union économique sur le niveau d'intégration de deux ou plusieurs économies à partir d'indicateurs reliés aux caractéristiques qu'on a voulu donner à cette union, car ce sont elles qui ont le plus de chance de contribuer à sa structuration.

Le Canada, sur le plan économique, possède toutes les caractéristiques d'une union économique et monétaire où, en principe, la libre circulation des biens, des services, des capitaux et des personnes est assurée. Le fait que s'ajoute à l'union économique une union politique, assortie d'un partage des pouvoirs entre le gouvernement fédéral et les provinces, devrait logiquement conduire à une intégration économique encore plus forte. Le présent texte fait le point sur le niveau d'intégration économique des provinces qu'a entraîné l'union économique canadienne.

Les fondements de l'union économique canadienne

La Constitution

C'est dans la Constitution que l'on retrouve les fondements de l'union économique canadienne. L'article 121 garantit la libre circulation des biens. L'article 122 prévoyait une disparition progressive des droits de douane et d'accises imposés par les provinces à mesure que les lois du Parlement fédéral remplaceraient les lois des provinces touchant ces matières. Ainsi, le Canada devenait une union douanière. La monnaie de même que l'incorporation et la réglementation des banques ayant été déclarées des domaines de compétence fédérale, une union monétaire était ainsi instaurée, et la libéralisation du mouvement des capitaux en fut grandement facilitée.

La création de l'union politique a bien sûr entraîné la libre circulation des personnes. La Charte de 1982 vient garantir ce droit de même que celui pour les citoyens canadiens «d'établir leur résidence et de gagner leur vie dans toute province». Ce dernier droit est subordonné aux lois en vigueur dans une province pourvu que ces lois n'établissent pas de distinctions basées sur la province de résidence.

En vertu de la Constitution actuelle et de l'interprétation que les tribunaux ont donné à certains articles, le gouvernement fédéral a le pouvoir exclusif de légiférer en matière de commerce international, d'assurance-chômage, de navigation, de chemins de fer, de pêches, de faillites, de brevets ainsi qu'en matière de commerce et de transport interprovincial. Dans le domaine de l'agriculture, un pouvoir concurrent est donné aux deux ordres de gouvernement, mais les lois fédérales l'emportent sur les lois provinciales. Les provinces ont le pouvoir de légiférer en matière de propriété et de droit civil; elles peuvent aussi adopter des lois et des règlements liés aux ouvrages et aux entreprises de nature locale. Les provinces ont donc autorité uniquement pour la réglementation du commerce et des marchés sur leur territoire. Dans les cas où les pouvoirs du fédéral et ceux des provinces entrent en conflit, par exemple, pour la réglementation des entreprises œuvrant dans un champ de compétence fédérale, c'est habituellement le pouvoir fédéral qui est prépondérant.

De plus, la Constitution accorde au gouvernement fédéral le pouvoir de légiférer «pour la paix, l'ordre et le bon gouvernement» dans toutes les matières ne tombant pas dans les domaines désignés comme étant de compétence provinciale. Autrement dit, les pouvoirs non énumérés dans la Constitution relèvent, en général, du fédéral. En vertu de cette disposition, le gouvernement central a hérité en grande partie du pouvoir de légiférer dans les domaines de la radio, de la télévision et de la câblodistribution.

Le gouvernement fédéral détient aussi un pouvoir extraordinaire: le pouvoir déclaratoire. Ce pouvoir lui permet de déclarer à l'avantage du Canada des travaux ou ouvrages dont la réglementation relèverait normalement des provinces et, ainsi, de les faire passer sous sa compétence. C'est de cette façon qu'il s'est attribué le pouvoir de légiférer en matière d'énergie atomique et celui de réglementer Bell Canada et d'autres compagnies de téléphone. En vertu de la Constitution, les provinces auraient dû avoir le pouvoir de réglementer les communications intraprovinciales et le fédéral, les communications interprovinciales et internationales.

Les deux ordres du gouvernement ont des pouvoirs de taxation, mais ceux du gouvernement fédéral sont illimités, ce qui a aussi été interprété comme un pouvoir de dépenser en toute matière, y compris celles qui sont du ressort des provinces, comme la formation de la main-d'œuvre, la santé et l'éducation.

Le rôle joué par la politique économique

Mais la Constitution canadienne n'est pas le seul instrument qui a forgé l'union économique canadienne. En particulier, les politiques économiques du gouvernement fédéral ont joué un rôle important.

Ainsi, le mur douanier qui a été érigé autour du Canada sous l'impulsion de la *National Policy* de John A. Macdonald, au début de la fédération, lié au développement des infrastructures de transport, a sans contredit aidé au développement des échanges à l'intérieur du Canada et, de ce fait, à la croissance de l'intégration des économies des provinces.

La ligne Borden, les subventions du transport des céréales de l'Ouest, la réglementation des banques, la Loi sur les brevets, les transferts conditionnels aux provinces, en particulier en matière de santé, la Loi sur l'assurance-chômage et les lois qui encadrent les télécommunications sont autant d'exemples de politiques qui ont influencé la structuration de l'union économique canadienne et son intégration.

L'intégration des économies des provinces

Le commerce interprovincial des biens

Les échanges entre les provinces constituent la mesure de l'intégration des économies au Canada la plus utilisée. Nous devons à Pierre-Paul Proulx un examen approfondi de ces échanges[1]. Les résultats de ses analyses (voir le tableau 1) montrent que:

- le commerce international des biens est plus important que le commerce interprovincial;

- le secteur manufacturier québécois est relativement plus intégré à l'économie canadienne que le secteur manufacturier des autres provinces, dont celui de l'Ontario;

- l'économie de la Colombie-Britannique est celle dont le niveau de relation commerciale avec les autres provinces est le moins élevé.

Tableau 1

Répartition des livraisons manufacturières des régions canadiennes en 1984

Origine des biens et services	Destination		
	Région d'origine	Reste du Canada	Étranger
Atlantique	54 %	18 %	28 %
Québec	52 %	27 %	21 %
Ontario	52 %	17 %	31 %
Prairies	69 %	18 %	13 %
Colombie-Britannique	51 %	14 %	35 %
Total	54 %	19 %	27 %

Source: Pierre-Paul Proulx et Guilain Cauchy, *Un examen des échanges commerciaux du Québec avec les autres provinces canadiennes, les États-Unis et le reste du monde.* Commission sur l'avenir politique et constitutionnel du Québec, Document de travail n° 1, Québec, 1991.

Plusieurs facteurs peuvent expliquer ces constats, dont la concentration de l'industrie manufacturière dans le centre du Canada. Quant à l'écart observé entre le Québec et l'Ontario dans le niveau d'intégration de leur secteur manufacturier respectif avec celui des autres provinces, il s'explique avant tout par l'importance démesurée de l'industrie automobile en Ontario, laquelle représente 27 % de sa production manufacturière. L'importance de cette production permet à l'Ontario d'avoir une industrie manufacturière deux fois plus importante que celle du Québec et de contribuer à 49 % des exportations canadiennes, alors que la province ne contribue qu'à 40 % de la production intérieure. Le Québec pour sa part a une contribution à la production canadienne équivalente à son poids démographique.

Par ailleurs, un examen plus détaillé des destinations des expéditions manufacturières du Québec et de l'Ontario fait ressortir l'intégration poussée des deux économies au niveau manufacturier. Ainsi, 75 % des expéditions manufacturières du Québec vers les autres provinces canadiennes sont destinées à l'Ontario. En contrepartie, les expéditions ontariennes à destination du Québec représentent 83 % de ses expéditions vers les autres provinces canadiennes. Ces proportions sont beaucoup plus importantes que ne peut l'expliquer le poids relatif de chacune des économies.

Sous l'angle évolutif, entre 1974 et 1984, le commerce international des biens des provinces a augmenté beaucoup plus rapidement que le commerce interprovincial. Par exemple, pendant cette période, les expéditions du Québec et de l'Ontario vers les autres provinces ont augmenté respectivement de 2,9 % et 0,2 %, en moyenne par année. En même temps, leurs expéditions manufacturières hors du Canada augmentaient, en moyenne, de 14,7 % et 16,3 %. Le libre-échange canado-américain et la libéralisation des échanges internationaux sont susceptibles d'accentuer cette disparité entre la croissance des échanges interprovinciaux et celle des échanges internationaux.

On remarque par ailleurs que le commerce interprovincial est particulièrement important pour les biens traditionnellement frappés par des droits douaniers et des quotas à l'importation. L'importance de ces secteurs dans l'économie québécoise est d'ailleurs un autre facteur expliquant l'importance relativement plus forte du commerce interprovincial au Québec. Ainsi, des produits comme le cuir, les vêtements et le textile comptent encore pour 21 % des exportations du Québec dans les autres provinces par rapport à seulement 3 % de ses exportations internationales.

De façon générale, on peut conclure qu'outre les contraintes à l'exportation, la proximité géographique joue un rôle déterminant dans le commerce des biens. Par exemple, à eux seuls, le Québec, l'Ontario et le nord-est américain absorbe près de 80 % de la production manufacturière québécoise.

Le commerce interprovincial des services

Lorsque les échanges des services sont pris en compte, le portrait du commerce interprovincial change sensiblement, comme le montre le tableau 2. Alors que le commerce interprovincial garde son importance relative, l'importance du commerce international diminue au profit du commerce intraprovincial.

Une analyse approfondie des échanges fait d'ailleurs ressortir le poids du commerce des services entre les provinces. En 1984, les exportations des services comptaient pour 43 % du commerce interprovincial tandis que les ventes de services du Canada à l'étranger comptaient pour seulement 13 % de ses exportations totales. Pour la plupart des provinces, quatre ou cinq catégories de services viennent en tête de leurs exportations. Les services financiers, le commerce de gros, le transport et l'entreposage occupent une place particulièrement importante dans les échanges interprovinciaux[2]. Cette intégration relativement plus poussée des services est une conséquence directe d'une certaine centralisation des pouvoirs en matière économique, de l'harmonisation des lois et de la réglementation entre les provinces et de la libre circulation des personnes qu'on ne retrouve pas au niveau international.

TABLEAU 2

Répartition de l'ensemble des flux commerciaux des régions canadiennes en 1984

Origine des biens et services	Destination		
	Région d'origine	Reste du Canada	Étranger
Atlantique	72 %	14 %	14 %
Québec	67 %	20 %	13 %
Ontario	64 %	17 %	19 %
Prairies	67 %	18 %	15 %
Colombie-Britannique	71 %	12 %	17 %
Total	66 %	18 %	16 %

Source: Pierre-Paul Proulx et Guilain Cauchy, *op.cit.*

Les échanges interprovinciaux de services sont aussi beaucoup plus dynamiques que les échanges de biens. C'est d'ailleurs ce qui a permis le maintien du niveau des échanges totaux entre les provinces, même si le commerce international des biens a pris le pas sur le commerce interprovincial.

La prise en compte du commerce des services met davantage en relief les liens économiques forts entre l'Ontario et le Québec. En 1984, les exportations totales du Québec vers l'Ontario atteignaient 18 millions de dollars, soit 11,7 % de son PIB; celles de l'Ontario vers le Québec, 21 millions de dollars, soit 7,5 % de son PIB. Par contre, le commerce entre les Maritimes et l'Ouest est pratiquement nul. La proximité des marchés est donc aussi un facteur explicatif important du commerce entre les provinces.

L'intégration par le biais des entreprises

Une autre mesure de l'intégration économique est la présence d'entreprises contrôlées par des capitaux d'une province dans une autre province.

L'examen des revenus des entreprises par province[3] permet de dégager, d'abord, une très grande disparité dans le contrôle des entreprises, d'une province à l'autre. Ainsi, 69 % des revenus des corporations au Québec proviennent d'entreprises sous contrôle québécois. C'est le pourcentage le plus élevé au Canada. À l'autre extrême, cette proportion n'est que de 46 % au Manitoba. En Ontario, elle est de 59 %.

L'Ontario et l'Alberta sont les provinces où le contrôle des entreprises par des entreprises étrangères, mesuré par les revenus, est le plus important: 31 % et 29 % respectivement. En moyenne, au Canada, 26 % de la valeur de la production provient d'entreprises sous contrôle étranger et 14 %, d'entreprises contrôlées dans une autre province. C'est l'Ontario et ensuite le Québec qui contrôlent la part la plus importante d'entreprises d'autres provinces.

La mobilité des personnes

Au cours des vingt dernières années, plus de 350 000 personnes se sont déplacées d'une province à l'autre, en moyenne, chaque année. C'est un indice de la forte mobilité des personnes au Canada. Le Conseil économique du Canada estime que le nombre de travailleurs et travailleuses qui ont changé de province en 1986 représente 8 % du nombre de changement d'emplois. Selon l'organisme, cela représente une contribution significative aux besoins d'ajustement du marché du travail.

En 1981, 61 % de la population canadienne de cinq ans et plus était née dans sa province de résidence, 14 % était née à l'extérieur du Canada et 25 % dans une autre province. Le pourcentage de personnes nées dans une autre province que celle où elles résident varie beaucoup d'une province à l'autre. Par exemple, il est de 18 % en Ontario, de 43 % en Colombie-Britannique et de seulement 6 % au Québec.

De façon générale, les Québécois profitent beaucoup moins de l'avantage de la mobilité des personnes que permet l'union économique canadienne. Cela est encore plus vrai pour les francophones puisqu'ils ne constituent qu'environ 30 % de ceux qui s'établissent dans une autre province. En fait, la langue et la proximité géographique semblent être les facteurs qui expliquent la différence de mobilité d'une province à l'autre.

La mobilité des capitaux

Il n'existe pas de données précises sur la mobilité des capitaux entre les provinces. Nous savons cependant que toutes les conditions sont en place pour qu'une telle mobilité existe et pouvons supposer qu'elle est plus forte que celle des biens, en particulier parce que le gouvernement fédéral a tous les pouvoirs en matière de monnaie et que la réglementation des institutions financières est en grande partie centralisée.

Les taux d'intérêt ne varient pas d'une province à l'autre; le secteur financier occupe une place importante dans le commerce interprovincial des services; la plupart des titres des grandes entreprises canadiennes s'échangent sur les bourses de Montréal et de Toronto à des prix similaires. Ce sont là des indices qui démontrent l'existence d'un mouvement fluide des capitaux au Canada.

Conclusion

Lorsque toutes les données fournies précédemment sur les échanges interprovinciaux et internationaux des provinces sont mises en perspective avec la taille respective des marchés canadien et américain, avec lequel il existe une longue tradition de commerce, on peut conclure que le commerce entre les provinces est important. Le niveau des échanges dans le domaine des services est probablement la caractéristique la plus importante du commerce interprovincial. Ce résultat n'est d'ailleurs pas surprenant puisque la répartition des pouvoirs entre les provinces et le gouvernement central favorise une gestion centralisée de l'économie. De plus, la pratique et la concurrence ont conduit à une harmonisation relativement forte de la fiscalité, des lois et des règlements, des facteurs qui favorisent un niveau élevé du commerce.

Doit-on en conclure pour autant que l'union économique a entraîné une intégration poussée des économies canadiennes? Sans doute moins que ne le montrent les données agrégées, à la lumière du rôle important que joue la proximité géographique pour l'ensemble des aspects d'intégration analysés. Moins aussi que ne le laissent supposer les chiffres, si on considère que le commerce interprovincial incorpore peu de biens qui entrent dans la fabrication d'autres biens et qu'il y a peu de complémentarité entre les économies des régions. Le fait que les entreprises nationales semblent jouer un rôle relativement faible dans un contrôle supraprovincial de la production est un autre indice du niveau d'intégration plus faible qu'anticipé de l'économie canadienne. Deux exceptions sans doute: les économies ontarienne et québécoise.

Les entraves à la circulation des biens, des services, des capitaux et des personnes

La fédération canadienne est relativement centralisée en matière économique. De plus, le pouvoir des provinces de mettre des entraves au commerce des biens, des services, des capitaux et des personnes est relativement limité, sur le plan constitutionnel. On a d'ailleurs tendance à amplifier les obstacles au commerce entre les provinces en les confondant avec les mesures, règlements et pratiques qui relèvent avant tout d'une vision particulière de la gestion de l'économie ou de la protection des consommateurs.

Un autre facteur fait en sorte que les pratiques discriminatoires des provinces ne sont pas aussi importantes qu'on pourrait s'y attendre: il s'agit de la concurrence plus forte à laquelle leur économie est soumise. Ainsi, la réalité économique, ainsi que la perçoit le gouvernement fédéral, est que le Canada exporte 27 % de sa production manufacturière vers l'étranger. Mais la réalité économique à laquelle est confronté le Québec, par exemple, est qu'il exporte près de 50 % de sa production à l'extérieur de ses frontières. Conséquemment, les coûts reliés à une mauvaise gestion de l'économie seront beaucoup plus visibles pour le gouvernement d'une province que pour le gouvernement fédéral, même si, en réalité, ils sont les mêmes. L'entêtement du gouvernement du Québec à comparer sa fiscalité avec celle de l'Ontario en est un bon indice. Le fait que les provinces aient beaucoup mieux contrôlé la croissance de leur dette en constitue un autre. Il n'y a pas d'ailleurs un gouvernement provincial qui aurait pu tenir longtemps avec un déficit de l'ordre de celui du fédéral sans subir des pertes économiques énormes.

Néanmoins, dans l'exercice de leur autonomie fiscale et législative ou par les subventions aux entreprises, l'établissement de monopoles publics ayant des comportements discriminatoires, et par les politiques d'achat, les provinces peuvent créer des entraves au commerce. Mais on a tendance à exagérer la portée de ces mesures protectionnistes. D'abord, pour avoir une incidence sur l'efficacité de l'union, les effets d'une mesure ou d'une réglementation doivent déborder les frontières de la province qui l'impose. Ainsi, une subvention permettant la naissance d'une PME en Gaspésie a peu de chance d'avoir des répercussions ailleurs qu'au Québec. Pour avoir un effet sur le mouvement des capitaux, le Régime d'épargne-actions aurait dû s'emparer de montants importants d'épargne qui seraient autrement allés ailleurs au Canada.

La mobilité des personnes peut aussi être restreinte par les lois et règlements sur les qualifications professionnelles, par les contrôles à l'entrée dans certaines professions ou par les politiques de placement dans la construction. Mais des ententes interprovinciales ou les pratiques des corporations empêchent ces réglementations d'être trop restrictives. La langue semble d'ailleurs être la plus grande barrière à la mobilité des personnes au Canada. L'agriculture constitue un cas particulier, et pas seulement au Canada. Plusieurs mesures ont été prises dans ce secteur à la suite d'ententes entre les gouvernements.

Une analyse préparée pour la Commission royale d'enquête sur l'union économique, en 1984, a évalué à environ 1 % les coûts des limites interprovinciales au commerce. C'est peu. Le niveau élevé du commerce des services entre les provinces, qui compte pour 43 % du commerce interprovincial, est d'ailleurs un autre indice du bon fonctionnement de l'union économique canadienne. En fait, les obstacles au fonctionnement efficace de l'union économique canadienne ont souvent été posés par le gouvernement fédéral ou mis en place avec son accord. La concurrence, sauf pour quelques services publics avec des coûts moyens décroissants et exigeant des infrastructures importantes, est un des meilleurs moyens d'accroître l'efficacité économique. Or plusieurs des interventions du gouvernement fédéral ont favorisé le développement de monopoles ou une baisse de la concurrence. C'est le cas dans les domaines du transport des marchandises, des télécommunications, des banques et de l'agriculture.

Les subventions au transport des céréales de l'Ouest sont aussi sources de distorsions. La politique énergétique fédérale a eu des effets énormes sur le marché canadien de l'énergie, en particulier à l'époque de la «Ligne Borden»... En subventionnant le développement de l'énergie nucléaire en Ontario, le fédéral a sûrement retardé le développement des ressources hydro-électriques québécoises et contribué à abaisser le prix qu'Hydro-Québec en reçoit. La politique d'achat du gouvernement fédéral, on l'a vu en de multiples occasions au cours des dernières années, est aussi très discriminatoire.

On ne peut nier les bienfaits du renforcement de l'union économique canadienne, mais cette action n'a probablement pas l'importance qu'on voudrait lui donner. L'efficacité de l'économie canadienne ne dépend pas beaucoup des améliorations marginales qu'on pourrait rapidement apporter au fonctionnement de l'union. En fait, ce sont le fédéralisme économique et le mode de gestion centralisé actuel de l'économie qu'il faudrait prioritairement réformer pour améliorer l'efficacité de l'économie canadienne. D'ailleurs, non seulement ce mode de gestion s'est-il montré inefficace dans la lutte aux inégalités régionales, mais il a généré des dédoublements coûteux et conduit à une irresponsabilité fiscale probablement responsable de la situation financière actuelle des gouvernements.

Conclusion: les perspectives d'avenir

Le fonctionnement de l'union économique, malgré les améliorations qui peuvent lui être apportées, est relativement efficace. Certains ont utilisé cette efficacité pour en conclure à l'efficacité du fédéralisme canadien. D'autres, moins nombreux, se sont appuyés sur les inefficacités du fédéralisme économique pour remettre en question les avantages de l'union économique.

En fait, une union économique peut fonctionner efficacement sans que le fédéralisme économique qui l'accompagne soit efficace et même sans que l'économie de l'union soit elle-même efficace. Mais on ne peut imaginer une union économique productive si le fédéralisme économique qui l'accompagne n'est pas productif.

L'ouverture des économies entraîne la confrontation de deux forces opposées — la centralisation et la décentralisation — mais aussi leur intégration; c'est pourquoi on parle de mondialisation de la production et de la concurrence. Plus les économies sont intégrées, plus les actions, bonnes ou mauvaises, d'un pays auront des répercussions sur les autres pays. Pour internaliser les effets de leurs actions et amener chacun à se discipliner, les pays sacrifient une partie de leur souveraineté et mettent en place des structures de coordination. Ces tendances, à l'échelle internationale, contribueront à réduire le rôle des grandes politiques et, ainsi, celui des États centraux. Cela implique nécessairement que les pouvoirs locaux aient un rôle plus important à jouer. La responsabilisation des citoyens et l'efficacité fiscale interviennent aussi en faveur de la décentralisation. Mais surtout, c'est l'importance que prendra l'environnement immédiat des entreprises par rapport à leur capacité à concurrencer qui fatalement poussera vers le niveau local l'exercice des pouvoirs économiques déterminants.

Comment alors concilier ces nouvelles réalités avec la réforme des institutions politiques et économiques du Canada? Le fédéralisme actuel est fortement centralisé sur le plan économique; le centraliser davantage amènerait le fédéral à jouir de nouveaux pouvoirs, comme celui de réglementer les valeurs mobilières, imposer des normes nationales en matière d'éducation, réglementer davantage le commerce, etc. Ce type de fédéralisme est inacceptable pour le Québec parce qu'il est irréconciliable avec sa volonté de contrôler les outils nécessaires à son développement; mais il devrait aussi l'être pour les autres provinces.

Dans un fédéralisme centralisé, l'union économique se porterait probablement sans doute mieux; mais d'autres problèmes pourraient par contre apparaître. Les politiques économiques seraient mieux coordonnées; ce serait un gain. Mais le fédéralisme fiscal et la réglementation économique, surtout dans le contexte d'ouverture des économies, seraient sans aucun doute encore plus inefficaces qu'actuellement. Quant aux citoyens, ils continueraient de payer beaucoup pour des services qui ne correspondent pas à leurs besoins prioritaires, sans trop savoir ce qu'il leur en coûte vraiment. L'union économique deviendrait sans doute, globalement, moins productive.

La solution, pour plusieurs, se trouve dans le fédéralisme décentralisé. Or la décentralisation des pouvoirs, sans la mise en place de structures de concertation en matière économique, pourrait nuire à l'efficacité de l'union. Bien sûr, le fédéralisme fiscal serait plus efficace, les effets des décisions de dépenser se reflétant directement sur les citoyens. Ceux-ci seraient aussi mieux servis. La concurrence mènerait sans doute les provinces à harmoniser leurs politiques, à long terme. Mais, à court et moyen terme, rien n'empêcherait une province de prendre des mesures qui vont à l'encontre de l'esprit de l'union économique ou qui ont des effets négatifs sur les autres membres. Sur le plan de l'harmonisation des politiques de stabilisation de l'économie, la situation serait pire que celle qui existe actuellement. On pourrait aussi craindre que les écarts de richesses entre les provinces ne s'agrandissent.

La troisième voie répond à une vision plus moderne et plus efficace de l'économie et des moyens pour satifaire les besoins prioritaires des citoyens. Cette solution peut, théoriquement, s'appliquer dans le cadre d'un fédéralisme renouvelé en profondeur ou, de façon plus réaliste, dans un nouveau cadre politique où le Québec serait politiquement indépendant.

Dans cette troisième voie, une autonomie beaucoup plus grande, pouvant aller jusqu'à l'indépendance politique, est donc accordée aux différentes parties du Canada. En retour, celles-ci acceptent de renoncer à une partie de cette autonomie pour coordonner leurs politiques en matière économique. Dans le cadre de l'indépendance de chacune des parties, un nouveau pacte protégeant la majorité des acquis de l'union économique actuelle est signé et les provinces mettent en place des structures de coordination qui pourraient toucher une foule de secteurs: transports, communications, institutions financières, professions, commerce extérieur, politique monétaire... et même la transférabilité des bénéfices des programmes sociaux. Les nouveaux partenaires pourraient aussi s'entendre sur une gestion commune de certains services publics, comme les postes.

Dans le cadre canadien, on pourrait procéder à une décentralisation en profondeur qui toucherait tous les pouvoirs qui ne sont pas nécessaires au bon fonctionnement

des éléments de base de l'union — les relations extérieures, la défense nationale et les services où des économies
d'échelle évidentes existent. En contrepartie, des mécanismes
formels et décisionnels de coordination seraient mis en place
sur tous les sujets favorisant le fonctionnement efficace de
l'union et sa productivité, y compris certains des pouvoirs
laissés entre les mains du gouvernement fédéral, dont la
politique monétaire. Une telle formule permettrait aussi de
conserver les acquis de l'union tout en améliorant son rendement et celui du fédéralisme économique: au total, l'union
serait plus efficace. Une telle formule, est-il utile de le signaler, recueillerait sans doute un large appui au Québec, mais
elle reste inacceptable pour la majorité des citoyens des
autres provinces.

Notes

1. Pierre-Paul Proulx et Guilain Cauchy, *Un examen des échanges commerciaux du Québec avec les autres provinces canadiennes, les États-Unis et
   le reste du monde*, Commission sur l'avenir politique et constitutionnel
   du Québec, Document de travail n° 1, Québec, 1991, p. 55-166.

2. Conseil économique du Canada, *A Joint Venture: The Economics of
   Constitutional Options*, 28ᵉ rapport annuel, Approvisionnements et
   Services Canada, 1991, chap. 3.

3. *Ibid.*

DAVID IRWIN ET GÉRALD BERNIER

Fédéralisme fiscal, péréquation et déficit fédéral

Les discussions qui se déroulent au Canada depuis l'échec de l'accord du lac Meech ont permis aux politiciens d'exercer leur talent oratoire alors que, pendant ce temps, les citoyens doivent supporter les coûts découlant du maintien d'un système fédéral de plus en plus dominé par des revendications régionales et sectorielles, sans compter le poids toujours croissant du service de la dette du gouvernement fédéral. Le système de paiements de transfert à la faveur des individus, des entreprises, des provinces et des municipalités constitue l'une des principales assises du fédéralisme canadien. Le débat actuel sur l'avenir politique du Québec exige que certains éclaircissements soient apportés quant aux transferts fédéraux dont bénéficient le Québec et les autres provinces canadiennes. En effet, les opinions tendent à être contradictoires au sujet des fonds fédéraux dont bénéficie le Québec. Ce texte abordera de manière spécifique cette question. Soulignons toutefois que les transferts aux entreprises, aux organisations et aux individus ne seront abordés qu'à titre indicatif.

Le cadre constitutionnel

Le débat au sujet des transferts intergouvernementaux au sein du système fédéral canadien exige que l'on tienne compte des règles du jeu énoncées par les documents constitutionnels. En effet, les opinions diverses au sujet de la légitimité pour le gouvernement fédéral de procéder à certains transferts aux administrations provinciales sont largement tributaires des interprétations des dispositions prévues par l'AANB en ce qui a trait à la division des pouvoirs entre les deux principaux paliers de gouvernement. Les articles 91 et 92 de l'AANB énoncent les pouvoirs exclusifs du gouvernement fédéral et des législatures provinciales[1]. En ce qui concerne les sources de financement des deux principaux paliers de gouvernement, l'AANB prévoit que les gouvernements provinciaux ont le droit de lever des taxes directes, d'emprunter et de vendre des terres publiques et d'exiger des droits sous forme de licences à certains établissements tombant sous leur autorité dans le but de subvenir à leurs besoins financiers. Parallèlement, l'article 91 accorde au gouvernement fédéral des pouvoirs quasi illimités en matière de «prélèvement de deniers par tous modes ou systèmes de taxation». La Constitution n'impose, à toutes fins utiles, aucune limitation au pouvoir fédéral en matière de taxation. Celui-ci est déterminé ultimement par la capacité de payer des contribuables et des corporations. Comme on peut le constater, l'AANB reconnaît au gouvernement fédéral des prérogatives extrêmement larges en ce qui a trait aux sources de revenus qu'il peut exploiter ainsi qu'à l'utilisation de ces ressources. L'article 91 de l'AANB stipule en effet que le gouvernement fédéral peut,

> [...] faire des lois pour la paix, l'ordre et le bon gouvernement du Canada, relativement à toutes les matières ne tombant pas dans les catégories de sujets par le présent acte exclusivement assignés aux législatures des provinces [...].

Les discussions portant sur le pouvoir de dépenser du gouvernement fédéral font essentiellement référence à cet article qui permet au gouvernement fédéral de passer outre les pouvoirs et compétences dévolus aux provinces par l'Acte de 1867.

Contrairement à la Constitution américaine qui stipule que les pouvoirs non dévolus au gouvernement central appartiennent au peuple[2], la Constitution canadienne fait en sorte que le gouvernement fédéral dispose des pouvoirs résiduels, c'est-à-dire, en d'autres mots, les pouvoirs non alloués par l'AANB à l'un ou l'autre des paliers gouvernementaux. En accordant au gouvernement central les pouvoirs résiduels, les Pères de la fédération[3] canadienne consacraient le pouvoir de dépenser du gouvernement fédéral et sa capacité d'intervenir dans divers champs de compétences pourtant assignés aux législatures provinciales. Cette donne initiale a été, et ce à maintes reprises, contestée devant les tribunaux, tant par le gouvernement fédéral que par les provinces qui exigeaient des éclaircissements au sujet de ces pouvoirs résiduels et de l'interprétation que le gouvernement fédéral faisait de l'article 92.

Le principe voulant que le gouvernement fédéral procède à des transferts aux provinces remonte également à 1867. Selon Norrie et collaborateurs[4], les subventions statutaires aux provinces prévues par l'AANB reposaient d'abord sur la notion de besoin, les paiements aux provinces étant établis sur la base de leurs populations respectives.

Les principes et dispositions de l'AANB consacraient aussi la notion de gouvernement central par opposition à celle de «législature» provinciale. Toutefois, l'industrialisation et l'urbanisation[5] du territoire au cours du XXe siècle ont fait naître une foule de nouveaux besoins dans des sphères dévolues aux provinces par l'AANB: santé, éducation, affaires municipales. La croissance des services offerts en matière de santé, d'éducation, d'affaires sociales et municipales a inexorablement entraîné une croissance des besoins financiers pour les gouvernements provinciaux. À titre d'exemple, en 1926, les dépenses combinées des administrations fédérale et provinciales au Canada s'élevaient à moins d'un milliard de dollars comparativement à plus de 300 milliards en 1990[6]. Ces nouveaux besoins jouxtés à l'inclinaison des politiciens à vouloir «faire le bien» se sont soldés par une propension croissante à occuper, en partie, ces champs d'activité exclusifs impartis par l'AANB. Les changements sociaux profonds intervenus depuis 1945 et le développement des aspirations individuelles et collectives à partir des années soixante se sont également traduits par des offres d'interventions accrues de la part des partis politiques en mal de votes ainsi que par des demandes grandissantes de la part de citoyens auprès des deux paliers de gouvernement.

Les transferts intergouvernementaux

Les relations qu'entretiennent les deux principaux paliers de gouvernement au Canada reposent en partie sur l'existence d'un système de transferts intergouvernementaux. Ce système est fondé sur le principe voulant que le niveau de gouvernement supérieur procède à des transferts de ressources aux gouvernements provinciaux dans le but de permettre à ceux-ci de répondre aux besoins de la population en offrant des services publics. Les raisons à l'origine de tels transferts des ressources à la faveur des administrations provinciales sont multiples et renvoient davantage à des considérations politiques, sociales, économiques et historiques[7] qu'à de strictes exigences constitutionnelles. Au-delà des arguments mettant l'accent sur la nécessité de promouvoir à tout prix l'égalité interprovinciale, on doit admettre, d'un point de vue plus politique, que la motivation principale du gouvernement fédéral a consisté à favoriser l'intégration politique au Canada. En effet, malgré l'existence d'une égalité de droits entre les citoyens de toutes les provinces, on doit reconnaître que les revenus que les administrations provinciales peuvent générer de manière autonome varient considérablement. En l'absence d'un système de transferts intergouvernementaux, ces disparités interprovinciales de capacité fiscale se traduiraient par la nécessité pour certaines administrations provinciales de taxer leurs citoyens plus que ne le sont ceux des autres provinces. Puisque des différences majeures de taux marginaux d'imposition sur les revenus des particuliers sont susceptibles de provoquer l'exode des citoyens vers les régions où l'effort fiscal serait moins important, le transfert de ressources vers le palier provincial s'en trouve ainsi justifié. L'exode vers les régions les plus riches ne ferait qu'exacerber les disparités régionales existantes. Les transferts du palier fédéral visent donc également à promouvoir une certaine harmonisation en matière de taxation directe et indirecte[8], ce qui contribue indirectement au maintien de la fédération canadienne.

Les transferts intergouvernementaux en provenance du gouvernement central constituent un mécanisme d'intervention permettant d'atténuer les disparités interprovinciales[9] en matière de revenu. Ces transferts contribuent à accroître les ressources des administrations provinciales ou, à tout le moins, à éviter, par une politique de stabilisation, des variations trop importantes à la baisse des revenus provinciaux.

Par ailleurs, en raison des limites constitutionnelles imposées aux provinces en ce qui concerne les sources de revenu qu'elles peuvent générer, les disparités régionales en matière de revenu ainsi que la volonté du gouvernement fédéral de maintenir l'unité au sein de la fédération, la mise en place de programmes nationaux visant à financer ces domaines d'activité de compétence provinciale devenait souhaitable sinon inévitable, du moins pour certaines provinces moins bien nanties.

De plus, les décisions rendues par le Comité judiciaire du Conseil privé britannique ainsi que par la Cour suprême du Canada à partir de 1949 ont contribué à accroître les ressources mises à la disposition des provinces, et ce sans égard à leur capacité fiscale. L'effet inévitable a été une augmentation des dépenses et, conséquemment, un accroissement des besoins financiers du gouvernement fédéral.

Du fait de son pouvoir de dépenser, le gouvernement fédéral s'est immiscé dans divers champs de compétences provinciales. On ne saurait cependant affirmer que cette ingérence n'a comporté que des effets négatifs. La transférabilité interprovinciale des bénéfices liés aux programmes de santé au Canada en constitue un exemple. Toutefois, l'occupation de certains champs de compétences exclusifs aux provinces fut assortie de conditions quant au financement des programmes. Ainsi, la marge de manœuvre des provinces, en ce qui a trait notamment au financement de certains services, s'en est trouvée réduite et les dépenses conditionnées, du moins partiellement, par les normes et critères édictés par le gouvernement fédéral.

Ces transferts intergouvernementaux ont permis aux gouvernements bénéficiaires d'accroître leurs ressources et donc de dépenser plus que ce que n'auraient autorisé leurs revenus autonomes. Les transferts représentent donc également un mécanisme permettant de redistribuer les ressources pour le bien des provinces moins favorisées[10] sans pour autant réduire les ressources des provinces mieux nanties. La question des transferts fédéraux aux provinces se pose avec d'autant plus d'acuité que les gouvernements fédéral et provinciaux se doivent de répondre à des besoins toujours croissants alors que les ressources dont ils disposent sont limitées par la capacité et la volonté de payer des contribuables.

On doit aussi admettre que ces transferts aux provinces ne visent pas que le bien-être des citoyens et l'équité interprovinciale. En effet, les transferts intergouvernementaux, parce qu'ils constituent un mécanisme fondamental pour le maintien du système fédéral canadien, visent aussi à favoriser l'unité au sein de la fédération. Ce but essentiellement politique comporte bien entendu des coûts de plus en plus importants, comme en témoigne la croissance des dépenses du gouvernement fédéral et de la dette nationale.

L'existence de disparités importantes entre les régions ou provinces du Canada a exigé la mise en place d'un mécanisme de redistribution des ressources financières et non financières afin de permettre aux citoyens de toutes les provinces de disposer d'un niveau comparable de services. Les transferts dans le cadre de programmes nationaux de services de santé, d'assistance publique ainsi que d'éducation postsecondaire visent à promouvoir cet objectif. D'autre part, les subventions, les dépenses fiscales en faveur du secteur privé ainsi que la majorité des programmes administrés par les ministères fédéraux contribuent également à promouvoir les droits reliés à la citoyenneté canadienne.

Au cours des quinze dernières années, la gestion gouvernementale des administrations fédérale et provinciales s'est soldée par des déficits budgétaires croissants. En termes simples, cela signifie que les dépenses pour une année donnée sont supérieures aux revenus. Au fil des ans, la somme des déficits s'est traduite par une dette que l'on doit maintenant financer en acceptant de payer des intérêts selon les conditions qui prévalent sur les marchés monétaires. Certaines croyances populaires tendent à suggérer que cette dette représente de l'argent que les Canadiens se doivent à eux-mêmes. La présence de déficits budgétaires au niveau fédéral et provincial semble devenue davantage une constante du système fédéral canadien qu'une variable déterminée par des effets conjoncturels. Le contexte politique et économique de ces déficits récurrents tend à éloigner le Canada de la situation où un déficit est susceptible de produire des effets bénéfiques temporaires sur l'économie nationale, comme l'a proposé J. M. Keynes. Une politique keynésienne repose sur l'existence de cycles économiques faisant en sorte que les déficits accumulés au cours d'une période donnée peuvent être remboursés au cours de la période de croissance suivante puisqu'en principe, des périodes de croissance succèdent aux périodes de récession. Or le système s'est enrayé, et les cycles dépressifs tendent à être de plus en plus rapprochés. Le système de déficits programmés proposé par Keynes était basé sur un équilibre alors que le système qui prévaut au Canada tend à passer outre le fait qu'un déficit doive en principe représenter un déséquilibre ponctuel entre les revenus et les dépenses. Si cette dynamique se répète d'année en année, la dette s'accroît et une proportion toujours croissante des revenus gouvernementaux et du PIB doit être consacrée au remboursement des intérêts plutôt qu'à la mise en place de services à la population.

Transferts intergouvernementaux et dette du gouvernement fédéral

Le déficit du gouvernement fédéral s'établissait à 15,6 milliards de dollars en 1982 alors qu'en 1991 il s'élevait à 30,6 milliards. Au cours de la même période, la dette nette du gouvernement central est passée de 105,8 milliards de dollars à 388,4 milliards. Les dépenses du gouvernement central sont passées de 75,9 milliards en 1982 à 149,9 milliards en 1991. Au cours de l'exercice terminé le 31 mars 1991, les frais imputables au service de la dette représentaient 28 % des dépenses nettes du gouvernement central comparativement à 19,9 % en 1982[11].

Si le gouvernement fédéral maintenait son niveau de revenu actuel et cessait complètement d'effectuer des paiements de transfert aux provinces, il afficherait un surplus budgétaire puisque ses besoins financiers propres seraient largement inférieurs à ses revenus. Or une telle solution au problème des finances du gouvernement fédéral est politiquement inacceptable. L'effet inévitable d'une telle solution serait la fragmentation et l'effritement politique de l'État fédéral canadien.

Le gouvernement fédéral ne peut évidemment pas remettre en question tous les programmes permettant le transfert des ressources aux provinces. Mais il a introduit, lors des négociations de 1977 portant sur les arrangements fiscaux, certaines mesures qui lui permettent de réduire ses engagements financiers à l'endroit des principaux programmes de transferts intergouvernementaux[12]. Ces mesures visent moins à couper les transferts aux provinces qu'à réduire la croissance des dépenses fédérales. Des limites ont été imposées notamment à la croissance des sommes consacrées par le gouvernement fédéral au financement des programmes établis (FPE).

Faut-il établir une relation entre la situation financière du gouvernement fédéral et les transferts intergouvernementaux? Oui, puisque pour le fédéral les transferts aux provinces représentent des dépenses. Mais outre la croissance des contributions fédérales au financement des programmes sociaux, force est de constater que les recettes du gouvernement fédéral ont été réduites à la faveur des gouvernements provinciaux. Selon H. Mimoto et P. Cross[13], le fait que les recettes du gouvernement fédéral se soient accrues moins rapidement que ses dépenses s'explique par la présence de transferts fiscaux vers les gouvernements provinciaux tels que mis en place par la loi de 1977 sur le FPE.

> En 1977, le gouvernement fédéral a transféré aux provinces de nouveaux points d'impôt sur le revenu des particuliers et des entreprises. L'objet de cette Loi sur le financement des programmes établis (FPE) était de contribuer au financement des soins de santé et de l'éducation postsecondaire, ainsi que de transférer aux provinces certaines des dépenses fédérales[14].

L'effort de rationalisation du gouvernement fédéral a également contribué à réduire ses revenus. Par des transferts de champs d'imposition aux provinces et la limitation de la croissance des engagements destinés au FPE, le gouvernement fédéral a tenté de réduire, mais plus particulièrement de contrôler, ses engagements financiers à long terme dans ces programmes. L'objectif de cette initiative de rationalisation consistait à restreindre la croissance du déficit budgétaire et du service de la dette. On ne saurait toutefois affirmer que l'objectif ait été atteint.

Cet exercice de rationalisation budgétaire a par ailleurs provoqué un manque à gagner pour les provinces. De fait, la croissance des transferts en espèces et sous forme fiscale a eu tendance à augmenter moins vite qu'au cours de la période précédant 1977. Ce manque à gagner imposé à toutes les provinces a amené les gouvernements provinciaux à accroître leurs propres revenus de manière à répondre aux exigences financières découlant des programmes fédéraux-provinciaux. Le tableau 1 permet en effet de constater l'effet de ce processus de rationalisation des engagements financiers du gouvernement fédéral au chapitre des transferts intergouvernementaux.

TABLEAU I

Transferts du gouvernement fédéral au Québec (1984-1991)
en milliers de dollars

	Transferts du gouv. fédéral*	Total des revenus autonomes du Québec	Total des revenus du gouv. du Québec	Transferts en % du total des revenus du gouv. du Québec
1984	6 336 496	15 074 473	21 410 969	29,6
1985	6 363 506	15 946 521	22 310 027	28,5
1986	6 318 248	17 966 904	24 285 152	26,0
1987	5 947 261	19 698 986	25 646 247	23,2
1988	6 175 904	22 187 987	28 363 891	21,8
1989	6 450 523	23 514 369	29 964 892	21,5
1990	6 740 912	24 333 024	31 073 936	21,7
1991	7 014 993	26 009 000	33 023 993	21,2

* Incluant les arrangements fiscaux.

Source: Gouvernement du Québec, Comptes publics, vol. II, Détails des revenus, crédits et dépenses du gouvernement du Québec, Québec, ministère des Finances, 1992.

Le Québec

En matière de fiscalité, le Québec représente un cas particulier, pour ne pas dire distinct, dans la fédération canadienne. En effet, il est la seule province canadienne qui perçoive directement des citoyens l'impôt personnel sur le revenu. Les autres provinces se prévalent depuis 1962 des accords de perception fiscale[15]. Pour celles-ci, cette fonction de perception incombe au gouvernement fédéral. Il n'en demeure pas moins qu'au sein de toutes les provinces, les individus aussi bien que les entreprises ont à payer des impôts aux deux gouvernements.

Une autre particularité du Québec vient du fait qu'il bénéficie d'un abattement fiscal. Cet abattement d'impôt dont profitent les contribuables québécois au moment de

remplir leur déclaration fédérale de revenus est une conséquence directe de l'exercice du droit de retrait de certains
programmes nationaux mis en place par le gouvernement
central. Ce transfert de champ fiscal constitue une compensation financière pour des programmes fédéraux qui ne
s'appliquent pas au Québec, parce que ce dernier les a pris à
sa charge en vertu du droit de retrait. Par des accords de non-
participation, le Québec touche l'équivalent de ce qu'il aurait
reçu si les programmes fédéraux avaient été en vigueur au
Québec. Ce droit de retrait avec compensation financière a
été utilisé à quelques reprises depuis 1957, entre autres lorsque le gouvernement Duplessis interdisait aux universités
québécoises d'accepter des «octrois» du gouvernement fédéral. Comme le souligne Bird[16], bien qu'à partir de 1964 toutes les provinces pouvaient se prévaloir de cette prérogative,
seul le Québec a exercé ce droit de retrait. L'abattement dont
bénéficie le Québec contribue ainsi à accroître la capacité
fiscale (et non l'effort fiscal) du gouvernement de la province; la base utilisée lorsqu'il s'agit d'imposer les revenus
des contribuables étant plus large, il bénéficie d'une assiette
fiscale plus large que les autres provinces canadiennes.

Cette possibilité de ne pas participer aux programmes
nationaux mis en place par le gouvernement fédéral traduit
la volonté politique des gouvernements du Québec de contrecarrer ce qui a été perçu comme des visées centralisatrices
découlant du droit de dépenser du gouvernement fédéral. En
effet, en mettant en place des programmes nationaux qui
touchent les champs de compétences exclusivement provinciales, le gouvernement fédéral parvient à orienter et, à
certaines occasions, à dicter les priorités provinciales en
matière de dépenses.

Compte tenu du fait que l'espace fiscal, ou l'assiette
fiscale, dont bénéficie le gouvernement du Québec est plus
large, peut-on affirmer que les citoyens du Québec paient
plus d'impôts que les citoyens des autres provinces? Oui et
non. Historiquement on peut affirmer que la fiscalité québécoise a été plus gourmande que celle des autres provinces.
Toutefois, cet écart ne tend à se maintenir que pour les
contribuables à haut revenu[17]. Des données récentes mon-

trent clairement que la majorité des provinces ont nettement supplanté le Québec pour ce qui est des taxes et impôts
exigés de leurs citoyens. Contrairement au mythe selon
lequel les Québécois étaient les citoyens les plus taxés au
Canada, une étude accompagnant le budget de la Saskatchewan de 1992[18] tendait plutôt à démontrer que des changements importants sont intervenus dans la fiscalité des
particuliers. Pour les citoyens à faible et à moyen revenu, par
exemple, il est plus avantageux de résider au Québec qu'en
Ontario[19]. Plus particulièrement, ces deux catégories de
contribuables se rangent désormais parmi les moins taxés au
Canada. Ce phénomène plutôt contemporain s'explique par
le fait que:

> Mine de rien, presque imperceptiblement, année après
> année, [...] les autres provinces ont haussé leurs taxes et
> impôts plus vite que le Québec. À un tel point que [...]
> nous comptons aujourd'hui [...] parmi les contribua-
> bles les moins taxés au Canada[20].

Toutefois, on doit noter que le total des revenus des
administrations provinciales inclut les transferts en provenance du gouvernement fédéral dont l'importance varie
selon la capacité fiscale de chacune des provinces. À titre
d'exemple, les transferts fédéraux constituent une proportion
plus importante du revenu total du gouvernement du Nouveau-Brunswick comparativement à celui de l'Alberta. Ces
paiements de transfert en provenance du fédéral permettent aux gouvernements provinciaux d'accroître leur revenu
total sans pour autant exiger que des ponctions fiscales
additionnelles soient pratiquées sur les revenus de leurs
citoyens. Cependant, en contrepartie de cet accroissement des
ressources provinciales, les gouvernements provinciaux se
voient dans l'obligation de mettre en place des programmes ou d'entreprendre des activités qu'ils n'auraient pas
amorcées de leur propre chef.

Les transferts intergouvernementaux au Québec[21]

Les gouvernements provinciaux et des Territoires reçoivent du gouvernement fédéral diverses formes d'aide, soit en espèces ou en transferts fiscaux[22]. Trois programmes majeurs portant sur les paiements de transferts intergouvernementaux ont été institués: la péréquation, le financement des programmes établis (FPE) et le Régime d'assistance publique du Canada (RAPC). Au cours de l'exercice financier 1990-1991, le gouvernement fédéral a versé à l'ensemble des provinces 73,7 milliards de dollars sous forme de transferts de toutes sortes comparativement à 70,1 milliards en 1989-1990, soit environ 50 % de ses dépenses nettes.

À titre d'exemple, en 1990-1991, le Québec a reçu 4,4 milliards au chapitre de la sécurité de la vieillesse, 664,3 millions en allocations familiales, 4,5 milliards pour l'assurance-chômage.

La péréquation

Donnant suite aux recommandations de la commission Rowell-Sirois (1940) ainsi qu'aux pressions exercées par les provinces, le gouvernement fédéral a mis sur pied en 1957 un système de péréquation afin de remédier aux disparités interprovinciales en matière de revenus. En 1982, de manière à répondre aux exigences formulées par les provinces moins fortunées, la Constitution a enchâssé l'obligation pour le gouvernement fédéral d'effectuer des paiements de péréquation aux provinces moins bien nanties. Ainsi, l'article 36(2) définit les paiements de péréquation comme une obligation constitutionnelle pour le gouvernement fédéral. Comme le souligne Boadway[23], cette obligation réduit substantiellement la marge de manœuvre du gouvernement central dans sa capacité de mettre de l'ordre dans ses finances et, plus particulièrement, sa capacité de gérer la dette nationale. Par ailleurs, d'un point de vue davantage politique, on doit noter que cette action imposée au gouvernement central tend à légitimer son pouvoir de dépenser et donc à justifier son ingérence dans certains champs de compétences exclusifs aux provinces.

Les paiements de péréquation représentent des transferts de nature inconditionnelle. Le gouvernement du Québec peut donc utiliser ces fonds à sa guise, le gouvernement fédéral n'ayant aucun droit de regard sur leur utilisation. Selon le Bureau des relations fédérales-provinciales:

> La péréquation a pour but de réduire les inégalités financières entre les provinces en augmentant les recettes des administrations des provinces les moins bien nanties[24].

Ce programme vise à réduire les inégalités de revenu des administrations provinciales de manière «à donner aux gouvernements provinciaux des recettes suffisantes pour les mettre en mesure d'assurer les services publics à un niveau de qualité et de fiscalité sensiblement comparables[25]». Compte tenu des disparités interprovinciales, il est inévitable que les droits de péréquation perçus par les provinces soient inégaux, les provinces moins bien nanties profitant davantage du programme. Ces dernières reçoivent donc plus, sur une base *per capita*, que les provinces plus riches, comme l'Alberta, qui, en vertu du programme de péréquation, ne reçoivent rien. L'article 36 (1) de la Loi constitutionnelle de 1982[26] prévoit que les deux principaux niveaux de gouvernement au Canada devront promouvoir le bien-être ainsi que l'égalité des chances des citoyens en plus de veiller à réduire les disparités régionales. Notons, par ailleurs, que certaines provinces dépendent davantage de ce type de transfert que d'autres pour boucler leur budget. En d'autres mots, les paiements de péréquation composent une proportion variable des revenus des 10 provinces et des 2 territoires: par exemple, dans la région de l'Atlantique, les paiements de péréquation représentent une proportion importante des revenus des gouvernements provinciaux.

Contrairement aux idées généralement véhiculées, les mécanismes de la péréquation ne consistent pas à transférer des ressources des provinces mieux nanties vers les provinces plus pauvres. À titre d'exemple, la péréquation n'appauvrit pas l'Alberta. Le but est plutôt d'accroître les ressources des provinces pauvres de telle manière qu'à un niveau de taxation relativement comparable, les administrations provinciales puissent être en mesure d'offrir des services publics semblables.

En 1989-1990, le Québec recevait 552 $ par habitant en vertu de ce programme, comparativement à 1632 $ *per capita* pour Terre-Neuve et à 1504 $ pour l'Île-du-Prince-Édouard. Ces chiffres ne permettent toutefois pas de conclure que le Québec ne tire pas sa juste part des transferts intergouvernementaux en provenance du gouvernement fédéral. Ils ne permettent que de constater l'existence de disparités importantes en ce qui concerne la capacité fiscale des entités qui composent la fédération canadienne.

 ## Le financement des programmes établis (FPE)

La consolidation de certains programmes à frais partagés dans le cadre du processus de rationalisation des finances du gouvernement fédéral à partir de 1977 constitue une tentative, de la part du gouvernement fédéral, de limiter la croissance de ses engagements financiers dans ces programmes. Par l'entremise du FPE, le gouvernement fédéral transfère aux administrations provinciales des ressources en vertu de certains programmes nationaux dans les domaines de la santé et de l'éducation postsecondaire. Ce type de transfert est conditionnel et renvoie à deux grands programmes: le FPE et le RAPC. Le caractère conditionnel de ces transferts tient au fait que les ressources perçues doivent être utilisées à des fins précises liées à la santé, à l'éducation postsecondaire et au bien-être social. Étant donné que le RAPC constitue un programme à frais partagés, il sera examiné séparément.

D'entrée de jeu, on doit constater que ces transferts intergouvernementaux encouragent, par la force des choses, le gouvernement fédéral à passer outre les limites de compétences imposées aux deux paliers de gouvernement par les arcticles 91 et 92 de l'AANB et ainsi à s'immiscer dans des champs de compétences exclusifs aux provinces. En effet, le pouvoir de dépenser du gouvernement fédéral se fonde sur l'article 91 de l'AANB qui autorise ce dernier à légiférer pour assurer «la paix, l'ordre et le bon gouvernement».

En acceptant ces ressources du gouvernement fédéral, les gouvernements provinciaux voient leur marge de manœuvre politique et financière réduite. En effet, parce que les transferts effectués en vertu du FPE sont de nature conditionnelle, les règles du jeu sont édictées par le gouvernement fédéral. L'obtention de fonds en vertu de ce programme suppose donc que les provinces doivent respecter certaines règles et se plier à des normes fédérales. En matière de santé, cinq conditions sont imposées aux programmes provinciaux:

1) les programmes doivent faire l'objet d'une *gestion publique*;

2) ils doivent couvrir de manière *intégrale* tous les services de santé assurés;

3) ils doivent être *universels*, c'est-à-dire que toutes les personnes doivent être assurées;

4) ils doivent être *transférables* d'une province à l'autre;

5) ils doivent être *accessibles*, c'est-à-dire qu'aucun mécanisme de facturation ou de perception ne doit être imposé aux assurés.

Depuis quelques années cependant, la situation financière des deux paliers gouvernementaux a eu tendance à provoquer une certaine érosion des principes de l'universalité et de la «gratuité». Ces principes ont, jusqu'à présent, constitué des critères d'allocation. Ainsi, les tentatives provinciales de mettre en place un système parallèle de facturation ou de «tickets modérateurs ou orienteurs» étaient susceptibles de se traduire par une baisse des fonds reçus en vertu des programmes fédéraux. On doit toutefois constater que ces principes font de plus en plus l'objet d'une remise en question, au niveau tant fédéral que provincial, s'appuyant sur des raisons davantage financières qu'idéologiques.

Les programmes de transferts en matière de santé et d'éducation postsecondaire se concrétisent par des subventions établies sur la base de la population. Les ressources ainsi transférées sont déterminées sur une base égale *per capita*. Par conséquent, plus une province est populeuse, plus la somme totale transférée (en espèces et sous forme fiscale) sera importante.

Les transferts conditionnels (FPE et RAPC) permettent aux provinces les moins bien nanties d'accroître leurs ressources et, par le fait même, d'offrir à leur population des services qu'autrement elles n'auraient pu offrir. Sur le plan des disparités régionales, ces transferts intergouvernementaux conditionnels, tout comme les paiements de péréquation par ailleurs, visent à égaliser les ressources dont disposent les administrations provinciales. On doit constater qu'en bout de ligne ces programmes font en sorte que les provinces dépensent sans égard à leur capacité de payer.

En 1990-1991, le Québec a reçu du gouvernement fédéral 3,649 milliards de dollars[27] en vertu de la Loi sur les arrangements fiscaux pour les services de santé assurés et les services complémentaires de santé; au chapitre de l'enseignement postsecondaire, il a reçu 1,473 milliard de dollars.

Le régime d'assistance publique au Canada (RAPC)

Alors que l'accroissement de la contribution fédérale au financement de l'éducation postsecondaire et des soins de santé a été limité à partir de 1977, les transferts fédéraux destinés à financer les programmes d'assistance sociale (ce qui inclut les logements sociaux notamment) constituent désormais le seul programme fédéral-provincial à frais partagés important en matière de santé et de services sociaux[28]. En vertu de ce programme, 50 % des dépenses provinciales admissibles dans le domaine du bien-être social sont supportées par le gouvernement fédéral. Mieux connu au niveau provincial sous l'appellation générale de «bien-être social», ce programme prévoit pour les provinces un remboursement, en espèces et sous forme de points d'impôt, de la moitié des dépenses qu'elles effectuent aux fins des services de bien-être social ainsi que de certaines dépenses admissibles engagées par les municipalités qui administrent ces services. En 1988-1989, le Québec recevait 1,653 milliard de dollars en vertu de ce programme comparativement à 1,511 milliard pour l'Ontario. Au cours de l'exercice financier 1990-1991, le Québec recevait 1,899 milliard du gouvernement fédéral en vertu du RAPC[29].

Dans le cas de programmes à frais partagés comme le RAPC, on doit noter que la capacité de contribuer au financement «partagé» des programmes et activités est une variable fondamentale. Puisque les ressources allouées à ces programmes proviennent généralement à parts égales des deux niveaux de gouvernement, on doit accepter que la disponibilité des ressources provinciales constitue une variable centrale lorsqu'il s'agit de comprendre les variations inter-provinciales. De plus, il importe de souligner que toutes les initiatives fédérales ayant conduit à la mise sur pied d'un nouveau programme à frais partagés tendent à forcer les provinces qui veulent obtenir des fonds fédéraux à accroître leurs dépenses. C'est ainsi qu'en instituant ces programmes le gouvernement fédéral a créé au sein des provinces une propension à dépenser souvent sans commune mesure avec la capacité fiscale de ces dernières.

Comme pour la péréquation, on ne peut que constater l'existence de disparités interprovinciales importantes en ce qui a trait aux fonds reçus par les provinces. Là encore, on est en droit de penser que le Québec se porterait économiquement mieux s'il recevait moins de ressources du programme fédéral d'assistance publique. D'une part, on doit supposer que les ressources consacrées à ce programme sont fonction des besoins exprimés en matière de sécurité sociale. Ainsi, plus l'économie sera apte à répondre aux besoins des citoyens, moins les gouvernements auront à intervenir. D'autre part, parce que le RAPC est un programme à frais partagés[30], moins les besoins seront grands, moins le gouvernement du Québec devra dépenser en vertu de ce programme[31]. En somme, plus une province reçoit dans le cadre de ces deux programmes, plus cela indique qu'elle est économiquement mal en point.

Soulignons que les différences interprovinciales en ce qui a trait aux transferts intergouvernementaux se prêtent mal à la comparaison, et ce pour trois raisons. Premièrement, les paiements reçus en vertu du FPE représentent des «subventions basées sur la population». Les contributions totales perçues en vertu du FPE dépendent essentiellement de la croissance de la population. Par ailleurs, on doit noter que la croissance des contributions *per capita* tend, depuis quelques années, à être moins marquée qu'auparavant. Mais puisque les limites imposées à la croissance de cette forme de transferts affectent toutes les provinces, on ne saurait affirmer qu'elles affectent davantage le Québec que les autres provinces.

En second lieu, parce que la péréquation vise nécessairement à favoriser les provinces les moins bien nanties, il n'y a rien qui permette d'affirmer que le Québec ne reçoit pas sa juste part. Au contraire, moins le Québec recevra de ressources en vertu de ce programme et mieux il se portera.

Troisièmement, parce que le RAPC constitue un programme à frais partagés, les revenus transférés au Québec dépendent tout autant de la volonté du gouvernement du Québec à dépenser ses propres ressources que de la volonté du gouvernement central à verser sa quote-part. Les dépenses du Québec en matière de bien-être social déterminent donc la quote-part versée par le gouvernement fédéral et non l'inverse.

Puisqu'une comparaison interprovinciale ne saurait se justifier, il faut plutôt déterminer l'effet des variations des transferts intergouvernementaux du point de vue des finances publiques québécoises, c'est-à-dire du point de vue des revenus et des dépenses du gouvernement du Québec.

La part relative des transferts fédéraux[32] en pourcentage des revenus du gouvernement du Québec est passée de près de 30 % pour 1984 à un peu plus de 20 % pour 1991. *A priori*, on pourrait affirmer que le gouvernement fédéral se désengage à l'endroit des programmes de santé et d'éducation postsecondaire et qu'il transfère aux provinces le fardeau de financer ces programmes. Comment, alors, expliquer que, malgré ce désengagement apparent, le déficit fédéral ait tendance à croître d'année en année, tout comme celui des provinces? Un premier élément de réponse réside dans l'accroissement du service de la dette des deux paliers gouvernementaux. D'autre part, les déficits provinciaux s'expliquent en partie par la volonté fédérale de réduire la croissance annuelle de ses engagements financiers en matière de santé, d'éducation postsecondaire et de péréquation alors qu'au même moment, les dépenses provinciales ont tendance à augmenter.

Toutefois ce désengagement fédéral s'est accompagné d'un transfert d'impôt vers les provinces, ce qui a permis au gouvernement du Québec d'augmenter ses revenus autonomes. En conséquence, malgré la tendance des transferts fédéraux à augmenter moins rapidement, l'effet net sur les finances publiques du Québec est moins important que ne le laissent entendre les ministres des Finances et certains commentateurs.

Le Québec reçoit-il sa juste part des transferts intergouvernementaux en provenance du fédéral?

D'entrée de jeu, on doit souligner que la réponse à cette question varie suivant l'option constitutionnelle de qui répond et suivant les programmes et activités incorporés dans le calcul. Or, pour déterminer si le Québec retire sa juste part des transferts fédéraux, faut-il également inclure les transferts aux particuliers, aux entreprises, les dépenses effectuées par les sociétés d'État, les versements en vertu de l'assurance-chômage, les indemnités versées aux députés et aux fonctionnaires et les dépenses en capital effectuées par les ministères fédéraux? Au sens strict, il faut considérer que toutes les dépenses du gouvernement fédéral (excluant les transferts à des non-résidents et les dépenses effectuées à l'étranger) profitent à l'une ou l'autre des dix provinces (et aux territoires). Ainsi, limiter l'analyse aux transferts intergouvernementaux n'offre qu'une perspective limitée.

Sans pour autant entamer un débat sur ce que devrait «recevoir» le Québec, il est possible de procéder à certaines comparaisons interprovinciales sur une base *per capita*. Les ministres québécois des Finances, quelle que soit leur affiliation politique, sont portés à suggérer que les transferts fédéraux sont insuffisants parce qu'ils représentent une part décroissante des revenus et des dépenses du gouvernement du Québec. Cette situation, loin d'être une invention des ministres des Finances, est tout à fait juste. Mais que doit-on conclure d'un tel constat sinon que les dépenses augmentent à un rythme plus rapide que les transferts? En effet, les transferts intergouvernementaux en provenance du gouvernement fédéral augmentent systématiquement d'année en année tout comme les dépenses du gouvernement du Québec. La volonté de préserver la spécificité culturelle et linguistique du Québec s'est traduite par un plus grand interventionnisme étatique dans plusieurs domaines ainsi que par une volonté explicite de développer et de promouvoir une classe d'affaires francophone. Ces visées essentiellement politiques ont exigé un niveau d'intervention économique plus important au Québec et, donc, un niveau de dépenses *per capita* plus élevé. Plus directement, parce que les Québécois se sont dotés d'un appareil étatique plus élaboré, le niveau de dépenses gouvernemental *per capita* est nettement plus élevé. Si l'analyse des transferts fédéraux tient compte du poids des dépenses occasionnées par des objectifs et des missions gouvernementales propres au Québec, force nous est de conclure que les transferts fédéraux peuvent paraître insuffisants. Mais, *a contrario,* si l'on considère les transferts fédéraux du point de vue de l'équité interprovinciale, on doit admettre que le Québec ne fait pas figure d'enfant pauvre de la fédération canadienne.

On ne saurait nier que les transferts intergouvernementaux fédéraux au Québec (en espèces et sous forme de points d'impôt) constituent une part décroissante des revenus et des dépenses du gouvernement du Québec. Celui-ci se voit donc dans l'obligation d'envisager des sources de financement alternatives de manière à générer davantage de revenus autonomes. L'autre possibilité consisterait à amorcer une diminuton des dépenses. La volonté du gouvernement fédéral de «tenter de réduire son déficit budgétaire» a eu certaines répercussions sur les ressources allouées aux transferts intergouvernementaux. La détérioration de la situation financière du gouvernement fédéral et, plus spécifiquement, l'importance toujours croissante des charges liées au service de la dette fédérale ont forcé le gouvernement central à limiter la croissance des transferts aux provinces; celles-ci se retrouvent dès lors dans l'obligation de supporter seules une part toujours grandissante des dépenses en matière de santé et d'éducation postsecondaire.

Il importe par ailleurs de comprendre que les arguments présentés par le gouvernement fédéral lorsqu'il a entrepris la décroissance des transferts aux provinces ne découlent pas de la logique d'un quelconque ministre des Finances cynique et calculateur, mais plutôt du constat très simple que le service de la dette constituait une proportion de plus en plus importante des dépenses budgétaires du gouvernement central.

Conclusion

Comme l'a souligné Michael E. Porter[33], les Canadiens sont portés à se soucier davantage de la manière dont sera divisé le gâteau que de la taille même du gâteau. La question de savoir si chacun a bien la part à laquelle il estime avoir droit au sein de la fédération canadienne tend à ressembler à une querelle de famille plutôt qu'à une question susceptible de se traduire en un enjeu central pour l'avenir du Québec. Les mécanismes et les principes présidant à l'allocation des paiements de transferts fédéraux aux provinces ne permettent pas d'affirmer que le Québec bénéficie moins que les autres provinces des fonds fédéraux alloués en vertu des principaux programmes de transferts intergouvernementaux puisque ces transferts sont calculés selon la population, les besoins ou les dépenses provinciales.

Divers commentateurs ont avancé que le Québec ne retirait pas sa juste part des transferts fédéraux. À l'instar de ces commentateurs, d'autres ont souligné la nécessité pour le Québec de quitter la fédération canadienne du fait qu'il perdait au change. Les programmes examinés ici ne permettent pas d'adhérer à une telle perspective.

Depuis la Révolution tranquille, les Québécois ont réussi à vaincre leur insécurité en souscrivant à une police d'assurance auprès de l'État. L'économie du Québec, peut-être davantage que celle des autres provinces, s'est développée au cours des trois dernières décennies en faisant appel à l'interventionnisme étatique (Hydro-Québec, Caisse de dépôt et placement, Régime d'épargne-actions, Société de développement industriel, Société générale de financement). Sans vouloir nier certains aspects positifs de ces interventions, on doit néanmoins admettre qu'une culture d'assistance publique s'est installée parmi les membres de la nouvelle bourgeoisie d'affaires. Les diverses formes de la contribution de l'État du Québec au financement de *Québec inc.* supposent une façon d'envisager le rôle de l'État qui comporte des coûts collectifs importants alors que les bénéfices tendent — sauf pour ce qui est des programmes de santé et d'éducation — à être de nature privée.

Le développement et la promotion d'une classe d'affaires francophone, la protection de la langue et de la culture, les concessions faites aux diverses corporations professionnelles et aux syndicats du secteur public pèsent lourd sur les finances publiques. Les coûts inhérents à ces avantages et à ces droits acquis consentis aux individus et aux groupes politiquement actifs et organisés sont supportés par les gouvernements et, par voie de conséquence, par les citoyens.

Dans un pareil contexte, les droits acquis des uns deviennent le fardeau des autres. Une telle situation engendre un État de nature corporatiste plutôt qu'un système politique où prévaut une certaine forme de démocratie libérale.

Notes

1. Pour une description détaillée, on consultera Gérard V. LaForest, *The Allocation of Taxing Power Under the Canadian Constitution*, 2ᵉ éd., Toronto, Canadian Tax Foundation, Canadian Tax Paper n° 65, 1981.

2. Ce qui fut par la suite interprété par la Cour suprême comme signifiant aux États.

3. Le Canada, contrairement à l'appellation couramment utilisée, n'est pas une confédération d'États ou d'entités indépendantes comme la Suisse, par exemple, mais bel et bien une fédération comme les États-Unis.

4. Kenneth Norrie, Richard Simeon et Mark Krasnick, *Le fédéralisme et l'union économique*, Commission royale sur l'union économique et les perspectives de développement du Canada, Ottawa, vol. LIX, 1986.

5. Voir Alan F. J. Artibise, «Canada as an Urban Nation», *Daedalus*, automne 1987, p. 237-264.

6. Canadian Tax Foundation, *The National Finances 1991*, Toronto, Canadian Tax Foundation, 1991, p. 3; 14.

7. Voir Richard M. Bird, «Federal-Provincial Fiscal Arrangements: Is there an Agenda for the 1990s?», dans R. L. Watts et D. M. Brown, *Canada: The State of the Federation 1990*, Kingston, Queen's University Institute of Intergovernmental Relations, 1990.

8. Voir Robin W. Boadway, *Intergovernmental Transfers in Canada*, Toronto, Canadian Tax Foundation, Financing Canadian Federation, 2, 1980.

9. Les gouvernants peuvent choisir d'autres instruments afin de remédier aux disparités régionales.

10. Voir Donald J. Savoie, *The Politics of Public Spending in Canada*, Toronto, University of Toronto Press, 1990, p. 267-289.

11. Gouvernement du Canada, *Comptes publics du Canada 1991*, vol. I, Ottawa, 1992.

12. Depuis cette date, les transferts intergouvernementaux destinés à financer les services de santé assurés et l'éducation postsecondaire sont comparables aux *block grants* acheminés aux États par le gouvernement fédéral américain. Les mesures de contrôle en ce qui concerne l'utilisation des fonds sont beaucoup moins restrictives qu'auparavant.

13. H. Mimoto et P. Cross, «La croissance de la dette fédérale», *L'observateur économique canadien*, juin 1991, p. 3.1 - 3.18.

14. *Ibid.*, p. 3.13.

15. Le Québec perçoit directement l'impôt provincial des particuliers et des sociétés. En ce qui a trait aux sociétés, l'Ontario et l'Alberta perçoivent également l'impôt provincial.

16. Richard M. Bird, «Federal-Provincial Fiscal Transfers in Canada: Retrospect and Prospect», *Canadian Tax Journal*, vol. XXV, n° 1, 1987, p. 121.

17. Voir Melville McMillan, *Provincial Public Finances: Provincial Surveys*, vol. I et II, Toronto, Canadian Tax Foundation, Canadian Tax Paper n° 91, 1991.

18. Ce document a été publié avant le Discours du budget au Québec. En conséquence, la taxe de vente du Québec (TVQ) qui s'applique également sur les services n'est pas incluse dans ces estimations.

19. Notons toutefois que les citoyens québécois à haut revenu (70 000 $ et plus) restent, du fait de la progressivité des taux d'imposition, parmi les plus imposés au Canada.

20. Claude Picher, «Quels sont les contribuables les plus taxés au Canada?», *La Presse*, 16 mai 1992, p. F1.

21. Cette partie porte strictement sur les transferts intergouvernementaux. En conséquence, les transferts aux individus, aux entreprises et aux organismes à but non lucratif sont exclus de la discussion.

22. Pour le gouvernement donateur, un transfert fiscal représente une dépense budgétaire.

23. Robin W. Boadway, «Federal-Provincial Relations in the Wake of Deficit Reduction», dans Ronald L. Watts et Douglas M. Brown, *Canada: The State of the Federation 1989*, Kingston, Institute of Intergovernmental Relations, 1989.

24. Gouvernement du Canada, *Programmes et activités fédéraux-provinciaux 1987-1988*, Ottawa, Bureau des relations fédérales-provinciales, 1988, p. 18-4.

25. Voir l'article 36 de l'Acte constitutionnel de 1982.

26. *Ibid.*

27. En argent et sous forme de transfert de l'impôt.

28. D'autres programmes à frais partagés sont toujours en vigueur dans d'autres domaines: développement économique, transport, ressources naturelles, etc.

29. Ces sommes incluent les transferts en espèces et cinq unités de réduction d'impôt fédéral.

30. Lorsque tous les programmes à frais partagés sont consolidés, on constate que le Québec recevait, en 1990-1991, 1,929 milliard de dollars du gouvernement fédéral comparativement à 1,743 milliard en 1989-1990.

31. Plusieurs autres programmes fédéraux-provinciaux permettent aux provinces de recevoir des fonds fédéraux en matière de santé et d'assistance sociale (par exemple, le programme national sur le sida).

32. Les transferts du gouvernement du Canada au gouvernement du Québec comprennent la péréquation, les autres transferts liés aux accords fiscaux, les contributions aux programmes de bien-être et d'autres programmes. En 1991, les paiements de péréquation représentaient 52 % (3,7 milliards de dollars sur un total de 7 milliards) du total des transferts en provenance du gouvernement central.

33. Michael E. Porter, *Canada at the Crossroads: The Reality of a new Competitive Environment*, Ottawa, Business Council on National Issues et Approvisionnements et Services Canada, 1991.

GÉRALD BERNIER

Les politiques fédérales de développement régional au Québec: 1969-1992[1]

Notre intention est d'analyser les politiques fédérales en matière de développement régional. Trois thèmes ont été retenus: 1) l'historique des structures d'accueil de ces politiques ainsi que les objectifs visés, l'accent étant mis sur l'entente auxiliaire la plus récente, soit celle couvrant la période 1988-1993; 2) la question de savoir si le Québec a reçu et continue de recevoir sa juste part des sommes fédérales consacrées à ce poste budgétaire; 3) l'évaluation de l'incidence de ces politiques sur la structure économique québécoise.

Ce champ d'intervention du gouvernement central constitue un objet d'étude difficile à cerner. Même si, officiellement, une politique de développement régional n'est en place que depuis 1969, la vocation des programmes a maintes fois été modifiée, tandis que les structures ayant servi à encadrer cette politique l'ont été encore davantage. Jusqu'à un passé très récent, ces structures étaient uniformes pour l'ensemble des provinces, de telle sorte qu'il est impossible d'isoler le Québec. Conséquemment, l'examen de l'évolution de ces structures et des objectifs visés par les programmes mis en place ne pourra se faire pour l'essentiel que de manière générale.

À la rigueur, on peut tenter d'isoler le cas québécois quant à la répartition de l'enveloppe budgétaire fédérale réservée au développement régional. Cela n'est pas sans poser, par ailleurs, d'énormes problèmes étant donné les pratiques comptables des divers ministères ayant été responsables de la gestion de ce dossier depuis 1969.

La plupart des observateurs s'accordent pour dire que les nombreuses réformes structurelles opérées au fil des ans sont en grande partie imputables au constat de l'inefficacité des politiques mises en place pour résoudre les problèmes de développement régional au Canada[2]. Ces politiques cherchent à remédier à l'existence d'inégalités régionales définies suivant certains indicateurs économiques: écart de revenus entre les provinces influant sur la capacité de fournir des services de même qualité à travers le Canada, taux de chômage par rapport à la moyenne nationale, écarts dans le revenu *per capita*, part des revenus de transfert dans les revenus totaux d'une province, flux des migrations intraprovinciales, etc.

La discussion de l'effet des politiques fédérales sur la structure économique québécoise s'appuiera sur l'analyse de l'évolution d'un certain nombre d'indicateurs économiques pertinents en regard des problèmes auxquels ces politiques tentent de remédier.

L'évolution des objectifs des politiques de développement régional au Canada ainsi que des structures ayant présidé à leur mise en œuvre et l'entente auxiliaire Canada-Québec, 1988-1993

Antérieurement à la mise sur pied du ministère de l'Expansion économique régionale (MEER) en 1969, le gouvernement fédéral avait, depuis l'après-guerre, pris conscience de l'existence d'inégalités dans le développement économique des différentes régions de l'ensemble canadien et tenté d'agir dans le but de les atténuer. Les analyses de l'époque démontraient que, quel que soit l'état de santé de l'économie nationale, ces disparités entre régions étaient constantes. Le problème était donc de nature structurelle. Une intervention fédérale continue était de mise.

Il existe deux acceptations possibles du concept de «développement régional inégal». On peut faire référence soit aux disparités qui existent entre les diverses provinces ou régions (à titre d'exemple, la région des provinces de l'Atlantique ou celle des provinces de l'Ouest), comme ce fut le cas lors de la création du MEER, ou encore aux variations importantes pouvant exister à l'intérieur d'un espace provincial particulier en tenant compte d'un certain nombre d'indicateurs économiques. Avec le temps, les politiques fédérales de développement régional en sont venues à s'adresser à ces deux facettes du problème. C'est ainsi que l'entente auxiliaire Canada-Québec de 1988 découpe le territoire québécois en deux types de régions (régions ressources et régions centrales) et met de l'avant des programmes distincts pour chacun.

À l'occasion de la Commission royale sur l'union économique et les perspectives de développement du Canada, mieux connue sous le nom de commission Macdonald, plusieurs études ont été consacrées aux diverses facettes du développement économique régional et des politiques fédérales à cet égard[3]. Celle de Lithwick en particulier permet de retracer les efforts fédéraux en matière de développement régional préalable à la création du MEER[4].

Les premières ébauches couvrent la période de 1947-1957. On y retrouvait une amorce d'application de politiques keynésiennes à la grandeur du pays. Le point culminant de cette étape fut la première entente de péréquation signée en 1957. À partir de ce moment les provinces devinrent des acteurs de premier plan dans l'ébauche et l'application de la politique économique régionale. Sous le régime Diefenbaker (1957-1963), la stimulation du développement des provinces moins nanties prit de l'ampleur et la question du développement économique régional s'institutionnalisa dans le cadre des relations fédérales-provinciales. L'époque Pearson (1963-1968) vit une accentuation de la politique de péréquation, ainsi que l'amorce du programme touchant les zones dites «désignées», à savoir une série de mesures incitatives orientées vers les entreprises désireuses de s'établir dans ces zones particulièrement défavorisées, de même qu'une bonification des programmes sociaux s'adressant aux individus résidents de ces zones[5].

C'est à la suite de l'arrivée au pouvoir de Pierre Elliott Trudeau en 1968 que les politiques de développement économique régional, qui avaient jusque-là revêtu un caractère plus ou moins formel, se sont structurées au sein d'un ministère expressément réservé à cette fin. Créé en 1969, il adopta le nom de ministère de l'Expansion économique régionale (MEER). Dès lors, toute cette problématique revêtit un caractère politique et idéologique. Elle s'inscrivit dans les thématiques de l'«unité nationale» et de la «société juste» chères au premier ministre de l'époque.

Sur le plan politique, Trudeau s'attaqua à ce qu'il croyait être une perte de pouvoir du gouvernement central au profit des provinces. Estimant que les administrations antérieures avaient laissé trop de latitude aux provinces en matière de pouvoir fiscal, ce qui avait accru leur pouvoir politique et conduit certaines d'entre elles à s'engager dans ce que l'on a appelé le *province building*, Trudeau souhaita un juste retour du pendule[6]. Il croyait nécessaire de centraliser et de rationaliser l'intervention fédérale en matière de développement régional, et c'est ce qu'il entendit faire avec la création du MEER. Cet interventionnisme accru du fédéral dans le développement régional allait durer jusqu'en 1982, malgré quelques rajustements de parcours en 1973 et en 1978 faisant place à une consultation accrue des provinces.

Sur le plan idéologique, la création du MEER se voulait pour Trudeau un élément important de solution au «problème» de l'unité nationale, ainsi qu'un instrument de promotion de la «société juste», thème majeur de sa campagne électorale de 1968. Fidèle à une pensée établie depuis les jours de *Cité libre*, Trudeau postulait un lien causal entre, d'une part, les manifestations d'autonomie provinciale (*province-building*) des provinces anglophones de même que la montée du nationalisme indépendantiste au Québec et, d'autre part, la question des inégalités économiques régionales. Ces dernières, croyait-il, alimentaient le sentiment autonomiste des provinces et les forces de désintégration sous-jacentes. Une politique de redistribution visant à réduire le plus possible les écarts de richesse entre les diverses régions du pays aurait pour effet d'atténuer tout sentiment autonomiste. Tout se passait comme si les revendications nationalistes du Québec, telles qu'elles se manifestaient depuis le début des années soixante, n'étaient attribuables qu'à une perception des écarts de richesse entre les provinces (ou ce qu'il convient d'appeler les «disparités régionales»). Dans le cas du Québec, le point de référence était l'Ontario. Trudeau rejoignait ainsi, probablement sans le savoir, certaines théories américaines imputant les révolutions politiques et mouvements irrédentistes à un sentiment de frustration collectif.

Suivant ces théories, lorsqu'un groupe social ou ethnique connaît une amélioration de ses conditions de vie, il acquiert une conscience aiguë de la distance qui le sépare toujours — même si l'écart s'est substantiellement rétréci — de son groupe de référence (par exemple, le Québec par rapport à l'Ontario). Cette situation devient intolérable et entraîne souvent diverses formes de violence politique. Ce phénomène résulte d'un sentiment de *relative deprivation*[7].

Durant les premières années d'existence du MEER, le Programme de développement industriel régional puisait à même les méthodes classiques d'incitation à l'établissement d'industries dans les régions qui en étaient dépourvues: subventions, congés fiscaux, contribution au développement des infrastructures, etc.[8] Des études récentes font état du peu d'influence qu'eurent ces mesures incitatives sur la décision d'une entreprise de s'établir en un endroit donné[9].

Durant ces mêmes années, les programmes du MEER définissaient à l'intérieur de chacune des provinces des zones dites «spéciales» ou «désignées», reconnaissant par le fait même un second volet au problème des disparités régionales, à savoir celles qui existent à l'intérieur d'une province donnée (c'est-à-dire les disparités intraprovinciales).

Les premières interventions du MEER se fondaient sur la théorie des pôles de croissance, mais elles n'obtinrent pas les résultats escomptés. Un rapport d'évaluation a conclu que: 1) les disparités régionales étaient trop complexes pour être confiées à un seul ministère et que, par conséquent, il fallait adopter une démarche globale; 2) les programmes nationaux n'étaient pas assez souples et qu'il fallait leur adjoindre des mesures sélectives et ponctuelles pour répondre à des besoins régionaux très spécifiques; 3) il valait mieux encourager chaque région à atteindre son développement optimal que de continuer à s'attaquer aux inégalités régionales. Tout cela allait impliquer un changement de philosophie dans l'élaboration des programmes à compter de 1973[10].

La réforme de 1973 donna lieu à une approche multidimensionnelle chapeautée par un comité interministériel et fit appel à une collaboration plus étroite des provinces dans l'élaboration et la mise en œuvre des programmes. Il en résulta la mise sur pied des Ententes cadres de développement (ECD). S'articulant sur une base bilatérale (comités conjoints de gestion fédérale-provinciale), les ECD étaient des ententes de planification du développement d'une province échelonnées sur une période de dix ans. À ces ententes cadres signées avec chacune des provinces se sont ajoutées au fil des ans des ententes auxiliaires particulières aux problèmes économiques les plus pressants des provinces. À titre d'exemples, signalons l'entente avec le Québec (1977-1984) au sujet de la modernisation de l'industrie des pâtes et papiers et celle sur le développement de la construction et de la réparation navale en Nouvelle-Écosse[11].

Ces programmes étaient administrés par les provinces, ce qui eut pour effet de diminuer la visibilité du fédéral et de renforcer, à nouveau, l'autonomie provinciale[12].

En 1978 on procéda à une réorganisation administrative de la gestion des programmes. À nouveau, on avait constaté l'inefficacité de la gestion. Cette fois, c'est la coordination des différents ministères relevant du MEER qui était en cause. On opta alors pour une structure axée sur un Conseil des ministres au Développement économique (CMDE) assisté d'un Département d'État au développement économique (DEDE) se superposant à la structure existante. Cette structure devait résoudre une fois pour toutes les problèmes de chevauchement des programmes fédéraux. Cependant, dès 1980, on se rendit compte que les nouvelles structures n'avaient rien résolu. À nouveau, les structures existantes furent remises en question, ce qui mena à la réorganisation qui s'est échelonnée de 1982 à 1984.

La réforme amorcée en 1982 avait pour objectif premier de rétablir la visibilité du fédéral dans les divers programmes de développement régional. Cette dimension politique fondamentale sera abordée plus loin. Selon Lithwick, la période de 1978-1982 avait accentué les tensions entre les régions et un gouvernement fédéral qui n'y trouvait pas son compte:

> La canalisation des fonds par l'intermédiaire d'organismes provinciaux a été perçue comme un instrument qui favorisait en définitive les divisions régionalistes du fait que les programmes semblaient des initiatives provinciales plutôt que fédérale-provinciales[13].

La réforme entreprise en 1982 allait chercher à rétablir un nouvel «équilibre» qui soit, cette fois, en faveur du fédéral. Sur le plan structurel, le MEER fut remplacé par le ministère de l'Expansion industrielle régionale (MEIR), fruit d'une fusion de l'ancien MEER et du ministère de l'Industrie et du Commerce. Cette refonte avait pour objectif d'éviter la concurrence interministérielle et de créer une nouvelle structure chargée de coordonner l'action des ministères, à savoir le Département d'État au développement économique régional (DEDER) en remplacement du Département d'État au développement économique (DEDE).

En outre, la réforme de 1982 visait à rendre plus visible la coopération fédérale avec les provinces. À cette fin, on créa 10 bureaux régionaux (c'est-à-dire provinciaux) reliés au DEDER et placés sous la responsabilité d'un coordonnateur fédéral au développement économique (CFDE). Celui-ci se chargea, à compter de 1984, d'établir le contact avec les autorités régionales dans le but d'élaborer conjointement des politiques de développement régional sous la forme d'ententes de développement économique et régional (EDER) et de veiller à leur application. Ces EDER reflétaient vraiment les priorités de développement des provinces et prenaient forme à l'intérieur d'un cadre très structuré qui s'est maintenu jusqu'à ce jour. Souvent mises en œuvre lors d'ententes auxiliaires agréant aux deux paliers de gouvernement, elles prévoyaient: «1) les mesures à prendre; 2) l'aide financière requise; 3) un mécanisme de consultation et de coordination; et 4) la mise en commun des informations pertinentes par les deux niveaux de gouvernement[14]». Les divers ministères concernés par ces ententes pouvaient être appelés à participer directement à leur mise en œuvre.

La réforme entreprise en 1982 marqua également un changement d'orientation dans le contenu des politiques mises de l'avant. On redéfinit la relation entre la politique de développement régional et la politique de développement sectoriel. Dorénavant, le mandat du ministère était orienté vers le développement industriel et commercial des régions[15].

Un nouveau programme, le Programme de développement industriel et régional (PDIR), remplaça le principe des zones désignées ou spéciales par un système de districts provinciaux pouvant atteindre, pour l'ensemble du Canada, un total de 260. Ces districts étaient déterminés selon des indices de développement[16] qui servaient à fixer le niveau d'aide à apporter. L'aide versée par le gouvernement fédéral variait suivant la classification des districts. En somme, on privilégiait une approche intraprovinciale plutôt que de considérer la province comme une entité homogène. Le micro l'emporta sur le macro[17].

Le système se maintint jusqu'à ce qu'une nouvelle réforme voit le jour en 1987. Entre temps, le Parti conservateur accéda au pouvoir en 1984 et, petit à petit, il s'engagea sur une voie de transformation des structures du MEIR et opta pour un retour à une politisation — en termes de politique partisane et parfois de patronage — des programmes en vigueur. C'est ainsi qu'à compter de juillet 1986, on revint à une pratique qui avait eu cours sous l'administration Trudeau, à savoir la nomination, dans chaque province, de ministres fédéraux responsables de la gestion des programmes du MEIR. Mulroney justifia ces nominations par l'accroissement de l'efficacité dans la mise en œuvre des programmes, ainsi que par une meilleure circulation de l'information. Bref, la population des diverses régions serait ainsi mieux servie[18].

Dans les faits, le patronage prit plus d'ampleur. On se dirigeait vers l'abolition du MEIR et des mécanismes de coordination fédérale-provinciale, tels les Comités consultatifs provinciaux. Cette voie mit fin au système de coordination élaboré durant les années 1982-1984 et qui commençait à porter fruit. Le réseau de communication alors établi avait permis d'éviter les dédoublements d'aide à l'industrie. Au sein des ministères tant fédéraux que provinciaux, on avait acquis une meilleure connaissance de ce qui se faisait dans le domaine de l'appui aux entreprises dans le contexte des ententes cadres ou auxiliaires du MEIR.

> *The federal and provincial governments have a system of communication to prevent the practice of grant stacking. Grant stacking occurs when similar assistance is received on the same project from a variety of government resources. While the general policy is to disallow grant stacking, it is nevertheless permitted in certain circumstances, particularly with the high technology cost-sharing programs[19].*

La restructuration amorcée en 1987 vint concrétiser l'approche où des ministres furent appelés à jouer des rôles de premier plan dans chacune des provinces. De fait, on procéda à des regroupements de provinces selon de nouvelles structures, donnant ainsi encore plus de pouvoir au ministre responsable d'une région[20].

Après une évaluation du PDIR ainsi que des programmes réalisés dans le cadre des EDER, le Comité permanent de l'expansion industrielle régionale de la Chambre des communes dressa un bilan, somme toute négatif, des programmes en place. Cette question sera reprise en détail plus loin. Pour l'instant, signalons que cette évaluation a mené une fois de plus à une restructuration des programmes de développement et du MEIR.

À l'été 1987, le gouvernement amorça le démantèlement du MEIR et l'intégration de ses programmes de soutien à l'industrie au sein du nouveau ministère de l'Industrie, des

Sciences et de la Technologie (MIST), connu par la suite sous le nom Industrie, Sciences et Technologie Canada (ISTC). Ce ministère devint responsable du développement régional dans le sud de l'Ontario et au Québec. Ailleurs au Canada, les responsabilités du MEIR furent confiées à trois organismes régionaux. L'Agence de promotion économique du Canada atlantique (APECA) prit en charge la coordination des activités fédérales en matière de développement économique pour les quatre provinces de la région Atlantique. Les quatre provinces de l'Ouest furent confiées au ministère de la Diversification de l'économie de l'Ouest assisté du Département de diversification de l'économie de l'Ouest. Il incomba au ministère de coordonner et d'encourager la création d'entreprises ainsi que les activités des autres ministères et organismes fédéraux installés dans ces provinces. Enfin, le nord de l'Ontario se vit attribuer une agence particulière connue sous le nom de FedNor, soit l'Initiative fédérale du développement économique dans le nord de l'Ontario. Cette agence relève toujours du MIST, mais bénéficie d'une gestion et d'un budget indépendants de ceux du sud de l'Ontario[21]. Chaque superstructure, de même que les sections rattachées au sud de l'Ontario et au Québec au sein du MIST, fut placée sous la responsabilité d'un super-ministre issu de la région ou des provinces concernées. Selon Bakvis, cette restructuration a permis de réinstitutionnaliser le patronage comme élément fondamental de la gestion des programmes de développement régional[22].

Avant de tenter une évaluation de plus de vingt ans d'intervention fédérale dans le champ du développement régional, il importe d'examiner de près le contenu de l'entente auxiliaire intervenue entre le Québec et le gouvernement central en 1988. Dans la mesure où cette entente de cinq ans demeurera en vigueur jusqu'au 31 mars 1993, cette étude permettra de voir quels sont les axes de développement privilégiés et de prendre conscience de certains problèmes liés au financement de l'entente.

L'entente auxiliaire de 1988 s'inscrivit dans le cadre d'une EDER signée en 1984, valide pour une période de dix ans. Cette entente auxiliaire est fort importante puisqu'elle met les deux gouvernements à contribution pour une somme totale de 820 millions de dollars, les parts respectives du fédéral et du Québec s'établissant à 440 et 380 millions.

En outre, cette entente reconnaît les deux dimensions de la problématique des disparités régionales, à savoir les disparités inter et intrarégionales. À cette fin, on distingue deux types de régions et l'on met sur pied des programmes distincts respectueux des problèmes propres à chaque catégorie de régions. Le territoire québécois est ainsi divisé en régions dites de ressources et en régions centrales. Les premières recouvrent les espaces régionaux suivants auxquels sont ajoutées entre parenthèses les sommes qui leur sont dévolues: Est du Québec (210 millions); Côte-Nord (65); Centre-Nord (120); Ouest du Québec (75); Nord-du-Québec (16)[23]. Les secondes constituent une catégorie résiduaire étant définies de la manière suivante dans le cadre de l'entente: «[elles] comprennent toutes les autres régions du Québec non comprises dans les régions de ressources[24]». Il faut comprendre qu'il s'agit grosso modo du corridor Hull-Québec sur les deux rives du Saint-Laurent depuis Montréal. Les régions centrales auront à leur disposition une somme de 330 millions. Les quatre autres millions sont affectés à la production d'études[25].

Ces sommes sont distribuées suivant différents programmes ayant fait l'objet d'ententes entre les deux paliers de gouvernement. Qui plus est, cette programmation est dirigée, pour l'essentiel, à l'endroit des petites et moyennes entreprises (PME), et ce tant dans les régions ressources que dans les régions centrales. On est loin de l'époque où le développement régional passait nécessairement par l'établissement de mégaprojets.

Chaque type de région a ses programmes cadres particuliers autour desquels s'élaborent des axes de développement donnant lieu à une programmation spécifique[26]. Récemment, trois autres ententes auxiliaires se sont ajoutées à l'entente auxiliaire principale. En novembre 1991, on annonçait une entente de 300 millions — 160 millions venant d'Ottawa et 140 millions de Québec — pour le développement industriel du Québec. L'entente viendra à échéance le

31 mars 1997. Elle s'adresse aux investissements industriels majeurs, soit d'au-delà de 10 millions de dollars.

Une autre entente de cinq ans signée le 30 janvier 1992 est consacrée au développement de l'industrie touristique québécoise qui recevra une somme de 100 millions de dollars répartie également entre les deux niveaux de gouvernement. Cette entente prend la relève d'une entente échue en 1990 et pour laquelle une somme de 293,7 millions de dollars avait été dépensée sur une période de cinq ans.

Le 9 avril 1992, une entente auxiliaire d'une durée de quatre ans voyait le jour. Elle porte sur le développement forestier et implique une somme totale de 136 millions de dollars. La majeure partie de cette somme, soit 110 millions de dollars, sera consacrée au développement de la forêt privée. Ce programme comprend deux volets: 1) le reboisement de la forêt privée; 2) des travaux d'aménagement des forêts naturelles privées[27].

Dans l'ensemble, cette entente, peu importe le type de régions considéré, privilégie le secteur manufacturier et, dans le cas de Montréal, le tertiaire productif. Tout compte fait, l'essentiel de la programmation s'inscrit dans le cadre de ce qui pourrait être une politique industrielle québécoise. Cette approche va de pair avec l'impérative nécessité *politique* de créer des emplois au Québec.

Ce problème semble avoir été sous-jacent à tous les programmes de développement régional mis en place depuis la création du MEER en 1969, notamment en ce qui concerne les régions ressources. Les pressions démographiques de la fin du XIXe siècle et des premières décennies du XXe siècle ont contribué au façonnement d'une structure industrielle québécoise axée sur l'exploitation du facteur relié à l'intensité de la main-d'œuvre, d'où l'importance des secteurs «mous» dans cette structure. Par la suite, le Québec a été confronté à une situation de chômage endémique résultant de certaines faiblesses structurelles de son économie, notamment dans le secteur de la fabrication, de sa dépendance à l'endroit de l'exploitation de ressources naturelles sujette au niveau de la demande et à la grande sensibilité des mouvements cycliques de l'économie internationale et, enfin, de sa position de plus en plus périphérique au sein de l'économie continentale depuis l'après Seconde Guerre mondiale[28].

Dans un tel contexte, il ne faut pas s'étonner du fait que les politiques économiques du Québec aient toujours cherché à être créatrices d'emplois et que les politiques fédérales de développement régional, longtemps fondées sur le principe des zones «désignées» ou «spéciales», aient visé des objectifs similaires. Dans les deux cas, peu importait la «qualité» des emplois créés et leur stabilité. La classe politique, quelle que soit son appartenance partisane, n'a toujours qu'une courte vue des choses (qui correspond, en général, à la durée d'un mandat).

Lorsqu'on lui reprochait sa générosité dans la vente à vil prix à des entreprises étrangères des richesses naturelles du Québec, le chef de l'Union nationale, Maurice Duplessis, se justifiait en invoquant le nombre d'emplois que ces investissements allaient créer. Robert Bourassa réussit à accéder au pouvoir en 1970 en promettant de créer 100 000 emplois durant son premier mandat (1970-1973). Le Parti québécois fit état de préoccupations semblables durant son séjour au pouvoir (1976-1985). Et voilà que Robert Bourassa, d'un air triomphant, nous promet la création de 200 000 emplois d'ici l'an 2000 ainsi que l'atteinte du plein emploi (à savoir un taux de chômage d'environ 7 %!).

Depuis les débuts de la Révolution tranquille (1960) et l'institutionnalisation de programmes fédéraux de développement régional (1969), la place des secteurs «mous» dans la structure industrielle québécoise a à peine diminué quant au nombre d'établissements et surtout au pourcentage de la main-d'œuvre employée dans ces secteurs. Par ailleurs leur contribution à la valeur de l'ensemble des livraisons manufacturières a connu une baisse sensible, comme le montre le tableau 1.

TABLEAU 1

Place des industries traditionnelles* dans le secteur manufacturier québécois, 1960-1987, mesurée par le pourcentage d'établissements, d'employés et la valeur des livraisons manufacturières

Année	Établis- sements en %	Employés en % des employés du secteur manufacturier	Valeur des livraisons manufacturières en % des livraisons totales
1960	44,7	34,7	20,9
1970	40,7	32,0	21,6
1981	37,3	32,9	17,2
1987	36,8	30,1	17,8

* Ces industries sont: le cuir, le textile, le vêtement, le bois, le meuble et ses accessoires.

Sources: G. Bernier et R. Boily, Le Québec en chiffres, Montréal, ACFAS, 1986, p. 189; Statistique Canada, cat. n° 31-203, annuel.

Il n'en résulte pas moins, par ailleurs, qu'au lieu d'introduire des mesures visant à atténuer la place occupée par ces secteurs dans la structure industrielle québécoise, l'entente auxiliaire Canada-Québec de 1988 met des fonds à leur disposition. On tient encore à moderniser les secteurs traditionnels en les orientant vers des créneaux plus spécialisés. Pourquoi ne pas plutôt reconnaître le cul-de-sac auquel ces secteurs sont acculés et entreprendre des politiques rigoureuses de suppression graduelle (phasing-out)? On pourrait alors tenter de récupérer le plus possible la main-d'œuvre employée dans les secteurs traditionnels et l'orienter vers les secteurs de remplacement, par le biais de programmes de recyclage de la main-d'œuvre. À la limite, on pourrait instituer des programmes de retraite anticipée pour les «irrécupérables». À long terme, une telle action profiterait à l'économie québécoise davantage que de traîner ce boulet jusqu'à ce que les forces du marché international en aient raison.

Au terme de cette première partie, il faut signaler deux changements administratifs majeurs dans la gestion de l'entente de développement économique et régional Canada-Québec. Au niveau fédéral, la section responsable de la gestion au sein de l'ISTC des programmes québécois a été remplacée depuis juin 1991 par une structure plus formelle jouissant de tous les attributs d'un ministère, le Bureau fédéral de développement régional (Québec). Dans le but d'éviter de froisser outre mesure certaines susceptibilités québécoises, on a renoncé à l'appellation «ministère» comme cela avait été annoncé dans la presse (*Le Devoir*, 29 mai 1991) au profit de celle de «Bureau», mais dans les faits c'est tout comme.

Jusqu'ici, le pendant québécois pour l'administration de l'entente avait été pour l'essentiel l'Office de planification et de développement du Québec (OPDQ) et, dans certains cas, les ministères plus proprement concernés par un projet particulier. Or, en décembre 1991, le Conseil des ministres définissait une nouvelle stratégie en matière de développement régional[29]. Ce faisant, il créait une nouvelle structure administrative, le Secrétariat aux affaires régionales, qui prenait dès lors la relève de l'OPDQ. Élaboré sous le signe de la décentralisation, le budget de l'OPDQ, aux fins de ses opérations strictement québécoises, s'évaporait comme neige au soleil. Son budget de 54 millions allait être redistribué. À compter du 1er avril 1992, 9 millions iraient au nouveau Secrétariat aux affaires régionales. Le reste, soit 45 millions, était distribué aux 15 régions administratives du Québec, à raison de 3 millions chacune, après négociation d'ententes à cet effet avec le gouvernement du Québec. Pour sa part, la région de Montréal allait jouir d'un budget distinct dans le cadre d'une entente spécifique couverte par un Comité ministériel sur le Grand Montréal[30].

Durant les années quatre-vingt, le Québec a toujours eu ses propres programmes de développement régional en sus de ses ententes avec le gouvernement fédéral. Ces programmes ont eu pour nom Le choix des régions (1983); Plan d'action en matière de développement régional (1988); Développer les régions du Québec (1992)[31]. Le texte de ces documents ne fait aucune référence aux ententes cadres signées avec le gouvernement central, qu'il s'agisse du MEER, du MEIR, d'ISTC ou du Bureau fédéral de développement régional (Québec). À la lecture, il apparaît souvent que les objectifs poursuivis sont en parallèle avec ceux des ententes cadres et auxiliaires Ottawa-Québec. On peut donc présumer qu'il s'agit d'ajouts aux enveloppes budgétaires consacrées aux ententes auxiliaires liées à l'entente cadre Canada-Québec de 1984. Il faudra en tenir compte lorsqu'il s'agira d'évaluer les sommes globales consacrées au développement régional par l'État québécois, encore qu'un tel exercice ne soit pas aisé étant donné que ces sommes ne sont pas isolées en un endroit spécifique des comptes publics. À cet égard, il faut savoir que la plupart des ministères affectent, dans leur comptabilité générale, des montants imputables au développement régional.

Sauf qu'il en va de même au niveau fédéral. Outre le Bureau fédéral de développement régional (Québec), on doit constater qu'à peu près tous les ministères fédéraux contribuent — de diverses façons — à promouvoir et à soutenir le développement économique régional et l'emploi. D'autres instruments sont également mis à contribution. Au chapitre de la fiscalité, on peut compter sur une pléthore de programmes de crédits d'impôt, tels les crédits à la création d'emplois, aux activités de recherche et de développement, à la recherche scientifique, en plus de programmes ponctuels visant le maintien ou la création d'entreprises et d'emplois, de même que le soutien au développement régional, etc.[32].

De plus, certains organismes fédéraux ont une vocation entraînant des retombées sur le développement régional. On peut songer ici à la Banque fédérale de développement, qui, en date du 31 décembre 1991, avait consenti plus de 900 millions de dollars de prêts à des entreprises québécoises sur une enveloppe globale de 2,7 milliard[33]. Un autre organisme fédéral pouvant avoir des effets sur le développement régional est la Corporation commerciale canadienne, société spécialisée dans l'exportation de produits canadiens sur les marchés étrangers. En 1989-1990, 23 % des ventes de la CCC provenaient du Québec[34].

Le Québec reçoit-il sa juste part des sommes fédérales consacrées au développement régional?

Répondre adéquatement à cette question n'est pas chose aisée dans la mesure où le gouvernement fédéral ne pêche pas par un excès de limpidité en la matière. D'une part, nous faisons face à une multitude d'intervenants, soit les différents ministères et sociétés de la Couronne qui, par des programmes spécifiques ou leur politique d'achat, contribuent au développement économique du Québec. D'autre part, si l'on ne s'en tient qu'au principal acteur, en l'occurrence et suivant les époques, le MEER, le MEIR, l'ISTC et le Bureau fédéral de développement régional (Québec), le rapport annuel fait état de sommes *agréées et non de sommes effectivement dépensées*. Autrement dit, le rapport annuel fait état d'une liste de projets qui ont été agréés et auxquels des sommes ont été affectées. Mais cela ne veut pas dire pour autant que *ces sommes ont été effectivement dépensées*. Le nombre de postulants peut se révéler inférieur à celui projeté, de sorte que des sommes non engagées apparaîtront sous la rubrique d'un programme figurant au répertoire des programmes ayant fait l'objet d'une entente Canada-Québec. En bout de piste, l'enveloppe réservée à un programme donné pourra fort bien ne pas avoir été toute liquidée.

C'est ainsi qu'à onze mois de l'échéance — prévue pour le 31 mars 1993 — de la principale entente auxiliaire Canada-Québec en vigueur depuis 1988, on nous signalait que plus de la moitié des fonds fédéraux sur un engagement total de 440 millions de dollars n'avaient pas encore été dépensés[35].

Assurément, une méthode précise de mesure des dépenses réelles affectées au développement régional depuis la mise en place du MEER en 1969 serait le recours aux comptes publics. Mais le jeu en vaut-il vraiment la chandelle?

C'est loin d'être certain. Tout compte fait, il y a risque de troquer le qualitatif pour le quantitatif. On y gagnerait certes en exactitude sur le plan quantitatif. Par ailleurs, cet exercice serait peu éloquent sur le plan qualitatif. Il ne nous renseignerait guère quant à savoir si les différents objectifs des ententes Canada-Québec, au fil des ans, ont été rencontrés. La simple énumération des récipiendaires, ainsi que des sommes qui leur ont été octroyées, n'éclaire pas l'analyste quant aux divers volets de l'entente qui ont pu être privilégiés. Pour prendre exemple à partir de l'entente auxiliaire présentement en vigueur, le fait de savoir que l'entreprise XYZ a reçu une somme de 3 millions de dollars ne nous dit pas avec certitude si c'est à des fins d'innovation technologique, de recherche et développement, de hausse de productivité ou de prospection de marchés étrangers, tous des secteurs privilégiés dans le cadre de l'entente auxiliaire de 1988.

On souhaiterait donc plus de limpidité dans la présentation des rapports annuels de l'instance fédérale responsable du développement régional au Québec. Pourquoi les différents ministères chargés de ce dossier qui se sont succédé depuis 1969 n'arrivent-ils pas à présenter un bilan comptable annuel comparable à celui d'organismes similaires telles les sociétés de la Couronne, par exemple? La réponse résiderait-elle dans le niveau de politisation — au sens de partisanerie politique et, dans le cas du Québec, du contentieux fédéral-provincial — auquel le ministère responsable du développement régional se trouve soumis?

Pour ce que valent ces données, nous présentons un tableau (tableau 2) où apparaissent les sommes fédérales *potentiellement* consacrées au développement régional au Québec, ainsi que dans les autres provinces, entre 1970 et l'année 1989-1990 — année la plus récente pour laquelle il existe un rapport annuel. Le tableau 3 rend compte des engagements ou sommes agréées pour des périodes moyennes de cinq ans sur une base *per capita* pour l'ensemble des provinces entre 1970 et 1988. Enfin, le tableau 4 porte sur la période 1984-1990 et fait état de l'aide autorisée pour le Québec, l'Ontario et l'ensemble des provinces canadiennes, et ramène ces données sur une base *per capita*.

TABLEAU 2

Engagements du MEER, du MEIR et du MIST par région: 1969-1989
(en dollars courants, en milliers de dollars)

Provinces	1969-1970	1970-1971	1971-1972	1972-1973	1973-1974	1974-1975	1975-1976	1976-1977	1977-1978	1978-1979	1979-1980	1980-1981	1981-1982	Total
Terre-Neuve	34 749	62 482	35 405	37 569	50 947	68 391	66 192	56 227	60 951	61 967	77 626	48 063	40 803	701 372
Nouvelle-Écosse	36 327	32 818	42 898	52 117	35 022	40 790	42 552	48 608	45 224	52 911	51 293	56 871	64 990	602 421
Île-du-Prince-Édouard	10 613	14 753	17 710	19 556	19 553	22 801	34 133	36 590	33 509	30 410	29 765	33 009	22 875	325 277
Nouveau-Brunswick	29 965	64 437	45 406	44 544	57 938	63 424	60 960	59 761	52 426	52 754	66 840	63 044	54 011	715 510
Québec	25 502	78 574	113 863	115 562	167 071	122 143	113 961	105 076	164 087	171 990	179 132	167 590	182 763	1 707 314
Ontario	19 759	12 412	16 937	19 158	12 692	18 846	38 385	27 184	26 195	22 590	28 893	34 564	48 509	326 124
Manitoba	16 131	16 339	17 854	24 399	14 824	28 459	31 178	36 838	34 943	28 303	37 051	57 803	45 465	389 587
Saskatchewan	14 834	17 010	18 126	13 818	16 711	26 804	40 028	43 553	42 681	49 950	49 398	76 838	71 433	477 184
Alberta	16 173	13 086	9 018	17 058	25 298	16 069	17 747	16 325	17 410	17 327	12 140	17 681	12 087	207 419
Colombie-Britannique	4 775	5 797	10 843	4 653	4 179	6 157	9 388	8 783	13 817	15 612	27 925	38 475	29 983	180 387
Autres*	10 701	13 099	16 787	16 730	20 109	24 670	28 957	30 733	33 492	34 216	30 690	35 906	42 673	338 763
Total	219 529	330 807	344 847	365 164	424 344	438 554	483 481	469 678	524 735	534 030	590 753	629 844	615 592	5 971 358

Provinces	1983-1984	1984-1985	1985-1986	1986-1987	1987-1988	1988-1989	Total
Terre-Neuve	24 956	29 956	53 383	63 014	31 055	4 613	206 990
Nouvelle-Écosse	84 477	52 684	37 223	46 498	60 226	18 451	299 559
Île-du-Prince-Édouard	19 251	6 436	28 017	6 915	1 673	1 982	64 274
Nouveau-Brunswick	45 637	45 925	24 558	68 749	17 089	58 724	260 682
Québec	297 572	356 028	315 042	346 798	432 334	442 192	2 189 966
Ontario	225 785	192 087	179 050	207 472	258 714	191 804	1 254 912
Manitoba	37 911	74 719	43 491	43 717	32 060	10 234	242 132
Saskatchewan	19 841	13 432	25 758	38 501	23 177	22 087	142 796
Alberta	9 237	16 770	14 505	13 450	19 882	18 764	92 608
Colombie-Britannique	51 474	42 475	38 827	49 786	64 598	36 612	283 772
Total	816 154	830 512	759 854	884 900	940 808	805 463	5 037 691

* Comprend les dépenses pour le Conseil de développement de l'Atlantique, pour les bureaux de l'Atlantique et de l'Ouest ainsi que les dépenses des Territoires.

Source: *Rapports annuels* du MEER, du MEIR et du MIST, 1969-1989.

Engagements ou sommes agréées du MEER/MEIR
(Moyenne par province en dollars *per capita*)

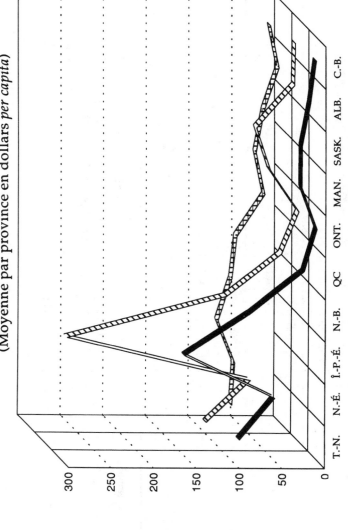

	T.-N.	N.-É.	Î.-P.-É.	N.-B.	QC	ONT.	MAN.	SASK.	ALB.	C.-B.
1970-1975 ■	91,5	50,5	155,5	80,0	17,0	2,1	19,8	19,3	9,6	2,8
1975-1980 ▨	110,0	59,3	274,3	87,0	23,6	3,5	36,6	53,0	8,5	7,5
1983-1988 ⊞	60,5	57,6	77,1	61,3	55,8	23,1	33,6	23,6	6,5	16,3

Source: Rapport annuel du MEER/MEIR.

TABLEAU 4

Aide autorisée et répartition *per capita**

(excluant le poste Loi sur les prêts sur les petites entreprise)
en milliers de dollars

Ministère	Aide autorisée			Aide autorisée *per capita*		
	Ontario	Québec	Ensemble des provinces	Ontario	Québec	Ensemble des provinces
MEIR	192 087	356 028	836 862	22	55	34
MEIR	179 050	315 042	803 681	20	48	32
MEIR	207 472	346 798	921 960	23	53	36
MEIR	258 714	432 334	965 492	28	66	38
MEIR et MIST	191 804	442 192	852 290	20	67	33
ISTC **	225 083	377 110	695 170	23	56	26

*Données *per capita* établies à partir d'estimations annuelles postcensitaires, Statistique Canada, cat. n° 91-210, novembre 1991.

**À partir de 1989-1990 ce poste budgétaire comprend les aides autorisées aux fins de la technologie également. À titre d'exemple, ce poste comprend les dépenses (subventions et contributions) en matière d'aérospatiale et de biotechnologie. Ces données ne sont pas strictement comparables avec celles des années précédentes.

Source: MEIR, MIST, ISTC, *Rapports annuels*, 1984-1990, Ottawa, Approvisionnements et Services Canada. Gouvernement du Canada, *Budget des dépenses*, Partie II, 1989-1991.

On constate que, depuis le début des programmes de développement régional en 1969, le Québec a reçu, au total, les engagements ou sommes agréées les plus importants consentis aux provinces canadiennes. Pour ce qui est des engagements *per capita*, le Québec s'est toujours situé loin derrière les provinces atlantiques (tableau 3) pour la période 1970-1988. Par rapport à l'Ontario cependant, la position du Québec a toujours été meilleure (tableaux 3 et 4), reflétant en cela l'état de la richesse collective respective de chacune des provinces.

Certains auteurs ont expressément tenté de mesurer la part de chacune des provinces dans les dépenses fédérales affectées au développement régional — ainsi qu'à d'autres missions — en fonction de leur population respective. Le problème majeur à cet égard consiste à savoir ce qui est effectivement comptabilisé dans de tels bilans. Ainsi, Irene D. Ip constate qu'au chapitre de l'expansion régionale et de l'assurance-récolte, pour la période 1984-1988, le Québec a touché substantiellement moins (16,1 %) de l'ensemble des dépenses fédérales en ce domaine que la part (25 %) qu'il représentait au sein de l'ensemble de la population canadienne. Sauf que l'auteur ne signale pas explicitement les catégories de dépenses qui ont servi à la confection des diverses rubriques de son tableau[36].

Une autre étude tend à démontrer qu'entre 1980 et 1988 le Québec a reçu des sommes *per capita* plus élevées que l'Ontario au chapitre des transferts fédéraux aux entreprises. Par ailleurs, l'effort consenti par le gouvernement du Québec au même titre et ramené sur une base *per capita* était beaucoup plus substantiel que celui du gouvernement ontarien[37]. (Voir les tableaux 5a et 5b.)

TABLEAU 5A

Transferts fédéraux aux provinces pour le développement du commerce et de l'industrie
(en milliers de dollars)

Année	Total Québec	*Per capita*	Total Ontario	*Per capita*
1980	536,08	183,94	714,32	83,35
1985	749,25	115,02	1099,23	122,05
1988	971,88	146,35	1508,36	159,93

TABLEAU 5B

Transferts provinciaux pour le développement du commerce et de l'industrie
(en milliers de dollars)

Année	Total Québec	*Per capita*	Total Ontario	*Per capita*
1980	492,19	77,07	442,19	51,60
1985	744,16	114,24	514,34	57,11
1988	846,83	127,52	800,13	84,84

Source: Isabella D. Horry et Michael A. Walker, *Government Spending Facts*, Vancouver, The Fraser Institute, 1991, tableau M-1. Les calculs *per capita* sont les nôtres.

En somme, pour ce qui est du développement économique régional, les conclusions auxquelles on arrive sont fonction des données prises en considération. Suivant les mesures utilisées, le Québec reçoit sa juste part, ce qui semble l'opinion majoritaire, ou obtient une part inférieure à sa représentation dans l'ensemble de la population canadienne.

Sans plus de clarté quant aux protocoles comptables servant à établir les mesures, de même que l'absence d'uniformité dans les indicateurs qui sont pris à témoins (exemple: «sommes consacrées à l'expansion régionale» ou «transferts fédéraux aux entreprises»), nous n'estimons pas pouvoir trancher la question posée en tête de section de manière claire, nette et précise.

Plusieurs mémoires présentés à la commission Bélanger-Campeau, de même qu'une étude effectuée par son équipe de recherche, ont pris pour objet d'étude le champ le plus large possible, à savoir l'ensemble des comptes nationaux, pour une période couvrant généralement les années 1960 à 1989[38]. Dans l'ensemble, les conclusions tendent à converger, même si les protocoles comptables ne sont pas toujours similaires. D'une étude à l'autre, on est généralement porté à soustraire certaines dépenses fédérales pour en retenir uniquement la part qui s'applique au Québec. La «générosité» dans les soustractions varie suivant les orientations constitutionnelles des organismes qui ont soumis des mémoires à la Commission. Force est de constater que les conclusions convergent pour l'essentiel, peu importent les orientations constitutionnelles des soumissionnaires. Il s'en dégage comme conclusion générale que plus on avance dans la période, plus le Québec reçoit sa juste part, et même davantage au cours des dernières années.

L'incidence des politiques fédérales de développement régional sur la structure économique québécoise

On a vu que les politiques fédérales en matière de développement régional ont été sujettes à plusieurs réaménagements structurels depuis la mise sur pied du MEER. Pour de nombreux observateurs, ces fréquents changements de structures reflètent un malaise chronique[39]. Ce ministère, quelle qu'ait été son appellation, a toujours souffert d'un haut niveau de politisation. C'est un ministère au sein duquel s'exerce la partisanerie politique dans son sens le plus péjoratif. Au-delà de l'efficacité des programmes mis en place, ce qui est recherché est davantage la visibilité politique du gouvernement fédéral. Même si cette préoccupation a cours dans toutes les provinces, elle se révèle particulièrement aiguë au Québec dans la mesure où elle s'insère dans le contentieux constitutionnel Ottawa-Québec. On pourrait multiplier les exemples où la «petite» politique partisane et le souci de la visibilité du gouvernement fédéral — et ceux du gouvernement du Québec également — semblaient plus importants que les programmes eux-mêmes. Illustrons notre propos.

Lors de la réorganisation du ministère en 1982, sous le gouvernement Trudeau, le Comité sénatorial permanent des finances nationales s'inquiétait de ce que les changements envisagés, loin d'être fonctionnels, n'avaient pour autre but que d'assurer une plus grande visibilité au gouvernement fédéral.

> Les ministres responsables du DEDER et du MEIR ont l'un et l'autre des responsabilités divisées et l'accent mis sur l'aspect régional dans la déclaration gouvernementale *indique la ferme volonté du gouvernement de recevoir le crédit des initiatives fédérales dans les provinces*[40].

Un article du journal *Le Devoir* demandait aux conservateurs nouvellement arrivés au pouvoir de mettre un terme à cette obsession de la visibilité fédérale en remettant aux provinces une part importante de la gestion des programmes et, en général, d'assainir l'esprit qui préside à la gestion de ces programmes[41]. Or Bakvis s'est livré à une analyse de la gestion des structures remaniées sous les conservateurs avec les meilleures intentions du monde. Il en conclut:

> *Thus, from an initial effort to stymie the rebirth of regional ministers, by restricting access to patronage and by declining to resurrect the administrative support mechanisms abolished by John Turner, and an expressed interest in turning over to the provinces all responsabilities for regional policy, the Mulroney cabinet had apparently come full circle*[42].

En outre, en juillet 1986, le premier ministre Mulroney annonçait la nomination dans chaque province d'un «ministre politique» chargé du dossier du développement régional. Ce ministre allait être responsable du patronage pour sa province:

> *Control over patronage was turned over to the political minis-*
> *ter for each province who, in making patronage recommenda-*
> *tions to Ottawa, will be advised by a representative from*
> *the provincial caucus and the Conservative campaign chair-*
> *person from their province*[43].

L'état d'esprit qui préside à ces ententes Canada-Québec est bien rendu par ces deux brefs extraits de l'appendice «F» du texte de l'entente auxiliaire sur le développement économique des régions du Québec de 1988.

> Le protocole sera signé au cours d'une cérémonie publi-
> que par le représentant de la municipalité, le ministre
> fédéral responsable de l'Entente et le ministre responsa-
> ble de l'Entente pour le Québec, ou leurs représentants
> politiques.

> Le gouvernement du Québec s'assurera, à la demande
> de l'une des parties, qu'une plaque commémorative
> permanente, affichée en un lieu fréquenté par le public,
> fasse état de la contribution de chaque gouvernement au
> financement du projet[44].

Que l'on sente le besoin de consigner par écrit dans le texte de l'entente de telles peccadilles en dit long sur l'état d'esprit animant les deux protagonistes. Il est évident que de part et d'autre on cherche à se gagner des faveurs politiques. Reste à savoir si ces dernières s'accumulent sur le dos et au détriment des régions.

L'évaluation qui suit est double. D'une part, il y a le recours aux témoignages d'analystes de la question et de membres de la classe politique elle-même. D'autre part, on fera appel à des critères objectifs s'appuyant sur les statistiques officielles que l'on associe habituellement à diverses manifestations de l'existence d'une situation de développement régional inégal tant au niveau inter qu'intraprovincial.

Dressant le bilan des politiques suivies, en la matière, durant les années Trudeau, Boisvert et Hamel estiment qu'il est impossible de faire un bilan général pour savoir si les disparités régionales se sont atténuées. Tout dépend, disent-ils, des indicateurs choisis[45]. La réponse est tout aussi nuancée lorsqu'il s'agit d'apprécier la capacité des régions d'assurer leur propre développement par rapport à l'époque de la création du MEER en 1969[46].

Le jugement est encore plus tranché chez Lithwick. Il constate qu'après plus de vingt ans de programmes:

> Les disparités régionales sont toujours présentes [...]. La position relative des provinces démunies, évaluée en fonction du revenu, après déduction des transferts, s'est très peu améliorée [...]. Il y a de sérieuses raisons de douter de la profondeur de l'intérêt fédéral au développement régional. En fait, la plupart des efforts déployés par le gouvernement central à l'égard des régions se sont traduits par des politiques d'indemnisation mais très peu de programmes ont été axés sur des initiatives réelles de développement[47].

La classe politique elle-même fait parfois état du peu de résultats obtenus par les politiques de développement économique régional. Lors de la réorientation amorcée en 1987 et qui mènera éventuellement à la prise en charge du MEIR par l'ISTC, le discours du Trône reconnaissait l'échec des politiques adoptées depuis 1969 en affirmant:

> Les disparités entre les régions subsistent, et l'expérience nous a appris qu'il ne suffit pas de dépenser plus d'argent pour corriger cette situation inacceptable[48].

En juin 1987, un membre du cabinet portait le jugement suivant:

> Fondamentalement, rien n'a été réglé. Le taux de chômage demeurait par exemple plus de deux fois plus élevé dans les Maritimes qu'en Ontario[49].

Nous avons nous-même procédé à l'évaluation de la performance économique du Québec depuis 1960[50]. Suivant la plupart des indicateurs économiques retenus, on aurait été en droit de s'attendre à ce que les politiques fédérales de développement régional améliorent la situation du Québec à la fois par rapport à l'ensemble canadien et sur une base intrarégionale (c'est-à-dire réduction des écarts entre les diverses régions du Québec). Des améliorations sensibles auraient dû découler de la mise en œuvre non seulement des programmes fédéraux de développement régional, mais également des programmes du Québec en la matière, ainsi que des incalculables interventions économiques des divers ministères fédéraux et québécois. En outre, il serait impératif de prendre en compte le rôle joué dans le développement et le soutien aux entreprises par plusieurs sociétés d'État québécoises. En tête du palmarès, signalons la Caisse de dépôt et placement, Hydro-Québec, la Société de développement industriel (SDI), la Société générale de financement (SGF), la Société québécoise d'initiatives agro-alimentaires (SOQUIA). Cette énumération ne recouvre qu'une partie des sociétés d'État québécoises pouvant avoir une influence directe sur le développement économique, tant dans les régions centrales que dans celles orientées vers l'extraction et la transformation des ressources naturelles.

Or nos données révèlent que les politiques fédérales de développement régional — associées aux politiques générales de développement du Québec — ont eu, au mieux, pour effet de ralentir la décroissance du Québec dans l'ensemble canadien, ainsi que sa désindustrialisation. Mais en aucun cas n'ont-elles pu contribuer à enrayer de manière significative ces deux tendances. Idéalement, il s'agirait d'établir, à l'aide d'une procédure d'évaluation rigoureuse, l'effet concret de ces politiques. Nous ne disposons pas pour l'instant d'un tel protocole comptable. À défaut, nous devons nous replier sur un certain nombre d'indicateurs classiques qui, malheureusement, ne peuvent nous informer de façon précise sur ce qu'il serait advenu n'eussent été les interventions fédérales et provinciales.

Les disparités interrégionales: le Québec dans l'ensemble canadien

a. On constate une régression de la part du Québec dans le produit intérieur brut canadien. La part du Québec passe de 26,3 % en 1961 à 23,6 % en 1989. Alors qu'elle représentait 64,1 % de la part ontarienne en 1961, elle est de l'ordre de 56,9 % en 1989.

b. La part de la main-d'œuvre employée dans le secteur secondaire n'a cessé de décroître, passant de 33,7 % en 1960 à 26,3 % en 1989, tandis qu'en Ontario, ces pourcentages s'établissaient respectivement à 46,6 % et 51,3 %.

c. La valeur des livraisons manufacturières du Québec passe de 30,4 % de l'ensemble canadien en 1960 (comparativement à 49,3 % pour l'Ontario) à 23,1 % en 1987 (56,0 % pour l'Ontario).

d. La part des exportations du Québec dans le total des exportations canadiennes passe de 31,9 % en 1965 à 17,0 % en 1989, tandis que sa part dans les importations canadiennes chute de 26,7 % en 1965 à 19,8 % en 1989.

e. Au chapitre des investissements totaux, la part du Québec atteignait 24,8 % des investissements canadiens en 1962. Cette part représentait 22,2 % en 1990. Par rapport à l'Ontario, le Québec recevait 69,2 % des investissements totaux de la province voisine en 1962, alors qu'il n'en recevait plus que 56,9 % en 1990.

f. Les secteurs «mous», soit le textile, le vêtement, le cuir, le bois et la fabrication de meubles, continuent d'occuper une place trop importante dans la structure industrielle québécoise. Alors qu'en 1960 ces industries occupaient 34,7 % de la main-d'œuvre du secteur secondaire et comptaient pour 20,9 % de la valeur des livraisons manufacturières, en 1987 ces pourcentages étaient respectivement de l'ordre de 30,1 % et de 17,8 %. Les programmes de restructuration industrielle et de hausse de productivité inscrits dans le cadre des politiques régionales de développement ont eu très peu de répercussions.

g. L'écart dans le revenu *per capita* entre le Québec et l'Ontario s'est très peu comblé entre 1961 et 1990. Alors que le revenu *per capita* québécois représentait 76 % du revenu ontarien en 1961, il s'établissait à 82 % du revenu ontarien en 1990.

h. Il en est de même pour le salaire horaire moyen dans les entreprises manufacturières de 20 employés et plus. De quelque 85,1 % de celui de l'Ontario qu'il était en 1961, le salaire horaire moyen au Québec représentait 90,2 % de celui de l'Ontario en 1990.

i. Entre 1960 et 1990, le ratio du taux de chômage annuel moyen n'a jamais été inférieur à 1,35 de celui de l'Ontario. La moyenne pour cette période se situant plutôt à 1,55.

Les disparités intrarégionales au Québec[51]

a. L'activité manufacturière dans la région métropolitaine de Montréal, incluant la vallée du Richelieu, les rives Nord et Sud, la ville de Montréal et l'île Jésus, reste très concentrée. Alors qu'elle comptait 68,3 % des employés du secteur manufacturier et contribuait pour 66,6 % de la valeur des livraisons manufacturières en 1960, ces pourcentages étaient respectivement de 64,3 % et de 66,3 % en 1985.

b. Du côté du revenu personnel *per capita* par région administrative, l'analyse utilisant Montréal à titre d'indice (100) révèle que la situation en province s'est quelque peu améliorée. Alors que le revenu était de l'ordre de 84,5 pour l'ensemble des régions en 1961, l'indice se situait à 89,0 en 1989. Ce que ne peut révéler cet indice, c'est si cette légère amélioration est imputable avant tout à un nouveau dynamisme des régions ou si elle ne résulte pas plutôt du déclin économique de la ville de Montréal dans l'ensemble de la région métropolitaine.

c. Les taux de chômage par région administrative ont peu changé depuis le milieu des années soixante-dix. Dans les régions ressources (la péninsule gaspésienne, le Bas-Saint-Laurent, le Saguenay-Lac-Saint-Jean, la Mauricie-Bois-Francs, l'Abitibi-Témiscamingue, la Côte-Nord-Nouveau-Québec), le taux de chômage annuel moyen est toujours supérieur à 10 % et atteint et dépasse parfois les 20 % dans les régions de l'extrême Est québécois. Donc, à cet égard, les politiques de développement régional n'ont pas résolu les problèmes de chômage chronique et structurel.

d. Les migrations internes québécoises sont également révélatrices du malaise économique chronique qui règne dans les régions. Depuis 1966, à peu près toutes les régions du Québec, sauf les banlieues nord et sud de Montréal ainsi que l'Outaouais, sont en perte de population[52].

Ces deux listes d'indicateurs présentent un bilan éloquent de l'échec des politiques de développement régional menées au Québec depuis les années soixante, et ce qu'elles aient été amorcées par le gouvernement central ou par celui du Québec.

Notes

1. L'auteur tient à remercier ses assistants de recherche Thierry Berthet et David Irwin pour leur collaboration à la collecte des données nécessaires à la rédaction de ce texte.

   Cette recherche a bénéficié du soutien financier du Conseil de recherches en sciences humaines du Canada et du Fonds pour la formation de chercheurs et l'aide à la recherche (Québec).

2. Voir l'Association canadienne d'études fiscales/Canadian Tax Foundation, «The Federal Approach to Regional Economic Development: From DREE to DRIE to ISTC», dans *The National Finances 1988-89*, Toronto, Canadian Tax Foundation, 1990, chap. 1, p. 1-20; F. J. Anderson, *Regional Economic Analysis: A Canadian Perspective*, Toronto, Harcourt Brace Jovanovitch Canada, 1988, p. 254-255; Guy Beaumier, «Le développement régional au Canada», Ottawa, Bibliothèque du Parlement, Service de recherche, 1989, p. 11 et 13; N. H. Lithwick, «Une évaluation des mesures d'expansion économique régionale du gouvernement fédéral», dans Kenneth Norrie (coordonnateur de la recherche), *Les disparités et les adaptations interrégionales*, Commission royale sur l'union économique et les perspectives de développement du Canada, Ottawa, Approvisionnements et Services, 1986, vol. LVIV, 123-181; N. H. Lithwick, «Canadian Regional Policy: Undisciplined Experimentation», *Revue canadienne des sciences régionales*, automne 1982, p. 275-282; N. H. Lithwick, «Regional Development Policies: Context and Consequences», dans William J. Coffey et Mario Polese, *Still Living Together: Recent Trends and Future Directions in Canadian Regional Development*, Montréal, Institut de recherches politiques, 1987, p. 121-155; Paul Philips, *Regional Disparities. Why Ontario has so much and the others can't catch up*, Toronto, James Lorimer and Company, 1978; Donald J. Savoie, *Regional Economic Development: Canada's Search for Solutions*, Toronto, University of Toronto Press, 1986; Herman

Bakvis, «Regional Politics and Policy in the Mulroney Cabinet, 1984-88: Towards a Theory of the Regional Minister System in Canada», *Analyse de politiques/Canadian Public Policy*, vol. XV, n° 2, 1989, p. 121-134; Peter Aucoin et Herman Bakvis, «L'organisation gouvernementale et la réceptivité aux besoins des régions. Le dossier de la politique de développement économique régional», dans Peter Aucoin (coordonnateur de la recherche), *L'administration fédérale et la réceptivité aux besoins des régions*, Commission royale sur l'union économique et les perspectives de développement du Canada, Ottawa, Approvisionnments et Services Canada, 1986, vol. XXXVII, p. 55-128; Dan Usher, «Some Questions About the Regional Development Incentives Act», *Analyse de politiques/Canadian Public Policy*, vol. I, n° 4, 1975, p. 557-575; Michael Bradfield, *Regional Economics. Analysis and Policies in Canada*, Toronto, McGraw-Hill Limited, 1988, p. 170 et suiv.

3. Voir, entre autres, Aucoin et Bakvis, *op. cit*; Lithwick, «Une évaluation des mesures d'expansion économique», *op. cit.*; John D. Whyte, «Les dimensions constitutionnelles des mesures d'expansion économique», dans Richard Simeon (coordonnateur de la recherche), *Le partage des pouvoirs et la politique d'État*, Commission royale sur l'union économique et les perspectives de développement du Canada, Ottawa, Approvisionnements et Services Canada, 1985, vol. LXI, p. 31-76.

4. Lithwick, «Une évaluation des mesures d'expansion économique», *op. cit.*

5. *Ibid.*, p. 132-142.

6. *Ibid.*, p. 143; Michel Boisvert et Pierre Hamel, «Les politiques régionales au Canada sous le régime libéral 1963-1984», dans Yves Bélanger, Dorval Brunelle *et al.*, *L'ère des libéraux. Le pouvoir fédéral de 1963 à 1984*, Sillery, Presses de l'Université du Québec, 1988, p. 193; Aucoin et Bakvis, *op. cit.*, p. 66; Garth Stevenson, «Le partage des pouvoirs», dans Richard Simeon, *op. cit.*, p. 103.

7. Voir James C. Davies, «Toward a Theory of Revolution», *American Sociological Review*, vol. VI, n° 1, 1962, p. 5-19; Alexis de Tocqueville, *L'Ancien régime et la Révolution*, Paris, Gallimard, coll. «Idées», 1952; James C. Davies, «The J-Curve of Rising and Declining Satisfactions as a Cause of Some Great Revolutions and a Contained Rebellion», dans Hugh Davis Graham et Ted Robert Gurr (dir.), *Violence in America*, New-York, Signet Book, 1969, p. 671-709.

8. Lithwick, «Une évaluation des mesures d'expansion économique», *op. cit.*, p. 145.

9. Voir la bibliographie de Roger Wilson, *State Business Incentives and Economic Growth: Are They Effective? A Review of the Literature*, dans The Council of State Governments, Division of Policy Analysis Services,

Economic Development in the States, vol. I, Lexington (Ky), The Council of State Governments, 1989.

10. Beaumier, *op. cit.*, p. 9-10; Aucoin et Bakvis, *op. cit.*, p. 66-67; J. P. Francis et N. G. Pillai, *Regional Development and Regional Policy. Some Issues and the Recent Canadian Experience*, Ottawa, ministère de l'Expansion économique régionale, 1972.

11. Boisvert et Hamel, *op. cit.*, p. 202.

12. Lithwick, «Une évaluation des mesures d'expansion économique», *op. cit.*, p. 149-150.

13. *Ibid.*, p. 153.

14. Beaumier, *op. cit.*, p. 10.

15. Lithwick, «Une évaluation des mesures d'expansion économique», *op. cit.*, p. 156.

16. Ministère de l'Expansion industrielle et régionale, «Le développement industriel et régional», Ottawa, MEIR, 1984, p. 2.

17. Savoie, *op. cit.*, p. 88.

18. Bakvis, *op. cit.*, p. 125.

19. P. H. Doherty, Tom P. Muir et R. J. Fantham, *Industrial and Assistance Programs in Canada 1985*, Don Mills (Ont.), CCH Canadian Ltd., 1985, p. 201.

20. Bakvis, *op. cit.*, p. 126 et suiv.

21. Concernant ces modifications structurelles, voir Beaumier, *op. cit*; p. 12; Canadian Tax Foundation, *op. cit*; F. J. Anderson, *op. cit.*; Bakvis, *op. cit.*, p. 125-127.

22. Bakvis, *op. cit.*, p. 125-126.

23. Canada-Québec. *Entente Canada-Québec. Entente auxiliaire Canada-Québec sur le développement économique des régions du Québec*, Ottawa et Québec, gouvernement du Canada et gouvernement du Québec, 1988, p. 56.

24. *Ibid.*, p. 38.

25. *Ibid.*, p. 56.

26. *Ibid.*, p. 39-51.

27. Communiqués de presse Canada-Québec, «Conclusion d'une entente auxiliaire de 300 millions $ pour le développement industriel du Québec», 28 novembre 1991; «Conclusion d'une entente fédérale-provinciale de 100 millions $ pour le développement de l'industrie tou-

ristique québécoise», 30 janvier 1992; «Annonce de l'entente auxiliaire Canada-Québec sur le développement forestier», 9 avril 1992.

28. Alain G. Gagnon et Mary-Beth Montcalm, *Québec: Beyond the Quiet Revolution*, Toronto, Nelson, 1990.

29. Voir Secrétariat aux affaires régionales, *Développer les régions du Québec*, Québec, gouvernement du Québec, 1992.

30. Secrétariat aux affaires régionales, *Bulletin d'information. Développer les régions du Québec*, Québec, ministère du Conseil exécutif, 1992, p. 3.

31. Document de consultation sur le développement des régions. Le ministre François Gendron. *Le choix des régions*, Québec, gouvernement du Québec, 1983; OPDQ, *Québec à l'heure de l'entreprise régionale. Plan d'action en matière de développement régional*, Québec, 1988; Secrétariat aux affaires régionales, *Développer les régions du Québec, op. cit.*

32. CCH Canadian Ltd., *Industrial Assistance Programs in Canada 1990-1991*, Don Mills (Ont.), 1991.

33. Banque fédérale de développement, *Rapport annuel 1991*, Montréal, 1991, p. 17.

34. Corporation commerciale canadienne, *Rapport annuel 1989-1990*, Ottawa, 1990, p. 12.

35. «Des fonds fédéraux encore disponibles», *Les Affaires*, Montréal, 25 avril 1992, p. B3.

36. Irene D. Ip, *Big Spenders. A Survey of Provincial Government Finances in Canada*, Toronto et Calgary, C. D. Howe Institute, 1991, p. 154.

37. Isabella D. Horry et Michael A. Walker, *Government Spending Facts*, Vancouver, The Fraser Institute, 1991, tableau M1. Nous avons fait le calcul des sommes *per capita*.

38. Mouvement Desjardins, *Constats sur l'économie du Québec et bilan fiscal Québec/Canada*, novembre 1990; Parti québécois, *La nécessaire souveraineté*, novembre 1990; Conseil du patronat du Québec, *Les enjeux économiques de la souveraineté*, octobre 1990; Secrétariat de la Commission sur l'avenir politique et constitutionnel du Québec, *Analyse des activités fiscales et budgétaires du gouvernement fédéral. Évolution et comparaisons interprovinciales*, novembre 1990.

39. Bakvis, *op. cit.*; Boisvert et Hamel, *op. cit.*; Gilles Gauthier, «Mulroney arrache une autre page de la Bible fédérale de Trudeau», *La Presse*, 8 juin 1987; Marie-Agnès Thellier, «Les provinces pourraient bientôt gérer la plupart des demandes d'aide du programme fédéral de développement industriel et régional», *Le Devoir*, 26 mars 1985; Maurice

Jannard, «Ottawa a déjà cédé à Québec le développement des régions», *Le Devoir*, 17 juin 1985.

40. Comité sénatorial permanent des finances nationales, *La politique gouvernementale et le développement*, Ottawa, 1982, cité dans Boisvert et Hamel, *op. cit.*, p. 205.

41. Marie-Agnès Thellier, *op. cit.*

42. Bakvis, *op. cit.*, p. 126.

43. *Ibid.*

44. Canada-Québec, *Entente auxiliaire sur le développement économique*, *op. cit.*, p. 54-55.

45. Boisvert et Hamel, *op. cit.*, p. 209.

46. *Ibid*, p. 210.

47. Lithwick, *op. cit.*, p. 162-163.

48. *Le Devoir*, 11 mars 1987.

49. *La Presse*, 8 juin 1987.

50. Gérald Bernier, «*Industrial Development Policies in Quebec Since the Quiet Revolution. An Empirical Assessment*», *Cahiers du GRETSE*, Montréal, n° 10, 1992.

51. Pour une analyse plus élaborée de divers indicateurs intrarégionaux, voir Conseil des affaires sociales, *Deux Québec dans un. Rapport sur le développement social et démographique*, Boucherville, Gaëtan Morin éditeur et gouvernement du Québec, 1989.

52. Bureau de la statistique du Québec, *Les migrations au Québec: aspects régionaux*, Québec, Les Publications du Québec, 1988, p. 50; Louis Duchesne, *La situation démographique au Québec. Édition 1989*, Québec, Les Publications du Québec, 1989, p. 230.

JEAN-GUY LACROIX

La culture québécoise face aux politiques culturelles canadiennes

Avant de faire le bilan des politiques culturelles fédérales, il importe de rappeler d'abord brièvement ce qu'est la culture. Par la suite, nous analyserons les initiatives politiques fédérales des gouvernements libéraux de Lester B. Pearson, puis de Pierre Elliott Trudeau et enfin des conservateurs de Brian Mulroney.

Le rôle structurant de la culture dans l'identité nationale

La culture: quelques éléments de définition

La culture est un ensemble articulé et cohérent de normes, de règles, d'habitudes, de biens (particulièrement d'œuvres), de symboles et de valeurs qui à la fois fondent l'action sociale et en résultent. Elle est toujours antérieure aux nouveau-nés, futurs acteurs de l'action sociale, et postérieure à eux, parce qu'elle change et s'accroît sous la portée de leurs actions, des innovations et des créations qui s'ajoutent, génération après génération, au patrimoine culturel.

La culture est donc acquise et transmise. Ce processus de transmission, que certains anthropologues nomment l'acculturation, assure qu'elle soit partagée par la plupart des membres d'une société. Ainsi, elle contribue directement à la formation du consensus dans une société, à la production de son identité et à l'expression de la solidarité. Elle est aussi mémoire du fait qu'elle conserve et transmet le sens «partagé» des actions sociales ayant marqué l'histoire d'une collectivité. Elle est donc également constitutive du champ de valorisation propre à chaque société.

Tout cela implique que la culture détermine la manière de penser et de sentir, donc d'appréhender, de comprendre et d'interpréter. Bref, elle construit l'imaginaire tant des sociétés que des individus. Elle joue ainsi un rôle déterminant dans la structuration de la conscience identitaire et sociale des membres de toute société.

Pour toutes ces raisons, la culture est toujours forcément liée à la réalité vécue des peuples, des sociétés civiles particulières et distinctes qu'elle «habite» et qu'elle «exprime». Cela implique qu'elle est autant un discours qu'une action portant sur les conditions sociales, économiques et politiques déterminant la vie des collectivités. Ce discours est formulé, conservé et transmis à travers les institutions culturelles qui donnent ainsi à la culture sa matérialité.

Compte tenu de ces éléments de définition, nous pouvons considérer: 1) que la société civile québécoise et sa culture se produisent mutuellement; 2) que la production et la reproduction de cette culture spécifique ont été rendues possibles par la mise en place et le contrôle d'institutions culturelles particulières; et 3) que ces dernières ont permis de former et d'entretenir un espace public distinct où se produit et se reproduit une identité sociale et culturelle spécifique.

La culture et l'idéologie nationaliste

Culture et société sont donc intimement liées. Nous l'avons souligné, la culture n'est pas que mémoire, elle donne du sens à l'action sociale (c'est la fonction du champ de valorisation qui l'anime) et ainsi la structure et l'influence. C'est là que l'idéologie nationaliste québécoise trouve son fondement objectif.

Rappelons que l'idéologie est un système d'idées, d'appréciations et de jugements qui sert à expliquer, interpréter, justifier et légitimer la situation et l'action des acteurs collectifs que sont les classes sociales, les groupes socio-professionnels ou les nations[1]. Elle est constituée d'un ensemble d'éléments formant une configuration de représentations et de justifications par lesquelles les individus d'un groupe social donné se perçoivent semblables au-delà de leurs différences, interprètent, légitiment et rationalisent leur situation sociale et orientent leur action.

Ainsi, l'idéologie nationaliste est en fait un véritable miroir de ce que les membres d'une nation veulent être en tant qu'acteurs porteurs d'un sens social. Elle exprime l'aspiration collective ou, du moins, un idéal pour la collectivité. En ce sens, elle a une fonction émancipatrice qu'on retrouve déjà chez les Canadiens sous le régime colonial français et qui ne fera que croître, s'enraciner et se transmettre à travers les réseaux institutionnels que les Canadiens français du Bas-Canada, puis les Québécois sous le régime fédératif, se donnèrent et continuent de vouloir se donner.

Ainsi, la spécificité de la culture québécoise et la société distincte du Québec, d'une part, et l'idéologie nationaliste des Québécois, d'autre part, sont des réalités constitutives des unes et de l'autre. La dernière trouve sa raison objective dans l'existence des premières et celles-ci s'objectivent, se reproduisent concrètement à travers l'action subjective orientée par cette même idéologie.

Les institutions: des réseaux de production et de transmission de l'identité

L'articulation en réseau quadrillant une société sur un territoire donné est essentielle à la création et à l'entretien de l'identité, du consensus, du partage des mêmes «souvenirs» et des mêmes interprétations, du même sens de l'action, du même sens de l'histoire et des mêmes aspirations. C'est elle qui assure que la représentation de la collectivité est unitaire et atteint l'ensemble de la collectivité à qui cette représentation s'adresse.

Au cours de l'histoire, ces réseaux tissant, créant et entretenant la spécificité de la société québécoise furent nombreux. Mentionnons, à titre d'exemples, la religion et les écoles. Cependant, depuis la naissance de la grande presse (les grands quotidiens) et avec l'hyperdéveloppement de l'espace médiatique par la radio, la télévision et bientôt la télématique grand public, ces réseaux sont devenus encore plus fondamentaux dans la reproduction ou le déclin de l'identité et de la spécificité.

En effet, les médias de masse sont actuellement les poumons de la sphère de la culture compte tenu de l'intensité, de la diversité et de la massivité des pratiques culturelles qu'ils engendrent. De par leur fonction, ils reflètent et «travaillent» la réalité vécue par la collectivité. Ils en constituent et transmettent une représentation. Ils permettent ainsi aux individus composant le public d'imaginer leur société et, ce faisant, de s'y identifier ou, du moins, de se voir en tant que membres de cette collectivité.

L'évolution des médias au Québec n'est donc pas étrangère à l'évolution de l'identité des Québécois. Cette co-évolution révèle en effet que les francophones du Québec ont, vers la fin des années cinquante, commencé à se percevoir et à se penser Québécois, au moment même où les médias se structuraient en réseaux, principalement sous l'égide de Radio-Canada, et montraient et commentaient cette réalité en émergence. Ce faisant, ils ont construit et diffusé une représentation de ce que les Québécois étaient en train de devenir, ce qui en retour a objectivé cette réalité émergente et ainsi raffermi l'identification des Québécois avec ce devenir collectif.

Vingt ans plus tard, les Québécois ont «discuté» de l'à-propos de «se faire» souverains. Les médias ont été l'agora de ce débat. Ils furent le moyen par lequel les Québécois se virent, s'entendirent et se lurent comme un peuple-nation en train de discuter de son avenir. Plus que jamais auparavant, malgré la victoire du NON en 1980, l'identité québécoise était posée comme une réalité incontournable, même si elle fut niée par l'interprétation que firent les fédéralistes de ce NON.

Dernièrement, à l'occasion des «discussions» sur l'accord du lac Meech, les médias ont montré quotidiennement aux Québécois, *live*, le rejet dont leur identité faisait l'objet de la part du reste du Canada. La couverture télévisuelle du moment d'unité socioculturelle[2] que fut la fête nationale du 24 juin 1990 (en fait le 25 juin à Montréal) leur donna une preuve «tangible» de leur identité-unité spécifique. Plus que jamais, la société québécoise se voyait et se voulait distincte.

Progression de l'identité et politiques culturelles

Comme nous venons de le constater, l'identité est intimement liée à la culture et à la société. L'identité québécoise a progressé par bonds à certains moments de l'histoire. Elle a constitué à ces moments une préoccupation majeure autant pour les Québécois que pour les Canadiens qui la voyaient comme un obstacle pour l'unité canadienne. Il n'est donc pas étonnant de constater qu'elle fut et reste toujours un élément déterminant des politiques culturelles fédérales.

Les politiques culturelles fédérales de 1950 à 1984: de Massey-Lévesque à Appelbaum-Hébert

Le Canada ne s'est doté d'une politique culturelle[3] qu'assez tardivement. Elle fut surtout l'œuvre des libéraux et ne fut pas exempte de plusieurs contradictions: entre l'accès démocratique à la culture et la centralisation du contrôle politique sur les organismes de soutien financier à la culture; entre la canadianisation et la continentalisation; entre les cultures classique et de masse des industries dites culturelles; mais surtout entre l'unité canadienne et la spécificité culturelle québécoise.

De Massey-Lévesque (1951) au centenaire de la Confédération (1968)

Le mandat de la commission Massey-Lévesque était d'étudier certaines institutions et certaines fonctions d'ordre national concernant les arts, la culture et la recherche. La commission devait présenter au gouvernement d'Ottawa des recommandations sur les principes directeurs de l'organisation des sciences, de la littérature, des arts, de la musique, du théâtre, du cinéma et de la radiodiffusion au Canada[4]. Elle constituait une première. C'était en effet la première fois que le Canada se penchait sur l'ensemble de la culture pour mettre fin au «laisser aller» et au manque d'intérêt traditionnel des Canadiens pour la culture.

Deux de ces recommandations transformèrent le paysage culturel du Canada: la création du Conseil des Arts du Canada et le développement de la télévision sous l'égide de la Société Radio-Canada[5]. On proposait donc un renforcement des interventions de l'État central[6].

À la suite des travaux de la commission et jusqu'aux fêtes du centenaire de la Confédération, quatre nouvelles initiatives politiques furent mises en œuvre.

La création du Conseil des Arts en 1957

Dès les premières années, il apparut que le Conseil des Arts (dont le mandat était d'aider en priorité les artistes professionnels et les organismes permanents de production et de diffusion des arts) ne pourrait favoriser l'excellence sans tenir compte de la dimension régionale et de l'existence des deux cultures, autrement dit, du fait français, plus particulièrement québécois.

Au début des années soixante, la demande d'aide dépassa très largement les moyens financiers dont le Conseil avait été doté à sa création. Il demanda à l'État canadien d'ajouter des fonds à sa dotation originelle[7], ce que refusa le premier ministre conservateur Diefenbaker. Mais Lester B. Pearson qui lui succéda y consentit en affirmant être très heureux de contribuer ainsi au renforcement de l'identité et de l'unité du Canada[8]. À partir de 1967, le Conseil des Arts fut donc subventionné sur une base annuelle. La contribution gouvernementale représentait environ 85 % de ses revenus. Cependant, cela plaça le Conseil en situation de dépendance face à l'appareil étatique. Selon George Woodcock, cette dépendance participa à la politisation des arts qui furent davantage perçus comme étant au service de l'unité canadienne[9].

Le centenaire de la Confédération: 1967-1968

À l'occasion du centenaire de la Confédération, l'action du gouvernement canadien prit trois directions. Premièrement, il favorisa la construction de nombreux bâtiments destinés aux activités culturelles[10], éducationnelles et récréatives. Deuxièmement, la commission accorda son appui financier aux organismes culturels de «culture d'élite» comme les Jeunesses musicales, le Centre musical canadien, le Centre du théâtre canadien, etc. De plus, des troupes folkloriques, de théâtre, des orchestres symphoniques, des compagnies d'opéra et de ballet ainsi que des expositions d'art purent sillonner le Canada et conférer de ce fait une certaine matérialité, d'un océan à l'autre, aux arts. Finalement, il finança diverses expositions itinérantes dans le but de mieux faire connaître le Canada[11].

Tout cela montre que le centenaire de la Confédération fut le prétexte de la plus importante injection de capitaux et de la plus importante mobilisation de ressources humaines que le Canada avait connues dans le domaine de la culture et des arts. Cependant et surtout, ces fêtes permirent pour la première fois d'affirmer la culture canadienne, très curieusement quelques années à peine après que le Québec se fut donné un ministère des Affaires culturelles, au moment même où la question de l'identité québécoise se posait avec une nouvelle acuité et où le mouvement souverainiste, voire indépendantiste au Québec, se manifestait avec force.

Le Secrétariat d'État: un ministère de la culture

Le gouvernement de Lester B. Pearson décida, en 1963, d'adopter une approche beaucoup plus centralisatrice dans l'assistance aux arts et aux autres activités culturelles[12]. L'initiateur de ce projet, Maurice Lamontagne, transforma radicalement le Secrétariat d'État. Celui-ci se vit en quelques années confier la plupart des agences culturelles du gouvernement fédéral[13].

Par cette centralisation, Ottawa se dotait d'un instrument puissant et efficace d'intervention dans le domaine de la culture qui suscita beaucoup d'inquiétude à Québec, particulièrement au ministère des Affaires culturelles. Ce dernier voyait le fédéral surpasser sa capacité de dépenser, donc d'intervenir et de contrôler le domaine[14].

La nouvelle loi sur la radiodiffusion (1968) et la canadianisation de la câblodistribution

Nous n'analyserons pas ici cet aspect de la politique fédérale[15]. Nous voulons toutefois souligner la centralité de ce secteur d'activité dans les sociétés modernes et rappeler le mandat que le fédéral donna, par sa loi de 1968, au système de radiodiffusion canadien, c'est-à-dire contribuer à l'identité et à l'unité canadienne[16].

L'ère Trudeau: du centenaire à Appelbaum-Hébert

Sous le signe de la croissance

La politique culturelle pratiquée par le Parti libéral du Canada sous la gouverne de Pierre Elliott Trudeau fut marquée par l'idéal d'un Canada unifié et centralisé et par un pragmatisme utilitaire qui conduisit à une approche essentiellement matérialiste et économiste de la culture. En effet, les dix-sept années du régime libéral de Trudeau furent caractérisées par l'utilisation de la culture comme un moyen de consolider l'identité et l'unité nationale canadienne et comme un levier nécessaire au développement économique. Le rapport Gray en témoigne en ces termes: «[...] la force économique et politique d'un pays dépend énormément de la création d'un milieu culturel, social et politique qui encourage l'esprit d'initiative et l'innovation[17].»

Au cours de la période 1968-1975, les objectifs de cette politique furent de favoriser l'accroissement de la propriété canadienne dans les industries culturelles, l'élargissement de la place occupée par la production canadienne dans le marché médiatique domestique et le développement de la cohérence et de la centralisation de l'offre[18].

Durant ces années, la cheville ouvrière de l'action politique du gouvernement dans le domaine de la culture fut le Secrétariat d'État où l'on avait déjà regroupé, sous le régime de Pearson, les organismes culturels canadiens relevant du fédéral. À partir de 1968, avec l'arrivée de Gérard Pelletier à sa direction, le Secrétariat d'État s'étendit et systématisa son contrôle politique sur les organismes culturels subventionnés par le fédéral.

Cette centralisation se concrétisa principalement par une restructuration administrative, la transformation de la structure de financement du Conseil des Arts du Canada et de plus en plus d'ingérences politiques dans le travail des organismes.

Dès son arrivée au pouvoir, Trudeau modifia la structure de fonctionnement du cabinet afin de transférer les centres de décision concernant toute matière du ressort du Secrétariat et tous les secteurs majeurs en matière de culture[19] vers un cercle plus restreint et moins «transparent», l'exécutif. Cela permit au premier ministre canadien et à son cabinet d'étendre avec rapidité et efficacité leur emprise politique sur la culture.

Cette centralisation politique, Woodcock l'attribue au nationalisme *canadian* de Pierre Elliott Trudeau et de ses associés immédiats, notamment les deux autres colombes, Jean Marchand et Gérard Pelletier[20]. Ce nationalisme se présentait comme une arme contre le continentalisme et le nationalisme québécois perçus comme un danger pour le Canada.

Dans le champ culturel, ce nationalisme centralisateur souleva de nombreuses réactions de la part des provinces, dont au Québec. Elle provoqua entre autres la «guerre du câble» entre Ottawa et Québec et l'énonciation d'une politique culturelle de plus en plus souverainiste de ce dernier[21].

Il faut aussi retenir que le fédéral a beaucoup fait pour les arts et la culture durant cette période. Dans un environnement relativement optimiste en raison de la croissance économique, l'activité du Secrétariat d'État a en effet contribué à imposer l'idée que la culture était d'une importance stratégique pour la formation de l'identité canadienne. Dans ce contexte, il fallait la faire accepter et la légitimer en tant que domaine de premier plan, y compris aux yeux des Québécois. Par ailleurs, la politique de canadianisation de la propriété, entre autres dans le domaine de la câblodistribution, a permis la naissance et le rayonnement de grandes entreprises qui, aujourd'hui, sont en voie de s'internationaliser (par exemple, Vidéotron et Rogers Cablesystems). Pendant ce temps, on a mis sur pied une quantité impressionnante de lieux de diffusion. La «consommation» des activités artistiques et culturelles a notablement augmenté. Les fonds consacrés à la culture n'ont cessé de croître... jusqu'au moment où le Canada fut simultanément frappé de plein fouet, en 1975-1976, par une crise économique très grave, par une profonde crise d'unité nationale engendrée par l'arrivée au pouvoir du Parti québécois et par une crise linguistique majeure provoquée par l'adoption de la loi 101.

Sous le signe des restrictions budgétaires

La seconde période de l'ère Trudeau fut marquée par la poursuite de la politique «nationaliste» centralisatrice, l'importance des restrictions budgétaires imposées aux organismes culturels, les protestations émanant des artisans de la Société Radio-Canada et la tendance systématique à considérer les arts et la culture sur un plan utilitaire, dorénavant surtout économique, industriel et marchand. Le «problème québécois» fut quant à lui perçu, du moins par plusieurs fédéralistes, comme ayant été résolu par le référendum de 1980[22].

Dans ce contexte de poursuite de la rentabilité à n'importe quel prix et de soumission aux contraintes industrielles et internationales, le dernier gouvernement libéral se donna un guide.

Le rapport Applebaum-Hébert[23] établit une stratégie de développement des industries culturelles canadiennes d'inspiration néolibérale. Il proposait d'utiliser, dans un premier temps, les canaux de diffusion appartenant aux Canadiens pour conquérir une partie du marché domestique en vue de créer une industrie canadienne de production de films et de vidéos. On suggérait d'utiliser par la suite cette base domestique pour conquérir une part du marché international. Finalement, on affirmait que l'entreprise privée était l'acteur le plus apte à relever ce défi.

L'échec de la politique culturelle des libéraux fédéraux

La politique culturelle des libéraux fédéraux a permis la mise en place d'un ensemble important d'appareils administratifs et de soutien financier, d'institutions de diffusion et de lieux de pratique constituant encore aujourd'hui l'épine dorsale des activités culturelles au Canada et au Québec. C'est cette action qui a fait en sorte que le Canada n'est plus, comme George Woodcock l'a très judicieusement souligné, le désert culturel qu'il avait été jusqu'aux années cinquante[24]. Cette politique a de plus permis aux entreprises canadiennes de se tailler une place enviable, sinon dominante, dans certains secteurs du domaine de la culture.

Toutefois, malgré des succès incontestables, la politique culturelle des libéraux fut un échec parce qu'elle fut fréquemment appliquée de façon incohérente, prit souvent l'allure d'une double politique et fut constamment timide. Il n'est donc pas étonnant de constater, après plus de vingt ans d'une telle politique, que la dépendance du Canada face aux contenus étrangers, surtout américains, est loin d'avoir diminuée, bien au contraire[25]. Depuis, la question de la mainmise américaine sur certains secteurs, particulièrement celui de l'édition, est encore à l'ordre du jour. Finalement, il faut souligner que les artistes ont relativement peu profité de cette politique de canadianisation.

Par ailleurs, la politique culturelle visant à consolider l'unité canadienne s'est butée à la barrière qu'est la culture québécoise. Cet échec s'explique par le caractère instrumental de la politique fédérale. On a oublié que la culture est dialectiquement liée à la société civile qu'elle nourrit et qui, en retour, l'alimente. Cet échec est dû en fait à la position idéaliste du nationalisme *canadian* et à la méprise de Trudeau quant à la signification historique du nationalisme québécois. Même s'il est vrai que l'histoire se crée par l'action, il aurait fallu se rappeler que l'action historique est elle-même conditionnée par le passé et la mémoire de ce passé, autrement dit par la culture et l'idéologie. Ni la négation, ni la répression, ni la centralisation du régime fédéral passant par le pouvoir de dépenser, ni le matérialisme utilitariste des libéraux, aussi puissant fût-il, ne pouvaient faire l'économie de cette réalité.

Bref, le fait que le plus nationaliste (*canadian*) et le plus antinationaliste (québécois) des gouvernements qu'ait connu le Canada n'ait pu que ralentir le rythme de la continentalisation culturelle du Canada et de l'affirmation de la spécificité culturelle des Québécois donne toute la dimension de l'échec de cette politique.

Néanmoins, si la culture comme instrument antinationaliste fut incontestablement un échec, d'autres initiatives fédérales menacent cette culture. C'est le cas de certaines restrictions budgétaires, surtout à l'endroit de Radio-Canada. Ce volet de la politique culturelle fédérale fut particulièrement important sous le règne des conservateurs de Brian Mulroney.

La politique fédérale des conservateurs: un immobilisme destructeur

Faire un bilan des politiques culturelles du gouvernement conservateur de Mulroney n'est pas chose facile parce que peu des projets esquissés ont jusqu'ici été présentés officiellement à la Chambre des communes. Toutefois, en replaçant l'action de ce gouvernement dans le contexte de son arrivée au pouvoir et des pressions exercées par les forces qui la déterminent, on comprend beaucoup mieux les rai sons qui font que cette action fut plutôt hésitante, peu développée et destructrice, malgré une apparente volonté de réforme et de progrès. Les conservateurs ont pris la direction de l'État dans un contexte déjà fortement alimenté par les tendances à la privatisation, à l'internationalisation, à la continentalisation nord-américaine et à l'approche néolibérale. Ils n'infléchiront pas ces tendances, mais chercheront plutôt à les approfondir.

Une nouvelle loi de la radiodiffusion et l'asphyxie de la Société Radio-Canada

Quelques mois à peine après leur arrivée au pouvoir, les conservateurs se sont lancés dans une importante réforme de la loi canadienne de la radiodiffusion. Le projet de loi C-20 déposé en décembre 1984 était d'une très grande importance puisque la radiodiffusion, particulièrement la Société Radio-Canada, a toujours eu une grande influence sur plusieurs secteurs de la culture. Ce projet se proposait, entre autres, de soumettre beaucoup plus directement au pouvoir politique le CRTC, une institution autonome depuis sa création en 1968. Cependant, l'opposition au projet fut telle que quatre mois après son dépôt, le ministre des Communications dut commander une analyse en profondeur de tout le système de radiodiffusion[26]. Le rapport que remit le groupe de travail Caplan-Sauvageau allait, à bien des égards, à contre-courant de la tendance à la privatisation qui orientait les comportements des conservateurs dans la plupart des dossiers. S'ensuivirent une valse hésitation, des délais, des tergiversations, qui laissèrent alors à penser que cette nouvelle loi ne verrait jamais le jour.

De plus, malgré les recommandations du groupe Caplan-Sauvageau concernant le raffermissement de la position du service public dans le système de radiodiffusion, le gouvernement a pratiqué une politique systématique d'asphyxie de la Société Radio-Canada par le biais de restrictions budgétaires sévères[27], ce qui, à plus ou moins long terme, met en question la survie de cette institution[28].

L'Accord de libre-échange et les industries culturelles

Le penchant des conservateurs pour la valse hésitation s'est également manifesté dans le dossier des négociations sur le libre-échange. Dès le début des négociations, les Américains ont clairement fait savoir que la question des industries culturelles devait être sur la table des négociations. Cette vision était d'ailleurs partagée par plusieurs groupes d'intérêts au Canada. Déjà la commission Macdonald ne voyait aucune raison pour ne pas inclure la culture dans la perspective de l'union économique[29]. Dans la même foulée, le rapport Nielsen a conclu que l'aide financière de l'État aux industries culturelles canadiennes était trop importante, trop lourde à supporter, et totalement improductive[30], qu'elle créait des avantages comparatifs artificiels et qu'il fallait abandonner ces pratiques. Les Américains, certains intérêts canadiens et, ne l'oublions pas, le premier ministre Mulroney étaient favorables à l'inclusion de la question des industries culturelles dans le cadre des négociations.

Cependant, de nombreux groupes d'intérêts canadiens s'étaient élevés contre cette inclusion, tout comme le ministre des Communications, Marcel Masse. La perspective d'intégrer le secteur culturel aux questions à négocier entraîna la mise sur pied de plusieurs groupes de pression dont le but avoué était de soustraire ce domaine des négociations. Au sein de cette levée de bouclier, on retrouvait des industriels, des administrateurs de services publics, des syndicalistes, des artistes, etc.[31].

Finalement, les industries culturelles n'ont pas été intégrées dans l'Accord de libre-échange avec les États-Unis. Cependant, il fut convenu qu'à l'avenir les câblodistributeurs canadiens devraient verser aux diffuseurs américains des redevances pour l'importation de leurs signaux. Ce compromis risque d'affaiblir la position des Canadiens devenue depuis peu dominante dans l'industrie télévisuelle[32].

La réforme de la Loi sur le droit d'auteur et le statut de l'artiste

Lorsque les conservateurs accédèrent au pouvoir en 1984, la situation et le statut des artistes étaient devenus des objets de préoccupation depuis déjà plusieurs années. Le nouveau gouvernement eut à affronter une pression revendicatrice de plus en plus forte. L'immobilisme et l'indifférence étaient devenus impossibles.

Le ministre responsable du dossier de la culture donna à un groupe de travail, coprésidé par Siren et Gélinas, le mandat d'étudier la question du statut de l'artiste[33]. Encore là, hésitations et tergiversations ont fait que l'État fédéral n'a pas encore adopté, contrairement au Québec, une loi sur le statut de l'artiste. De plus, en dépit du fait que le rapport du groupe fut déposé en 1986, la réforme du droit d'auteur n'a connu qu'une réalisation partielle, la seconde tranche se faisant toujours attendre.

Notons finalement que dans ces deux domaines, les initiatives fédérales, aussi hésitantes soient-elles, vont dans le sens de la privatisation et de la marchandisation du domaine culturel. Là aussi on peut constater que la culture n'est pour les conservateurs, tout comme elle le fut pour les libéraux, qu'un moyen.

L'après Meech et l'identité québécoise

La réaction de certains Canadiens anglais face à la spécificité de la société québécoise a provoqué chez les Québécois une recrudescence et une intensification de leur identification à leur collectivité. *Encore une fois*, la négation de la particularité de la société québécoise n'aura réussi qu'à susciter un renforcement de l'identité et de l'idéologie à laquelle elle est intimement et historiquement liée.

Conclusion

Les constats qui précèdent nous amènent à penser que l'action politique fédérale dans le champ de la culture fut à la fois un succès et un échec. Elle fut incontestablement un succès au sens où les libéraux fédéraux ont réussi, entre 1964 et 1975, à sortir le Canada du désert et de l'iconoclastie culturels. De toute évidence, le Québec a profité lui aussi de cette action qui a permis d'équiper le Canada en institutions et lieux d'expression et de diffusion de la culture. En effet, il ne faudrait pas oublier qu'au sortir du duplessisme, la pauvreté, l'indigence et la parcimonie caractérisaient la création, la diffusion et la consommation de la culture au Québec. Malgré la création du ministère de la Culture au début de la Révolution tranquille, les moyens que le Québec consacra à la culture furent modestes. Ils le restent encore aujourd'hui, obéissant ainsi à une tradition quasi séculaire.

Même si la politique culturelle des libéraux fut, du point de vue de l'équipement, de la mise en place d'appareils administratifs et de la propriété canadienne dans le secteur de certains médias, un succès, elle fut aussi un échec. La belle machine était et demeure sans âme, sans projet proprement culturel, au sens où la culture est intimement liée à l'identité culturelle et à la société civile qui l'alimente et en vit. En plus de n'avoir permis que la croissance de la propriété canadienne de quelques médias, de ne pas avoir vraiment jugulé ni renversé la dépendance vis-à-vis des contenus étrangers, particulièrement américains, elle se buta à la culture des Québécois et ne put réussir à dissoudre leur identité nationale.

On pourrait penser que le bilan de la politique culturelle fédérale est plutôt positif du point de vue du Québec, car il en a tiré plusieurs avantages matériels sans que sa spécificité ou son identité en fussent altérées. Toutefois, l'emprise, voire l'usurpation du contrôle fédéral sur le champ des communications, la centralisation des moyens de dépenser et l'interventionnisme fédéral coincent le Québec et le réduisent à l'immobilisme et à l'indigence de moyens. Cette présence et cet interventionnisme deviennent un alibi, un prétexte pour se donner bonne conscience et pour justifier l'absence de responsabilité. On peut voir l'effet pervers de ce dualisme des pouvoirs dans l'immobilisme des libéraux de Robert Bourassa, de qui on attend toujours le 1 % pour la culture, en dépit de l'engagement formellement pris durant les élections. On peut également le vérifier par la pauvreté des programmes des partis politiques en ce qui concerne la culture. Ici, il faut particulièrement questionner l'anémie du programme du Parti québécois, compte tenu de son option constitutionnelle.

En résumé, si l'on considère la culture comme indissolublement liée à l'identité collective et au devenir collectif, la politique culturelle fédérale fut sans projet spécifiquement culturel. En fait, un tel projet n'a jamais existé au Canada, ni avant les fêtes du centenaire ni après, et c'est toujours le cas depuis que les conservateurs sont au pouvoir. La politique culturelle fédérale fut de plus fréquemment inadéquate pour le développement de la culture strictement québécoise et très souvent en contradiction avec les objectifs visant à la promouvoir, tout en autorisant l'immobilisme et l'absence de leadership politique de l'État québécois.

De toute évidence, la dualisation du domaine culturel recherchée par le fédéral est illégitime en regard de la société civile devant laquelle sont toujours responsables les mandatés politiques. En cela, l'histoire montre que le fédéral n'a jamais su, ni voulu, ni pu reconnaître le caractère distinct de la société civile québécoise.

Notes

1. À propos de la notion d'idéologie, voir F. Dumont, «Notes sur l'analyse des idéologies», *Recherches sociographiques*, vol. IV, n° 2, 1963, p. 155-165; également, «Idéologie et savoir historique», *Cahiers internationaux de sociologie*, vol. XXXV, juillet-décembre 1963, p. 43-60.

2. Un «moment culturel» est une unité socioculturelle qui se fait à certains moments de l'histoire d'un peuple. Un tel moment résulte de la «soudure» de volontés diverses pour l'atteinte d'une fin imaginée et partagée sur la base d'une conception commune de l'univers de référence, de l'identité collective, socioculturelle. Voir, à propos de ce concept, A. Gramsci, *Gramsci dans le texte*, Paris, Éd. Sociales, 1975, p. 173.

3. Pour un examen détaillé des politiques fédérales concernant la culture et les communications sous les régimes libéraux de Lester B. Pearson et de Pierre Elliot Trudeau, voir J.- G. Lacroix et B. Lévesque, «Les libéraux et la culture: de l'unité nationale à la marchandisation de la culture (1963-1984)», dans Y. Bélanger et D. Brunelle (dir.), *L'ère des Libéraux: le pouvoir fédéral de 1963 à 1984*, Québec, Presses de l'Université du Québec, 1988, p. 405-442.

4. V. Massey et G. H. Lévesque, *Commission royale d'enquête sur l'avancement des arts, lettres et sciences au Canada*, Ottawa, Imprimeur du Roi, 1951, p. 3.

5. À ce moment, le Canada se préparait à se lancer dans l'aventure de la télévision. Le débat se posait dans les mêmes termes qu'il avait été formulé pour la radio, c'est-à-dire assurer le contrôle canadien par une société d'État ou laisser le champ ouvert et donc la place aux entreprises américaines.

6. J.-G. Lacroix et B. Lévesque, «Les industries culturelles: un enjeu vital!», *Cahiers de recherche sociologique*, vol. IV, n° 2, p. 132.

7. Le Conseil des Arts du Canada fut fondé grâce à un don de 100 millions de dollars de deux industriels des Maritimes.

8. L. Mailhot et B. Mélançon, *Le Conseil des Arts du Canada, 1957-1982*, Montréal, Leméac, 1982, p. 47.

9. G. Woodcock, *Strange Bedfellows. The State and the Arts in Canada*, Vancouver/Toronto, Douglas and McIntyre, 1985, p. 98.

10. Dont le Centre national des Arts d'Ottawa.

11. Entre autres, le train de la Confédération et huit caravanes motorisées.

12. B. Ostry, *The Cultural Connection*, Toronto, McClelland and Stewart, 1978, p. 100.

13. Dont, entre autres: le Conseil des Arts, les musées nationaux, la Bibliothèque nationale, le Bureau des gouverneurs de la radiodiffusion, la Société Radio-Canada, l'Office national du film et la Commission du centenaire.

14. En 1967-1968, le budget du ministère des Affaires culturelles était de 12,2 millions alors que le Conseil des Arts du Canada disposait à lui seul de 21,1 millions. L. Mailhot et B. Mélançon, *op. cit.*, p. 141.

15. À ce sujet, voir le texte de Marc Raboy dans le présent ouvrage.

16. Voir J. Frémont, *Études des objectifs et des principes proposés et adoptés relativement au système de la radiodiffusion canadienne*, Montréal, Étude réalisée à l'intention du groupe de travail sur la politique de la radiodiffusion, 1986, p. 98.

17. Gouvernement du Canada, *Investissements étrangers directs* (rapport Gray), Ottawa, 1972, p. 325-326.

18. Sont à signaler comme particulièrement importants durant cette période les lois sur les musées nationaux (1968) et sur les langues officielles (1969), l'amendement à la loi sur l'impôt afin d'établir des déductions fiscales pour l'investissement dans les productions cinématographiques canadiennes (1974) et l'adoption, en 1970, d'un règlement forçant les radio-télédiffuseurs à inclure dans leur programmation un pourcentage important de contenu canadien (plus de 50 % en période de forte écoute).

19. Particulièrement, les communications, les politiques d'information gouvernementale, les langues officielles, la politique scientifique, la citoyenneté, les mouvements politiques, sociaux et culturels, les affaires autochtones, etc.

20. Voir à ce propos l'ouvrage de Dorval Brunelle, *Les trois colombes*, Montréal, VLB éditeur, 1985.

21. Voir J.-G. Lacroix et B. Lévesque, «Les industries culturelles au Québec: un enjeu vital!», *op. cit.*, p. 135-140; également, J.-P. L'Allier, *Pour une politique québécoise des communications*, Québec, ministère des Communications du Québec, 1971; et, J.-P. L'Allier, *Le Québec maître d'œuvre de la politique des communications sur son territoire*, Québec, MCQ, 1973.

22. J.-G. Lacroix, *Le rôle des médias de masse dans l'élection du 2 décembre 1985 au Québec*, Montréal, GRICIS, 1988.

23. Gouvernement du Canada, *Rapport du Comité d'étude de la politique culturelle fédérale* (rapport Applebaum-Hébert), Ottawa, Approvisionnements et Services Canada, 1982, p. 6.

24. G. Woodcock, *op. cit.*, p. 164-165.

25. J.-G. Lacroix et B. Lévesque, «Industries culturelles canadiennes et libre-échange avec les États-Unis», dans P. Hamel (dir.), *Un marché, deux sociétés. Première partie*, Montréal, ACFAS, 1987.

26. Voir à ce sujet L. Legault, «Florian Sauvageau: comment rivaliser avec Dallas», *Le Téléspectateur*, vol. VII, n° 3, p. 4-6.

27. Certains titres d'articles de journaux en témoignent éloquemment. Mentionnons: D. Lemay, Juneau: «La direction de la Société Radio-Canada est prise à la gorge», *La Presse*, 18 mars 1991, p. A11; M. Ouimet, «Le commencement de la fin de la télévision publique?», *La Presse*, 6 décembre 1990, p. A12; G. Paquin, «Radio-Canada réduit ses services et soulève la colère des régions. Compressions de 108 millions, 1100 emplois y passent», *La Presse*, 6 décembre 1990, p. A1.

28. Voir à cet effet G. Tremblay et J.-G. Lacroix, *Télévision: deuxième dynastie*, Québec, Presses de l'Université du Québec, 1991.

29. Voir à cet effet J.-G. Lacroix et B. Lévesque, «Industries culturelles canadiennes...», *op. cit.*, p. 212-214 et 220.

30. *Ibid.*, p. 235-236.

31. Voir à cet effet les articles dans *Le Devoir* du 15 février 1986, p. 2, et du 26 mars 1986, p. 7, et dans *La Presse* du 2 février 1987. À eux seuls, les titres de ces articles sont très évocateurs: de la Presse Canadienne, «Vingt-cinq organisations et des leaders des industries culturelles: l'opposition au libre-échange s'organise»; d'Angèle Dagenais, «Pour participer au débat sur le libre-échange: les industries culturelles créent la CICC (Conférence des industries culturelles et de communication)»; «Le libre-échange menacerait les emplois liés à la culture: selon une étude de la Coalition québécoise d'opposition au libre-échange».

32. G. Tremblay et J.-G. Lacroix, *Télévision: deuxième dynastie, op. cit.*

33. Siren-Gélinas, *Le statut de l'artiste*, Ottawa, Approvisionnements et Services Canada, 1986.

MARC RABOY

Des vases non communicants: les communications québécoises dans le système fédéral canadien

Une des principales caractéristiques du XXe siècle est l'émergence des systèmes de communication modernes, implantés sur des bases nationales dans tous les pays industrialisés. Le Canada est souvent cité à titre d'exemple, à l'étranger, pour avoir établi un modèle original et passablement réussi, qui valorise le principe de service public tout en cherchant à préserver sa souveraineté nationale face à la pression centripète provenant du Sud.

Une histoire des communications canadiennes lue d'un point de vue québécois, cependant, mettra en relief d'autres aspects: des revendications incessantes pour l'autorité sur les principaux leviers de développement et de contrôle des communications, des luttes souvent acerbes à l'intérieur des institutions «nationales» pour faire respecter le principe de la dualité linguistique, la résistance à la conception voulant que les communications devraient servir à promouvoir une «unité nationale» étroite et artificielle, fondée sur une vision centralisatrice et unitaire du pays.

Nous allons aborder ce thème à travers l'analyse de l'évolution du système canadien de radiodiffusion. Il s'agit d'un secteur des communications où la subordination des intérêts québécois à une politique pancanadienne fut particulièrement remarquable[1]. En plus, compte tenu du caractère socioculturel de ce secteur, on s'apercevra combien les communications québécoises ont contribué, en dépit de la politique fédérale, à édifier des assises solides d'une société distincte.

L'émergence d'un système centralisé et centralisateur

L'essentiel du cadre du système de radiodiffusion canadienne fut érigé dans le sillage des travaux de la Commission royale sur la radiodiffusion (la commission Aird), qui a déposé son rapport en 1929[2]. Cette commission recommandait l'étatisation en vrac du système en place, qui se limitait à l'époque à quelques douzaines de stations de radio commerciales, et la création d'un monopole d'État pour exploiter la radio sur une base de service public.

Le gouvernement du Québec, dirigé par Louis-Alexandre Taschereau, avait anticipé les conclusions du rapport Aird et adopté quelques mois plus tôt une loi autorisant le Québec à établir et à exploiter ses propres stations de radio, ainsi qu'à produire des émissions pour diffusion par les stations commerciales existantes.

Face à ce nouveau développement, Ottawa demanda à la Cour suprême du Canada de statuer sur la question de compétence, avant de disposer des recommandations de sa Commission royale. En 1931, la Cour conclua que la radiodiffusion était du ressort exclusif du «Dominion». Portée en appel, cette décision fut maintenue par le Comité judiciaire du Conseil privé de Londres[3].

Ayant reçu le feu vert, le gouvernement de R. B. Bennett faisait adopter la Loi de la radiodiffusion canadienne, en 1932, créant un diffuseur national et public, la Commission de la radiodiffusion canadienne (CCR), tout en maintenant provisoirement le secteur privé. La CCR se voyait confier un double mandat: programmer et diffuser un service national, et réglementer les activités des diffuseurs commerciaux. Ce double mandat fut transféré à la Société Radio-Canada lorsqu'elle prit la relève de la CCR à la suite de la réforme législative de 1936.

Aird avait proposé que chaque province soit dotée d'un commissaire responsable du contenu des émissions diffusées sur son territoire, mais cette recommandation intéressante ne fut pas retenue dans la loi. La CCR, pour sa part, créa un service national de radio diffusant dans les deux langues, de telle sorte que l'auditoire canadien obtint la même programmation, alternant entre l'anglais et le français, où qu'il se trouve.

Cette manifestation de l'esprit du bilinguisme et du biculturalisme avant la lettre ne dura qu'une saison, en raison, notamment, du refus absolu et militant de certaines communautés anglophones des provinces maritimes, de l'Ontario et de l'Ouest canadien d'accepter la présence du français sur les ondes. Les mémoires des pionniers de la radio canadienne sont unanimes à attribuer cet échec à de la bigoterie[4].

La radio publique canadienne s'est donc scindée en deux services parallèles dès 1934. Ce parallélisme devint une politique officielle de la SRC dès sa création deux ans plus tard. Ironie du sort, fort compréhensible d'ailleurs, cette politique fut bien reçue par les milieux nationalistes canadiens-français de l'époque, qui craignaient la situation marginale dans laquelle le français risquait de se trouver à l'intérieur d'un service unique bilingue[5].

Mais malgré l'exploitation de services parallèles, le système évoluait selon la vision centralisée et univoque du pays que lui imprégna le gouvernement fédéral. La période de la Seconde Guerre mondiale fut déterminante à cet égard.

Dès le début du conflit, Radio-Canada fut rattachée au ministère de Guerre, et le bras droit du premier ministre, C. D. Howe, fut en contact quotidien avec la haute direction de la SRC. Malgré l'autonomie relative dont jouissait le service français, le besoin de rallier l'ensemble de la population à l'effort canadien de guerre motiva la création d'un service d'informations bilingue, ayant son siège principal à Montréal. Il entra en ondes le 1er janvier 1941[6].

En janvier 1942, le gouvernement annonça la tenue d'un plébiscite sur la question de la conscription. Dans les circonstances, la Ligue pour la défense du Canada, présidée par André Laurendeau, réclamait le droit de présenter le point de vue du NON sur les ondes de Radio-Canada, ce qui lui fut refusé. En revanche, la Ligue acheta du temps d'antenne sur des stations commerciales au Québec, pendant que Radio-Canada ne véhiculait que la position gouvernementale. On peut se douter que l'expérience a clairement démontré à la population québécoise quel était le rôle joué par la radio «publique» chez elle[7].

Le renforcement de l'emprise fédérale

Invoquant le caractère éducatif de la radiodiffusion, le gouvernement de Maurice Duplessis se replia sur sa compétence constitutionnelle en matière d'éducation pour créer, en 1945, un service de radio éducative qu'il baptisa Radio-Québec[8]. Cependant, il n'osa pas la mettre en activité à la suite d'une déclaration de C. D. Howe affirmant qu'Ottawa n'accorderait pas de permis aux organismes provinciaux «étant donné que la radiodiffusion est exclusivement de son ressort[9]».

Entre temps, à l'extérieur du Québec, les services de la radio publique se développpaient de façon inégale. En anglais, la radio de la CBC s'étendait déjà d'un océan à l'autre en 1938; en français, ce n'était toujours pas le cas vingt ans plus tard. En 1951, la Commission royale d'enquête sur l'avancement des arts, lettres et sciences au Canada (la commission Massey) rapportait que les communautés francophones hors Québec étaient toujours mal desservies par la SRC, ne recevant pas un service équivalent à celui des communautés de langue anglaise[10]. Six ans plus tard, une nouvelle Commission royale, celle-ci portant sur la radio et la télévision (la commission Fowler), trouva que le service en français manquait toujours dans plusieurs parties du Canada[11].

Le gouvernement conservateur élu en 1957 visait surtout le développement des aspects commerciaux de la télévision, et fit peu attention à son rôle dans le drame national en train d'émerger. Son attitude fut le plus clairement affichée au moment de la grève des réalisateurs de la SRC de 1958-1959 qui, entre autres choses, a catapulté René Lévesque sur la scène politique. Le conflit dura soixante-huit jours — à une époque où il n'existait qu'une seule station de langue française, celle de Radio-Canada[12].

L'enjeu de l'unité nationale à l'avant-scène

Lorsque les libéraux revinrent au pouvoir en 1963, la Révolution tranquille et les nouveaux courants nationalistes radicaux avaient déjà commencé à laisser des marques indélébiles sur le paysage politique canadien.

Dès le début, le gouvernement Pearson désigna publiquement la politique culturelle, et plus particulièrement le domaine de la radiodiffusion, comme une arme stratégique dans la lutte qui s'annonçait avec les forces indépendantistes du Québec. À la Chambre des communes le 13 novembre 1964, le secrétaire d'État Maurice Lamontagne annonça l'intention du gouvernement de rationaliser et de centraliser l'ensemble des activités des agences culturelles fédérales sous l'autorité de son ministère, et de créer un comité du Conseil des ministres ayant pour mandat de s'occuper des affaires culturelles. Selon la nouvelle politique, la Société Radio-Canada, en tant que service national de radiodiffusion, devait jouer un rôle privilégié:

> Radio-Canada est l'une des institutions canadiennes les plus importantes et les plus essentielles, en cette époque cruciale de notre histoire. Plus que jamais auparavant, Radio-Canada doit devenir un témoignage quotidien et vivant de l'identité canadienne, un reflet fidèle de nos deux cultures principales et un élément puissant de compréhension, de modération et d'unité dans notre pays. Si elle remplit bien ces tâches d'envergure nationale, on lui pardonnera facilement les erreurs

qu'elle pourra faire à l'occasion. Si elle remplit mal cette mission, toutes ses autres réalisations ne sauront compenser cet échec[13].

Cela constituait l'énoncé le plus clair de la mission de Radio-Canada émanant du gouvernement depuis la guerre. En 1966, les intentions du gouvernement devinrent encore plus transparentes lorsque, en comité parlementaire, les députés libéraux du Québec s'élevèrent contre une société d'État qui, selon eux, encourageait le «séparatisme» dans sa manière de rendre compte de l'actualité québécoise[14].

C'est ainsi que la Loi sur la radiodiffusion adoptée par le gouvernement en avril 1968 contenait pour la première fois un mandat formel pour la SRC selon lequel elle devrait «contribuer au développement de l'unité nationale et exprimer constamment la réalité canadienne[15]».

L'interprétation du nouveau mandat a conduit à des situations pour le moins bizarres, comme la couverture bornée de la fête de la Saint-Jean du 24 juin 1968, où les caméras avaient reçu l'ordre d'ignorer la bataille rangée à laquelle se livraient les forces de l'ordre et des manifestants indépendantistes en marge du défilé. Pendant la Crise d'octobre 1970, le Conseil des ministres suivit de près la diffusion de l'information sur les ondes de Radio-Canada, et, quelques mois plus tard, des nouveaux «superviseurs» firent leur entrée dans les salles de nouvelles, sans autre fonction apparente que la surveillance politique[16].

Quelques mois après l'élection du Parti québécois en novembre 1976, le premier ministre Trudeau, agacé, demanda au Conseil de la radiodiffusion et des télécommunications canadiennes (CRTC) d'enquêter sur les services d'information de la CBC/Radio-Canada. Le CRTC rapporta, en juillet 1977, que Radio-Canada était certes déficiente à l'égard de l'unité nationale — mais pas du tout dans le sens indiqué par le premier ministre. Il signala que le problème n'était pas un soi-disant biais en faveur des séparatistes, mais plutôt une incapacité à présenter les «deux solitudes» l'une à l'autre[17].

Au cours de la période précédant le référendum québécois de 1980, le gouvernement fédéral abandonna ses attentes à l'endroit de Radio-Canada, qui couvrit cette consultation comme une élection[18]. Pendant que la télévision couvrait la campagne référendaire, Ottawa mobilisa ses appuis par divers moyens de communication plus directs, entre autres par la publicité[19].

Entre-temps, et ce depuis 1968, le Québec renouvelait ses revendications au chapitre des pouvoirs en matière de communications. Ce domaine est devenu un des enjeux des pourparlers constitutionnels. Dans son mémoire déposé à la conférence constitutionnelle convoquée par Lester Pearson en février 1968, le Québec réclama le droit d'agir en tant qu'État national en toute matière relative à la langue et à la culture, dont évidemment la radiodiffusion. En tant qu'instruments d'éducation et de culture, la radio et la télévision appartiennent aux provinces, faisait-il valoir. L'autorité devrait être partagée, et les agences fédérales, comme la SRC, devraient refléter la «réalité biculturelle» du Canada[20].

Voulant que le Québec s'impose dans ce domaine, Daniel Johnson annonça qu'il ferait appliquer la vieille loi de 1945 qui établissait Radio-Québec[21]. Dans le contexte des négociations constitutionnelles, Ottawa céda enfin aux provinces le droit de créer des agences de télévision éducative (toujours sous le contrôle ultime du CRTC).

Quand Ottawa créa un ministère des Communications en 1969, Québec lui a emboîté le pas. De 1970 à 1976, la politique québécoise des communications (essentiellement une plate-forme pour faire valoir ses revendications) sera une des pierres angulaires de la «souveraineté culturelle» du gouvernement de Robert Bourassa. Une série de déclarations importantes émanant du ministre Jean-Paul L'Allier proposait notamment de promouvoir et de maintenir un système *québécois* de communication[22] et de faire en sorte que le Québec devienne «maître d'œuvre de la politique des communications sur son territoire[23]».

Le fer de lance de la politique québécoise fut la Régie des services publics du Québec, que L'Allier présentait comme l'équivalent québécois du CRTC. Le Québec fit intervenir la Régie dans la réglementation de la câblodistribution — zone grise, puisqu'elle n'existait pas encore au moment de la décision de la Cour suprême en 1931. Pendant un certain temps, les entreprises de câblodistribution durent se soumettre à une double réglementation, jusqu'à ce que la Cour suprême tranche encore une fois en faveur d'Ottawa en novembre 1977: dorénavant, la câblodistribution relèvera aussi du gouvernement central[24].

Sous le gouvernement du Parti québécois, Québec et Ottawa se sont peu directement affrontés dans le dossier des communications. Paradoxalement, le PQ fut ainsi moins agressif que ses prédécesseurs en allant à la recherche de gains concrets dans ce secteur. Il s'est contenté plutôt d'étendre les champs défrichés par les gouvernements précédents: la télévision éducative et les médias communautaires (dont Ottawa ne voulait à peu près rien savoir).

Postnationalisme et virage économique

À la fois à Ottawa et à Québec, les politiques des communications prirent une nouvelle tournure après le référendum de 1980.

Du côté du gouvernement fédéral, l'ensemble du secteur culturel prit le virage économique. En juillet 1980, la division arts et culture du Secrétariat d'État ainsi que la responsabilité ministérielle pour la culture furent transférées au ministère des Communications — dont la vocation économique et industrielle était déjà bien établie. Le ministre des Communications, Francis Fox, déclara que son ministère devait se consacrer à favoriser l'épanouissement des «industries culturelles[25]».

Cette nouvelle orientation reçut le soutien du Comité de révision de la politique fédérale culturelle (Applebaum-Hébert) qui présenta son rapport en 1982, et dont les principales recommandations relatives à la radiodiffusion furent concrétisées à travers une série d'énoncés de politique signés par Francis Fox en 1983-1984[26]. Depuis ce temps, la politique fédérale se fait remarquer, notamment par un retrait graduel mais systématique du soutien financier gouvernemental à l'égard de la radiodiffusion de service public (coupures budgétaires à Radio-Canada), par la privatisation de la production télévisuelle (par le fonds Téléfilm) et par l'introduction de toute une gamme de nouveaux services commerciaux livrés par la câblodistribution (la télévision payante, les services spécialisés et bientôt la télévision à la carte).

Au Québec, le nouveau contexte ressemblait étrangement à celui d'Ottawa. Après le référendum, le Québec perçut les communications surtout comme un secteur de pointe pour le développement industriel et économique. Quoique toujours concurrents politiquement, Québec et Ottawa se trouvaient alors sur la même longueur d'ondes. Avec «le virage technologique», le discours péquiste sur les communications se fit de plus en plus économiste. Ce phénomène devint manifeste au cours du deuxième mandat du gouvernement Lévesque[27].

Ainsi, après le référendum québécois, les bases fondamentales des stratégies de communication d'Ottawa et de Québec changèrent: l'accent principal se déplaça du politique et du socioculturel vers l'économique et l'industriel. Qui plus est, la nature des rapports entre les deux capitales quant aux champs de compétences se transforma aussi: le conflit autour du contrôle sur le développement culturel allait céder le pas à la collaboration ayant pour préoccupation principale le développement économique[28].

Mais un tel changement de cap était impossible aussi longtemps que les libéraux de Trudeau restaient au pouvoir. Cela devait attendre l'élection du gouvernement Mulroney en 1984.

Le triomphe du marché

De façon générale, les premières initiatives du nouveau gouvernement conservateur dans ce dossier s'inscrivirent dans son orientation globale prônant la réduction des dépenses publiques et l'expansion du rôle du secteur privé dans l'économie canadienne[29]. Mais la radiodiffusion, et les communications en général, sont vites apparues comme

étant à la fine pointe du projet «mulroneyien» de «réconciliation nationale».

La réconciliation avec le Québec dans les communications promettait un dividende important compte tenu du
nouveau rôle de l'État dans le financement des services
publics. Le ministre des Communications, Marcel Masse,
expliquait au *Devoir* en décembre 1984:

> [...] le Parti conservateur applique ses théories dans
> tous les secteurs, aux Communications comme ailleurs.
> L'État est un levier important en matière économique
> comme en matière culturelle, mais on n'est pas pour
> avoir une culture d'État. On va avoir une culture de
> Canadiens. On a beaucoup insisté, insisté au point d'en
> faire une exclusivité, pour dire que la défense de la cul-
> ture canadienne était la responsabilité de Radio-Canada.
> On a tellement insisté que les autres ont fini par croire
> qu'ils n'avaient pas de responsabilité. Il faudrait peut-
> être rééquilibrer les choses. La culture canadienne
> appartient d'abord aux Canadiens et c'est à ces der-
> niers, par l'ensemble de leurs institutions, qu'il revient
> d'en assurer l'épanouissement[30].

Pendant que son gouvernement effectuait des coupures
dans le budget de Radio-Canada, Masse rappelait à ses interlocuteurs que c'était, après tout, les libéraux qui avaient
menacé de mettre la clé dans la porte de la SRC parce qu'ils
n'appréciaient pas la façon dont elle couvrait les actuali-
tés[31].

Le 1er février 1985, Masse et son vis-à-vis québécois,
Jean-François Bertrand, signèrent un accord dans lequel ils
s'engageaient à fournir quelque 40 millions de dollars pour
la recherche et le développement aux entreprises québécoises des communications[32]. C'était le premier accord Ottawa-
Québec sur les communications depuis la création des deux
ministères des Communications en 1969. Masse et Bertrand
annonçaient également la création d'un comité mixte permanent, dans le but d'explorer d'autres avenues de collaboration possibles. Ce comité est actif, à la satisfaction de tous,
depuis 1985, faisant en sorte que les communications sont

devenues un des secteurs où le Canada a pu vivre l'esprit de Meech avant la lettre[33].

Le premier effort du comité fut l'important rapport sur *L'avenir de la télévision francophone*, rendu public en mai 1985[34]. La principale recommandation du rapport fut lourde de conséquences en ce qui concerne l'évolution de la politique fédérale en matière de radiodiffusion. Elle proposait «que le système télévisuel francophone soit reconnu comme une entité spécifique du système canadien et qu'en conséquence des politiques distinctes lui soient appliquées[35]». Cette proposition reconnaissait, pour la première fois, la réalité historique du développement parallèle des services de radiodiffusion au Canada depuis les années trente. Elle marquait également une rupture à l'endroit de la tradition voulant qu'il n'y ait qu'une seule politique de radiodiffusion s'appliquant à la fois aux deux entités linguistiques du système.

Le texte qui rappelle la fameuse formulation que l'on retrouve dans l'accord du lac Meech, à savoir que le Québec constitue «une société distincte», est assez remarquable quand on se souvient que cet élément d'une politique éventuelle des communications *précède* la signature de l'accord de deux ans.

Peu après la publication de ce rapport, Ottawa et Québec signèrent une entente d'«harmonisation» pour le développement de la télévision francophone[36]. Depuis, des collaborations ponctuelles ont touché la câblodistribution, la publicité destinée aux enfants et le marché des logiciels[37]. Par ailleurs, la notion des besoins distincts s'est notamment reflétée dans certaines décisions du CRTC[38] ainsi que dans les politiques du fonds Téléfilm[39].

L'opinion publique québécoise a bien accueilli la nouvelle distribution des ressources et des responsabilités en communications. Cela fut perçu comme une renonciation à l'approche classique d'un engagement massif et exclusif de l'État fédéral dans les affaires culturelles[40].

Par ailleurs, le premier mandat du gouvernement Mulroney fut marqué par toute une série d'initiatives formelles en vue de procéder à la «révision» de la politique canadienne en matière de radiodiffusion: un Groupe de travail sur la politique de la radiodiffusion (Sauvageau-Caplan[41]), l'étude de son rapport par le Comité permanent des communications et de la culture de la Chambre des communes[42], un énoncé de politique de la ministre des Communications Flora MacDonald[43], et, en fin de mandat, le projet de loi C-136[44].

La première étape de ce processus fut le Groupe de travail coprésidé par Florian Sauvageau et Gérald Caplan. Celui-ci a bien accueilli les recommandations du Comité fédéral-provincial sur l'avenir de la télévision francophone, dont plusieurs furent retenues. Il proposa notamment que soit reconnu «le caractère distinct de la radiodiffusion québécoise, en soi et comme point d'appui de la radiodiffusion en langue française au Canada[45]». Selon le Groupe de travail, les services français de Radio-Canada devraient jouir de l'autonomie afin qu'ils puissent se développer distinctement de ceux de la CBC «et que les deux secteurs, au service de sociétés distinctes, puissent poursuivre différemment les objectifs assignés à la radio-télévision publique[46]». Il fut proposé de revoir le budget de Radio-Canada «de façon à ce que les sommes allouées pour une heure de production correspondent au rôle confié au réseau français dans le nouvel environnement télévisuel[47]». Quant au mandat de contribuer à l'unité nationale, le Groupe de travail l'a trouvé inadéquat: «Cette stipulation implique l'attachement obligatoire à un ordre politique plutôt qu'à la libre expression, au nom de la culture nationale au sens large[48]». Cette contribution devrait être, suggérait-on, supprimée et remplacée par une disposition «d'une portée plus sociale à l'effet que, par exemple, le service contribue au développement du sentiment national[49]».

Le comité parlementaire qui étudia les recommandations Sauvageau-Caplan en 1986-1988 proposa, pour sa part, de faire inscrire dans la loi une disposition obligeant le CRTC de tenir compte «des particularités de la radiodiffusion en français et en anglais dans la mise en œuvre de la politique de la radiodiffusion[50]». Le comité a également élargi la proposition du Groupe de travail à propos du budget de

Radio-Canada, pour préciser «que la qualité des émissions canadiennes diffusées sur les réseaux français et anglais soit équivalente[51]».

La position gouvernementale fut formalisée dans l'énoncé de politique intitulé *Des voix canadiennes pour un choix véritable*, signé par Flora MacDonald et rendu public quelques jours après le dépôt du rapport du comité parlementaire en juin 1988. Ici, il est reconnu que «les obstacles auxquels font face la radiodiffusion de langue française et celle de langue anglaise ne sont pas de même nature [...] [et] que ces différences entre les marchés francophone et anglophone nécessitent des approches distinctes en matière de politique[52]».

Le projet de loi déposé au même moment (C-136) a mis en vedette une brochette de dispositions relatives à la dualité linguistique du système. La plus importante précisait que «les radiodiffusions de langues française et anglaise, malgré certains points communs, diffèrent quant à leurs conditions d'exploitation et, éventuellement, quant à leurs besoins[53]». Le mandat de la SRC fut modifié pour qu'elle contribue, à travers sa programmation, «au partage d'une conscience et d'une identité nationales[54]». En vertu d'un amendement introduit en troisième lecture, il fut de plus précisé que la programmation de la SRC devait «chercher à être de qualité équivalente en français et en anglais[55]».

Le projet de loi est mort au feuilleton du Sénat le 30 septembre 1988, à cause du déclenchement des élections fédérales[56]. Il fut cependant présenté à nouveau sans modification importante en octobre 1989 (portant, à ce moment-là, le numéro C-40[57]). L'itinéraire de ce dernier fut pour le moins bizarre, du moins en ce qui concerne les aspects qui nous préoccupent ici.

Compte tenu de l'histoire de la politique canadienne de la radiodiffusion, il faut s'étonner du peu de controverse qu'ont soulevé les aspects à caractère «national» lors des débats de la période 1985-1988. Mais justement, l'histoire nous démontre que ceux-là interviennent dès que la question nationale s'impose à l'ordre du jour. Or les grandes questions de l'époque étaient notamment d'ordre économique, ce qui se refléta dans les débats sur la radiodiffusion (avenir du service public, rôle du secteur privé dans la canadianisation de la programmation, introduction des nouveaux services, etc.).

Ainsi, il faut voir toute la série de propositions, depuis le Comité fédéral-provincial sur les communications jusqu'au projet de loi C-40, comme une tentative de corriger des aberrations historiques — toujours dans le contexte d'un Canada uni mais repensé. À l'unanimité ou presque, les propositions furent acceptées par les milieux concernés[58]. Les partis politiques d'opposition, notamment, sont restés muets.

Mais tout cela changea en 1989-1990, dans le contexte de la remise en question de l'accord du lac Meech. Soulignons par ailleurs que la crise constitutionnelle fut en bonne partie responsable du long retard du gouvernement à représenter le projet de loi, puis à le soumettre en Chambre pour débat. Lorsqu'il revint, les dispositions «meechifiantes» (mandat de Radio-Canada, reconnaissance du caractère distinct de la radiodiffusion) ont provoqué de longues interventions passionnées — comme si ces propositions étaient apparues tout d'un coup!

Citons, en guise d'exemple représentatif, cet échange peu édifiant entre le ministre des Communications, Marcel Masse, et le critique du NPD, Ian Waddell, au comité législatif formé pour étudier le projet C-40 en janvier 1990. Masse commence en réitérant l'orientation globale de la législation, ainsi qu'elle est exprimée dans l'énoncé de politique de Flora MacDonald de juin 1988:

> Le nouveau projet de loi reconnaît le caractère distinct de l'auditoire francophone. Il est évident que les radiodiffuseurs francophones et anglophones diffèrent quant à leurs conditions d'exploitation et également quant à leurs besoins[...][59].

Masse explique ensuite la reformulation du mandat de Radio-Canada relatif à l'unité nationale, en empruntant l'argumentation du rapport Sauvageau-Caplan:

> J'ai retiré à Radio-Canada l'obligation de promouvoir l'unité canadienne parce que c'était, premièrement,

maintenir artificiellement cette valeur politique et, deuxièmement, une contrainte à la liberté d'expression. Cette obligation ouvrait en outre la porte à une ingérence intolérable. En la retirant, nous mettrons plutôt l'accent sur la capacité des Canadiens de se reconnaître à travers leurs valeurs[60].

Ian Waddell enchérit sur ce point: «[...] vous voulez la couler [Radio-Canada] au fond de votre lac Meech[...][61].» Puis il demande à Masse d'élaborer sur ce qu'il entend par «maintenir artificiellement cette valeur politique»:

Masse: Un radiodiffuseur public doit être le reflet de la société, son reflet sociologique et son reflet culturel. Ce n'est pas un instrument de propagande. Se faire le promoteur d'un aspect de notre réalité peut facilement engendrer des aspects qui sont contraires à la liberté d'expression [...] des gouvernements libéraux qui nous ont précédés demandaient à Radio-Canada des comptes sur le nombre de séparatistes qui assuraient ou non la promotion de l'unité canadienne. Ce sont des expériences qu'on a vécues. Ces périodes n'ont certainement pas été les plus intéressantes au point de vue de la liberté d'expression dans ce pays.
Waddell: Cette ingérence intolérable dans les activités de Radio-Canada s'était produite quand le gouvernement du jour avait émis des instructions signifiant qu'il ne voulait pas voir de séparatistes à Radio-Canada. C'est ce que vous entendez par intolérable. Est-ce pour cela que vous avez modifié les choses?
Masse: Appuieriez-vous un gouvernement qui émettrait des directives à Radio-Canada allant en ce sens?
Waddell: Oui, oui, oui.
Masse: Vous êtes en faveur de cela?
Waddell: Je crois au Canada. Je crois à l'unité nationale.
Masse: Y croyez-vous au point que vous voulez museler la liberté d'expression dans notre pays?
Waddell [en français]: Je ne suis pas séparatiste, Monsieur le Ministre. Êtes-vous séparatiste[62]?

L'échange s'est poursuivi dans la même veine pendant encore quelques minutes[63].

Donc, tout comme en 1968, la question de l'unité nationale en tant que mandat de Radio-Canada était devenue
une affaire de politiciens, pendant que le public n'y accordait
pas la moindre attention — étant, lui, beaucoup plus inquiet
de la façon dont la Société accomplirait les autres exigences
de son mandat dans un contexte de compression budgétaire. Quand le projet de loi C-40 revint à la Chambre en
troisième lecture, le gouvernement a fait rejeter deux amendements de l'opposition qui auraient eu comme effet de
maintenir les anciennes obligations de Radio-Canada.

La radiodiffusion et le débat sur l'avenir constitutionnel du Québec et du Canada

Selon toute vraisemblance, la nouvelle Loi canadienne
sur la radiodiffusion de 1991[64] se montre soucieuse envers les
revendications québécoises traditionnelles. À l'intérieur des
paramètres établis (c'est-à-dire, compte tenu de la compétence exclusive d'Ottawa en matière de radiodiffusion), la loi
reconnaît la spécificité de la radiodiffusion de langue française, le principe de la dualité linguistique, l'équivalence
des services français et anglais de la Société Radio-Canada,
ainsi que la place des radiodiffusions de type éducatif et
communautaire.

Mais le texte ne résout pas tous les problèmes. Il peut
même, dans certains cas, servir à justifier le fait que certains problèmes persistent. Par exemple, les Canadiens de
langue anglaise jouissent depuis 1988 d'un service public
d'informations continues, *Newsworld* (CBC), sanctionné par
le CRTC sans qu'un service équivalent en français soit offert.
S'agit-il d'un besoin exceptionnel de la communauté anglophone, ou plutôt du non-respect de l'équivalence des services par la société d'État? On pourra longuement débattre de
telles questions, mais entre-temps, il reste que la politique est
mise en application par des organismes sur lesquels le Québec n'a aucune prise réelle. Le rôle central de la réglementation et l'importance des institutions fédérales dans le système
actuel font en sorte que le secteur des communications affi-

che un caractère particulièrement complexe dans le débat sur l'avenir constitutionnel du Québec et du Canada. Il est un peu trompeur, par exemple, de considérer la radiodiffusion sous le seul angle du dossier «culturel». En revendiquant le rapatriement des pouvoirs en matière culturelle, les instances québécoises — que ce soit la commission Bélanger-Campeau, le comité Allaire ou le Groupe-conseil présidé par Roland Arpin — ont toutes eu tendance à faire abstraction de cette réalité. (Le rapport Arpin, par exemple, s'est limité à considérer les médias comme des véhicules de diffusion de la culture et n'a pas comptabilisé les budgets de Radio-Canada et de Radio-Québec dans son bilan des dépenses publiques en matière culturelle[65].)

Nous avons pu observer la difficulté de cet enjeu au moment d'une fuite, à l'automne 1991, concernant une éventuelle politique québécoise des communications[66]. Selon ce document de travail du ministère des Communications, le Québec aurait revendiqué le démantèlement de la Société Radio-Canada pour fusionner celle-ci avec Radio-Québec dans un service public unique. Or une telle hypothèse ne peut être sérieusement envisagée autrement que dans le scénario de la souveraineté. Quoi qu'il en soit, le document en question fut vite enterré, et le Québec n'a toujours pas de position clairement définie sur cette question.

À l'autre extrémité, par contre, les divers projets issus des instances fédérales dans le cadre de la réforme constitutionnelle aborde à peine la question. Selon la proposition présentée par Clark en septembre 1991[67], les provinces auraient pu créer des services de radiodiffusion «à part entière», plutôt que strictement «éducatifs» comme c'est le cas présentement, tout en maintenant la réserve de la réglementation du CRTC. Le document fédéral proposait en outre la consultation des provinces en ce qui concerne l'octroi de nouvelles licences, une certaine régionalisation des activités du CRTC et la participation provinciale à la nomination des commissaires.

Quant au rapport Beaudoin-Dobbie, il prévoyait la négociation d'ententes bilatérales entre Ottawa et les provinces qui l'auraient souhaité, en vue du transfert de certains pouvoirs du CRTC. Cela devait permettre, dans l'esprit de ce rapport, une participation accrue du Québec dans la réglementation fédérale.

Le gouvernement fédéral insista, pour sa part, sur le fait qu'il n'était pas question de toucher aux institutions «nationales» comme Radio-Canada, l'ONF ou l'agence Téléfilm. En ce qui concerne le secteur névralgique des télécommunications (qui englobe la radiodiffusion, qui relève aussi du CRTC et qui sera appelée à jouer un rôle accru dans les années à venir), la position fédérale resta toujours aussi ferme, préconisant le maintien du contrôle exclusif et absolu, ce qui permet d'éviter d'aborder de front le problème fondamental[68].

Mais on ne peut pas prétendre que le bilan soit strictement négatif. Sur le plan de l'attribution des fonds publics, par exemple, les services de langue française reçoivent présentement plus que la part que ne justifie le poids démographique de la population francophone. En somme, la situation de la radiodiffusion constitue un compromis canadien classique: les Québécois échangent les leviers de contrôle sur leur destin pour le bénéfice d'appartenir à une collectivité plus grande; en contrepartie, les Canadiens supportent les coûts du maintien d'une unité politique *coast-to-coast* tout en reconnaissant qu'il s'agit plutôt de «deux solitudes».

En fait, l'histoire et les enjeux actuels des communications canadiennes et québécoises reflètent assez bien ceux des sociétés dont elles sont issues. En attendant que la question fondamentale concernant l'avenir politique de ces sociétés soit résolue, le système des communications continuera à présenter des contradictions et des incohérences.

Notes

1. Pour une analyse plus générale des aspects socio-politiques de l'évolution de la radiodiffusion canadienne et québécoise, voir Marc Raboy, *Missed Opportunities: The Story of Canada's Broadcasting Policy*, Montréal et Kingston, McGill-Queen's University Press, 1990.

2. Canada, Commission royale d'enquête sur la radiodiffusion, *Rapport*, Ottawa, Imprimeur du Roi, 1929.

3. Voir Gil Rémillard, *Le fédéralisme canadien. Éléments constitutionnels de formation et d'évolution*, Montréal, Québec/Amérique, 1980.

4. E. Austin Weir, *The Struggle for National Broadcasting in Canada*, Toronto, McClelland and Stewart, 1965, p. 151.

5. Gérard Lamarche, «Radio-Canada et sa mission française», *Canadian Communications*, vol. I, n° 1, été 1960, p. 6-15.

6. Voir Gérard Laurence, «Province de Québec», dans Hélène Eck (dir.), *La guerre des ondes. Histoire des radios de langue française pendant la Deuxième Guerre mondiale*, Paris, Armand Colin, 1985, p. 283-366.

7. Voir André Laurendeau, *La Crise de la conscription*, Montréal, Éditions du Jour, 1962.

8. Québec, Loi autorisant la création d'un service de radiodiffusion provinciale, *Statuts du Québec*, 1945, c. 56.

9. Canada, Chambre des communes, *Débats*, 1946, p. 1181.

10. Canada, Commission royale d'enquête sur l'avancement des arts, lettres et sciences au Canada, *Rapport*, Ottawa, Imprimeur du Roi, 1951.

11. Canada, Commission royale d'enquête sur la radio et la télévision, *Rapport*, Ottawa, Imprimeur de la Reine, 1957.

12. Voir Gérard Pelletier, *Les années d'impatience (1950-1960)*, Montréal, Stanké, 1983.

13. Canada, Chambre des communes, *Débats*, 1964-1965, p. 10272.

14. Marc Raboy, «Les nouvelles à la télévision et la crise de l'unité canadienne», dans *La radio-télévision canadienne*, vol. I, n° 1, 1991.

15. Canada, Loi sur la radiodiffusion, *Statuts du Canada*, 1967-1968, c. 25, article 3.g.iv.

16. Raboy, *Missed Opportunities, op. cit.*, p. 204-208.

17. CRTC, Comité d'enquête sur le service national de radiodiffusion, *Rapport*, Ottawa, CRTC, 1977.

18. Voir Paul Attallah, «Axes d'une recherche sur le référendum», *Communication/Information*, vol. V, n°s 2-3, hiver-été 1983, p. 65-106.

19. A. W. Johnson, «The Re-Canadianization of Broadcasting», *Options politiques*, vol. IV, n° 2, mars 1983, p. 6-12.

20. Gouvernement du Québec, «Ce que veut le Québec», mémoire présenté par Daniel Johnson à la première Conférence constitutionnelle (Ottawa, 5-7 février 1968), Québec, Office d'information et de publicité, 1968.

21. Québec, Assemblée législative, *Journal des débats*, 1968, p. 3.

22. Québec, ministère des Communications du Québec, *Pour une politique québécoise des communications*, Québec, MCQ, 1971.

23. Québec, ministère des communications du Québec, *Le Québec, maître d'œuvre de la politique des communications sur son territoire*, Québec, MCQ, 1973.

24. Canada, Cour suprême, *Recueil des arrêts de la Cour suprême du Canada*, 1978, vol. II, p. 191-210. Voir également Rémillard, *op. cit.*, p. 32. Québec, Assemblée nationale, *Journal des débats*, 1977, B-2095.

25. Canada, Chambre des communes, Comité permanent des communications et de la culture, *Procès-verbaux et témoignages*, 1980-83, 2/9.

26. Canada, ministère des Communications, *Vers une nouvelle politique de la radiodiffusion*, Ottawa, Approvisionnements et Services Canada, 1983; *Bâtir l'avenir: vers une Société Radio-Canada distincte*, Ottawa, Approvisionnements et Services Canada, 1983; *La politique nationale du film et de la vidéo*, Ottawa, Approvisionnements et Services Canada, 1984.

27. Québec, ministère des Communications du Québec, *Bâtir l'avenir*, Québec, gouvernement du Québec, 1982; et *Le Québec et les communications: un futur simple?*, Québec, gouvernement du Québec, 1983. Voir également Québec, Assemblée nationale, *Journal des débats*, 1981, B-326-329.

28. Gaëtan Tremblay, «La politique québécoise en matière de communication (1966-1986): De l'affirmation autonomiste à la coopération fédérale-provinciale», *Communication/Information*, vol. IX, n° 3, été 1988, p. 57-87.

29. Voir Groupe de travail chargé de l'examen des programmes, *Introduction au processus de la revue des programmes*, Ottawa, Approvisionnements et Services Canada, 1986.

30. «Marcel Masse: Radio-Canada prend trop de place dans le budget culturel», *Le Devoir*, 20 décembre 1984.

31. Commentaires lors d'une réunion de la Fédération professionnelle des journalistes du Québec, Montréal, 10 décembre 1984.

32. Canada-Québec, *Entente Canada-Québec sur le développement des entreprises de communication 1984-1990*, Ottawa et Québec, gouvernement du Canada et gouvernement du Québec, 1985. Voir aussi Tremblay, *op. cit.*

33. Ce point de vue fut exprimé dans ces termes à l'auteur par un haut fonctionnaire du MCQ en juin 1990, quelques jours avant l'échec de l'accord du lac Meech.

34. Canada-Québec, Comité fédéral-provincial sur l'avenir de la télévision francophone, *L'avenir de la télévision francophone*, Ottawa et Québec, gouvernement du Canada et gouvernement du Québec, 1985.

35. *Ibid.*, p. 2.

36. Canada-Québec, «Entente Canada-Québec sur l'harmonisation du développement du système de télévision francophone», Ottawa et Québec, gouvernement du Canada et gouvernement du Québec, 13 février 1986.

37. Tremblay, *op. cit.*, p. 83.

38. Conseil de la radiodiffusion et des télécommunications canadiennes, *Un plus grand choix d'émissions canadiennes*, Ottawa, CRTC, 30 novembre 1987.

39. Le fonctionnement du fonds Téléfilm est cependant contesté par le Québec actuellement. Voir «Les coproductions avec la France vont bien... mais en anglais», *Le Devoir*, 22 octobre 1990.

40. Lise Bissonnette, «L'envers du décor», *Le Devoir*, 23 mars 1985.

41. Canada, Groupe de travail sur la politique de la radiodiffusion, *Rapport*, Ottawa, Approvisionnements et Services Canada, 1986.

42. Canada, Chambre des communes, Comité permanent des communications et de la culture, *Pour une politique canadienne de la radiodiffusion* (rapport), Ottawa, Approvisionnements et Services Canada, 1988.

43. Canada, Communications Canada, *Des voix canadiennes pour un choix véritable*, Ottawa, Approvisionnements et Services Canada, 1988.

44. Canada, Projet de loi sur la radiodiffusion (C-136), première lecture, 23 juin 1988.

45. Groupe de travail, *op. cit.*, p. 171.

46. *Ibid.*

47. *Ibid.*, p. 236.

48. *Ibid.*, p. 272.

49. *Ibid.*, p. 306.

50. Comité permanent des communications et de la culture, *Pour une politique canadienne de la radiodiffusion, op. cit.*, p. 460.

51. *Ibid.*, p. 402.

52. Communications Canada, *Des voix canadiennes pour un choix véritable, op. cit.*, p. 7.

53. Projet de loi C-136, *op. cit.*, article 3.1.b.

54. *Ibid.*, article 3.1.n.iv.

55. Canada, Projet de loi sur la radiodiffusion (C-136), troisième lecture, 28 septembre 1988, article 3.1.k.iv.

56. Voir Raboy, *Missed Opportunities, op. cit.*, p. 329-334.

57. Canada, Projet de loi sur la radiodiffusion (C-40), première lecture, 12 octobre 1989.

58. Une rare exception était le chroniqueur de la *Gazette*, William Johnson, pour qui le projet de loi C-136 représentait le «meeching» du Canada. En promouvant la notion que le Québec constituait «une société distincte», le projet aurait rompu la «cohérence nationale» de la SRC, écrivait-il. (William Johnson, «Meeching» of Canada takes another step forward», *Montreal Gazette* [chronique], 21 septembre 1988.

59. Canada, Chambre des communes, Comité législatif sur le projet de loi C-40, procès-verbaux et témoignages, 31 janvier 1990, p. 11.

60. *Ibid.*

61. *Ibid.*, p. 16-17. La version originale anglaise est à la fois plus graphique et plus claire: «[...] you are now «Meeching» it; you are now applying the doctrine of the Meech Lake agreement in this».

62. *Ibid.*, p. 17-18.

63. On lira également les échanges entre les députés de l'opposition et des témoins tels que le président du CRTC, Keith Spicer, et le président désigné de Radio-Canada, Patrick Watson, qui se sont exprimés tous les deux en faveur de la formulation gouvernementale (*ibid.*, 22 février 1990 et 12 mars 1990), ainsi que le débat lors de la dernière session publique du Comité législatif sur le projet de loi C-40, *ibid.*, 15 mars 1990, p. 69-84.

64. Loi sur la radiodiffusion, *Statuts du Canada*, 38-39 Elizabeth II, sanctionnée le 1er février 1991.

65. Voir Groupe-conseil sur la politique culturelle du Québec, *Une politique de la culture et des arts*, Québec, gouvernement du Québec, 1991, p. 136-149.

66. Voir «Pour une seule télévision publique de langue française», *Le Devoir*, 7 septembre 1991.

67. *Bâtir ensemble l'avenir du Canada*, Ottawa, 1991.

68. «Une proposition loin de la souveraineté culturelle», *Le Devoir*, 25 septembre 1991, ainsi que Gilles Lesage, «Des communications embrouillées», *Le Devoir*, 7 mars 1992.

YVES VAILLANCOURT

Un bilan de l'*opting out* du Québec des programmes fédéraux à frais partagés dans le domaine social (1964-1992)

Introduction: les cinq points d'impôt du Québec pour le Régime d'assistance publique du Canada (RAPC), le symbole oublié d'un certain statut particulier conquis en 1964 et «grignoté» par la suite[1]

Depuis vingt-cinq ans, le Québec, dans le contexte du Régime d'assistance publique du Canada (RAPC), vit une situation «distincte», un statut particulier, comparativement aux autres provinces. Ce statut particulier a laissé des traces, discrètes mais indéniables, dans les formulaires du gouvernement fédéral concernant l'impôt sur le revenu des particuliers. Il en a laissé d'autres, non moins intrigantes, dans certains rapports annuels et autres documents publics produits par le gouvernement fédéral. Ainsi, les cinq points d'impôt accordés au Québec pour le RAPC sont toujours mentionnés dans les «répertoires» sur les «programmes et activités fédéraux-provinciaux», produits annuellement depuis 1976 par le Bureau des relations fédérales-provinciales. Le *Répertoire 1990-1991*, publié en décembre 1991, n'échappe pas à cette tradition[2]. Dans le tableau récapitulatif, intitulé «Estimation des transferts fédéraux aux provinces, aux territoires et aux municipalités, exercice 1990-1991», il est question du RAPC à la rubrique «D» sur les «Transferts à des fins spécifiques». Cette rubrique se subdivise elle-même en deux parties, la première ayant trait aux transferts «en espèces», la seconde aux transferts fiscaux.

En examinant les chiffres de la première partie de la rubrique «D», nous apprenons que le Québec aurait reçu, en 1990-1991, 1134,3 millions de dollars, sous forme de transferts en espèces (ou financiers), dans le cadre du RAPC. Puis, en allant à la seconde partie de la rubrique, nous apprenons que le Québec aurait touché également 618,1 millions de dollars, sous forme de points d'impôt (ou de transferts fiscaux), pour le RAPC. La note «d», placée en bas du tableau, nous fournit l'explication sibylline reconduite automatiquement d'année en année: «Outre le transfert en espèces en vertu du RAPC, le Québec reçoit un transfert fiscal conformément aux accords de non-participation.» Si nous additionnons les deux composantes, nous comprenons que le Québec aurait reçu, dans le cadre du RAPC, pour l'année 1990-1991, des transferts de l'ordre de 1752,4 millions de dollars. Sur ce montant global, la part des transferts financiers représente 64,7 % du total, tandis que celle des transferts fiscaux en représente 35,3 %[3]. En continuant l'examen des autres colonnes du même tableau, consacrées aux autres provinces, la situation particulière du Québec ressort encore plus nettement: le Québec est la seule province à avoir des points d'impôt pour le RAPC. En effet, les neuf autres provinces et les deux territoires reçoivent la totalité de leurs transferts sous forme de transferts financiers et n'ont pas de points d'impôt.

Cet indice d'un statut particulier au sein du RAPC ressort également dans tous les rapports annuels produits par le ministère de la Santé nationale et du Bien-être social à Ottawa depuis 1967[4]. Il revient à l'occasion dans certains documents du gouvernement du Québec comme les annexes des Discours sur le budget[5].

Toutefois, la littérature québécoise et canadienne sur le RAPC, sur les programmes à frais partagés et sur les politiques sociales en général est demeurée fort discrète sur l'histoire de l'*opting out* des programmes à frais partagés[6]. Ce silence de la littérature est particulièrement étonnant dans le contexte des débats constitutionnels relancés par l'article 106A du défunt accord du lac Meech[7]. Même après l'échec de cet accord, le libellé de cet article sur le droit de retrait (*opting out*) des programmes à frais partagés a constamment refait surface, à quelques variantes près, dans les propositions issues des divers groupes de travail et commissions mandatés par le gouvernement fédéral de Mulroney pour élaborer des «offres» de fédéralisme renouvelé au début des années quatre-vingt-dix[8].

Or il existe un lien étroit entre les formules d'*opting out* discutées publiquement depuis le débat sur l'accord du lac Meech et l'histoire de l'*opting out* des années soixante, même si ce lien est systématiquement oublié dans le débat constitutionnel actuel. L'oubli de ce lien permet d'attribuer une certaine connotation de générosité aux propositions faites par le gouvernement fédéral, au cours des cinq dernières années, en rapport avec le droit de retrait avec compensation des programmes à frais partagés dans les champs de compétences exclusivement provinciales. Aussi faut-il nous rappeler ce lien afin de dresser un bilan de l'expérience de l'*opting out* de certains programmes à frais partagés dans le domaine socio-sanitaire que le Québec a faite depuis 1964.

En me fondant sur les conclusions des recherches que j'ai menées sur les origines et le développement du RAPC dans une «perspective québécoise[9]», je me propose, dans le présent texte, de faire trois choses. D'abord, fournir quelques explications techniques sur le dossier de l'*opting out* des programmes à frais partagés pour faire ressortir en quoi cet *opting out* représentait la possibilité pour le Québec d'obtenir un statut particulier sur le plan de ses politiques sociales et fiscales. Ensuite, dégager l'évolution de la politique des divers gouvernements qui se sont succédé à Québec au cours des vingt-cinq dernières années en rapport avec ce statut particulier. Enfin, montrer comment le gouvernement fédéral, après avoir accepté de bonne foi ce statut particulier pendant quelques semaines au printemps 1964, s'est employé par la suite à le combattre et à le neutraliser.

Quelques précisions prosaïques pour mieux suivre l'évolution du dossier des points d'impôt

Les points d'impôt relatifs au RAPC au Québec sont l'indice d'une histoire qui a commencé de façon prometteuse, mais qui, en cours de route, a étrangement bifurqué de la trajectoire prévue. Mais avant d'aborder le rôle plus politique du gouvernement du Québec et du gouvernement fédéral dans cette histoire, je donnerai quelques points de repère d'ordre plus prosaïque, qui permettront de suivre, sur les plans juridique et financier, l'évolution du dossier des points d'impôt concernant le RAPC, de 1965 à aujourd'hui.

1) Avant même que le RAPC soit adopté comme législation, une place lui était en quelque sorte réservée à l'avance à l'intérieur de la Loi sur les programmes établis (Arrangements provisoires[10]) de 1965. D'après cette législation, quatre points d'impôt seraient transférés à la province qui se prévaudrait de l'option de se retirer du «programme spécial de bien-être social». Cette appellation, voire cette fiction juridique, désignait en 1965 quatre programmes fédéraux d'assistance, dont on prévoyait déjà le remplacement par le RAPC dans les années qui suivraient l'adoption de ce nouveau programme d'assistance publique à frais partagés. Dès le 1er janvier 1965, avant même l'adoption de la loi et la signature des accords sur les arrangements provisoires, le Québec avait déjà commencé à bénéficier du transfert des 20 points d'impôt, dont 4 points pour le programme spécial de bien-être, en ayant déjà signifié clairement au gouvernement fédéral son intention très nette de se retirer des programmes à frais partagés dûment mentionnés dans la Loi sur

les arrangements provisoires. Cela voulait dire que, dès 1965, le Québec se prévalait de son droit de retrait du «programme spécial de bien-être» (4 points d'impôt), du programme d'assurance-hospitalisation (14 points d'impôt), d'un programme de formation de la main-d'œuvre (1 point d'impôt) et d'un programme d'hygiène publique (1 point d'impôt).

En vertu des dispositions de la Loi sur les arrangements provisoires et des accords signés par le Québec à l'automne 1965, une période provisoire de cinq ans était prévue. Cette période, considérée par le Québec comme une «première phase» «de transition», devait durer jusqu'en 1970, moment où commencerait la «deuxième phase», celle des «arrangements définitifs».

Selon les dispositions de la Loi sur les arrangements provisoires élaborées dans le respect des règles du «fédéralisme symétrique», toutes les provinces pouvaient se prévaloir de l'*opting out* avec compensation fiscale. Mais en pratique, le Québec fut la seule province à se prévaloir des arrangements provisoires. Cela conférait, dans les faits, un statut particulier au Québec sur le plan des politiques sociales et des politiques fiscales. Mais ce statut particulier était limité. En effet, les arrangements provisoires stipulaient clairement que pendant la période provisoire, la province qui se prévaudrait de l'*opting out* ne pourrait pas modifier à sa guise les programmes provinciaux touchés par les programmes fédéraux à frais partagés. En outre, la province qui pratiquait l'*opting out* acceptait, pendant la période provisoire, de continuer d'envoyer comme avant toutes ses réclamations à Ottawa, de se soumettre aux procédures de vérification fédérale, etc. Donc, sur les plans administratif et politique, pendant la période provisoire, la province qui avait fait des arrangements provisoires continuait d'être soumise aux mêmes contraintes qu'avant l'*opting out*. Ainsi, le seul véritable changement produit par les arrangements provisoires fut un changement du mode de paiement. Pour le reste le Québec devait être traité exactement de la même manière que toutes les autres provinces qui ne s'étaient pas prévalues de l'*opting out*.

2) À la suite de l'adoption du RAPC en juillet 1966 et de la signature d'un accord sur le RAPC entre le Québec et le Canada en août 1967, le RAPC devint un programme à frais partagés couvert par les arrangements provisoires. Il devait, avec le temps, remplacer les anciens programmes d'assistance considérés comme le «programme spécial de bien-être». Ainsi, il était prévu qu'après quelques années, les quatre points d'impôt accordés pour le programme spécial de bien-être concerneraient principalement, voire exclusivement, le RAPC. C'est ce qui se produisit.

3) Mais en 1970, il n'y eut pas de passage des arrangements provisoires aux arrangements définitifs. Les arrangements provisoires furent prolongés année après année, à la suite d'amendements apportés à la Loi sur les arrangements provisoires et d'échanges de lettres d'ententes qui tenaient lieu d'accords entre les parties concernées. Dans l'intervalle, le fédéral avait retiré des arrangements provisoires son programme de formation de main-d'œuvre. Il ne restait donc, en 1970, que trois programmes concernés par les arrangements provisoires, soit le RAPC, l'assurance-hospitalisation et le programme d'hygiène publique. Le Québec dispose toujours de 4 points d'impôt pour le RAPC et de 14 points pour l'assurance-hospitalisation.

4) De 1970 à 1977, les arrangements provisoires furent prolongés. La durée de la période provisoire s'étendit à deux reprises d'une année à la fois, puis de cinq années d'un coup en 1972, par le biais de l'adoption de la Loi sur les arrangements fiscaux de 1972. À partir de 1972, le nombre de points d'impôt transférés devient officiellement de 5 pour le RAPC et de 16 pour l'assurance-hospitalisation.

5) En 1977, avec la Loi sur le financement des programmes établis[11] les arrangements provisoires sont abrogés de curieuse façon. Le programme d'assurance-hospitalisation relève dorénavant, avec le *medicare* et l'éducation post-secondaire, du Financement des programmes établis (FPE). Le RAPC demeure extérieur au FPE. Mais le Québec conserve les cinq points d'impôt transférés pour le RAPC du temps des arrangements provisoires[12]. La Loi sur les arrangements provisoires n'existe plus, mais les conditions fixées

pour l'administration du RAPC au temps des arrangements provisoires prévalent toujours. Les rapports annuels du ministère de la Santé et du Bien-être continuent de parler des «accords de non-participation» pour désigner le statut particulier du RAPC au Québec.

6) À partir de 1977 jusqu'à aujourd'hui, le Québec conserve ses cinq points d'impôt pour le RAPC, tout en demeurant soumis aux conditions de la période «provisoire» de 1965 à 1970.

Donc, depuis les années soixante, le Québec demeure toujours lié au régime des arrangements provisoires en ce qui concerne le RAPC. De 1965 à 1972, le Québec reste la seule province à détenir des points d'impôt pour sa dite «non-participation» au RAPC. De quatre qu'ils étaient au début, ces points d'impôt sur le revenu des particuliers sont passés, depuis 1972, à cinq.

L'évolution de la politique québécoise face au statut particulier au sein du RAPC: de la lucidité à la somnolence

Même si, d'hier à aujourd'hui, le Québec a toujours conservé un certain statut particulier au sein du RAPC, la politique gouvernementale à l'endroit de ce statut particulier a changé considérablement au cours des vingt-cinq dernières années. Au début, le gouvernement Lesage faisait de ce statut particulier une priorité et le dossier occupait une place de choix sur la scène publique. Mais avec le passage des années, la somnolence aura remplacé la détermination.

L'*opting out* des programmes à frais partagés: une priorité du gouvernement Lesage[13]

Au temps du gouvernement Lesage, la stratégie des deux étapes de l'*opting out* était comprise, appuyée et portée à la fois par le Bureau du premier ministre, par le ministère des Affaires fédérales-provinciales et par le titulaire du ministère de la Famille et du Bien-être social. C'était un dossier qui était pris en charge par le premier ministre Lesage lui-même et auquel d'autres ministres, dont René Lévesque, de Famille et Bien-être, accordaient une très grande importance[14]. Les hauts fonctionnaires québécois engagés dans le dossier, comme Claude Morin, Louis Bernard et Roger Marier, recevaient leurs directives des politiciens responsables. Le gouvernement du Québec, dans son ensemble, avait adopté une position cohérente et consistante. Cette position était réitérée dans les principaux documents officiels du gouvernement depuis 1963. Le rapport Boucher était souvent utilisé comme une référence privilégiée pour résumer l'argumentation québécoise contre les programmes conjoints dans les champs de compétences provinciales. Les mémoires du gouvernement du Québec, dans les conférences fédérales-provinciales des premiers ministres, des ministres du Bien-être social, des ministres de la Santé, reprenaient toujours, avec une cohérence et une détermination soutenues, les mêmes analyses et les mêmes demandes. Les propositions québécoises sur l'*opting out* avec pleine compensation fiscale étaient présentées à la population par le premier ministre et par quelques ministres influents comme René Lévesque. Il faut comprendre que le premier ministre Lesage lui-même possédait bien le dossier et croyait avec ferveur à son importance. Comme il était aussi ministre des Affaires fédérales-provinciales et ministre des Finances, Lesage était particulièrement bien placé pour intégrer les aspects fiscaux et sociaux du dossier sans perdre de vue la dimension fédérale-provinciale.

Dans les mois qui précédèrent l'adoption du RAPC au début de l'année 1966, la position du Québec concernant le RAPC et les autres programmes touchés par l'*opting out* était très claire, et le gouvernement fédéral la connaissait très bien. Le RAPC dans sa totalité faisait partie des arrangements provisoires avec d'autres programmes à frais partagés. Les points d'impôt étaient vus comme un moyen et non comme une fin. C'était le moyen grâce auquel le Québec pourrait un jour, une fois que serait effectué le passage de la première à la deuxième phase, exercer la pleine maîtrise de ses programmes, c'est-à-dire les utiliser et les modifier à sa guise, en tenant compte des priorités de développement social qu'il aurait lui-même établies.

Lesage ne manquait aucune occasion d'expliquer le sens des arrangements provisoires de 1965 vus à travers le prisme de son gouvernement. Dans un discours prononcé en Chambre, le 11 février 1966, il s'était montré, une fois de plus, clair et déterminé. Voici un extrait substantiel de ce discours:

> En août 1964, le Québec s'est retiré de 29 programmes conjoints individuels, requérant les versements fédéraux d'environ 225 $ millions pour 1964-65. Les principaux de ces programmes sont l'assurance-hospitalisation, l'assistance-vieillesse, l'assistance aux invalides, une partie de l'assistance-chômage et l'enseignement professionnel. En compensation, le Québec a joui, dès le 1er janvier 1965, d'une équivalence fiscale de 20 points d'impôt sur le revenu des particuliers.[...]

> Une fois la période de transition terminée ou avant qu'elle se termine, nous établissons définitivement l'équivalence fiscale. Nous percevons nous-mêmes, ça tombe dans nos revenus généraux et nous sommes libres de disposer de notre budget comme nous l'entendons [...].

> Pour faciliter le calcul de l'équivalence fiscale, le Québec a offert, dès la conférence de mars-avril 1964, de ne pas modifier, durant la période de transition, l'étendue ou la portée des programmes conjoints dont il se retirera. Pour la même raison, il a fait état auprès du gouvernement fédéral des dépenses encourues au titre de ces programmes. Toutefois, après la période de transition, il ne subsistera pour le Québec, relativement à ces programmes, aucune obligation administrative ou comptable à l'égard du gouvernement fédéral[15].

Puis Lesage avait enchaîné en expliquant comment tout cela mettait le Québec sur la voie d'un certain statut particulier:

> Il semble présentement que le Québec se dirige vers un statut particulier, non pas parce qu'il s'est fixé un tel statut comme objectif ultime. Non pas ça, mais parce que ce statut pourra être la conséquence des divergences qui se manifestent entre son désir de décentraliser les pouvoirs au Canada et le désir de centralisation vers Ottawa que démontrent certaines autres provinces [...][16].

En s'exprimant de la sorte, Lesage traduisait bien la position de son gouvernement. La première phase des arrangements provisoires était une «phase de transition». Pendant cette période de transition, le Québec acceptait de respecter certaines contraintes qui entravaient sa liberté de légiférer et alourdissaient ses tâches administratives. Mais ces contraintes étaient acceptées dans la mesure où une «deuxième phase» succéderait bientôt à la première et permettrait au Québec de devenir «maître chez lui» dans les programmes d'assistance et de santé.

Les gouvernements du Québec, de 1966 à 1992, et l'oubli graduel de l'*opting out*

Après la défaite du gouvernement Lesage, en juin 1966, le dossier de l'*opting out* des programmes à frais partagés a graduellement cessé d'être prioritaire pour le Québec. J'ai eu l'occasion de démontrer ailleurs[17] comment un certain glissement s'était opéré sous les gouvernements successifs de Daniel Johnson, de Jean-Jacques Bertrand, de Robert Bourassa et même de René Lévesque. Au fil des années, ce dossier, qui était hautement politique à ses origines, est devenu de plus en plus un dossier administratif que les hauts fonctionnaires, à leur corps défendant au début, ont fini par s'accaparer, faute de trouver des politiciens intéressés à en parler. Avec le temps, les points d'impôt resteront, certes, mais il n'y aura plus d'élus politiques pour les comprendre et les expliquer. Mais il n'est pas nécessaire de discuter longuement de ce glissement ici. Le rappel succinct de quelques aspects de l'évolution du dossier suffiront.

1) Du temps du gouvernement de l'Union nationale de Johnson et de Bertrand, le dossier demeure officiellement

important. Il en est question dans quelques mémoires et documents gouvernementaux. Mais les ministres, le premier ministre en tête, disposent de moins de temps pour s'en occuper. Et encore, parmi ceux qui s'en occupent, il s'en trouve, comme Paul Dozois aux Finances, pour exprimer des doutes sur l'avantage pour le Québec de passer de la première à la deuxième phase. D'autres maintiennent l'orientation adoptée par le gouvernement précédent, mais sans ferveur et avec une conviction ramollie. Des fonctionnaires comme Claude Morin et Louis Bernard des Affaires intergouvernementales assurent le suivi de leur mieux, mais sans bénéficier des appuis ministériels qui allaient de soi du temps de Lesage.

2) Au cours des années soixante-dix, le suivi du dossier de l'*opting out* du RAPC et des autres programmes devient de plus une affaire «routinière» dont les enjeux politiques semblent amoindris, voire oubliés. Les politiciens perdent le contact intime avec le dossier. Sa signification politique est négligée et réduite pendant les deux gouvernements Bourassa de 1970-1976. Étonnamment, la baisse de l'intérêt politique à l'endroit du dossier se manifeste même pendant la parenthèse nationaliste de Castonguay en 1971-1972, soit à une époque où le Québec, par ailleurs, semblait se préoccuper fortement du partage des pouvoirs dans le domaine des politiques sociales. Pourtant, cette période était riche en enjeux à surveiller. D'un côté, les arrangements provisoires de 1965 étaient prolongés et concernaient le RAPC (compensé à 40 % par l'abattement fiscal) et l'assurance-hospitalisation (compensée à environ 100 % par l'abattement fiscal). De l'autre côté, le programme de *medicare* entrait en vigueur au Québec. Les liens semblent peu établis entre la mise sur pied de l'assurance-maladie et le prolongement des arrangements provisoires concernant l'assurance-hospitalisation, ni entre la proposition d'un revenu garanti et l'extension des arrangements provisoires concernant le RAPC. Dès le moment où le fédéral a traité inséparablement l'assurance-hospitalisation (concernée par les arrangements provisoires), le *medicare* (non concerné par les arrangements provisoires) et le RAPC (compensé seulement en partie dans

le cadre des arrangements provisoires), le Québec s'est retrouvé dans une position plus délicate qu'avant le *medicare*. Après le passage de Castonguay, au temps de Bourassa-Forget, le désintéressement gouvernemental devint encore plus manifeste.

3) Après l'arrivée du gouvernement de René Lévesque à la suite des élections de novembre 1976, on aurait pu s'attendre à une ressaisie du Québec dans le dossier de l'*opting out*. Mais cette ressaisie n'a pas eu lieu. Lors des négociations menant au FPE de 1977, le RAPC était à l'ordre du jour, mais les représentants du Québec ne semblent pas s'en être préoccupés outre mesure. La Loi sur les arrangements provisoires a été abrogée, le Québec a conservé les cinq points d'impôt du RAPC, mais les conditions administratives et politiques fixées pour la période provisoire de 1965-1970 n'ont nullement été modifiées. Le Québec n'a même pas livré bataille pour que les points d'impôt, qui représentaient seulement 40 % de la participation fédérale totale aux dépenses réelles d'assistance publique au Québec, soient ajustés en tenant compte des responsabilités financières réelles du Québec. En outre, dans ses négociations portant sur la formule du FPE de 1977, le Québec a succombé en bonne partie au mirage des «subventions conditionnelles» auxquelles étaient associés les paiements de transferts effectués dans le cadre de la formule du FPE. Ce mirage encourageait à faire une évaluation prometteuse des retombées éventuellement positives du FPE pour les subventions fédérales à venir concernant la santé et l'éducation postsecondaire. Il incitait également à traiter comme quantité négligeable les décisions concernant le RAPC dans le partage des pouvoirs entre Québec et Ottawa.

Ainsi, sous le gouvernement du Parti québécois, à la fin des années soixante-dix et au début des années quatre-vingt, il n'y a pas eu de relance politique du dossier politique de l'*opting out*. En attendant la lointaine souveraineté-association, l'on ne s'intéressait pas à des gains à court terme pouvant consolider le statut particulier du Québec sur le plan des politiques fiscales et sociales. Certes, le gouvernement du PQ a pu opérer une ressaisie partielle pour la position québécoise dans la révision de la sécurité sociale en 1977. Mais sur le dossier de l'*opting out*, l'arrivée du PQ n'a pas eu d'effets d'entraînement.

4) Sous le nouveau gouvernement de Robert Bourassa, l'amnésie au sujet de l'*opting out* a progressé plus que jamais, en dépit de la relance du débat constitutionnel dynamisée par l'échec de l'accord du lac Meech en 1990.

La lutte du gouvernement fédéral contre le statut particulier du Québec dans le RAPC

Évidemment, le fait que le Québec, au cours des années 1966 à 1981, ait relégué au second plan le dossier de l'*opting out* du RAPC et qu'il en ait même oublié la signification politique ne traduit pas seulement un affaissement de la conscience et de la détermination du gouvernement du Québec. Le changement survenu dans la politique québécoise a également été le produit de l'opposition du gouvernement fédéral à la thèse du statut particulier dans le domaine des programmes à frais partagés comme dans d'autres domaines.

Je me suis appliqué ailleurs à montrer comment le gouvernement fédéral, après avoir fait preuve d'une politique plus conciliante à l'endroit du Québec en 1963 et 1964, s'y était pris, par la suite, pour mater le développement d'un véritable statut particulier au Québec[18]. Je pense avoir démontré comment, au cours des années 1964 à 1977, le ministère des Finances d'abord (à partir de mai 1964) et l'ensemble du gouvernement fédéral par la suite (à partir de l'été 1966) avaient planifié et mis en œuvre une véritable opération de normalisation-déstabilisation du statut particulier que le Québec menaçait de développer de plus en plus dans les politiques sociales depuis le début de l'année 1964. Cette opération de nivellement et de banalisation du statut particulier prendra plusieurs années pour donner ses fruits, et ne devait jamais réussir en totalité — même pas en 1977 —, en raison de l'ampleur et du caractère irréversible de certaines concessions faites en avril 1964 par le gouvernement fédéral dans un premier temps.

Pour les années 1963 à 1981, il est possible de résumer succinctement ce qui s'est passé du côté fédéral, en distinguant trois phases dans l'évolution de la position du gouvernement fédéral face aux demandes québécoises pour l'obtention d'un *opting out* définitif du RAPC et d'autres programmes à frais partagés, particulièrement dans le domaine de la santé.

1) Pendant une première période, qui s'étend d'avril 1963 à mai 1964, le nouveau gouvernement de Pearson fait preuve d'une flexibilité réelle pour accommoder certaines demandes québécoises, notamment celle du droit de retrait de programmes à frais partagés. Cette politique de flexibilité et de «fédéralisme coopératif» trouve ses plus ardents promoteurs chez le premier ministre Pearson lui-même, chez quelques membres du cabinet, chez Tom Kent, conseiller influent du premier ministre et chez le nouveau greffier du Conseil privé, Gordon Robertson. Pendant un temps, les hauts fonctionnaires des Finances (Bob Bryce) et de Santé et Bien-être (Joe Willard) suivent le virage fédéral en maugréant[19]. Au cours de cette période, le gouvernement fédéral était de bonne foi dans la négociation des deux phases des arrangements provisoires. La première était vue, à Ottawa comme à Québec, comme un moment de transition permettant de mieux planifier le passage à des arrangements permanents qui autoriseraient l'*opting out* définitif de certains programmes à frais partagés bien établis. Mais cette phase n'a pas duré longtemps!

2) La deuxième période commence en juin 1964, au moment où s'activent les négociations pour l'élaboration des modalités des arrangements provisoires et se prolonge jusqu'en octobre 1965, soit au moment de la signature des accords provisoires entre le gouvernement du Québec et le gouvernement fédéral. Au cours de cette période, le Bureau du premier ministre et le Conseil privé demeurent sensiblement sur les positions adoptées au cours de la période antérieure. Par contre, le ministère des Finances ne se situe pas tout à fait sur le même registre politique. Ce ministère jouit d'une influence considérable puisque c'est lui qui a la responsabilité principale de définir la position fédérale dans

les négociations avec les provinces et avec le Québec, en particulier dans le dossier de l'*opting out*. Il doit, entre autres choses, préparer les documents gouvernementaux officiels qui institutionnaliseront l'*opting out*, dont la Loi sur les arrangements provisoires et les accords qui en suivront. Sans que les contradictions entre les Finances et le Conseil privé ne deviennent trop vives dans un premier temps, les Finances (le ministre Walter Gordon, le sous-ministre Bob Bryce et le sous-ministre adjoint Al Johnson) s'appliquent à négocier des modalités d'*opting out* qui limiteront le plus possible les concessions faites au Québec allant dans le sens d'un statut particulier et d'un fédéralisme asymétrique.

En se concentrant sur la phase «provisoire», les stratèges des Finances s'emploient à définir des règles du jeu qui tendent à «débilatéraliser» un dossier qui, dans les mois antérieurs, symbolisait au plus haut degré des rapports bilatéraux entre le Canada et le Québec. Ils réussiront à rédiger des textes officiels, dont la lettre de Pearson aux premiers ministres provinciaux du 15 août 1964 et le texte de la Loi sur les arrangements provisoires de mars 1965, dans lesquels la réalité du Québec sera habilement occultée, même si tout le monde sait que ces opérations sont menées uniquement dans le but de répondre au cas particulier du Québec. Tout ce remue-ménage juridique, dans lequel le fédéral s'applique à dire et à faire de façon inutilement compliquée des choses relativement simples, fut qualifié un jour de *window dressing*, pour emprunter une expression savoureuse et limpide d'Al Johnson. Il s'agissait en quelque sorte de mettre au point une sorte d'échafaudage juridique inutilement complexe, qu'il serait possible d'utiliser habilement par la suite pour canaliser l'énergie des négociations Canada-Québec à la mauvaise place! La Loi sur les arrangements provisoires s'inscrivait dans cette logique mystificatrice, bien sûr, tout comme les fameux accords qu'il fallait constamment préparer, négocier, modifier, signer, contre-signer et reconduire sans cesse, parfois d'année en année. Les ministres et fonctionnaires québécois semblaient ennuyés par ces demandes lancinantes, mais ils finissaient par s'y plier. Comme pour s'excuser et insister à la fois, leurs homologues fédéraux leur disaient que la signature de ces accords et de ces lettres d'ententes était indispensable pour que le gouvernement fédéral soit légalement autorisé à verser, chaque mois, les montants dus au Québec en tenant compte des transferts fiscaux. Ce *window dressing* a eu une influence sur l'évolution du dossier au cours des années soixante et soixante-dix. Il a contribué, entre autres, à réduire graduellement le nombre de personnes, à Québec comme à Ottawa, ayant une prise sur l'évolution réelle de la situation[20].

3) La troisième période se déploie plus discrètement à partir de l'automne 1965[21] et, plus officiellement, à partir de l'été 1966. Elle est animée par la direction des Finances, tout comme la deuxième. Au début (automne 1965 et début de 1966), elle fait surgir des tensions vives entre les Finances et le Conseil privé (ainsi que le Bureau du premier ministre[22]). Mais avec le temps, soit au cours du printemps et de l'été 1966, le reste du gouvernement fera sienne la position des Finances[23]. Il s'agit d'élaborer à moyen terme une stratégie pour récupérer carrément les arrangements provisoires et neutraliser les concessions déjà faites ou promises au Québec. L'objectif des Finances d'abord, et de l'ensemble du gouvernement ensuite, est très clair: il ne faut pas laisser le Québec négocier le passage de la première à la deuxième phase des arrangements provisoires. À cet effet, il faut neutraliser les arrangements provisoires en utilisant la négociation des arrangements fiscaux, soit de 1967, soit de 1972, soit de 1977. Puisque le Québec demande un *opting out* permanent de certains programmes fédéraux à frais partagés, il suffira d'offrir aux autres provinces une partie des demandes faites par le Québec. Cette stratégie émerge au cours de l'automne 1965 et de l'hiver 1966. Elle donnera un sens aux propositions de Sharp au Comité du régime fiscal de l'automne 1966. Ces propositions seront refusées par les provinces, dans un premier temps; mais le gouvernement fédéral reviendra constamment à la charge, au cours des années ultérieures, soit jusqu'à l'adoption de la Loi sur le financement des programmes établis de 1977.

La stratégie, mise au point par la direction des Finances dès le tournant des années 1965 et 1966, a été suivie fidèlement au cours des années ultérieures par le ministère des Finances et le reste du gouvernement fédéral. Cette continuité de la stratégie dite du *federal opting out* a été maintenue en dépit des changements de personnel politique et administratif qui surviennent dans les postes clés. Il faut empêcher le Québec d'obtenir seul un *opting out* significatif et permanent en donnant aux autres provinces ce qui a déjà été concédé au Québec, mais sans trop leur en donner, pour ne pas favoriser l'érosion du pouvoir fiscal du gouvernement fédéral. C'est ici que s'insère l'idée de combiner les transferts fiscaux et les transferts financiers de manière à permettre au fédéral de conserver un contrôle sur les programmes provinciaux.

En saisissant son ministre, E. Benson, des enjeux du dossier de l'*opting out*, en février 1970, Bryce avait, une fois de plus, pris la peine de bien dégager les points délicats à surveiller:

> *I think we must anticipate that the discussion with Mr. Beaulieu [ministre des Finances pendant les derniers mois de l'Union nationale] and Quebec officials on extension of the Act as we have proposed may well be very difficult. The Province will undoubtedly press very strongly for "permanent opting-out" arrangements along the lines suggested in their statement of last October 10. That statement goes some distance to meet the concerns we have expressed, and they are able to argue to some extent from the historical background of the interim arrangements as well as the logic of the case. Consequently we may be rather hard put to maintain our own position firmly and yet diplomatically. No doubt in the final analysis we hold the strongest cards since we control the residual cash payments, but the Province is also in a strong position because we cannot realistically expect to re-occupy the abated tax fields. We also have to keep in mind that "opting-out" is a major political and symbolic issue, and a sharp confrontation on it should be avoided as not being very helpful to the country in anyway*[24].

En somme, Bryce, qui avait joué un rôle clé dans les négociations des arrangements provisoires avec le Québec en 1964-1965, se rappelait très bien, quelques années plus tard, le contenu de l'entente négociée, pendant un temps, de bonne foi. Il savait très bien, au moment où arrivait la fin de la période provisoire de cinq ans, soit au début de l'année 1970, que le Québec avait raison de s'attendre à ce qu'il faille négocier le passage des arrangements provisoires aux arrangements permanents pour l'*opting out*. Mais il savait aussi que, dans la stratégie fédérale, cela était devenu totalement inacceptable. Donc, il fallait tout faire pour imposer la prolongation des arrangements provisoires, en misant sur l'utilisation de la carte la plus forte dans le jeu fédéral, soit le «contrôle des paiements résiduels en espèce[25]».

À l'intérieur du rôle clé joué par le ministère des Finances dans les deuxième et troisième étapes décrites plus haut, ce même ministère, par concordance, a dû intervenir à plusieurs reprises dans le dossier du RAPC et forcer même, à diverses occasions, le ministère de la Santé et du Bien-être, qui pilotait le dossier avant et après l'adoption de la législation, à modifier ses intentions et ses préférences. C'est ainsi que les Finances ont forcé Santé et Bien-être en mai 1966 à réduire substantiellement la définition de la partie III du RAPC sur les projets d'adaptation au travail et à renoncer à son idée de découper le RAPC en deux composantes, dont l'une seulement aurait été touchée par les accords en vertu de la Loi sur les arrangements provisoires.

Dans la recherche et la mise en œuvre de leur stratégie, les dirigeants des Finances furent amenés à poser des gestes qui n'étaient pas toujours faciles à décoder, tant par Québec que par d'autres rouages du gouvernement fédéral. Vues de Québec, par exemple, les positions des Finances semblaient exprimer une plus grande ouverture que celles de Santé et Bien-être. En effet c'était souvent le ministère des Finances qui jouait un rôle d'intermédiaire entre Santé et Bien-être Canada et le ministère des Affaires fédérales-provinciales (ou des Affaires intergouvernementales à partir de 1967). Or en jouant ce rôle, le ministère fédéral des Finances n'agissait pas d'abord dans le but d'accommoder les demandes du Québec, mais plutôt, et en dépit des apparences trompeuses, dans le but de mieux court-circuiter à moyen terme les chances du Québec de mettre en place un véritable statut particulier dans ses politiques sociales et fiscales.

Dans la littérature sur le RAPC, rares sont les textes qui s'intéressent à l'*opting out*, et parmi ceux-là, je n'en ai trouvé aucun qui établisse un lien entre les arrangements provisoires avec le Québec de 1965 et la formule du FPE de 1977. Il est très intéressant, à cet égard, de lire les analyses de Donald Smiley, un des rares politicologues canadiens à s'être penchés sérieusement tant sur les arrangements provisoires que sur la formule du FPE de 1977.

Mais en relisant Smiley[26], il devient évident que ce grand spécialiste du fédéralisme fiscal, des relations fédérales-provinciales, des programmes à frais partagés, des rapports Québec-Canada n'a pas saisi les rapports entre l'opération des arrangements provisoires de 1965 avec le Québec et l'opération FPE de 1977. Il n'a pas su relever que la première opération appelle la deuxième, douze ans à l'avance. Comme bien d'autres politicologues de sa génération, Smiley maîtrise les deux dossiers en les considérant l'un après l'autre, mais sans mettre en relief les liens qui les unissent.

Ainsi, Smiley ne voit pas que le fil conducteur entre les deux dossiers réside dans la volonté fédérale de mater le statut particulier que le Québec menace d'instituer en étant la seule province, au milieu des années soixante, qui veuille sérieusement disposer de plus de ressources fiscales pour gérer ses politiques sociales, de santé et d'éducation. Pourtant, malgré qu'il jongle longuement avec les avantages et les inconvénients des programmes à frais partagés, Smiley parvient difficilement à tirer une véritable conclusion. Les programmes à frais partagés lui paraissent bons pour les standards nationaux, mais mauvais pour le contrôle budgétaire des finances publiques. Par contre, les subventions *per capita* de la formule du FPE de 1977 lui paraissent adéquates pour le contrôle budgétaire, mais inadéquates pour les standards nationaux, comme s'il succombait lui aussi au mirage des «subventions conditionnelles» qui sera démystifié dans les années quatre-vingt, à la suite de l'adoption de la Loi canadienne sur la santé. Il semblerait que Smiley n'arrive pas à lever l'ambivalence qui traverse ses analyses des programmes à frais partagés, et ce, dès 1964. À un moment, il se montre sévère devant l'arrivée du FPE, en parlant d'une «*virtual liquidation of the conditional regime in respect to medical and hospital services*[27]».

Si Smiley n'a pas su dégager le lien entre les deux dossiers, il ne faut pas s'étonner que d'autres politicologues ayant abordé la question des arrangements provisoires de 1965 et de la formule du FPE de 1977 ne l'aient su eux non plus.

Conclusion: rouvrir le dossier de l'*opting out* des programmes à frais partagés pour éclairer nos choix dans les débats actuels

Dans le contexte actuel marqué entre autres par la crise constitutionnelle, la relance du débat sur l'avenir du Québec, la possibilité du fédéralisme asymétrique et les transferts fédéraux pour le financement des programmes provinciaux dans le domaine de la santé et des services sociaux, les conclusions de mes recherches sur le RAPC et, plus largement, sur les transferts fédéraux en rapport avec les politiques sociales québécoises deviennent étrangement d'actualité. Ces conclusions font ressortir que le Québec aurait avantage à sortir de son amnésie prolongée sur le dossier de l'*opting out*, à remettre à jour son bilan des décisions fédérales-provinciales concernant le RAPC et le FPE dans les années soixante-dix et à réfléchir en particulier sur le sens politique de ces points d'impôt qui continuent de donner *de facto* un certain statut particulier au Québec sur le plan fiscal. Certains documents récents concernant le financement des programmes sociaux et sanitaires montrent que le Québec a repris l'habitude de s'occuper des transferts fédéraux, que ces transferts soient fiscaux ou financiers. Mais dans ces documents, l'arrière-fond historique est occulté ou traité avec très peu de rigueur[28].

Il importe de saisir les limites de certaines propositions fédérales comme celles s'apparentant à l'ancien article 106A de l'accord du lac Meech sur le droit de retrait des programmes à frais partagés. D'abord, il faut souligner avec force que la formule de l'article 106A n'était pas une trouvaille de l'année 1987, mais la réédition, en moins bien, d'une formule arrachée par le Québec en avril 1964 et neutralisée par la suite par le gouvernement fédéral. Je précise qu'il s'agit d'une réédition «en moins bien» pour attirer l'attention sur deux différences majeures entre la «compensation» exigée par le Québec et concédée par le fédéral en 1964-1965 et celle dont il est question dans les débats constitutionnels des années 1987-1992.

La première différence tient au fait que, au temps de Lesage et de Pearson, la compensation revendiquée et obtenue par le Québec en retour de son retrait de certains programmes à frais partagés dans des champs de compétences provinciales était une compensation fiscale. Or, dans les débats sur le droit de retrait des «programmes cofinancés» depuis l'article 106A de l'accord du lac Meech, la compensation n'est jamais qualifiée, mais il est facile de soupçonner qu'il s'agit bien d'une *compensation financière et non pas fiscale*, c'est-à-dire d'une compensation que le gouvernement fédéral, à la suite d'arrangements administratifs, verserait année après année, en puisant à même des ressources fiscales qu'il garderait sous son contrôle et refuserait de partager. Comparée à la forme de compensation demandée avec détermination par le gouvernement Lesage au milieu des années soixante, celle dont il est question depuis Meech représente un intérêt mince et précaire pour le Québec. En effet, il faut rappeler que pour Lesage, le pendant indissociable du droit de retrait des programmes fédéraux à frais partagés, comme le RAPC et l'assurance-hospitalisation, était le transfert, d'Ottawa à Québec, de points d'impôt qui devaient correspondre à la valeur réelle et totale desdits programmes, soit aux coûts réels de ces programmes une fois qu'ils auraient été «établis» et auraient atteint leur plein rendement. Cet enjeu était bien saisi tant à Québec qu'à Ottawa, au printemps 1964. Il conférait tout son sens à la politique de l'*opting out* des années 1964 à 1966.

La deuxième différence entre l'*opting out* des années soixante et celui dont il est question actuellement renvoie au fait que le premier était un véritable *opting out*. Ainsi, une fois exercé de façon permanente, le droit de retrait ne demeurerait pas un droit de retrait conditionnel, c'est-à-dire assujetti au respect d'«objectifs nationaux» auxquels fait référence le libellé de l'article 106A de l'accord du lac Meech et d'autres libellés semblables produits depuis. En somme, le droit de retrait, dont il est question, ces années-ci, dans les officines fédérales et dont le gouvernement Bourassa semble prêt à s'accommoder, demeure apparent plutôt que réel. La province qui s'en prévaudrait continuerait de dépendre, année après année, du gouvernement et des institutions fédérales (dont la Cour suprême) tant pour recevoir ses subsides que pour faire évaluer sa fidélité aux «objectifs nationaux».

Enfin, il faut dégager une autre leçon de l'histoire de l'*opting out*. En effet, cette dernière a permis de faire, au cours des années soixante et soixante-dix principalement, une véritable expérimentation du fédéralisme asymétrique dont certains personnages publics (entre autres Al Johnson et Gordon Robertson) ont commenté les vices et les vertus, dans les débats de l'année 1992, notamment dans les «quatre conférences constitutionnelles» de l'hiver 1992. Or cette expérimentation a montré que le fédéralisme asymétrique s'est révélé totalement inacceptable pour le gouvernement fédéral au cours des vingt-cinq dernières années. De fait, l'histoire de l'*opting out* recoupe celle du combat acharné et conséquent du gouvernement fédéral pour neutraliser le contenu et la portée de toute forme de statut particulier concédé au Québec. Ce combat a été celui du ministère fédéral des Finances seul, dans un premier temps, soit de 1964 à 1966; il est devenu celui de l'ensemble du gouvernement fédéral dans un deuxième temps, soit de 1966 à 1992.

Ce combat permet de comprendre pourquoi l'*opting out* est si longtemps demeuré provisoire et n'est jamais devenu permanent. Il permet également de saisir pourquoi le Québec, malgré les ententes et les promesses faites en avril 1964, n'a jamais pu devenir pleinement maître de ses programmes socio-sanitaires entretenant des interfaces soit avec le RAPC depuis 1966, soit avec les transferts relevant du FPE depuis 1977.

Ainsi, l'hypothèse du fédéralisme asymétrique ne renvoie pas seulement à des idées débattues en amont et en aval de l'échec de l'accord du lac Meech. Elle renvoie aussi à une expérience qui a été faite depuis 1964, même si elle a été oubliée par la quasi-totalité des acteurs engagés dans les débats constitutionnels actuels. Dans cette expérience, la bonne foi du Québec a été systématiquement trompée par le gouvernement fédéral.

Ainsi, en 1992 comme en 1965, le Québec se distingue toujours des autres provinces canadiennes en disposant de 5 points d'impôt sur le revenu des particuliers en vertu du RAPC (que les autres provinces n'ont pas) et de 22 points d'impôt (comparativement à seulement 13,5 pour les autres provinces) en vertu du FPE. Mais en 1992 comme en 1965, le Québec ne contrôle pas pleinement ses programmes de bien-être, de services sociaux et de services de santé, parce qu'il dépend toujours des transferts financiers résiduels du ministère fédéral des Finances et des conditions du ministère fédéral de la Santé et du Bien-être social, dans le cadre du RAPC et du FPE.

Notes

1. Le présent texte fait de larges emprunts à la conclusion de ma thèse de doctorat en science politique présentée en février 1992 et défendue en juin 1992 à l'Université de Montréal: *Le Régime d'assistance publique du Canada: perspective québécoise*, Montréal, Université de Montréal, 1992, 358 p. Le corps de cette thèse est constitué de six articles parus ou sur le point de paraître dans des revues savantes.

2. Canada, *Programmes et activités fédéraux-provinciaux. Répertoire 1990-1991*, Ottawa, Bureau des relations fédérales-provinciales, décembre 1991.

3. À partir des autres données fournies dans le même tableau, il est possible de calculer que le Québec, avec ses 1752,4 millions touche, en

1990-1991, quelque 30 % des transferts globaux (5840,1 millions) effectués dans l'ensemble du Canada dans le cadre du RAPC. *Ibid.,* p. viii-ix.

4. Les rapports annuels produits par Santé et Bien-être Canada sur le RAPC depuis vingt-cinq ans nous ont habitués à des tableaux comprenant des notes qui rappellent que le cas du Québec est spécial dans le RAPC. Par exemple, dans le rapport annuel pour l'année financière 1988-1989, une note apparaît au bas du tableau 1 sur les paiements fédéraux aux provinces et aux territoires en vertu du RAPC durant l'année financière 1988-1989. Cette note se lit comme suit: «La contribution fédérale à la province de Québec comprend des transferts d'impôt de 525 millions de dollars effectués aux termes de la Loi sur les accords fiscaux entre le gouvernement fédéral et les provinces et sur les contributions fédérales en matière d'enseignement postsecondaire et de santé.» (Santé et Bien-être Canada, *Régime d'assistance publique du Canada. Rapports annuels de 1986-1987, 1987-1988, 1988-1989,* Ottawa, Santé et Bien-être Canada, p. C9.) Il est possible de retrouver des tableaux semblables avec des notes analogues dans les rapports annuels des années antérieures.

5. Voir Québec, «Les transferts fédéraux aux provinces: le point de vue du Québec», annexe E dans *Budget 1991-1992. Discours sur le budget et renseignements supplémentaires,* 2 mai 1991, Québec, ministère des Finances, 31 p.

6. Voir Yves Vaillancourt, «Le Régime d'assistance publique du Canada: revue de la littérature québécoise et canadienne», *Canadian Review of Social Policy/Revue canadienne de politique sociale,* n° 27, mai 1991, p. 20-33.

7. L'article 106A (1) de l'accord du lac Meech se lisait comme suit: «Le gouvernement du Canada fournit une juste compensation au gouvernement d'une province qui choisit de ne pas participer à un programme national cofinancé qu'il établit après l'entrée en vigueur du présent article dans un secteur de compétence exclusive provinciale, si la province applique un programme ou une mesure compatible avec les objectifs nationaux.» L'accord du lac Meech est reproduit dans Alain Gagnon et Daniel Latouche, *Allaire, Bélanger, Campeau et les autres,* Montréal, Québec/Amérique, p. 132-133.

8. Je fais référence, par exemple, aux propositions du gouvernement fédéral de septembre 1991, à celles du rapport Beaudoin-Dobbie de février 1992 et aux propositions élaborées par le «Groupe des 17» au début de juin 1992.

9. Les sources plus inédites utilisées pour cette recherche sont empruntées principalement aux Archives nationales du Canada et aux transcriptions validées d'une quarantaine d'entrevues faites avec des

informateurs clés ayant eu une expérience du RAPC soit depuis Québec, soit depuis Ottawa.

10. Canada, Loi sur les programmes établis (Arrangements provisoires), dans *Statuts du Canada, 1965-1966*, chap. 54. Dans le présent texte, cette législation sera appelée plus simplement Loi sur les arrangements provisoires.

11. Canada, Loi de 1977 sur les accords fiscaux entre le gouvernement fédéral et les provinces et sur le financement des programmes établis, dans *Statuts du Canada*, 1977, chap. 10. Le titre abrégé de cette législation est Loi sur le financement des programmes établis, ou même Loi sur le FPE.

12. Il faut lire attentivement les articles 29 et 30 de la Loi sur le financement des programmes établis de 1977 pour comprendre que les cinq points accordés au Québec en vertu de la Loi sur les arrangements provisoires continuent de l'être même si la loi est abrogée et même s'il n'y a plus d'accords formels de non-participation entre le Québec et le Canada pour l'*opting out* du RAPC. Il s'agit là d'une décision qui demeure mystérieuse.

13. Pour plus d'information sur les acteurs gouvernementaux engagés dans le dossier de l'*opting out* tant à Québec qu'à Ottawa au cours des années soixante, voir Yves Vaillancourt, «Les acteurs gouvernementaux dans le champ des politiques sociales à Québec comme à Ottawa au milieu des années 60», *Nouvelles pratiques sociales,* vol. IV, n° 2, automne 1991, p. 173-192.

14. Voir mon article «René Lévesque et les politiques sociales dans les années 60», *Nouvelles pratiques sociales,* vol. IV, n° 1, printemps, p. 153-166.

15. Jean Lesage, *Journal des débats de l'Assemblée législative,* Québec, 11 février 1966, p. 589-590.

16. *Ibid.,* p. 591.

17. Yves Vaillancourt, «Un bilan québécois des quinze premières années du Régime d'assistance publique du Canada (1966-1981): la dimension constitutionnelle», *Nouvelles pratiques sociales,* vol. IV, n° 2, automne 1992, p. 115-146.

18. *Ibid.* Voir aussi «Les origines du RAPC examinées en mettant l'accent sur le rôle du ministère des Finances: une lecture québécoise (1960-1966)», article à paraître dans *Canadian Review of Social Policy/Revue canadienne de politique sociale,* n° 30, novembre 1992.

19. Le 27 mars 1964, par exemple, quelques jours avant la Conférence fédérale-provinciale de Québec pour laquelle le gouvernement fédéral

s'apprêtait à faire des concessions sur l'*opting out*, le sous-ministre Joe Willard, habituellement plein de retenue, n'avait pas pu s'empêcher de livrer le commentaire suivant à Judy LaMarsh, sa ministre: «*Needless to say I do not personally favour contracting out with regard to Health and Welfare programs. I think we will see the time when Canadians as a whole will regret this action. However, it is the stated policy of the Federal Government to permit contracting out by provinces with respect to programs that are mature and where the cost is relatively stable.*» (Joe Willard, *Willard à LaMarsh*, 27 mars 1964, 3 p. Archives nationales du Canada, RG 29, volume 1623, dossier n° 15.)

20. En somme, il est possible de se demander si ces accords et ces lettres d'ententes, qu'il fallait sans cesse signer et «resigner», étaient aussi nécessaires que ce que les politiciens et fonctionnaires fédéraux prétendaient. Deux faits m'amènent à me questionner en ce sens. Le premier, c'est que les accords concernant la période 1974 à 1977 ont été signés seulement après coup, soit en 1978; pourtant, pendant les années 1974 à 1977, le ministère fédéral des Finances continuait de faire les paiements au Québec en vertu des arrangements provisoires. Le second fait, c'est que même si le fédéral parle encore, depuis 1977, des «accords de non-participation» concernant l'*opting out* du Québec du RAPC, je n'ai trouvé aucune trace de l'existence de ces supposés accords entre 1977 et 1992. Pourtant, les transferts fédéraux pour le RAPC ont bel et bien continué à être versés au Québec depuis 1977.

21. Dès le mois de juin 1965, dans les premières étapes de la préparation d'un devis fédéral de *medicare*, le ministère des Finances critique avec force certaines esquisses du Conseil privé qui risquaient de mal s'harmoniser avec les paramètres de la troisième phase. Entre autres, en juin 1965, Bryce et Johnson s'opposaient à ce que les modalités du *medicare* apparentent ce nouveau programme fédéral à un programme conventionnel à frais partagés parce que cela donnerait la possibilité au Québec de demander sans délai d'étendre au *medicare* l'*opting out* déjà obtenu pour l'assurance-hospitalisation. (Voir mon article «Les origines du RAPC...», *op. cit.*)

22. L'examen d'une documentation inédite issue du bureau d'Al Johnson au début de l'année 1966 permet de noter l'existence de divergences de vue profondes entre celui-ci et Gordon Robertson concernant l'évaluation de l'*opting out*. Ces divergences renvoyaient au fait que l'attribution d'un statut particulier à travers les accords d'*opting out* avec le Québec était vue comme une «mauvaise chose» par Johnson et une «bonne chose» par Robertson. Mais, quelques mois plus tard, Robertson et le Bureau du premier ministre devaient se rallier à la position de Johnson et du ministère des Finances. À partir de ce moment, c'est l'ensemble du gouvernement fédéral qui devait combattre la thèse du statut particulier.

23. La position des Finances se diffusera dans l'ensemble du gouvernement et bénéficiera même de l'appui de Pearson et de Robertson en 1966, à la faveur du remplacement de Gordon par Sharp aux Finances à la fin de l'année 1965, du remplacement de Tom Kent par Marc Lalonde dans le Bureau du premier ministre au début de 1966 et par l'ascension politique de Trudeau à l'intérieur du gouvernement au cours des années 1966 et 1967. À partir de l'automne 1966, c'est l'ensemble du gouvernement fédéral qui s'oppose au fédéralisme asymétrique et à la thèse du statut particulier en faisant sienne une position adoptée par le ministère des Finances au cours des deux années antérieures. Dans le contexte de la nouvelle stratégie fédérale, les arrangements provisoires avec le Québec apparaîtront comme une erreur à niveler. Mais pour y arriver, la direction des Finances, bien guidée dans le dossier par l'astucieux Al Johnson, préférait utiliser des «gants de velours». Cela explique que plusieurs analystes se sont mépris sur le sens véritable de ce qui se passait.

24. R. B. Bryce, *Bryce à Benson: Established Programs Act—Discussion with Mr. Beaulieu,* 2 février 1970, 4 p. Archives nationales du Canada, RG 19, volume 5490, dossier 5508-08.

25. L'argument de Bryce concernant la carte majeure du contrôle des *residual cash payments* nous fournit une clé fort précieuse pour comprendre pourquoi, pour le RAPC depuis toujours, et pour la santé et l'éducation postsecondaire depuis le FPE de 1977, les transferts financiers sont combinés aux transferts fiscaux. En somme, la présence des transferts financiers résiduels constitue un moyen de contrôle pour neutraliser l'effet politique des points d'impôt qui sont toujours pris en considération pour calculer les transferts financiers résiduels.

26. Donald V. Smiley, *Canada in Question: Federalism in the Eithties,* 3ᵉ, éd. Toronto, McGraw-Hill Ryerson, 1980.

27. *Ibid.*, p. 176.

28. Voir, par exemple, un récent document sur le financement produit par le ministère de la Santé et des Services sociaux: Québec, *Un financement équitable à la mesure de nos moyens,* Québec, ministère de la Santé et des Services sociaux, 1991, 128 p. Revenant sur ce qui s'est passé «il y a vingt-cinq ans», soit dans les années soixante, dans le domaine de la santé, ce document gouvernemental ne se contente pas d'occulter totalement l'*opting out*. En laissant entendre que le gouvernement fédéral et le gouvernement du Québec auraient noué un pacte de partenariat dans la santé vers 1965 (p. 84-85), ce document affirme candidement le contraire de ce qui s'est passé! Le pacte noué en 1965 était en effet un pacte pour sortir des programmes à frais partagés.

DANIEL SALÉE

Autodétermination autochtone, souveraineté du Québec et fédéralisme canadien

Introduction

À en juger par la littérature historique sur les rapports entre les peuples autochtones et la société blanche au Canada[1], le traitement de la minorité autochtone au Québec ne se distingue guère des positions administratives et politiques des gouvernements fédéral et provinciaux du reste du pays. Ni pire ni mieux, le Québec a tout simplement participé à la mouvance civilisationnelle européocentrique, oscillant selon les conjonctures entre la manifestation de sa prétendue supériorité culturelle et un paternalisme de bon aloi; entre l'arrogance et les vœux pieux. Mais si l'on en croit le discours officiel, le Québec présenterait depuis deux décennies un dossier plus honorable que celui de ses homologues; un dossier marqué au coin de l'ouverture aux revendications des autochtones et du respect de leurs aspirations politiques[2].

Depuis l'été mouvementé de 1990 — «l'été des Indiens» — au cours duquel la détermination autochtone devait conduire à l'échec de l'accord du lac Meech, à la confrontation armée à Kanesatake et à la violence interethnique à Kahnawake, la gestion québécoise de la question autochtone n'a plus tellement bonne presse. Les mois qui suivirent allaient mettre encore plus l'État québécois dans l'embarras: les Cris du territoire de la baie James alertaient l'opinion internationale en dénonçant l'obsession économiste et l'inconscience environnementale du gouvernement Bourassa dans le projet d'aménagement hydro-électrique de Grande-Baleine.

En filigrane du dossier autochtone québécois se profile toute la crise constitutionnelle canadienne dont on tient depuis longtemps le Québec responsable. Pour plusieurs, les derniers développements de la question autochtone au Québec jettent le discrédit sur les visées autonomistes d'une importante partie du peuple et de l'État québécois. Comment, ironise-t-on, un peuple qui se targue d'être démocratique et aspire à l'autodétermination pour lui-même peut-il ne pas être sensible aux élans similaires d'un autre peuple? De là à conclure qu'un Québec souverain ne peut être que de mauvais augure pour la cause autochtone, il n'y a qu'un pas que d'aucuns franchissent allègrement.

Les rapports entre les autochtones et l'État québécois participe de la dynamique politico-administrative particulière du fédéralisme canadien. Le présent texte tente de faire la lumière sur la nature des rapports entre les peuples autochtones et le Québec au sein du fédéralisme canadien. Il est loin d'être évident que le Québec y gagne au change, mais il n'est pas clair non plus que des modifications constitutionnelles, quelle qu'en soit la nature, amélioreront la situation.

L'État québécois et les autochtones

Depuis deux ans, l'État québécois et, à travers lui, le Québec francophone tout entier ont essuyé des critiques aussi nombreuses qu'acerbes en ce qui concerne le traitement du dossier autochtone. Lors de la crise d'Oka, certains éléments de la presse canadienne anglaise n'ont pas hésité à comparer l'événement aux pires heures de l'intolérance raciale que connurent certains États méridionaux des États-Unis au cours des années soixante[3]. Encore récemment, les

Cris accusaient le Québec de racisme et de xénophobie dans le cadre de leur campagne d'opposition au projet de Grande-Baleine[4].

Le bilan de la gestion québécoise de la question autochtone n'est pas sans failles ni faiblesses. Néanmoins, il soutient avantageusement la comparaison avec le traitement qui est réservé aux peuples autochtones dans les autres provinces du pays. Ainsi, on note que les Amérindiens sont surreprésentés au sein des populations carcérales de presque toutes les provinces du Canada anglais. Au Manitoba, par exemple, Amérindiens et Métis comptent pour près de 60 % des détenus alors qu'ils ne représentent que 10 % de la population totale; 70 % des femmes incarcérées et 75 % des jeunes placés en centres correctionnels sont autochtones. La situation est identique en Saskatchewan. Une surreprésentation légèrement moins effarante, mais tout aussi dramatique, a aussi été notée à Terre-Neuve, au Nouveau-Brunswick, en Colombie-Britannique, en Alberta et en Ontario. Au Québec, les autochtones représentent 0,3 % de la population carcérale alors qu'ils comptent pour 0,8 % de la population totale. Bref, presque partout au Canada anglais, les Amérindiens sont emprisonnés trois à cinq fois plus souvent que les autres Canadiens; au Québec, ils le sont plus de deux fois moins que les autres Québécois[5].

Plusieurs autres indicateurs sont tout aussi éloquents. Le revenu familial moyen des autochtones québécois, bien que malheureusement très en deçà du revenu familial des non-autochtones, les place malgré tout dans une situation plus enviable que leurs compatriotes des autres provinces. Le revenu familial moyen des autochtones québécois représente 75 % du revenu familial moyen de la population québécoise en général alors que, pour l'ensemble du Canada, il n'est équivalent qu'à 63 % du revenu de la population globale. Les écarts sont encore plus désolants en Alberta (59 %), au Nouveau-Brunswick et à l'Île-du-Prince-Édouard (61 %), en Saskatchewan (52 %) et au Manitoba (55 %). En fait, d'après une étude du ministère des Affaires indiennes et du Nord, c'est au Québec que les Amérindiens connaissent le meilleur sort — ou plutôt le moins pire sort — en matière de revenu familial. D'ailleurs, le Québec semble être la seule province où la pauvreté et l'insuffisance de revenus frappent presque également autochtones et non-autochtones: 32 % des ménages indiens et 26 % des ménages non indiens vivent sous le seuil de pauvreté. Pour l'ensemble du Canada, l'écart est sensiblement plus prononcé: 43 % d'autochtones contre 22% de non-autochtones accusent un revenu insuffisant[6].

Les accusations de racisme et de xénophobie s'alimentent généralement de manifestations d'intolérance culturelle et linguistique. On constate pourtant que le Québec est la province où les langues autochtones arrivent le mieux à résister à l'envahissement culturel des Blancs. Une étude sur le Nord canadien faite à partir de données du recensement de 1986 a démontré que 95 % des autochtones du Nouveau-Québec (le tiers environ de la population autochtone du Québec) parlent la langue de leurs ancêtres à la maison. Par comparaison, seulement 61 % des autochtones des communautés nordiques du Canada pouvaient en dire autant. En fait, le taux de rétention de la langue maternelle autochtone est passé au Québec de 96,4 % en 1981 à 98,8 % en 1986. Bien que ce phénomène d'augmentation se vérifie dans l'ensemble des communautés nordiques canadiennes, c'est encore au Québec que le taux de rétention linguistique reste le plus élevé[7]. Le gouvernement du Québec accorde une marge inégalée d'autonomie et de pouvoir au Conseil scolaire cri de la Baie-James et s'est même engagé à implanter des mécanismes de protection et de promotion de la langue crie[8].

D'autres indicateurs socio-économiques font état d'une situation relative plus enviable pour les autochtones du Québec qu'ailleurs au pays: scolarisation accrue, meilleures conditions d'habitation, propension moindre au suicide et écart plus mince entre les conditions générales de vie des autochtones et des non-autochtones[9]. Tous ces indicateurs témoignent d'une performance comparative supérieure quant au traitement québécois de la question autochtone. Encore loin de la perfection, le Québec semble faire preuve d'une plus grande tolérance et d'une plus grande ouverture d'esprit face aux Premières Nations. Des études visant à évaluer l'opinion publique de la société majoritaire à l'endroit des autochtones ont noté une plus grande sympathie chez les Québécois que chez les autres Canadiens face à la population autochtone et à ses désavantages socio-économiques historiques[10].

Cette ouverture s'est traduite au cours des années par des politiques publiques précises. La Révolution tranquille vit naître les premières initiatives. En 1963, la création de la Direction générale du Nouveau-Québec au sein du nouveau ministère des Ressources naturelles reflétait la volonté du gouvernement de ne pas négliger la présence autochtone dans les régions nordiques de la province au profit de ses projets de développement économique et d'exploitation des ressources naturelles. Contrairement à l'attitude qui avait traditionnellement consisté à s'en remettre au gouvernement fédéral, l'État québécois fut bientôt appelé à s'engager davantage dans les problématiques autochtones. Des pressions politiques et juridiques de la part des autochtones autour des revendications territoriales et du projet d'aménagement hydro-électrique de la baie James l'y forcèrent sans doute. Mais en principe, les politiques qu'il élabora dans les années qui suivirent acceptaient que les peuples autochtones jouent un rôle accru dans la gestion des services sociaux, de santé et d'éducation qui leur étaient destinés; elles admettaient l'importance des pratiques et des activités économiques ancestrales pour la survie culturelle des autochtones et reconnaissaient de ce fait des droits exclusifs de chasse et de pêche sur certaines portions du territoire; finalement, l'État offrit un appui financier dont les autochtones pouvaient disposer à leur guise[11]. Bien qu'aujourd'hui décriées dans certains quartiers, la Convention de la Baie-James (1975) de même que la Convention du Nord-Est (1978) représentent en quelque sorte l'aboutissement de l'évolution des mentalités à l'égard des autochtones et de leurs revendications particulières. D'autres ententes partielles ou mécanismes de collaboration ont aussi été mis sur pied et règlent les relations entre divers ministères et les bandes amérindiennes en ce qui concerne la chasse et la pêche, l'exploitation de rivières à saumon, les loisirs, l'assainissement des eaux, les services sociaux, la santé, les radios communautaires, la sauvegarde du patrimoine, la police, etc.[12].

Contrairement au gouvernement fédéral qui concentre la majeure partie de ses activités au sein du seul ministère des Affaires indiennes, le Québec a choisi une structure administrative plus souple et plus décentralisée. Chacun des ministères du gouvernement québécois dispose d'unités administratives chargées d'offrir et de faire connaître ses services et programmes particuliers aux clientèles autochtones cibles. On considère normal que chaque ministère ait une relation directe avec les autochtones. De plus, il existe au sein du ministère du Conseil exécutif un secrétariat sous la responsabilité d'un ministre délégué, chargé de coordonner les efforts globaux de tous les intervenants du gouvernement en matière autochtone et de définir les grandes orientations. Cette agence centrale, d'abord connue comme le Secrétariat des activités gouvernementales en milieux amérindien et inuit (Sagmai) fut instituée en 1978 pour remplacer la Direction générale du Nouveau-Québec. En 1987, on en modifia le nom et élargit le mandat. Sous l'appellation de Secrétariat aux affaires autochtones, on lui confia les tâches additionnelles suivantes: fournir aux autochtones une information générale, faire connaître les politiques gouvernementales pertinentes à l'ensemble de la population, conduire des ententes globales en collaboration avec les ministères concernés, conseiller les ministères dans la négociation des ententes sectorielles et veiller à la mise en œuvre des ententes conclues[13].

Les structures administratives dont s'est doté l'État québécois en matière autochtone s'appuient en fait sur des principes clairement établis et définis au lendemain de la signature des Conventions de la Baie-James et du Nord-Est québécois. En décembre 1978, le gouvernement convoquait une conférence de trois jours au cours de laquelle les principaux représentants des populations autochtones du Québec étaient invités à faire part de leurs problèmes et de leurs doléances. Quelques années plus tard, en 1983, au moment où s'amorçait la première conférence constitutionnelle sur les autochtones à Ottawa, le Conseil des ministres du gouvernement québécois adoptait 15 principes de base qui devaient servir de ligne de conduite dans l'élaboration et la gestion des politiques du gouvernement en matière autochtone. Par cette déclaration de principes, l'État québécois reconnaissait en substance que les «peuples aborigènes du Québec sont des nations distinctes qui ont droit à leur culture, à leur langue, à leurs coutumes et traditions ainsi que le droit d'orienter elles-mêmes le développement de cette identité propre». Dans la foulée de ce premier principe, il reconnaissait également à ces nations «le droit de posséder et contrôler elles-mêmes les terres qui leur sont attribuées; le droit, dans le cadre des lois du Québec, de se gouverner sur les terres qui leur sont attribuées», de même que «le droit d'avoir et de contrôler, dans le cadre d'ententes avec le gouvernement, des institutions qui correspondent à leurs besoins dans les domaines de la culture, de l'éducation, de la langue, de la santé, des services sociaux et du développement économique». L'énoncé de principes admet de plus que les nations autochtones doivent avoir la possibilité d'«exercer des droits de chasse, de pêche, de piégeage, de cueillette des fruits, de récolte faunique et de troc entre elles sur des territoires dont elles ont ou auront convenu avec le gouvernement; le gouvernement est prêt à leur reconnaître également le droit d'exploiter, à leur bénéfice, dans le cadre des lois du Québec, les ressources renouvelables et non renouvelables des terres qui leur sont attribuées». Enfin, on reconnaît aux autochtones «le droit de bénéficier de fonds publics favorisant la poursuite d'objectifs qu'[ils] jugent fondamentaux[14].»

En mars 1985, l'Assemblée nationale adoptait une résolution par laquelle elle pressait le gouvernement «de poursuivre les négociations avec les nations autochtones [...] et de conclure avec les nations qui le désirent ou l'une ou l'autre des communautés qui les constituent des ententes leur assurant l'exercice [des droits que leur reconnaissait l'énoncé de principes de 1983,] de façon à leur permettre de se développer en tant que nations distinctes ayant leur indentité propre et exerçant leurs droits au sein du Québec[15]». Cette résolution constitua un jalon d'importance dans l'évolution des politiques du Québec, puisque cette fois elle engageait l'Assemblée nationale elle-même; elle symbolisait en quelque sorte le sérieux et la profondeur des intentions de l'État et de la population québécoise à l'égard des autochtones[16].

De façon générale, l'État québécois s'est montré à l'avant-garde des autres instances gouvernementales canadiennes sur la question autochtone. Cela est clair non seulement par son discours, mais aussi par certaines actions concrètes:

1. Depuis 1980, le Québec n'applique plus la distinction administrative contenue dans la loi fédérale sur les Indiens entre les autochtones au statut reconnu et les autres. Les femmes amérindiennes qui, en vertu de la loi fédérale, perdaient leur statut à la suite d'un mariage avec un non-autochtone, peuvent désormais se prévaloir des mêmes avantages que les autochtones reconnus dans le cadre des lois québécoises (exemption fiscale).

2. La loi 101 a toujours reconnu aux «descendants des premiers habitants du pays, le droit qu'ils ont de maintenir et de développer leur langue et leur culture d'origine». En d'autres mots, malgré ses prétentions et aspirations identitaires propres, le Québec admet que florisse une culture différente de celle de la majorité.

3. En vertu de la Convention de la Baie-James, des programmes de sécurité du revenu ont été établis de manière à garantir la survie des activités traditionnelles de chasse et de pêche pour tous les autochtones qui en éprouvaient le désir.

4. Des jalons importants ont été posés en matière d'autonomie administrative et gouvernementale. La Convention de la Baie-James a ouvert la porte à la gestion par les Inuit et les Cris de leur propre commission scolaire, services sociaux et corporations municipales. De même, en vertu d'une entente de 1984, les Mohawks de Kahnawake ont pu contrôler toutes les étapes de la construction et, par la suite, toute la gestion d'un hôpital financé par Québec dans leur réserve[17].

La question qui se pose d'emblée est celle-ci: comment se fait-il qu'en dépit d'un bilan moins accablant et, sur certains aspects, nettement plus positif que dans les autres provinces, le Québec soit présentement en train de perdre la bataille des relations publiques à propos de la question autochtone? Comment expliquer la virulence des accusations portées par les représentants autochtones contre le Québec et les Québécois?

On peut toujours banaliser le problème en se disant qu'en politique, salir l'image de l'adversaire est de bonne guerre; ce type de stratégie est presque inévitable. L'escalade politique autour du contentieux qui oppose les autochtones et l'État québécois en matière d'autonomie gouvernementale et de développement économique n'est-elle pas normale étant donné la nature des enjeux? Pareille explication évacue par trop facilement la profondeur et l'ampleur de la problématique.

D'autres invoquent carrément l'idée d'une conspiration anti-québécoise[18]. La thèse a peut-être de quoi séduire certains indépendantistes pour qui le mal canadien se résume dans l'opposition historique entre anglophones et francophones, mais elle n'explique rien en soi; elle ne jette aucun éclairage sur la dynamique structurelle et institutionnelle dont participe finalement la question autochtone au Québec.

Maintenant, passons en revue le contentieux entre les autochtones et l'État québécois et tentons d'expliquer dans quelle mesure il est marqué par la dynamique du fédéralisme canadien.

Le contentieux Québec-autochtones: deux logiques irréconciliables

Les divergences qui opposent les autochtones et l'État québécois tiennent fondamentalement dans l'incompatibilité grandissante des projets de société que les uns et l'autre mettent en valeur. Elles tiennent aussi dans la perception différente que chaque partie entretient quant aux «compromis» auxquels elles ont mutuellement consenti. Pour la société et le gouvernement blancs du Québec, le traitement que l'on a réservé aux autochtones de la province depuis une vingtaine d'années en est un de qualité, marqué au coin de la bonne foi et du respect des aspirations particulières des Premières Nations. Pour les autochtones, au contraire, il est tissé de déceptions, de promesses non tenues et de tracasseries juridiques et bureaucratiques. Le fossé creusé depuis quelques années entre les autochtones et l'État québécois s'élargit et semble éloigner un peu plus tous les jours les parties l'une de l'autre.

La question de l'autodétermination

Toute la question autochtone est de plus en plus indissociable des aspirations autodéterministes des Premières Nations. Bien qu'il n'y ait pas nécessairement une seule définition, acceptée par tous, de ce que sous-tend l'autodétermination, il est clair que, dans la vision autochtone des choses, cela implique minimalement l'obtention d'une souveraineté politique qui permette plus que de simplement administrer et exécuter des programmes ou des politiques conçus à l'extérieur de la société autochtone[19].

À travers l'histoire du pays, les autochtones ont toujours insisté sur le fait qu'ils étaient des alliés et non des sujets des gouvernements blancs. Les premiers traités conclus avec les colons européens se sont toujours faits de nation à nation. Aussi, ils estiment n'avoir jamais abandonné leur droit à l'autodétermination, et ce même s'ils ont accepté de partager leur territoire avec la société blanche[20]. Certains experts affirment en fait que les prétentions autochtones à l'autodétermination sont fondées en droit. Elles seraient inscrites dans la jurisprudence de droit commun constitutionnel depuis le XVIIIᵉ siècle et confirmées par les statuts impériaux dont les principes et le contenu ont été reconduits dans la Constitution canadienne. Le droit à l'autodétermination des autochtones n'est donc pas qu'un simple caprice moral ou politique: il a toujours existé et il est constitutionnellement valide[21]. Aujourd'hui, alors que les menaces à leur intégrité culturelle s'intensifient et que les problèmes liés à leur marginalisation économique s'accentuent, l'impérative nécessité de prendre en main leur destinée et d'affirmer leur souveraineté politique s'impose aux peuples autochtones du Canada avec encore plus d'acuité.

Du point de vue autochtone, le droit à l'autodétermination est d'abord fondé sur l'expression d'une identité culturelle distincte et sur la présence de communautés nationales libres avant l'arrivée des Européens en terre d'Amérique. Cet état de fait est d'ailleurs reconnu historiquement par traités, par la politique coloniale britannique et les politiques autochtones du Canada dont les orientations ségrégationnistes confirmaient en fait le caractère distinct de l'identité autochtone. À la différence de tous les autres groupes ethniques canadiens, les autochtones sont seuls à détenir une base territoriale inaliénable, des droits et un statut spécial reconnus par traités, la Proclamation royale de 1763 et la Constitution; ces réalités historiques indéniables renforcent les prétentions autochtones à leur existence comme communauté nationale distincte. Les gouvernements blancs n'ont donc pas à «octroyer» le droit à l'autodétermination; il a toujours existé de manière explicite et inhérente. Tout au plus n'ont-ils qu'à le reconnaître comme tel. Dans l'optique autochtone, tout pouvoir ou autorité exercé sur les autochtones sans avoir été délégué au préalable par les autochtones est illégal.

Suivant cette logique, le droit à l'autodétermination doit comprendre, à terme, la réalisation d'une pleine autonomie gouvernementale et institutionnelle, toute la latitude législative préalable à l'exercice complet de cette autonomie, une base territoriale reconnue et possédée en propre ainsi que le libre accès aux ressources naturelles nécessaires à la préservation de l'intégrité culturelle et économique des Premières Nations. Malgré cela, il ne s'agit pas nécessairement d'établir une entité politique tout à fait extérieure au Canada. «Nous voulons faire partie du Canada, a déjà affirmé Ovide Mercredi en entrevue, mais d'un Canada que nous voulons transformer. Nous voulons devenir une partie de ce concept qu'on appelle l'État-nation, qui est une forme de gouvernement moderne, établi entre nations, et sur lequel les Nations-Unies reposent[22].» De même, Konrad Sioui insistait devant la commission Bélanger-Campeau: «Nous n'avons nullement l'intention de fragmenter le pays, nous voulons simplement que soit reconnue notre souveraineté interne. [...] Ce que nous voulons, c'est un équilibre. Ne pas avoir la souveraineté autochtone au-dessus du Canada, et ne pas avoir l'autorité fédérale-provinciale au-dessus de nous[23].»

Les autochtones cherchent en fait à obtenir un statut spécial, qu'ils vivent ou non dans une réserve. Ils veulent d'une relation avec l'État qui leur permettrait de vivre en tant que groupe sur une base d'égalité socio-culturelle, politique et économique avec le reste de la société canadienne tout en maintenant leur identité autochtone. Ils veulent de ce statut non pas comme d'une concession émanant d'un gouvernement magnanime et éclairé, mais bien comme le fruit d'une reconnaissance de bonne foi de leur droit inhérent à l'autodétermination. Or l'autodétermination est impossible sans les préalables obligés que sont le territoire et l'autosuffisance économique. Les autochtones soutiennent qu'en vertu des traités, les gouvernements canadiens sont tenus d'offrir ces préalables essentiels à la réalisation d'un niveau significatif d'autonomie[24].

Il n'est pas difficile d'imaginer combien, ainsi posées, les prétentions et aspirations des autochtones heurtent de front les fondements mêmes de la légitimité étatique et sociale sur lesquels le Canada existe depuis toujours. Même si, depuis quelques années, le discours officiel semble mieux disposé à l'égard de l'autodétermination autochtone, l'État canadien n'est pas encore prêt à entériner tout à fait le concept. Outre le fait que tous les groupes autochtones ne s'entendent pas toujours sur le contenu concret à lui donner, la réticence des gouvernements canadiens vient de l'ignorance des conséquences qu'entraînerait son application. Si sa portée symbolique ne leur pose pas tellement problème, en revanche l'application du droit inhérent à l'autodétermination ne peut se faire qu'à l'intérieur de la Confédération et ne saurait garantir aux autochtones la liberté absolue de déterminer quand et dans quel contexte ils sont assujettis aux lois fédérales et provinciales[25].

Jusqu'à maintenant, la politique fédérale en matière d'autonomie gouvernementale s'est limitée à la dévolution de certains pouvoirs limités du ministère des Affaires indiennes et du Nord aux Conseils de bandes et la mise en place de certaines structures économiques, politiques, administratives et juridiques séparées au niveau local. Au-delà du niveau local, le gouvernement se propose même d'abandonner les structures séparées pour les intégrer aux institutions existantes de l'État canadien[26].

Pour sa part, le Québec suit une logique fort similaire à celle qui guide le gouvernement fédéral. On aura remarqué qu'en dépit de leur générosité apparente, les 15 principes de 1983 et les résolutions de 1985, dont il est fait mention plus haut, confinent expressément la reconnaissance des droits autochtones au cadre strict des lois du Québec. En clair, les droits à l'autonomie, à l'expression et au développement d'une identité distincte ne sauraient «impliquer des droits de souveraineté qui puissent porter atteinte à l'intégrité du territoire du Québec» (principe n° 3). Aussi, comme le disait récemment le ministre Gil Rémillard, l'autonomie gouvernementale des peuples autochtones ne peut-elle prendre effet que «dans le cadre d'ententes dûment négociées entre les autochtones et le gouvernement du Québec[27]». Le Québec entend rester maître d'œuvre, tout comme le gouvernement fédéral, de la gestion des domaines qui touchent aux autochtones. Il choisit, en d'autres mots, «d'être celui qui, en définitive, fixera les règles du jeu et déterminera le contenu de l'autonomie gouvernementale des peuples autochtones[28]».

Une entente comme celle de la Convention de la Baie-James délègue des pouvoirs de l'État au Conseil de bande, mais ne les lui abandonne pas. Elle confirme en fait l'autorité constitutionnellement reconnue des gouvernements blancs sur les autochtones et les territoires qui leur sont réservés. La conception non autochtone de l'autodétermination autochtone se limite en réalité à la délégation ou, au mieux, à la décentralisation de certains pouvoirs étatiques à l'intérieur d'un cadre institutionnel et administratif qui rappelle l'organisation actuelle entre les municipalités et la province. Ce rapport de dépendance des peuples autochtones ne rencontre nullement leurs aspirations et nie en quelque sorte leur droit inhérent à l'autodétermination. Une telle conception est nettement insuffisante et impropre à satisfaire leurs revendications[29].

Bien que la plupart des instances gouvernementales canadiennes soient également réticentes à admettre le droit inhérent des autochtones à l'autonomie gouvernementale — jusqu'à maintenant, seuls l'Ontario et l'Île-du-Prince-Édouard se sont dits d'accord pour inscrire ce droit dans la Constitution —, les choses prennent une tournure différente dans le cas du Québec et sont porteuses de tensions plus aiguës encore. En toile de fond de la question autochtone au Québec, on trouve un affrontement entre deux nationalismes minoritaires, celui des francophones québécois, de plus en plus agaçant et de moins en moins tolérable aux yeux de la population canadienne anglaise, et celui des Premières Nations, plus sympathique — *political correctness* oblige — et moralement plus justifiable. Il s'agit d'un affrontement entre deux revendicateurs de statut spécial; «c'est à qui serait la minorité la plus "victimisée", la plus menacée, la plus justifiée de réclamer [un tel statut]», remarquait récemment la journaliste Lysiane Gagnon[30].

Dans le contexte actuel d'incertitude constitutionnelle, les ambitions autodéterministes des autochtones compliquent le dossier. Les autochtones ont toujours vu d'un mauvais œil le transfert graduel de pouvoirs vers les provinces que semble vouloir opérer le gouvernement fédéral depuis quelques décennies. Tout réaménagement du partage de l'autorité législative du fédéral et des provinces qui se ferait au profit des compétences provinciales inquiète beaucoup les autochtones parce qu'il pourrait impliquer une redéfinition de leur statut au sein du Canada et remettre en question la légitimité des traités et des droits acquis au cours des ans. Ovide Mercredi a d'ailleurs réagi négativement à la proposition de la commission Beaudoin-Dobbie de transférer plus de pouvoirs vers les provinces. Un tel transfert, devait-il soutenir, ne pourrait qu'engendrer des problèmes pour les autochtones dans la négociation de la reconnaissance et la mise en œuvre de leur droit à l'autonomie gouvernementale[31].

Dès lors, la perspective de la souveraineté québécoise et les aspirations nationalitaires des Québécois francophones apparaissent inquiétantes aux autochtones. Advenant la séparation du Québec, quelle sera la nature du contrat social que les Québécois seront prêts à leur proposer? Rien n'est moins clair. Malgré les bonnes intentions et les déclarations de principes généreuses, l'État québécois semble encore loin d'admettre le droit inhérent des autochtones à une autonomie gouvernementale totale. Cela augure d'autant plus mal que dans un contexte de souveraineté, les autochtones perdraient sans doute toute protection fédérale contre les «écarts» possibles de l'État. On peut croire que cette incertitude face à leur propre avenir au sein du Québec explique la virulence de leur position face aux aspirations des Québécois. Les récentes déclarations de certains leaders autochtones contre le caractère distinct du Québec, contre son intégrité territoriale et contre ses visées souverainistes[32] traduisent bien le malaise actuel que ressentent les Premières Nations face aux difficultés potentielles de réaliser leur projet de société au sein du Québec.

On imagine facilement l'exaspération voire l'hostilité du Québec face aux visées autodéterministes des autochtones. Non seulement remettent-elles en question la légitimité de l'État québécois, mais elles heurtent de plein fouet sa démarche d'affirmation identitaire entreprise depuis trente ans. Elles ébranlent ni plus ni moins les prétentions politico-administratives de l'État québécois au sein du cadre fédéral canadien. Le concept d'autodétermination autochtone menace le monopole qu'exerçait le Québec sur le concept de société distincte et promet de lui ravir son plus solide instrument de négociation dans ses tractations constitutionnelles avec l'État fédéral et les autres provinces du Canada.

Alors même que leur statut commun de minoritaires dans l'ensemble canadien pourrait les amener à conjuguer leurs efforts dans le processus de redéfinition constitutionnelle, autochtones et Québécois s'opposent et s'annulent pour ainsi dire face au statu quo. Le dialogue est inévitablement difficile et ardu parce qu'en bout de piste, chacun nie les prétentions politiques de l'autre.

Les revendications territoriales:
le dossier Grande-Baleine

L'autodétermination des autochtones n'a de sens que si les Premières Nations parviennent à obtenir les instruments nécessaires à leur développement économique et social. La propriété d'un territoire reconnu et bien défini est donc essentielle non seulement pour l'exercice des droits ancestraux, mais aussi et peut-être surtout comme base de ressources naturelles, fondement obligé du devenir social autochtone. Très souvent, les revendications territoriales portent sur des portions de territoire que les autochtones disent n'avoir jamais cédées et qui auraient été tout simplement usurpées par les gouvernements blancs. Ils se sentent donc fondés à réclamer des terres qui, selon eux, leur reviennent de droit.

En dépit de leurs obligations légales et morales, les provinces ont toujours fait montre de réticence à l'égard des revendications territoriales des autochtones. La reconnaissance de droits territoriaux aux autochtones implique inévitablement pour les provinces la mise au rancart de projets de développement économique essentiels à leur propre devenir ou la reconsidération de limites juridictionnelles existantes. De plus, les provinces ont souvent à affronter de puissants *lobbies* industriels, agricoles ou récréatifs qui craignent de voir leurs intérêts propres souffrir d'accords territoriaux avec les autochtones. Bref, la question des revendications territoriales constitue un problème épineux qui, au cours des dernières années, n'a fait qu'envenimer les rapports entre autochtones et non-autochtones. Les progrès sont lents, très souvent dépendants du processus judiciaire, et le dialogue généralement pénible. Du côté des premiers, le degré de frustration augmente; chez les autres, c'est l'exaspération devant des revendications qui leur paraissent exagérées et non fondées.

Le Québec, on le sait, mise énormément sur le potentiel hydro-électrique de ses régions nordiques pour consolider les bases de son développement économique et en assurer la continuité. Hydro-Québec prévoit investir près de soixante milliards de dollars au cours des dix prochaines années dans des projets de construction hydro-électrique. La deuxième phase du projet de la Baie-James fait suite aux grands travaux d'harnachement de la rivière La Grande entrepris en 1974. La construction du complexe Grande-Baleine est la première étape de cette deuxième phase qui vise aussi le développement d'un autre ensemble, celui du projet Nottaway-Broadback-Rupert. D'autres projets sont prévus au Lac-Saint-Jean (rivière Ashuapmushuan) et sur la Côte-Nord (rivières Moisie et Sainte-Marguerite).

L'empressement à investir dans la construction de nouveaux barrages (plutôt que dans la gestion de la demande) repose sur la certitude qu'il y a dans ce genre d'entreprise la panacée aux maux économiques du Québec. Le gouvernement actuel «mise le développement économique et social sur deux projets majeurs, à savoir: l'exportation massive d'hydro-électricité aux États-Unis et l'installation au Québec d'industries fortes consommatrices d'énergie, principalement des alumineries[33]». On laissera aux experts le soin de deviser sur la sagesse et la rentabilité d'un tel pari. Le fait est que le gouvernement québécois entend bien aller de l'avant et procéder le plus rapidement à l'exécution de ses projets. Il est d'autant plus confiant dans son bon droit que ces mêmes projets tombent sous le coup de Conventions (de la Baie-James et du Nord-Est québécois) en vertu desquelles les autochtones ont cédé au gouvernement du Québec leurs droits et titres sur les terres touchées par les projets hydro-électriques en échange de compensations financières relativement généreuses et d'une marge de manœuvre appréciable dans la gestion interne de leur propre développement social et économique.

Aujourd'hui, dix-sept ans après la signature de la Convention de la Baie-James, les autochtones déchantent. Les Cris en particulier sont résolus à tout faire pour empêcher la mise en œuvre de Grande-Baleine. Jusqu'ici leurs pressions sur l'opinion publique, tant au pays qu'à l'extérieur, n'ont pas été sans effet. Des contrats d'exportation d'électricité ont été annulés et la mise en chantier du projet retarde. D'autres voix discordantes se sont ajoutées à celles des Cris et contribuent indirectement, et parfois pour des raisons autres que celles défendues par les Cris eux-mêmes, à la popularité de la cause autochtone dans le dossier Grande-Baleine. Selon leur degré d'engagement idéologique et politique, des groupes environnementalistes et des mouvements écologistes demandent un débat public sur Grande-Baleine et ses conséquences (Coalition du Forum Grande-Baleine), remettent en question les choix énergétiques du Québec (Coalition pour un débat sur l'énergie) ou dénoncent carrément toute entreprise susceptible d'affecter l'équilibre environnemental (Green Peace, Sierra Club[34]).

Il reste qu'en toile de fond du dossier Grande-Baleine, on trouve une opposition fondamentale entre les autochtones et le gouvernement québécois, entre deux visions divergentes du développement socio-économique, entre deux conceptions contradictoires de l'autonomie gouvernementale et entre deux perceptions de l'influence de l'autre que chaque partie est prête à tolérer dans l'orientation de son propre devenir social.

Alors que le gouvernement québécois se plaît à présenter la Convention de la Baie-James comme un modèle du genre, les Cris voient aujourd'hui ce traité comme une entreprise déguisée de spoliation dont les conséquences néfastes sur leur mode de vie et leur développement économique surpassent considérablement les quelques avantages apparents au titre de l'autonomie administrative.

De l'aveu même du conseiller juridique des Cris, James O'Reilly, les termes et les principes de la Convention de la Baie-James sont satisfaisants. La réalisation de certains aspects de la Convention a relativement bien marché (programme de sécurité du revenu, administration de la justice, commission scolaire crie, respect et protection des modes de vie traditionnels). Dans l'ensemble cependant, les Cris estiment que la Convention n'a pas rempli toutes les attentes et blâment la mauvaise foi du gouvernement. Ils déplorent le fossé qui existe entre les promesses faites dans le cadre de la Convention et leur mise en application. Ils s'insurgent contre le fait qu'ils doivent constamment se battre et engager des poursuites judiciaires afin de contraindre l'État à respecter ses engagements[35].

Au-delà des tracasseries juridiques et administratives, le mécontentement autochtone dans le dossier Grande-Baleine tient en grande partie à la détérioration des conditions de vie sur les territoires frappés par la Convention de la Baie-James et à ce qu'ils perçoivent comme l'incurie du gouvernement pour y remédier. Selon une étude financée par Hydro-Québec, le revenu moyen des familles cries et inuit du Nord du Québec serait aujourd'hui plus proche du seuil de pauvreté qu'il ne l'était avant la construction du complexe La Grande. Le programme de sécurité du revenu des chasseurs et trappeurs cris n'a qu'un effet de soutien à la consommation et n'eût été de ce programme, le mode de vie traditionnel des Cris serait menacé de disparaître[36]. On note l'absence de toute alternative économique aux activités de chasse et de piégeage. Dans l'ensemble des neuf communautés cries du Québec, le taux de chômage voisine les 25 % et d'ici cinq ans 1600 jeunes Cris arriveront sur le marché du travail. Or le territoire de chasse est déjà entièrement occupé. Les quelques entreprises cries qui ont bénéficié des retombées des constructions hydro-électriques n'occupent qu'une fraction de la population crie qui, dans l'ensemble, ne profite guère de ces retombées[37].

Le développement économique devient donc prioritaire pour la survie du peuple cri. Toutefois, la vie sous l'égide de la Convention de la Baie-James convaincrait plutôt les autochtones qu'ils ont peu à attendre de la poursuite du développement hydro-électrique du Nord québécois, surtout s'ils ne peuvent vraiment en contrôler les tenants et aboutissants. «Les autochtones, affirmait récemment le chef cri Billy Diamond, veulent être des partenaires dans le développement des ressources sur leur territoire afin d'être en position d'en profiter financièrement et de limiter les impacts négatifs sur l'environnement naturel et humain[38].» L'opposition à Grande-Baleine et les prétentions territoriales autochtones ne cesseront sans doute pas, aussi longtemps que les Premières Nations n'auront pas obtenu satisfaction sur ce préalable fondamental de leur devenir socio-économique. Il y a fort à parier que d'autres traités du genre de la Convention de la Baie-James ne pourront plus être négociés sans que les autochtones se refusent d'abord à consentir à l'extinction de leurs droits. S'il devait y avoir traité, les compensations financières exigées dépasseront sans doute substantiellement les sommes qui ont été payées dans le passé[39].

Le poids du fédéralisme canadien

Les relations entre les autochtones et l'État québécois ont évolué au rythme d'une dynamique qui leur est propre. Cependant, elles sont marquées par un cadre constitutionnel précis qui n'offre pas nécessairement toute la latitude que l'État québécois pourrait désirer, mais qui n'est pas non plus sans être insatisfaisant pour les autochtones.

Le cadre formel

Selon les dispositions de l'article 91, paragraphe 24 de l'Acte constitutionnel de 1867, l'autorité législative en matière autochtone revient de manière exclusive au palier fédéral de l'État canadien. Fort de ce pouvoir, le gouvernment fédéral proclama en 1876 sa Loi sur les Indiens (Indian Act). Cette loi, amendée à quelques reprises depuis, sert encore aujourd'hui de point de référence législatif fondamental en ce qui concerne les autochtones. Ses stipulations particulières couvrent l'utilisation foncière, les testaments et successions, la tutelle, l'administration locale, le commerce et la consommation de spiritueux et l'éducation — tous des domaines relevant normalement de l'autorité provinciale nonobstant les dispositions de l'article 91(24). Constitutionnellement parlant, la Loi sur les Indiens en mène large et le gouvernement fédéral n'a jamais manqué de faire usage des pouvoirs qui lui sont dévolus pour faire des réserves indiennes des communautés politiques et économiques de nature municipale entièrement sous son contrôle juridictionnel, et ce en dépit du fait que les municipalités sont du ressort provincial. De même, en vertu des articles 87 et 88 de cette loi, toute législation provinciale qui contrevient à ses dispositions particulières ne s'applique pas aux autochtones; dans tous les autres cas, ils sont aussi soumis aux lois provinciales d'application générale[40].

Au cours des années, différents litiges ont vu le jour à propos de l'étendue réelle des restrictions applicables aux lois provinciales à l'égard des autochtones. On dispose maintenant d'une jurisprudence suffisante qui permet de croire que les lois provinciales ne s'appliquent pas: 1) lorsqu'elles entrent en conflit avec les dispositions de la Loi sur les Indiens ou toute autre loi fédérale qui touche aux autochtones; 2) si leur mise en œuvre représente un traitement discriminatoire à l'égard des autochtones ou de leurs réserves; 3) si elles affectent directement l'usage des terres réservées aux Indiens même si la Loi sur les Indiens n'a aucune disposition précise à cet égard; et 4) si elles affectent le statut des autochtones en tant que tels[41].

La réalité politique

Le cadre formel qui façonne les relations entre les autochtones et les gouvernements canadiens a engendré une réalité politique qui participe des contraintes particulières du fédéralisme canadien. Les dispositions constitutionnelles et législatives à l'égard des autochtones ont encouragé en quelque sorte une relation particulière entre l'État fédéral et les Premières Nations. Ottawa est devenu à toutes fins utiles le fiduciaire des autochtones, réglant à peu près tous les aspects de leur vie sur les réserves. Cette relation, on le sait, ne s'est pas toujours vécue à l'avantage des autochtones, eux qui jusqu'en 1960 ne pouvaient pas voter à une élection fédérale et qui, il n'y a pas si longtemps, disposaient de droits civils fort limités[42].

Néanmoins, les autochtones se sont habitués à dépendre du gouvernement fédéral et à transiger avec lui. Il représente pour nombre d'entre eux le seul interlocuteur valable et légitime. Les traités qui les lient au gouvernement canadien sont, pour eux, des accords conclus avec l'État fédéral seul et qui excluent par conséquent toute interférence, sur le plan des compétences, des gouvernements provinciaux. Ils ont donc constamment remis en question l'applicabilité des lois provinciales à leurs activités, surtout dans le domaine de la chasse et de la pêche, arguant que leurs droits ancestraux et inhérents les soustrayaient aux législations des provinces, et ce en dépit même des sections 87 et 88 de la Loi sur les Indiens. Ce que recherchent ultimement les autochtones, c'est ni plus ni moins que la reconnaissance de pouvoirs semblables à ceux que détiennent les provinces — le fameux droit inhérent à l'autonomie gouvernementale[43].

On pourrait penser *a priori* que l'appétit des provinces en matière de champs de compétences qui a marqué l'évolution des relations fédérales-provinciales depuis quelques décennies est à l'origine du contentieux entre les gouvernements provinciaux et les autochtones. Or la chose n'est pas si simple qu'il n'en paraît.

J. Anthony Long et Menno Boldt, deux experts de la question autochtone, soutiennent que depuis 1947 le gouvernement fédéral a poursuivi une politique d'assimilation institutionnelle des autochtones[44]. On trouve dès cette époque au sein des instances gouvernementales fédérales une volonté clairement exprimée d'éliminer ou à tout le moins d'atténuer le statut spécial dont jouissaient les autochtones en vertu de la Constitution et des lois du pays. Quelque vingt ans plus tard, en 1969, le gouvernement Trudeau, fidèle aux principes libéraux et individualistes qui le guideront toujours, proposait dans un livre blanc de «régler la question indienne» par l'intégration complète des autochtones à la société canadienne, en toute égalité avec les autres Canadiens. Sous couvert d'une rhétorique égalitariste et démocratique, le gouvernement fédéral préconisait l'abolition du statut d'Indien, l'abrogation de la Loi sur les Indiens, la disparition du ministère des Affaires indiennes et le transfert des autochtones et des réserves indiennes à la responsabilité provinciale. Pareille politique, motivée par le désir de faire des autochtones des citoyens comme les autres, devait, à terme, étouffer les prétentions autochtones au droit inhérent à l'autonomie gouvernementale et aux droits territoriaux.

Les propositions du gouvernement Trudeau galvanisèrent l'opposition des Premières Nations qui y virent une tentative de les déposséder de leurs droits fondamentaux. Comme elle fut présentée, l'invitation à faire partie à part entière de la société canadienne leur était inacceptable puisqu'elle impliquait la disparition des fondements mêmes sur lesquels elles appuient leur droit à la différence et leurs aspirations économiques et politiques. Le projet fut éventuellement retiré[45].

Les choses n'en restèrent pas là. Depuis deux décennies, observent Long et Boldt, le gouvernement fédéral s'est engagé subrepticement dans une politique d'assimilation institutionnelle qui s'est traduite par une stratégie de retrait graduel des frontières administratives, politiques, légales et économiques qui séparaient les autochtones des autres Canadiens et par leur intégration individuelle et collective aux programmes et politiques des gouvernements fédéral et provinciaux.

En 1983, un rapport du Comité spécial de la Chambre des communes sur l'autonomie gouvernementale autochtone (rapport Penner) recommandait sans équivoque d'accorder aux Premières Nations la pleine autorité législative et le pouvoir de faire des politiques dans les domaines reliés au développpment culturel et social, la gestion et le contrôle du territoire et des ressources naturelles, le développement commercial et économique et l'administration de la justice. Il recommandait aussi l'institution de mécanismes qui auraient permis l'accès direct des autochtones aux centres décisionnels du gouvernement fédéral. Rejetant tout modèle de réarrangement institutionnel qui équivaudrait à une simple décentralisation des pouvoirs, le rapport Penner exhortait enfin le gouvernement à inclure dans la Constitution la reconnaissance du droit inhérent des autochtones à l'autonomie gouvernementale. Le rapport ne fut jamais entériné par le gouvernement. L'agréer aurait équivalu à créer une sphère de légitimité et de citoyenneté parallèle aux institutions politiques existantes.

Mettant le rapport Penner de côté, le gouvernement fédéral a préféré poursuivre la stratégie d'intégration graduelle des autochtones aux institutions socio-politiques dominantes. La manifestation la plus évidente de cette stratégie trouva expression dans les conférences constitutionnelles de 1983, 1984, 1985 et 1987 qui portèrent sur les droits autochtones. Organisées conformément aux stipulations de l'article 37 de l'Acte constitutionnel de 1982, ces conférences élargirent le débat social sur les autochtones aux provinces, chose à laquelle les Premières Nations avaient toujours résisté, préférant négocier leurs revendications particulières de manière bilatérale avec le gouvernement fédéral. En constitutionnalisant les «droits aborigènes existants», l'article 35 de la Charte faisait tomber les barrières, comprises dans l'article 91(24) de l'Acte constitutionnel de 1867, à l'engagement des provinces dans la formulation de politiques concernant les autochtones. Désormais, il fallait devoir compter avec les provinces, et c'est exactement ce que les conférences constitutionnelles des années 1980 ont fait.

Dans tout ce processus, l'objectif d'assimilation institutionnelle des Premières Nations ne se dément pas. Le gouvernement fédéral joue en fait sur deux tableaux:

1. En constitutionnalisant les droits existants des Premières Nations, on a mis en place les éléments juridiques et politiques nécessaires à l'assimilation des autochtones aux structures provinciales. On les a ainsi forcés à évoluer désormais sur le terrain global des institutions politiques canadiennes. Par la même occasion, on a aussi limité leur chance d'obtenir éventuellement la pleine reconnaissance de leur droit inhérent: celle-ci ne pourra être acquise que si elle satisfait aux dispositions de la formule d'amendement constitutionnel (l'assentiment de sept provinces représentant au moins 50 % de la population), ce qui rend les choses un peu plus compliquées que si elle était négociée de gré à gré avec le gouvernement fédéral seulement.

2. En engageant les provinces, la constitutionnalisation des droits autochtones existants permet au gouvernement fédéral de se délester de ses responsabilités traditionnelles à l'endroit des Premières Nations. Sous couvert d'une volonté honorable de mettre fin à la situation de colonialisme interne que connaissent les autochtones depuis des

siècles, les politiques des dernières années n'en cherchent pas moins à décharger l'État fédéral du fardeau financier que représente l'administration des affaires indiennes et à l'acheminer vers d'autres paliers gouvernementaux. En regard du déficit budgétaire et de la dette publique du gouvernement fédéral, ce transfert de responsabilité constitue une composante essentielle de la stratégie d'assimilation institutionnelle des autochtones.

Ce chassé-croisé du fédéral est inévitablement porteur de tensions. Les autochtones sont insatisfaits parce que leurs aspirations sont diluées dans un arrangement institutionnel qui ne tient guère compte de leurs revendications les plus fondamentales, surtout au titre de l'autonomie gouvernementale. Le gouvernement fédéral n'a jamais eu l'intention de ne faire plus que de déléguer des pouvoirs aux autochtones et non pas de créer une sphère de compétences qu'ils contrôleraient en propre. Il ne semble pas prévu que la chose change à court terme. Les propositions constitutionnelles du gouvernement fédéral de l'automne 1991 suggéraient bien de modifier la Constitution de manière à consacrer l'autonomie gouvernementale des autochtones, mais elles entendaient rendre ce droit exécutoire dans un délai de dix ans après des pourparlers entre le fédéral, les provinces et les autochtones sur la teneur de ce droit, ce après quoi seulement les recours devant les tribunaux seraient possibles. Il va sans dire que les Premières Nations ont fort mal accueilli ces propositions.

Les provinces pour leur part semblent s'être résignées à faire face à des obligations accrues face aux autochtones. Depuis une trentaine d'années, elles ont vu leur responsabilité s'étendre graduellement, mettant leurs systèmes de santé, de services sociaux et d'éducation à contribution, moyennant compensation financière du fédéral. L'Acte constitutionnel de 1982 a cependant été pour elles l'occasion d'une nouvelle donne. Désormais engagées plus directement dans le processus de définition des politiques autochtones, elles cherchent à en tirer le meilleur parti possible sur les plans des compétences et de la fiscalité. Elles ne veulent pas entrevoir l'accroissement de leurs responsabilités

face aux autochtones sans l'obtention d'une latitude juridictionnelle et administrative accrue surtout en ce qui concerne le partage du territoire et la gestion des ressources
naturelles, un domaine sur lequel, on l'a vu, les autochtones
estiment ne plus avoir à faire de concessions.

Les provinces se retrouvent dans la position plutôt
ambivalente de collaboratrices et de victimes des desseins du
fédéral. Elles sont collaboratrices en ce sens qu'elles ne
s'opposent pas fondamentalement au transfert de pouvoir.
Au contraire, elles ne peuvent qu'accueillir avec bienveillance
un tel changement. Elles ont tout intérêt à pouvoir exercer un
contrôle serré sur le dossier autochtone; les difficultés socio-
économiques inhérentes des populations autochtones représentent un fardeau social qu'elles doivent avoir les moyens
légaux et administratifs de limiter et de corriger afin de ne
pas être emportées dans une spirale de charges sociales oné-
reuses. Il suffit simplement pour les provinces que leur aire
de compétence en matière autochtone soit bien définie et
suffisamment large pour qu'elles adhèrent sans problème à
la stratégie fédérale. Elles partagent de toute manière la
vision municipale du gouvernement fédéral à l'égard des
autochtones: autonomie gouvernementale oui, mais dans
la mesure seulement où elle procède de la primauté administrative de l'État provincial.

Les provinces font par ailleurs figure de victimes de la
stratégie fédérale dans la mesure où elles ont hérité d'un
dossier qu'elles n'avaient pas les moyens juridiques et constitutionnels de contrôler jusqu'à la réforme constitutionnel de
1982. Elles trouvent dans les représentants des Premières
Nations des interlocuteurs réticents, voire rébarbatifs, qui,
d'une part, n'apprécient guère le jeu du fédéral et qui, d'autre
part, n'entendent pas *a priori* transiger avec elles.

Le Québec n'échappe pas à cette réalité politique fondamentale sur laquelle il a, à l'instar des autres provinces, peu
de prise. Il serait erroné de croire que les autochtones québécois nourrissent une rancœur particulière à l'égard du Québec, de son État ou du projet de société qu'il entretient. Les
doléances autochtones contre l'État québécois s'adressent
au moins autant à l'État fédéral. Certes, la véhémence appa-

rente de l'opposition autochtone prend une tout autre signification au Québec en raison des aspirations nationalitaires des Québécois francophones.

D'un point de vue strictement québécois, il est clair que le fédéralisme canadien, dans sa dynamique actuelle, ne facilite pas l'instauration d'une saine gestion du dossier autochtone. Dans le cas de Grande-Baleine, par exemple, on a vu le fédéral jouer sur deux fronts à la fois: ne pas prendre position sur la question des revendications territoriales comme l'auraient souhaité les autochtones, mais mettre en même temps des bâtons dans les roues du projet en imposant des études d'impact environnemental additionnelles conformément à son autorité en la matière. Par ailleurs, certains arrêts récents de la Cour suprême du Canada, tels que l'arrêt Sioui et l'arrêt Sparrow, qui établissent la primauté des droits ancestraux de chasse et de pêche sur les lois provinciales en la matière pourraient en convaincre plusieurs que les choses seraient plus simples sans l'intervention d'institutions fédérales comme la Cour suprême.

Contrairement à d'autres champs de politiques publiques pour lesquels il est possible d'établir avec assez de clarté les avantages d'une souveraineté juridictionnelle totale pour le Québec, il n'est pas évident *a priori* qu'une latitude accrue rendrait les choses plus faciles dans la question autochtone. Christos Sirros, l'actuel ministre délégué aux Affaires autochtones, déclarait l'automne dernier «qu'il serait souhaitable que la Loi sur les Indiens ne s'applique plus aux autochtones du Québec afin de resserrer les relations entre son gouvernement et les Amérindiens et les Inuit[46]». Mais à voir le scepticisme avec lequel les groupes autochtones ont accueilli la consultation publique qu'il mettait alors en branle, on imagine mal comment des échanges harmonieux pourraient être possibles à court terme. D'ailleurs, la formule même de cette consultation qui opère sans accorder de statut privilégié aux autochtones sur des questions qui les concernent au premier chef traduit bien l'écart intrinsèque qui sépare les deux parties.

Et si nous étions indépendants?

La question se pose d'emblée. Les choses seraient-elles plus simples dans un Québec indépendant ou souverain? Les autochtones auraient-ils de meilleures garanties que leurs droits ancestraux fondamentaux seraient respectés? On pourrait le croire *a priori*: le programme du Parti québécois propose une large autonomie aux autochtones; dans un Québec indépendant, ils pourraient lever des impôts pour financer leurs propres gouvernements et gérer leurs territoires. Des représentants autochtones ont aussi admis qu'ils ne s'opposeraient pas à la souveraineté du Québec[47].

En fait, on devrait peut-être poser la question autrement: le Québec est-il prêt à relever le défi démocratique qu'implique le respect d'un droit à la différence aussi fondamental et profond que celui que réclament les autochtones?

On pourrait allonger les exemples qui traduisent une détérioration continue des conditions de vie et d'épanouissement pour une proportion croissante de la population québécoise: hausse de la marginalité sociale, de la pauvreté visible et des sans-abri; la difficile intégration des nouveaux arrivants sur le marché du travail et l'accentuation concomitante des clivages socio-économiques entre les immigrants et la population de souche; l'appauvrissement des ménages au sein desquels les deux conjoints travaillent pourtant à temps plein; la diminution du salaire réel. Tous ces phénomènes reflètent l'implacable réalité d'un partage de plus en plus inégalitaire des ressources collectives disponibles. «Malgré la richesse qui continue de se créer depuis le début des années quatre-vingt, remarque Simon Langlois, la proportion des personnes qui restent exclues ou en marge demeure presque inchangée et à un niveau élevé. Nous vivons donc dans une société qui, depuis dix ans, parvient plus difficilement qu'auparavant à combattre les inégalités et qui lutte moins efficacement contre la pauvreté[48].»

Que cela soit délibéré ou non, le Québec est devenu une société qui procède de plus en plus par exclusion. Il serait trop facile et totalement improductif de parler d'un complot ourdi par les classes dominantes et privilégiées pour assujettir les classes dominées qui auraient eu, pourrait-on croire, la partie trop belle pendant vingt ans. La chose est beaucoup complexe et participe en fait du procès global de reconfiguration structurelle des sociétés occidentales, maintenant en branle depuis le milieu des années soixante-dix. Crise de la régulation sociale, renégociation du rapport salarial, reconformation de la sphère des échanges marchands: voilà les véritables raisons qui expliquent les progrès de la pauvreté et de l'inégalité socio-économique au Québec.

Or le défi fondamental de la démocratie, c'est d'arriver à réduire au minimum, pour les couches les plus vulnérables de la société, les effets négatifs et marginalisants d'une conjoncture défavorable. À regarder le processus de redéfinition socio-institutionnelle amorcé au Québec depuis un peu moins d'une dizaine d'années, rien n'est moins clair que la volonté d'intégrer les exclus à ce processus. La réforme de l'aide sociale réalisée en 1988, par exemple, n'a que peu ou prou tenu compte de l'opposition des groupes voués à la défense des assistés sociaux qui en ont déploré les vices et les effets pervers. Le Forum pour l'emploi a d'abord rassemblé des gens des milieux patronal, universitaire et syndical; le milieu des groupes communautaires n'a pas été invité à siéger au conseil d'administration. À la commission Bélanger-Campeau, les revendications des régions ont été écartées, leurs problèmes n'étant pas à l'ordre du jour. Et ainsi de suite[49].

Les perspectives de la démocratie au Québec augurent mal pour qui est condamné à la marginalisation socio-économique (comme les autochtones). Alors que les Québécois sont à se construire de nouveaux référents identitaires, quelle place feront-ils à ceux et celles d'entre eux qui ne peuvent plus correspondre à l'image que le Québec semble avoir de lui-même? Quelle chance un nouvel imaginaire social fondé sur une vision large et englobante de la démocratie a-t-il de prendre racine au Québec?

À dire vrai, l'heure n'est pas nécessairement à l'optimisme sur cette question. L'émergence d'un consensus social défini presque exclusivement par la classe d'affaires, aussi héroïques et louables fussent ses exploits économiques, a de quoi laisser songeur. Ce consensus, porté par la parodie qu'est la concertation, participe de positions idéologiques qui, en leur fondement même, nient l'égalité. Sa glorification triomphaliste des performances (économiques) individuelles renvoie aux marginaux socio-économiques l'image de leur propre inadéquation dont ils doivent désormais porter seuls l'odieux: ils ne sont pas victimes du système, ils sont victimes d'eux-mêmes. Le nouveau consensus social ferme ses yeux sur l'altérité. Un sondage récent montrait que les décideurs québécois appuyaient massivement le projet de Grande-Baleine. Favorables au projet à 84 %, plus des deux tiers d'entre eux affirmaient devoir l'imposer même si le gouvernement du Québec ne parvenait pas à une entente avec les autochtones. Seulement 18 % des répondants disaient avoir confiance en ce que disent ces derniers à la défense de leur opposition au projet[50]. C'est tout dire.

La parole nationalitaire est une fois de plus mise à contribution: être québécois, c'est d'abord adhérer à ce consensus. D'un nationalisme qui servait jadis à sonner l'éveil collectif, le Québec est passé à un nationalisme qui célèbre maintenant l'*homo quebecensis* par la projection publique et toujours flatteuse des plus beaux fleurons de son individualité. Démarche équivoque s'il en est: sous couvert d'une quête communautaire, le Québec se forge une identité qui est en réalité aux antipodes de la communauté et donc de la démocratie.

Le défi d'un Québec souverain est de taille quant à la question autochtone. Si nous n'apprenons pas à aménager un espace de dialogue et d'ouverture maintenant, il y a fort à parier que nous adopterons des attitudes que nous reprochions précisément au gouvernement fédéral. Le problème c'est qu'alors on ne pourra plus blâmer le fédéral pour ce qui ne va pas.

Notes

1. Voir J. R. Miller, *Skyscrapers Hide the Heavens. A History of Indian-White Relations in Canada*, édition revue, Toronto, University of Toronto Press, 1991; et J. R. Miller (dir.), *Sweet Promises. A Reader on Indian-White Relations in Canada*, Toronto, University of Toronto Press, 1991.

2. Éric Gourdeau, «Quebec and Aboriginal Peoples», dans J. Anthony Long et Menno Boldt (dir.), *Governments in Conflict? Provinces and Indian Nations in Canada*, Toronto, University of Toronto Press, 1988, p. 109-125.

3. Robin Philpot, *Oka: dernier alibi du Canada anglais*, Montréal, VLB éditeur, 1991, p. 29-30.

4. Rollande Parent, «Hydro-Québec nie "stimuler" le racisme des Québécois à l'égard des Cris», *La Presse*, 13 mars 1992, p. A13; Frédéric Tremblay, «Les Cris accusent le Québec de "xénophobie" à l'Université Harvard», *La Presse*, 3 avril 1992, p. B6.

5. Philpot, *op. cit.*, p. 51-53.

6. *Ibid.*, p. 53-55.

7. Allan Maslove et David C. Hawkes, *Nord du Canada — Un profil*, Ottawa, Approvisionnements et Services Canada, Coll. «Le Canada à l'étude», 1990, p. 23-25.

8. Philpot, *op. cit.*, p. 61.

9. *Ibid.*, p. 60-62.

10. Voir J. Rick Ponting et Roger Gibbins, *Out of Irrelevance: A Socio-political Introduction to Indian Affairs in Canada*, Toronto, Butterworths, 1980, chap. 3; Jacques Kurtness, «David et Goliath: la perception qu'ont les autochtones de la société majoritaire au Canada et au Québec», dans Marie Lapointe (dir.), *L'État et les autochtones en Amérique latine et au Canada*, Actes du congrès annuel de l'Association canadienne des études latino-américaines et caraïbéennes (1988), Québec, Département d'histoire, Université Laval, 1989, p. 211-217.

11. Gourdeau, *op. cit.*, p. 110.

12. Jean-Jacques Simard, *La condition autochtone et l'État québécois. Le cas des services socio-sanitaires*, dossier thématique, Commission d'enquête sur les services de santé et les services sociaux, gouvernement du Québec, 1988, p. 7.

13. Gourdeau, *op. cit.*, p. 113; Jean Rochon, «Le Québec et les autochtones: une relation nouvelle», dans Marie Lapointe (dir.), *op. cit.*, p. 198-199;

Ministère du Conseil exécutif, *Les fondements de la politique du gouvernement du Québec en matière autochtone*, Québec, gouvernement du Québec, 1988, p. 40.

14. Ministère du Conseil exécutif, *op. cit.*, p. 3-4.

15. *Ibid.*, p. 5-6.

16. Rochon, *op. cit.*, p. 200.

17. Gourdeau, *op. cit.*, p. 115-120.

18. Voir Philpot, *op. cit.*

19. Frank Cassidy, «Aboriginal Governments in Canada: An Emerging Field of Study», *Revue canadienne de science politique*, vol. XXIII, n° 1, mars 1990, p. 85.

20. Miller, *op. cit.*, p. 235.

21. Bruce Clark, *Native Liberty, Crown Sovereignty. The Existing Aboriginal Right to Self-Determination in Canada*, Montréal, McGill-Queen's University Press, 1990.

22. Bruno Bisson, «Le droit inhérent n'est pas négociable, mais sa portée peut être aménagée», *La Presse*, 23 octobre 1991, p. A5.

23. Extraits du mémoire présenté par Konrad Sioui, chef de l'Assemblée des Premières Nations pour le Québec et le Labrador, devant la commission Bélanger-Campeau le 20 décembre 1990, *La Presse*, 10 janvier 1991, p. B3.

24. Leroy Little Bear, Menno Boldt et J. Anthony Long (dir.), *Pathways to Self-Determination. Canadian Indians and the Canadian State*, Toronto, University of Toronto Press, 1984, p. xiv-xvii.

25. Marie-Claude Lortie, «Ottawa près de reconnaître l'autonomie gouvernementale des autochtones», *La Presse*, 31 octobre 1991, p. A1.

26. Menno Boldt et J. Anthony Long, «Native Indian Self-Government: Instrument of Autonomy or Assimilation», dans Long et Boldt (dir.), *op. cit.*, p. 48.

27. Cité par Alain Bissonnette, «Quelle rencontre possible?», *Relations*, mars 1992, p. 47.

28. *Ibid.*

29. Boldt et Long, *op. cit.*, p. 49; Menno Boldt et Anthony J. Long, «Introduction», dans Long et Boldt (dir.), *op. cit.*, p. 17.

30. Lysiane Gagnon, «Constitution et enfantillage», *La Presse*, 8 février 1992, p. B3.

31. Philippe Dubuisson, «Mercredi: un "transfert trop radical" des pouvoirs», *La Presse*, 3 mars 1992, p. B1. Voir aussi Boldt et Long, «Introduction», *op. cit.*, p.6.

Jean-Jacques Simard a expliqué ainsi cette inquiétude des autochtones: «Parce que les juridictions provinciales embrassent de plus près les réalités de la vie de tous les jours, elles et leur électorat représentent, aux yeux des premiers habitants, une majorité canadienne plus immédiatement menaçante, prochaine, en chair et en os, tandis que l'État fédéral incarne un Canada formel, théoriquement plus éclairé et plus désintéressé, offrant un refuge constitutionnel et administratif contre le mépris ou l'indifférence des majorités "blanches" concrètes envers les habitants d'origine. Plusieurs considèrent aussi que traiter, même d'égal à égal, avec les gouvernements provinciaux, reviendrait à diluer la nature fondamentalement *internationale* du contentieux non liquidé entre les descendants des populations aborigènes et ceux du Conquérant, et risquerait de diviser entre elles les premières nations du pays, politiquement et culturellement vouées à la solidarité.» (Simard, *op. cit.*, p. 8-9.)

32. Denis Labrecque, «L'indépendance du Québec entraînerait de difficiles ajustements pour les autochtones, dit Erasmus», *La Presse*, 15 mai 1991, p. A13; Bruno Bisson, «Les Cris songent à tenir leur propre référendum s'ils n'obtiennent pas de garanties de Québec», *La Presse*, 8 août 1991, p. A4; Philippe Dubuisson, «Constitution: les autochtones exigent l'autonomie gouvernementale», *La Presse*, 27 août 1991, p. B5; «En cas de séparation, les Indiens tenteront de s'approprier l'ensemble du Québec», *La Presse*, 22 octobre 1991, p. B1; Denis Lessard, «Pour Ovide Mercredi, il n'y a pas de peuple québécois», *La Presse*, 12 février 1992, p. A1; Denis Lessard, «Les Cris prétendent posséder un droit de veto sur l'indépendance du Québec», *La Presse*, 26 février 1992, p. B4.

33. Jean Philippe Waaub, «La démocratie face aux choix énergétiques», *La Presse*, 29 octobre 1990, p. B3.

34. André Beauchamp, «Huit questions sur Grande-Baleine», *Relations*, mars 1992, p. 50.

35. Voir l'intervention de Matthew Coon-Come dans Frank Cassidy (dir.), *Aboriginal Self-Determination*, Halifax, Institute for Research on Public Policy et Oolichan Books, 1991, p.115-116. Voir aussi James O'Reilly, «Indian Land Claims in Quebec and Alberta», dans Long et Boldt (dir.), *op. cit.*, p. 139-147. Pour une analyse détaillée de la Convention de la Baie-James et des problèmes que soulève sa mise en application, voir Evelyn J. Peters, «Federal and Provincial Responsibilities for the Cree, Naskapi and Inuit Under the James Bay and Northern Quebec and Northeastern Quebec Agreements», dans David C. Hawkes (dir.),

Aboriginal Peoples and Government Responsibility, Ottawa, Carleton University Press, 1989, p. 173-242.

36. Bruno Bisson, «La Convention de la Baie James n'aurait pas amélioré les conditions économiques des Cris», *La Presse*, 4 décembre 1991, p. A4.

37. Bruno Bisson, «L'économie des Cris est en voie d'asphyxie», *La Presse*, 7 janvier 1991, p. A1.

38. «Les autochtones veulent participer au développement des ressources», *La Presse*, 24 mars 1992, p. A12.

39. Renée Dupuis, *La question indienne au Canada*, Montréal, Boréal, 1991, p. 99.

40. Douglas Sanders, «The Constitution, the Provinces and Aboriginal Peoples», dans Long et Boldt (dir.), *op. cit.*, p. 152-153. Voir aussi Alan Pratt, «Federalism in an Era of Aboriginal Self-Government», dans David C. Hawkes (dir.), *op. cit.*, p. 19-58.

41. Sanders, *op. cit.*, p. 155-156. Voir aussi Leroy Little Bear, «Section 88 of the Indian Act and the Application of Provincial Laws to Indians», dans Long et Boldt (dir.), *op. cit.*, p. 175-187.

42. Pratt, *op. cit.*, p. 25.

43. Long et Boldt (dir.), *op. cit.*, p. 149.

44. Boldt et Long, «Native Indian Self-Government...», *op. cit.*

45. Dupuis, *op. cit.*, p. 69.

46. Bruno Bisson, «Sirros souhaiterait que la Loi sur les Indiens ne s'applique plus au Québec», *La Presse*, 9 octobre 1991, p. A13.

47. Gilles Normand, «Autochtones et souverainistes établissent des ponts», *La Presse*, 9 novembre 1991, p. B4; Norman Delisle, «Les Hurons ne rejettent pas la souveraineté du Québec», *La Presse*, 7 février 1992, p. A6.

48. Simon Langlois, «Anciennes et nouvelles formes d'inégalités et de différenciation sociale au Québec», dans Fernand Dumont (dir.), *La société québécoise après trente ans de changements*, Québec, IQRC, 1990, p. 84.

49. Guy Paiement, *Relations*, janvier-février 1992, p. 11.

50. Mario Fontaine, «Grande-Baleine: foncer malgré les Indiens», *La Presse*, 23 novembre 1991, p. A1.

Les collaborateurs

Louis Balthazar, professeur, Département de science politique, université Laval.

Gérald Bernier, professeur, Département de science politique, Université de Montréal.

Jacques Fortin, économiste, directeur de cabinet adjoint et conseiller économique du Chef de l'opposition officielle (1986-1987), conseiller économique du premier ministre (1985) et sous-ministre adjoint au ministère des Affaires intergouvernementales canadiennes (1984-1985).

Jean H. Guay, professeur, Département des sciences humaines, Université de Sherbrooke.

David Irwin, candidat au doctorat et assistant de recherche, Département de science politique, Université de Montréal.

Jean-Guy Lacroix, professeur, Département de sociologie, Université du Québec à Montréal.

Guy Laforest, professeur, Département de science politique, université Laval.

Jean Mercier, professeur, Département de science politique, université Laval.

Marc Raboy, professeur, Département d'information et de communication, université Laval.

François Rocher, professeur, Département de science politique, université Carleton.

Daniel Salée, professeur de science politique et directeur adjoint de l'École des affaires publiques et communautaires, université Concordia.

Michel Sarra-Bournet, candidat au doctorat et chargé de cours, Département d'histoire, Université d'Ottawa.

Miriam Smith, professeure, Département de science politique, université Carleton.

Yves Vaillancourt, professeur, Département de travail social, Université du Québec à Montréal.

Table

*Autres titres déjà parus dans
la collection «Études québécoises»
dirigée par Robert Comeau*

UN NOUVEL ORDRE DES CHOSES: LA PAUVRETÉ, LE CRIME, L'ÉTAT AU QUÉBEC DE LA FIN DU XVIIIe SIÈCLE À 1840, Jean-Marie Fecteau

LE DROIT DE SE TAIRE. HISTOIRE DES COMMUNISTES AU QUÉBEC, DE LA PREMIÈRE GUERRE MONDIALE À LA RÉVOLUTION TRANQUILLE, Robert Comeau et Robert Dionne

LA CONDITION D'ARTISTE: UNE INJUSTICE, Jean-Guy Lacroix

JOURNAL TENU PENDANT LA COMMISSION ROYALE D'ENQUÊTE SUR LE BILINGUISME ET LE BICULTURALISME, André Laurendeau

LA CRISE D'OCTOBRE ET LES MÉDIAS: LE MIROIR À DIX FACES, Bernard Dagenais

AUTOPSIE DU LAC MEECH. L'INDÉPENDANCE EST-ELLE INÉVITABLE?, Pierre Fournier

QUÉBEC: DIX ANS DE CRISE CONSTITUTIONNELLE, dossier constitué par Roch Denis

FLQ: UN PROJET RÉVOLUTIONNAIRE, sous la direction de Robert Comeau, Daniel Cooper et Pierre Vallières

OKA: DERNIER ALIBI DU CANADA ANGLAIS, Robin Philpot

FEMMES ET POUVOIR DANS L'ÉGLISE, collectif sous la direction d'Anita Caron

ÉROS ET THANATOS SOUS L'ŒIL DES NOUVEAUX CLERCS, Jean-Marc Larouche

LA VIE DE LOUIS RIEL, Pierre Alfred Charlebois

TROIS SIÈCLES D'HISTOIRE MÉDICALE. CHRONOLOGIE DES INSTITUTIONS ET DES PRATIQUES (1639-1939), Denis Goulet et André Paradis

LE RÉFÉRENDUM CONFISQUÉ, Claude-V. Marsolais

L'AVÈNEMENT DE LA LINOTYPE: LE CAS DE MONTRÉAL À LA FIN DU XIXe SIÈCLE, Bernard Dansereau

MONTRÉAL: ESQUISSE DE GÉOGRAPHIE URBAINE, Raoul Blanchard, édition préparée et présentée par Gilles Sénécal

MON APPARTENANCE. ESSAI SUR LA CONDITION QUÉBÉCOISE, Claude Corbo

RÉPLIQUES AUX DÉTRACTEURS DE LA SOUVERAINETÉ DU QUÉBEC, sous la direction de Alain-G. Gagnon et François Rocher

QUÉBEC: AU-DELÀ DE LA RÉVOLUTION TRANQUILLE, Alain-G. Gagnon et Mary Beth Montcalm

À paraître dans la même collection

LES NUITS DE LA «MAIN», André-G. Bourassa et Jean-Marc Larrue

HISTOIRE DU NATIONALISME QUÉBÉCOIS, sous la direction de Gilles Gougeon

HISTOIRE DE L'HÔPITAL NOTRE-DAME, Denis Goulet, François Hudon et Othmar Kheel

LA FACULTÉ DE MÉDECINE DE L'UNIVERSITÉ DE MONTRÉAL: 150 ANS D'HISTOIRE, Denis Goulet

CET OUVRAGE
COMPOSÉ EN PALATINO 11 POINTS SUR 13
A ÉTÉ ACHEVÉ D'IMPRIMER
LE HUIT OCTOBRE MIL NEUF CENT QUATRE-VINGT-DOUZE
PAR LES TRAVAILLEURS ET TRAVAILLEUSES DES PRESSES
DE L'IMPRIMERIE GAGNÉ
À LOUISEVILLE
POUR LE COMPTE DE
VLB ÉDITEUR.

IMPRIMÉ AU QUÉBEC (CANADA)